山東省圖書館
館藏珍品圖録

山東省圖書館 編

齊魯書社

《山東省圖書館館藏珍品圖錄》編纂委員會

前　言

山東省圖書館創建於清宣統元年(1909),爲我國十大圖書館之一,以歷史悠久、館藏宏富而著稱。據《山東創建圖書館記》載,山東提學使羅正鈞於省城舊貢院東北隙地創建圖書館,倣浙江寧波范氏"天一閣"舊制,院内古木假山,曲水拱橋,極爲風雅别致,人稱"歷下風物,此爲最勝"。

一個世紀以來,山東省圖書館的同仁們披荆斬棘,辛勤訪求,在炮火中載書播遷,積累並保存了齊魯文化之一脈,形成了規模宏富而又具有特色的館藏。山東省圖書館現有古籍 75 萬册,其中善本 20 萬册。唐人寫經兩軸,宋刻本 5 部,元刻本 38 部,明刻本 3000 多部,稿鈔校本 2000 部。珍稀者有"天禄琳琅"舊藏的宋刻巾箱本《太學新增合壁聯珠萬卷菁華》、明嘉靖刻本《吕氏家塾讀詩記》;福山王懿榮收藏的宋贛州州學刻蝴蝶裝《文選》;毛晉收藏的宋刻本《臨川先生文集》;明内府刻《永樂南藏》二部,《永樂北藏》一部;明萬曆刻海内孤本《兖州府志》;清雍正内府銅活字印本《欽定古今圖書集成》;明萬曆泥金寫本《華嚴經》;清康熙四明嗣法沙門深湛大師刺血寫本《華嚴經》;清彩繪鈔本《聊齋志異》;蒲松齡手稿本《聊齋文集》;《海源閣珍藏尺牘》;王士禛批王獻唐跋張篤慶稿本《漁洋山人評點崑崙山房詩稿》;趙執信批校並跋清康熙刻本《梅村集》;顧廣圻、黄丕烈跋清影宋鈔本《戰國策》;楊紹和跋明洪武刻本《楚國文憲公雪樓程先生文集》;劉喜海批校並跋清鈔本《古泉彙考》等。

在本館所藏珍善本中,近代文獻也不乏精品,如:《山東官報》、《曙光》、《魯中大衆》等。其中的《大衆日報》,其創辦開闢了山東報業歷史新紀元,是中國共産黨領導下的山東最早的報紙之一。

另有一些爲世人矚目的特色文獻,使本館的館藏豐富多彩。如:宋寶祐四年地契、清雍正十三年福建巡海汀漳龍道按察使司副使徐士林父母誥命、清"夾帶"、海源閣原匾、海源閣藏書印、李文藻藏書印、清光緒十五年彩繪《省城(濟南)街巷全圖》等。

綜之,經過歷年的辛苦蒐求,本館館藏特色逐步形成,主要有海源閣專藏、易學專藏、佛經專藏、齊魯地方文獻專藏、金石拓片專藏等。其中,海源閣專藏佔現存海源閣藏書的三分之二，數量宏富，版刻較精，名人手稿較多。易學專藏的構成有兩部分，一是本館歷年來零星入藏的易類書籍；二是盧松安捐贈的“易萬卷盧”藏書。這是海内外屈指可數的易經文獻寶庫，數量多，且質量精，有元刻本《周易經傳集程朱解附錄纂注》、《周易本義集成》，李文藻批校並跋的四庫底本《周易辨錄》等。齊魯地方文獻專藏包括山東地方名人手稿、齊魯方志、山東革命文獻、滿鐵資料等。不僅有王士禛、劉墉、丁耀亢、桂馥、許瀚、高鳳翰等諸多齊魯名人的鈔稿本，還有著名學者屈萬里先生哲嗣捐給本館的屈萬里珍藏友朋往來書札二百餘件；齊魯方志收藏覆蓋全省各地，版本質量較高；山東革命文獻史料豐富，具有較高的使用價值；滿鐵資料 4000 餘種，山東地區各縣農村的調查報告及部分“滿鐵”内部發行的非正式出版物尤爲珍貴。本館所藏佛經無論從館藏數量，還是從版本質量來説，皆爲海内外翹楚，計有《永樂南藏》兩部，《永樂北藏》一部，共 17000 餘册，海内外罕見的明萬曆泥金寫本《華嚴經》、清康熙刺血寫本《華嚴經》各一部。金石拓片專藏有數千種近萬件，比較珍貴的有《苻尚書神道碑》等。

值此山東省圖書館百年華誕之際，我們遍覽館藏，選擇其中部分精品，編爲此書，用滄海一粟，以志紀念慶祝之意。

編　者

2009 年 3 月 3 日

目 錄

前言 …… 1

唐人寫經

大方等大集經無盡意菩薩品第二 …… 1
思益梵天所問經卷三 …… 2

宋元舊刻

臨川先生文集 …… 4
通鑑紀事本末 …… 6
西山讀書記乙集下 …… 7
文選 …… 8
太學新增合璧聯珠萬卷菁華 …… 10
朱文公校昌黎先生文集 …… 12
後漢書 …… 13
通志 …… 14
楚辭集注 …… 15
周易經傳集程朱解附錄纂註 …… 16
註陸宣公奏議 …… 17
周易本義集成 …… 18
廣韻 …… 19
佛祖歷代通載 …… 20
大方廣佛華嚴經 …… 21
妙法蓮華經 …… 22
新箋決科古今源流至論續集 …… 23

明清刻本

楚國文憲公雪樓程先生文集 …… 24
纂圖增新羣書類要事林廣記 …… 25
金剛般若波羅蜜經 …… 26
永樂南藏 …… 27
永樂北藏 …… 28
諸佛世尊如來菩薩尊者名稱歌曲 …… 29
晝簾緒論 …… 30
增修附註資治通鑑節要續編大全 …… 31
司馬溫公經進稽古錄 …… 32
文獻通考 …… 33
嵇中散集 …… 34
史記 …… 34
史記 …… 35
意林語要 …… 36
農書 …… 37
呂氏家塾讀詩記 …… 38
六子書 …… 39
世説新語 …… 40
唐書 …… 41
新編分類夷堅志 …… 42
殿閣詞林記 …… 43
弘簡錄 …… 44
大明一統志 …… 45
昌黎先生集 …… 46
河東先生集 …… 47
冰川詩式 …… 48
[萬曆]兗州府志 …… 49
正法眼藏 …… 50
新刻甲辰科翰林館課 …… 51
穀城山館全集 …… 52
李氏易解 …… 53
易經纂註 …… 54
玉臺新詠 …… 55
韻畧匯通 …… 56
指月錄 …… 56
異林 …… 57

甫田集 …… 58
通志堂經解 …… 59
廣東新語 …… 60
范忠貞公集 …… 60
笠澤叢書 …… 61
新城王氏世譜 …… 62
嶠雅　赤雅 …… 63
聖廟祀典圖考　孔孟聖蹟圖 …… 64
蔡中郎集 …… 65
唐求詩集 …… 65
退思廬文存 …… 66
儀晉觀堂詩鈔 …… 66
歸粟齋詩詞鈔 …… 66

活字本

欽定古今圖書集成 …… 67
武英殿聚珍版書 …… 68
續資治通鑑長編 …… 69
偃屏書屋初集 …… 70
通藝閣文集 …… 71

套印本

大佛頂如來密因修證了義諸菩薩萬行首楞嚴經 …… 72
武侯兵要 …… 73
周易 …… 73
蘇文忠公文選 …… 74
大佛頂如來密因修證了義諸菩薩萬行首楞嚴經 …… 75
柳文 …… 76
古文淵鑒 …… 77
芥子園畫傳 …… 78
新定九宮大成南北宮詞譜 …… 79
杜工部集 …… 80

朱印本藍印本

金石韻府 …… 81
歷代鐘鼎彝器款識法帖 …… 81
秦漢印統 …… 82
太上黃庭外景經　黃庭內景五臟六腑圖說 …… 83
蘇文忠公全集 …… 84
洪武正韻 …… 85
老子道德經注釋 …… 86
闕里誌 …… 87
葵明安翁墓誌銘行狀 …… 87
崐崘山房詩集殘稿 …… 88

稿　本

白陽畢公自嚴遺蹟 …… 89
聊齋文集 …… 90
詩經大題 …… 92
厚齋自著年譜 …… 93
二十四泉草堂集 …… 94
碧梧紅豆草堂詩 …… 95
諸城劉氏三世奏稿 …… 96
藤梧館詩草 …… 98
篛園日札 …… 99
說文諧聲後案 …… 100
說文釋例 …… 101
靜遠草堂詩稿 …… 102
先都御史公奏疏 …… 103
擬史籍考校例 …… 104
張香濤詩稿 …… 105
方言釋義 …… 106
說文類編 …… 107
諸城金石小識 …… 108
周易示掌 …… 109
周易卦象彙參 …… 110
周易注解 …… 111

鈔　本

誠齋襍記 …… 112
歐陽文忠公毛詩本義 …… 113
大方廣佛華嚴經 …… 114
水經注 …… 115
東阿于文定公年譜 …… 116
司馬子坐忘論 …… 117
宋詩英華 …… 118
香奩集　韓內翰別集 …… 119
菉竹堂稾 …… 120
般若波羅蜜多心經 …… 121
紅雨樓題跋 …… 122
緝古算經 …… 123

大方廣佛華嚴經 124
讀史前鈔甲本 126
微波榭鈔詩三種 127
居士集 128
清閣臣和純廟御製詩 129
書錄 130
北堂書鈔 131
古韻分部諧聲 131
震川先生評選歐陽文忠公文鈔 131
清代中外法事彙鈔 132
三國史辨誤 133
鐵網珊瑚 134
新刊松莊蔡先生易經聚正 134
書經直解 135
同文尚書 136
山東剿捻奏稿 137
海源閣書目 138
經書性理類輯精要錄 139
鉏經摭記 140
濰縣方言 140
軟錕鋙 140
周易註 140
紅櫚書屋未刻稿 140

批校題跋本

石湖居士文集 141
咸淳臨安志 142
宗子相先生集 143
漁洋山人評點崑崙山房詩稿 144
盤洲文集 145
周易辯錄 146
文致 147
盛明雜劇 148
取此居文集 149
戰國策 150
墨子 151
朱文公校昌黎先生文集 152
官子譜 153
笏山詩集 154
淵雅堂集 155
漢魏六朝諸家文集 156
釋名疏證 157
董解元西廂記 158
鈞清館金石文字 159
籌兵藥言 160
御纂周易折中 161
求是齋文集 162
史記校 163
周官經 164
大乘起信論解 165
周易本義析疑 166
韓文 167
周易 168

手跡書札字冊

丁耀亢詩冊真跡 169
王士禛袁枚等手跡 170
高南阜左手墨跡 171
孔繼涑墨蹟 172
桂馥字冊 173
孫星衍先生書札 174
莊年信札 175
海源閣珍藏尺牘 176
祁寯藻等手札 177
黃恩彤字冊 178
畢道遠字冊 179
清代中興名人手札 180
左宗棠李鴻章胡林翼丁寶楨信札 181
郭嵩燾手札 182
丁寶楨奏摺 183
鴻爪集存 184
潘祖蔭先生手翰 185
吳大澂手札 186
王懿榮手札 187
端午橋手翰 188
單爲鏓信札 189

拓本、鈐印本

漢蕩陰令張遷表頌 190
漢魯相韓敕造孔廟禮器碑 191
漢碑三種 192
南阜硯史 193
許公碑 194

重修濰城記 …… 195
寒金墨語 …… 196
苻公神道碑 …… 197
來禽館帖 …… 198
簠齋所藏齊刀範 …… 199
黄秋盦藏碑刻五種 …… 200
汶上小壩口重建文昌閣碑記 …… 201
龜甲文拓片 …… 202
秦漢瓦當文字 …… 203
臨淄封泥文字 …… 204
學山堂印譜 …… 205
周櫟園印譜 …… 205
十鐘山房印舉 …… 206
續齊魯古印攈 …… 207
山東省議會議員選舉監督關防印底 …… 208

日朝文獻

本草綱目 …… 209
一切經音義 …… 210
古梅園墨譜 …… 211
毛詩品物圖考 …… 212
江邨銷夏錄 …… 213
華西先生雅言 …… 214
世説新語補 …… 215
朝鮮奏摺 …… 216

彩繪本

仕女图 …… 217
仇珠翎毛畫冊 …… 218
八大山人墨荷真蹟神品 …… 219
十美圖 …… 220
勝朝君臣遺像 …… 221
木蘭秋獮图 …… 222
聊齋志異圖繪 …… 223
丙舍讀書圖 …… 224
山東黄河全圖 …… 225
省城街巷全圖 …… 226

特種文獻

宋寶祐四年地契 …… 228
元延祐七年地契 …… 228
明建文二年地契 …… 228
涂士林父母誥命 …… 229
稟見畢東河紅帖 …… 230
大清寶鈔 …… 231
太平天国(十一至十三年)完納漕糧執照 …… 232
[光緒五年]瀋陽天興店興發號存發票
順盛鏢局發票 …… 233
光緒十一年乙酉科山東鄉試題 …… 234
[光緒十九年]授五品頂戴吳孚功牌 …… 235
[光緒二十七年]戶部執照 …… 236
[宣統元年]津浦鐵路股票 …… 236
奏東省創設圖書館並附設金石保存所
以開民智而保國粹摺 …… 237
上海舊戲單 …… 238
海源閣原匾 …… 239
海源閣藏硯 …… 239
海源閣藏印 …… 240
海源閣全景圖 …… 241
海源閣藏阮元大理石屏“湘煙春靄” …… 242
楊以增畫像 …… 243
楊保彝畫像 …… 244

報　刊

濟南日報 …… 245
國粹學報 …… 246
語絲 …… 247
大衆日報 …… 248
群衆報 …… 249
渤海日報 …… 250
魯中大衆 …… 251
東方雜誌 …… 252
婦女雜誌 …… 253

後記 …… 254

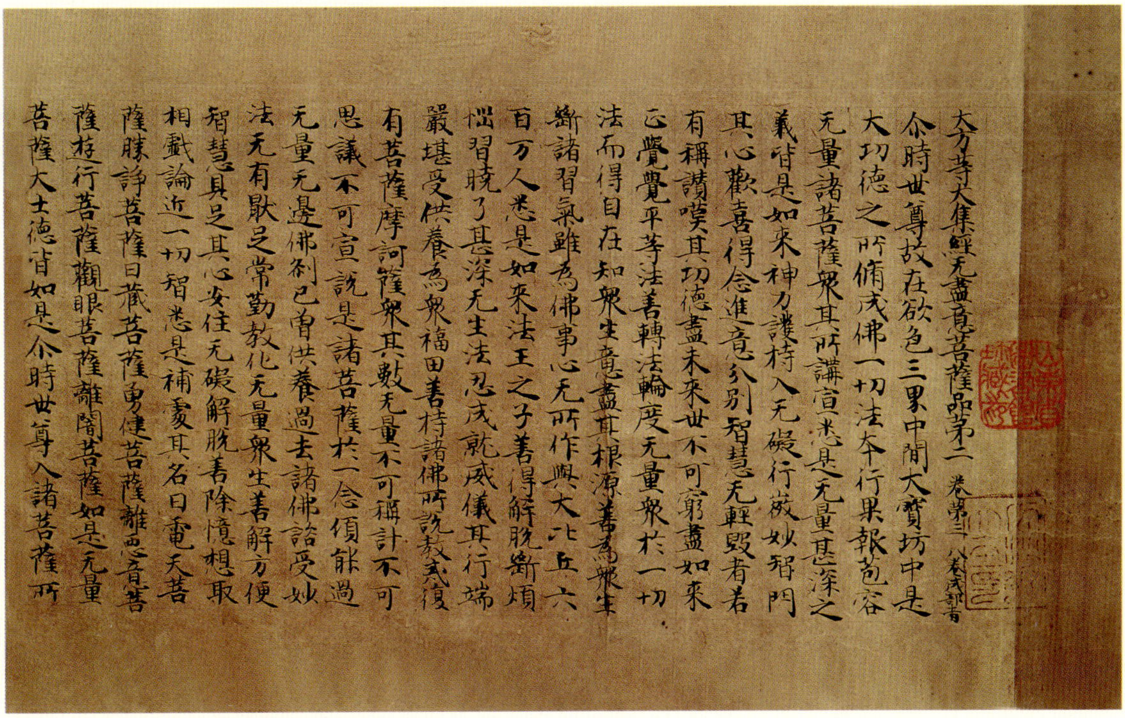

大方等大集經無盡意菩薩品第二

後秦釋鳩摩羅什譯。唐寫本。行十七字。772×26.5釐米。卷軸裝。藤黃紙。卷端及紙背鈐有“瓜沙洲大王印”印記。已入選首批《國家珍貴古籍名錄》。

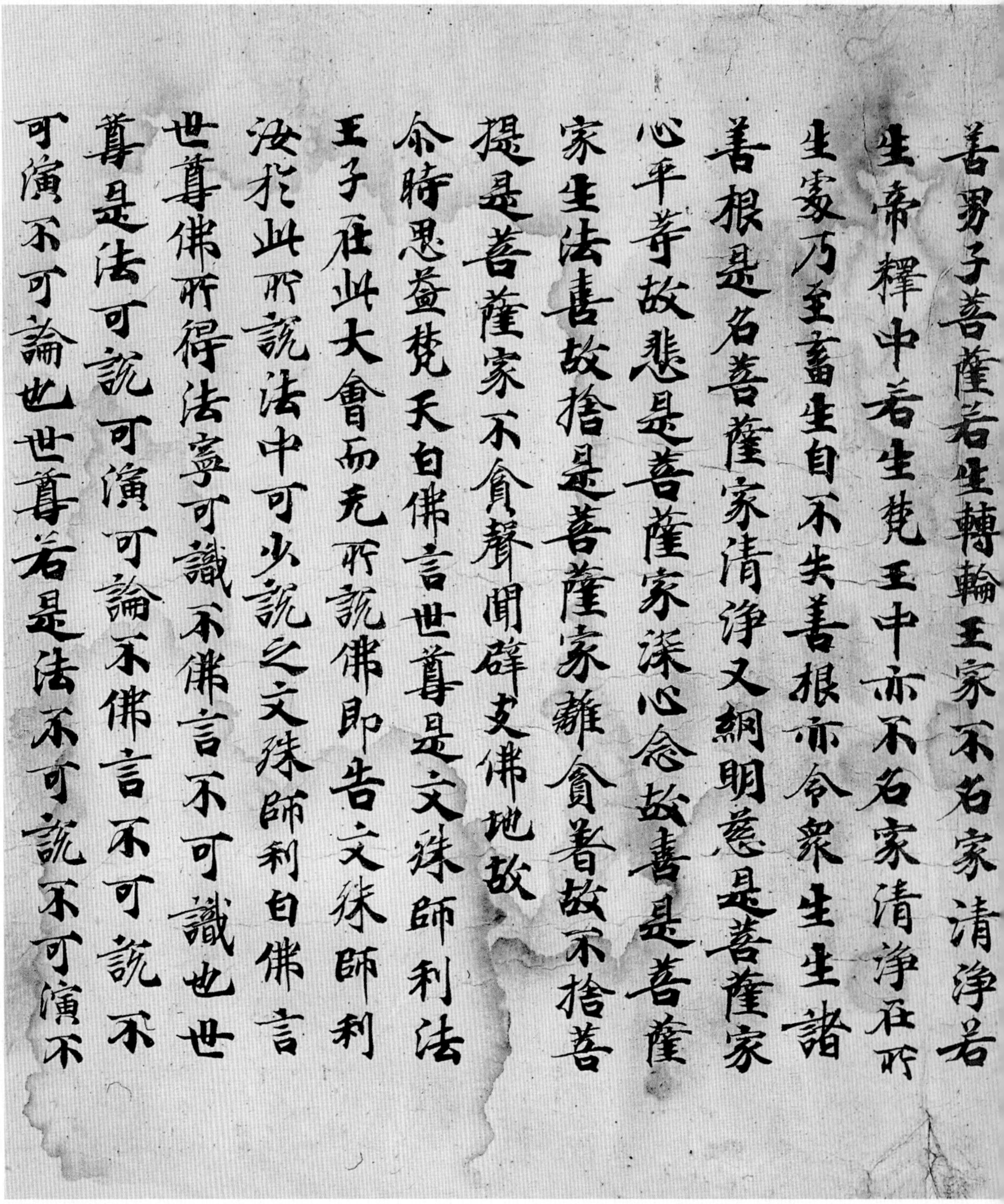
善男子菩薩若生轉輪王家不名家清淨若
生帝釋中若生梵王中亦不名家清淨在所
生處乃至畜生自不失善根亦令衆生生諸
善根是名菩薩家清淨又網明慈是菩薩家
心平等故悲是菩薩家深心念故喜是菩薩
家生法喜故捨是菩薩家離貪著故不捨菩
提是菩薩家不貪聲聞辟支佛地故
尒時思益梵天白佛言世尊是文殊師利法
王子在此大會而无所說佛即告文殊師利
汝於此所說法中可少說之文殊師利白佛言
世尊佛所得法寧可識不佛言不可識也世
尊是法可說可演可論不佛言不可說不
可演不可論也世尊若是法不可說不可演不

思益梵天所問經卷三

後秦釋鳩摩羅什譯。唐寫本。行十七字。964.6×26.4 釐米。卷軸裝。卷端鈐有“陰府所藏書畫金石”印記，卷末鈐有“陰弗所藏”印記。已入選首批《國家珍貴古籍名錄》。

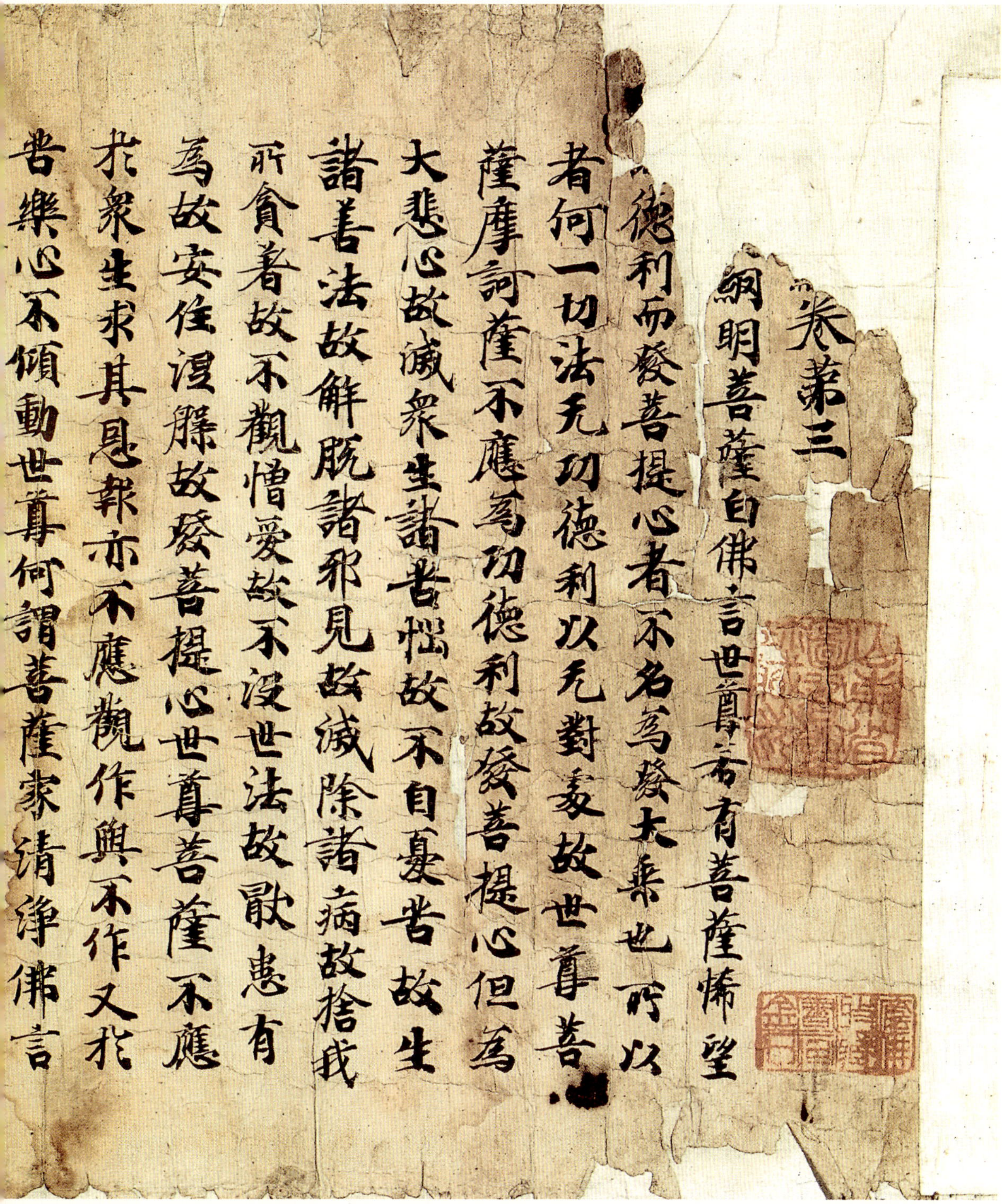
卷第三
網明菩薩白佛言世尊若有菩薩悕望
德利而發菩提心者不名爲發大乘也所以
者何一切法无功德利以无對受故世尊菩
薩摩訶薩不應爲功德利故發菩提心但爲
大悲心故滅衆生諸苦惱故不自憂苦故生
諸善法故解脫諸邪見故滅除諸病故捨我
所貪著故不觀憎愛故不沒世法故猒患有
爲故安住涅槃故發菩提心世尊菩薩不應
於衆生求其恩報亦不應觀作與不作又於
苦樂心不傾動世尊何謂菩薩家清淨佛言

【宋元舊刻】

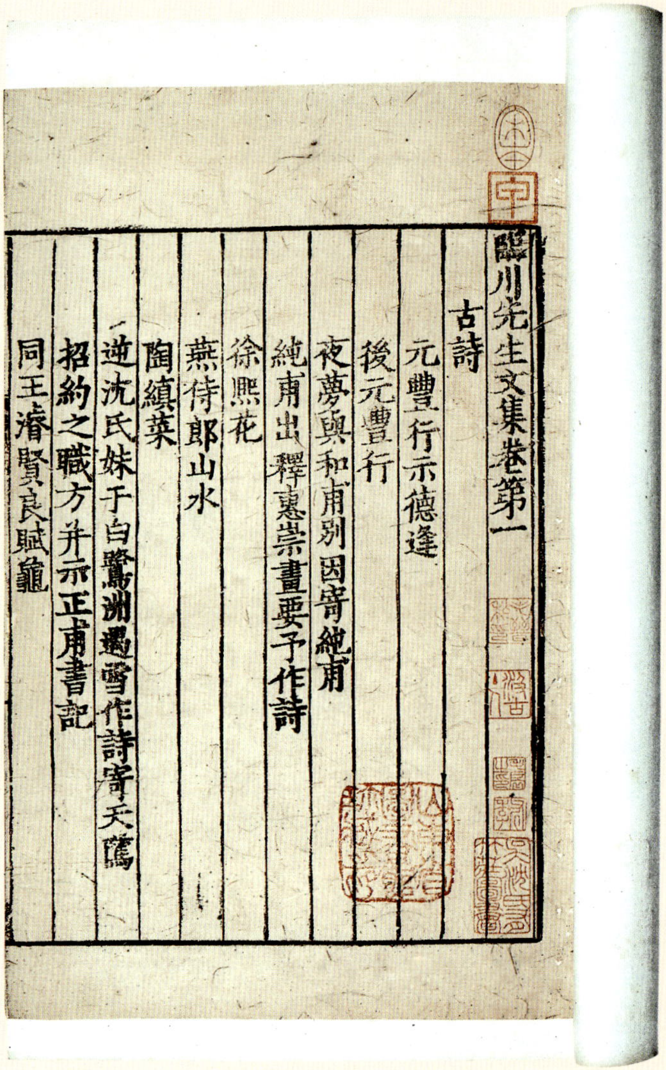

臨川先生文集一百卷目錄二卷

宋王安石撰。宋紹興二十一年(1151)兩浙西路轉運司王珏刻元明遞修本(有鈔補)。半葉十二行,行二十字,小字雙行二十一至二十二字不等,白口,左右雙邊。有刻工。框20.5×16釐米。鈐有"吳沈氏有竹莊圖書"、"宋本"、"甲"、"毛晉私印"、"子晉"、"毛扆之印"、"斧季"、"鼎伯"、"汲古閣"、"汲古主人"、"息園珍藏"、"楊元吉"、"吉玉盧"、"樂"、"黃平樂嘉荃所藏經史百家善本"等印記。

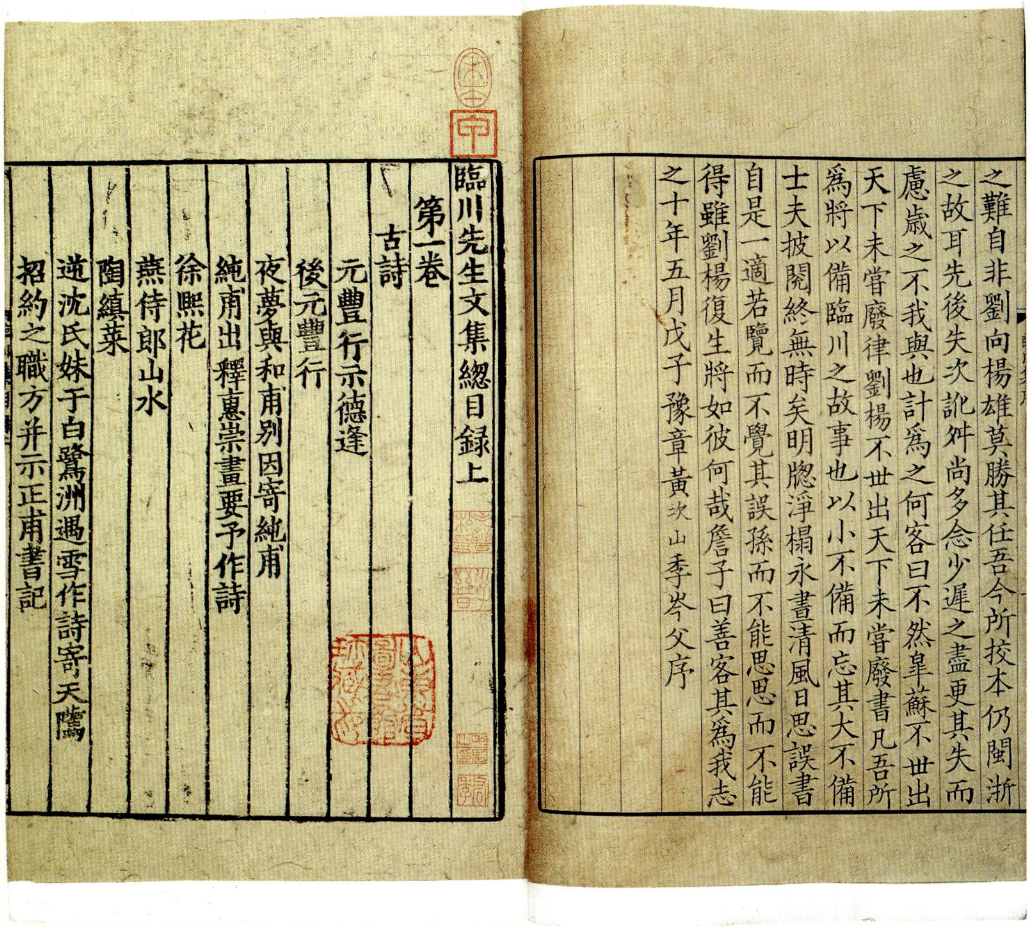

之難自非劉向楊雄莫勝其任吾今所校本仍閩浙
之故耳先後失次訛舛尚多念少遲之盡更其失而
慮歲之不我與也計爲之何客曰不然皐蘇不世出
天下未嘗廢律劉楊不世出天下未嘗廢書凡吾所
爲將以備臨川之故事也以小不備而忘其大不備
士夫披閱終無時矣明牕淨榻永晝清風日思誤書
自是一適若覽而不覺其誤孫而不能思思而不能
得雖劉楊復生將如彼何哉詹子曰善客其爲我志
之十年五月戊子豫章黃次山季岑父序

臨川先生文集總目録上

第一卷

古詩

元豐行示德逢

後元豐行

夜夢與和甫别因寄純甫

純甫出釋惠崇畫要予作詩

徐熙花

燕侍郎山水

陶縝菜

送沈氏妹于白鷺洲遇雪作詩寄天隲

招約之職方并示正甫書記

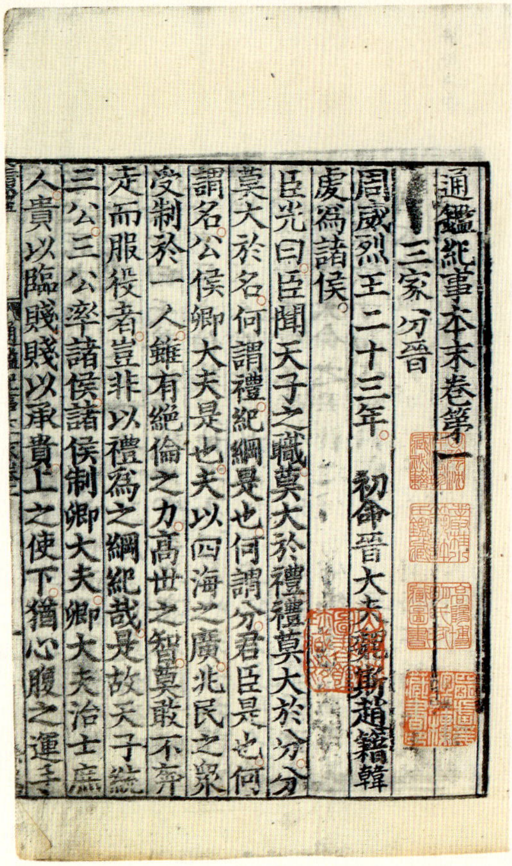

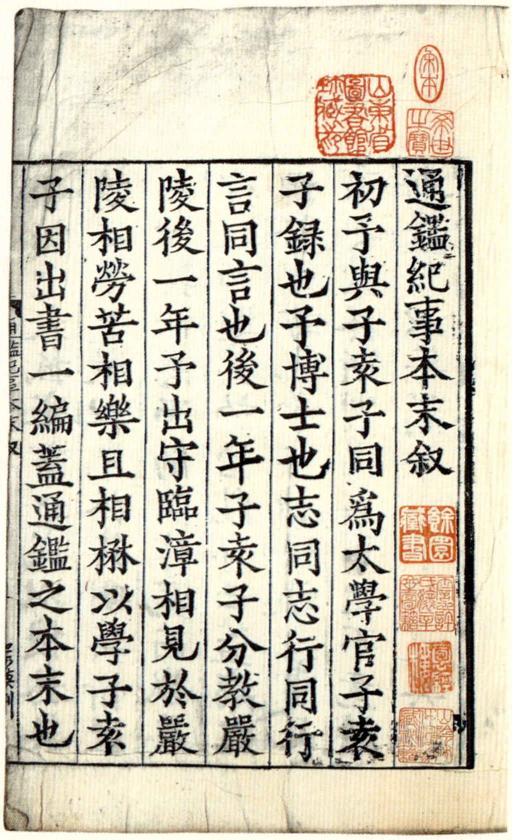

通鑑紀事本末四十二卷

宋袁樞撰。宋寶祐五年(1257)趙與𥲅刻元明遞修本。半葉十一行,行十九字,白口,左右雙邊。版心有字數。有刻工。框 25.9×20.1 釐米。鈐有"四明盧氏抱經樓藏書印"、"抱經樓"、"山陰沈仲濤珍藏祕籍"、"餘園藏書"、"雪州許氏懷辛齋圖籍"、"宋本"、"希世之寶"、"懷辛齋博明珍秘圖書"、"高陽博明氏珍藏圖書"、"叢桂小築許氏鑒藏"等印記。

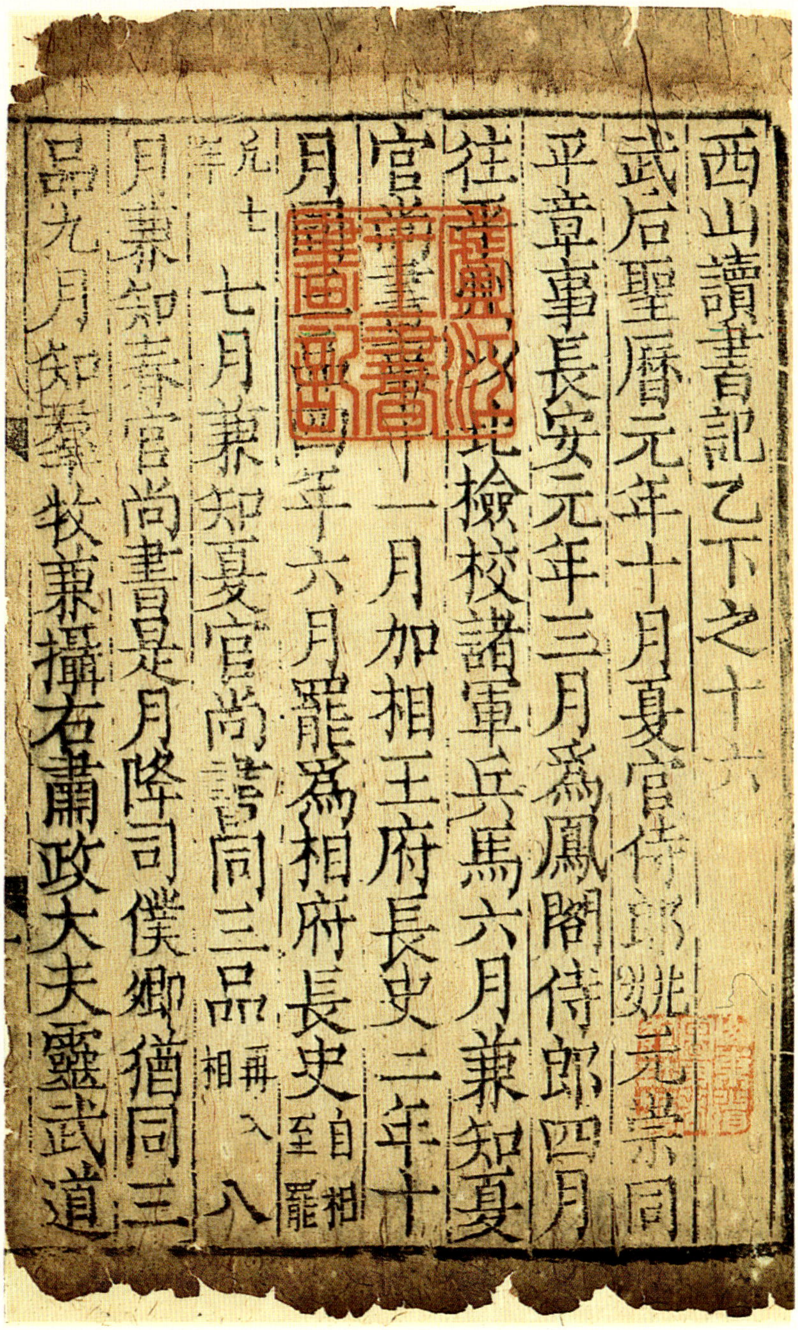
西山讀書記乙下之十六
武后聖曆元年十月夏官侍郎姚元崇同
平章事長安元年三月爲鳳閣侍郎四月
往[illegible]比檢校諸軍兵馬六月兼知夏
官尚書十一月加相王府長史二年十
月[illegible]年六月罷爲相府長史自相至罷
七月兼知夏官尚書同三品相冊入八
月兼知春官尚書是月降司僕卿猶同三
品九月知春牧兼攝右肅政大夫靈武道

西山讀書記乙集下二十二卷

宋真德秀撰。宋開慶元年(1259)福州官刻元修本。存二卷。半葉九行,行十七字,小字雙行十七字,白口,左右雙邊。有刻工。框 21.3×15.6 釐米。鈐有"盧江王書畫記"印記。

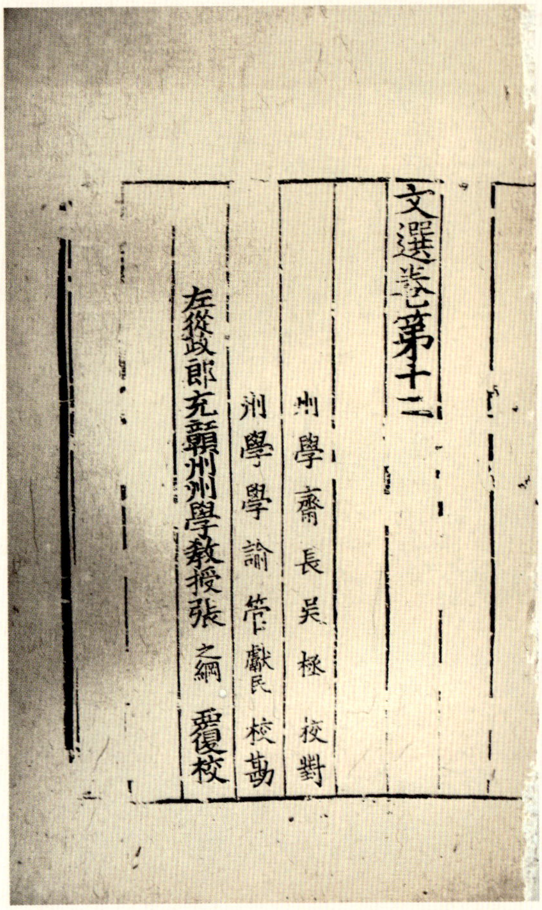
文選卷第十二
州學齋長吳極校對
州學學諭管獻民校勘
左從政郎充贛州州學教授張之綱覆校

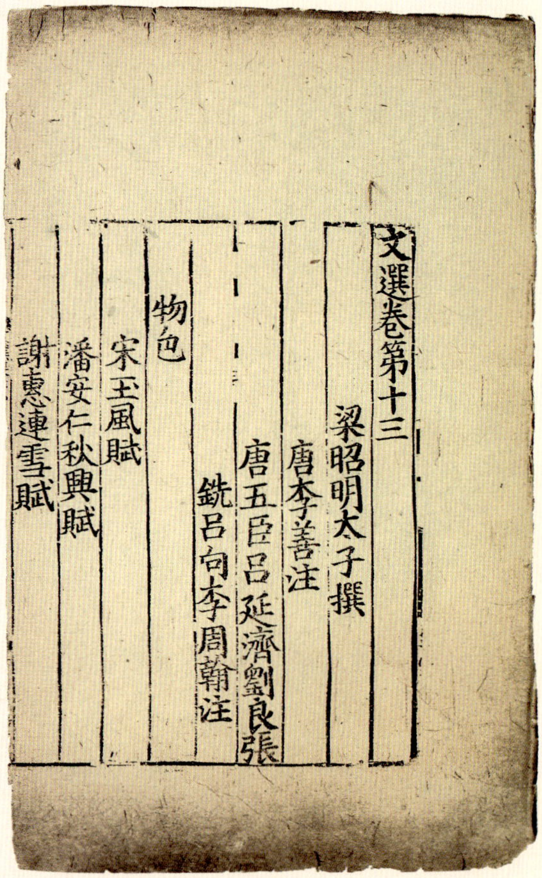
文選卷第十三
梁昭明太子撰
唐李善注
唐五臣呂延濟劉良張
銑呂向李周翰注
物色
宋玉風賦
潘安仁秋興賦
謝惠連雪賦

文選六十卷

梁蕭統輯，唐李善、呂延濟、劉良、張銑、呂向、李周翰注。宋贛州州學刻宋元明遞修本（清王懿榮、王崇煥跋，王獻唐跋）。存三卷。半葉九行，行十四至十六字不等，小字雙行二十字，白口，左右雙邊。框 23.3×18.4 釐米。蝴蝶裝。

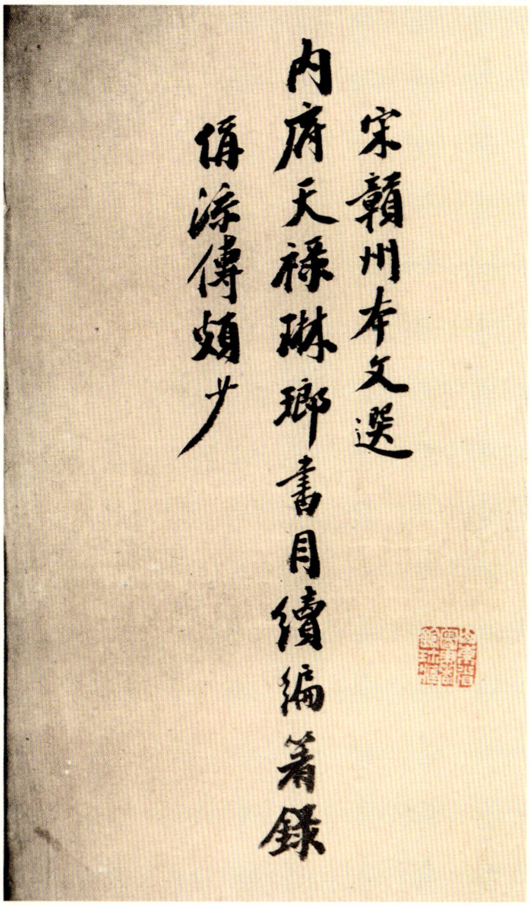
宋贛州本文選
內府天祿琳瑯書目續編著錄
僅流傳頗少

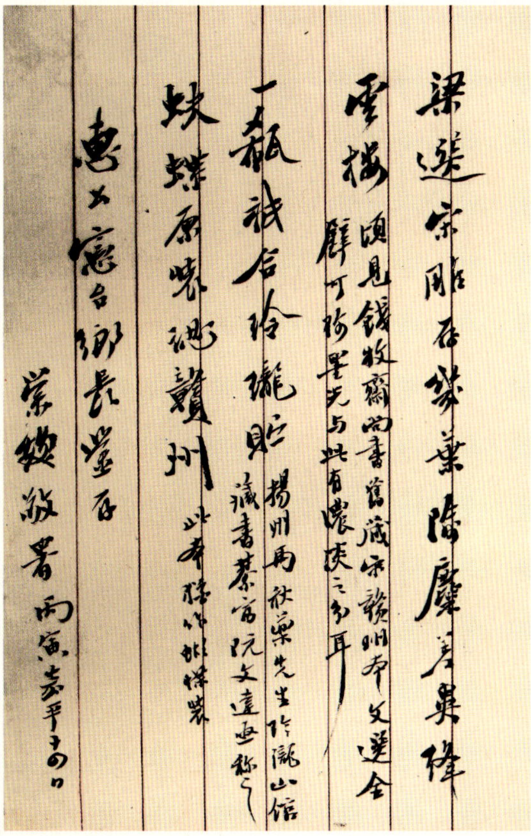
梁選宋雕存緒業
隆麐考異絳雲樓 頃見錢牧齋所書舊藏宋贛州本文選全部竹垞跋畢見與此有懷疾之多耳
一瓻祇合玲瓏貯 揚州馬秋玉先生小玲瓏山館藏書葉宮阮文達亟稱之
蛺蝶原裝識贛州 此本存蝴蝶裝
惠文德台鄉長鑒存
崇鍇敬署 丙寅嘉平十四日

太學新增合璧聯珠萬卷菁華前集六十卷

宋李昭玘輯。後集八十卷。宋李似之輯。宋刻本。存一百一十六卷。半葉十五行,行二十至二十一字不等,小字單行二十至二十一字不等,細黑口,左右雙邊。框 20.5×16 釐米。鈐有“聊復得此生”、“鮮于”、“困學齋”、“五福五代堂寶”、“八徵耄念”、“太上皇帝”、“乾隆御覽之寶”、“天祿琳琅”、“天祿繼鑒”等印記。彩錦封面,黃綾書簽,錦套。孤本。已入選首批《國家珍貴古籍名錄》。

新增合璧聯珠聲律萬卷菁華前集卷之一
天地門
天地 附 乾坤

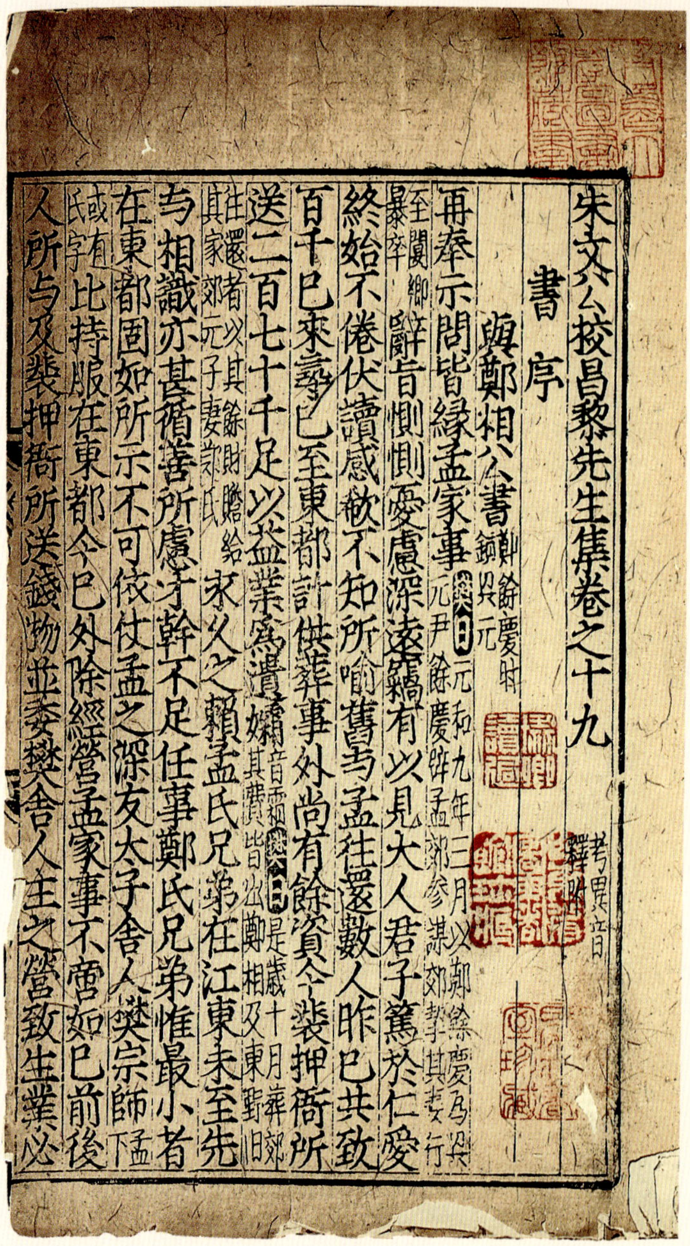

朱文公校昌黎先生集卷之十九 考異 音釋 附

書序

與鄭相公書 鄭餘慶時鎮興元

再奉示問皆緣孟家事【考異】元和九年三月以鄭餘慶爲興元尹餘慶辟孟郊參謀郊挈其妻行至閿鄉暴卒辭旨惻惻憂慮深遠竊有以見大人君子篤於仁愛終始不倦伏讀感歎不知所喻舊与孟往還數人昨已共致百千已來寄已至東都計供葬事外尚有餘資今裴押衙所送二百七十千足以益業爲遺孀音霜【考異】是歲十月葬郊其費皆出鄭相及東野舊往還者以其餘財贍給其家郊無子妻鄭氏永久之賴孟氏兄弟在江東未至先与相識亦甚循善所慮才幹不足任事鄭氏兄弟惟最小者在東都固如所示不可依仗孟之深友太子舍人樊宗師孟下或有氏字比持服在東都今已外除經營孟家事不啻如已前後人所与及裴押衙所送錢物並委樊舍人主之營致生業必

朱文公校昌黎先生文集四十卷外集十卷遺文一卷

唐韓愈撰，宋朱熹考異，宋王伯大音釋。傳一卷。元至元十八年(1281)日新書堂刻本。缺文集十八卷。半葉十三行，行二十三字，小字雙行二十三字，大黑口，四周雙邊。框 20.1×12.6 釐米。鈐有“協卿讀過”印記。

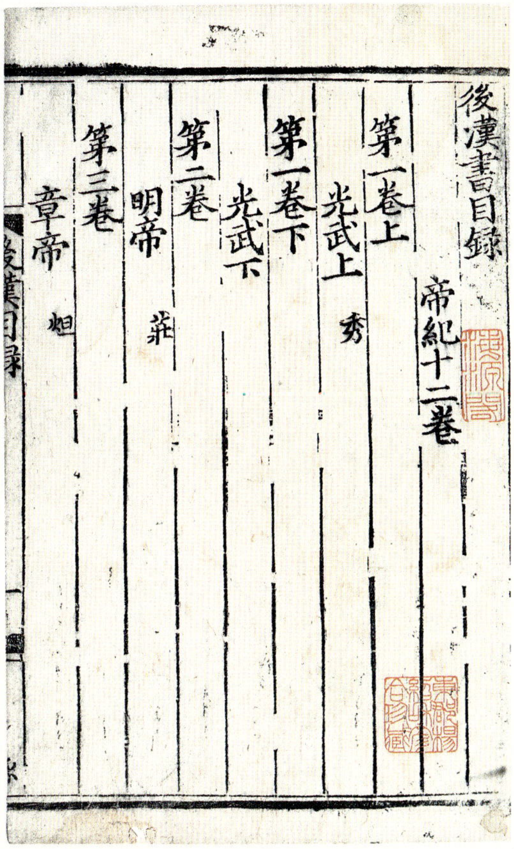
後漢書目録　帝紀十二卷
第一卷上
光武上　秀
第一卷下
光武下
第二卷
明帝　莊
第三卷
章帝　炟

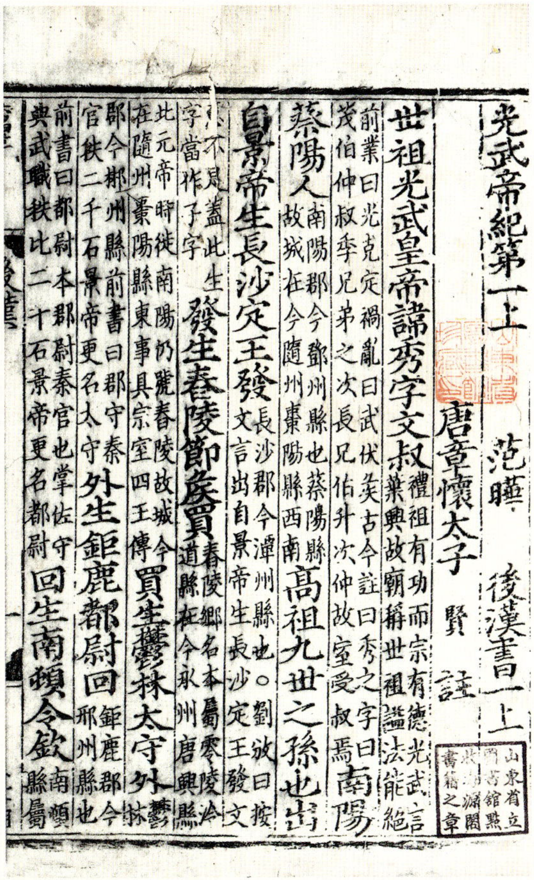
光武帝紀第一上　范曄　後漢書一上
唐章懷太子　賢　註
世祖光武皇帝諱秀字文叔禮祖有功而宗有德光武言業興故廟稱世祖謚法能紹
前業曰光克定禍亂曰武伏矦古今註曰秀之字曰茂伯仲叔季兄弟之次長兄伯升次仲故字文叔焉南陽
蔡陽人南陽郡今鄧州縣也蔡陽縣故城在今隨州棗陽縣西南高祖九世之孫也出
自景帝生長沙定王發長沙郡今潭州縣也。劉攽曰按文言出自景帝生長沙定王發文
不見蓋此生字當作子字發生舂陵節矦買舂陵鄉名本屬零陵泠道縣在今永州唐興縣
北元帝時徙南陽仍號舂陵故城今在隨州棗陽縣東事具宗室四王傳買生鬱林太守外鬱林
郡今郴州縣前書曰郡守秦官秩二千石景帝更名太守外生鉅鹿都尉回鉅鹿郡今邢州縣也
前書曰都尉本郡尉秦官也掌佐守典武職秩比二千石景帝更名都尉回生南頓令欽南頓縣屬

後漢書九十卷

劉宋范曄撰，唐李賢注。志三十卷。晉司馬彪撰，梁劉昭注。元大德九年(1305)寧國路儒學刻明遞修本。半葉十行，行二十二字，小字雙行二十二字，白口或黑口，四周雙邊。版心有字數。有刻工。框 22.5×16.2 釐米。鈐有“金氏圖書”、“清白吏子孫”、“海原閣藏書”、“海源閣”、“東郡楊紹和彥合珍藏”、“陶南布衣”等印記。

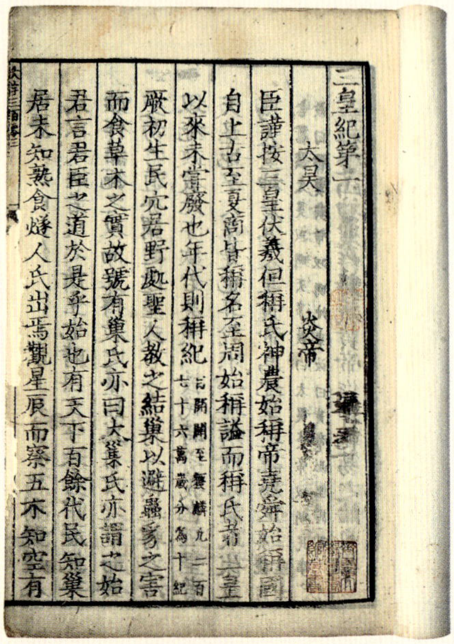
三皇紀第一 太昊 炎帝
臣謹按三皇伏羲但稱氏神農始稱帝堯舜始稱國
自上古至夏商皆稱名至周始稱謚而稱氏者三皇
以來未嘗廢也年代則稱紀 自開闢至獲麟凡二百七十六萬歲分為十紀
厥初生民穴居野處聖人教之結巢以避蟲豸之害
而食草木之實故號有巢氏亦曰大巢氏亦謂之始
君言君臣之道於是乎始也有天下百餘代民知巢
居未知熟食燧人氏出焉觀星辰而察五木知空有

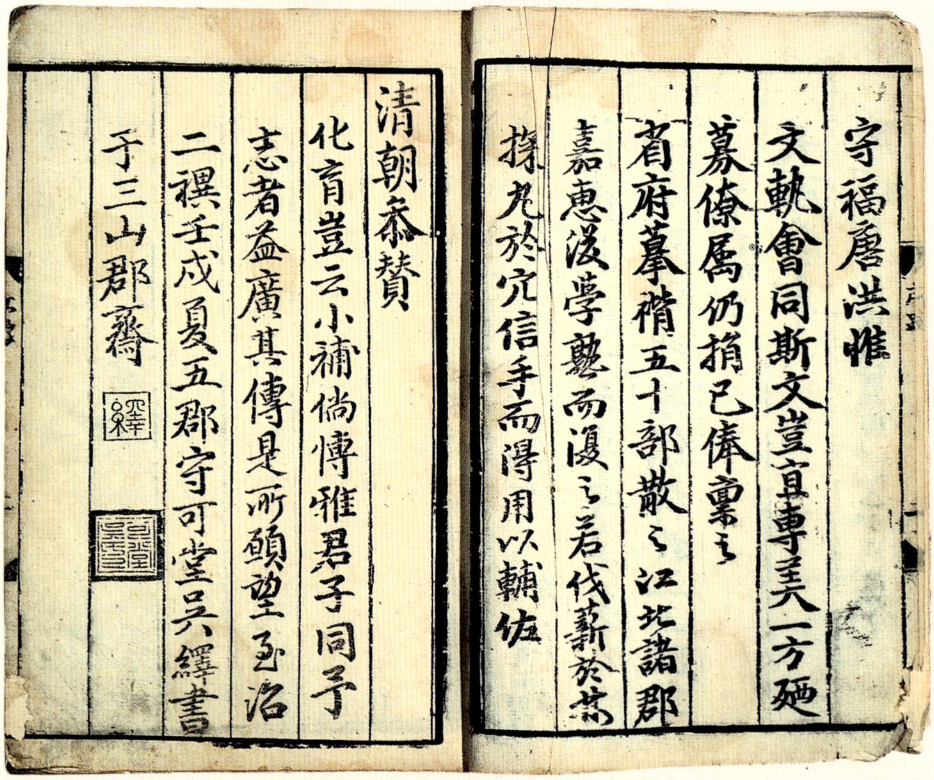
守福唐洪惟
文執會同斯文豈直專美一方廼
募僚屬仍捐己俸稟々
省府摹稍五十部散々江北諸郡
嘉惠後學懿而復々若伐薪於蒸
搽凡於究信手而得用以輔佐
清朝叅贊
化育豈云小補倘博雅君子同予
志者益廣其傳是所願望也
二禩壬戌夏五郡守可堂吳繹書
于三山郡齋

通志二百卷

宋鄭樵撰。元大德三山郡庠刻元明遞修本。半葉九行,行二十一字,黑口,左右雙邊。版心有字數。有刻工。框 29.2×20.2 釐米。已入選首批《國家珍貴古籍名錄》。

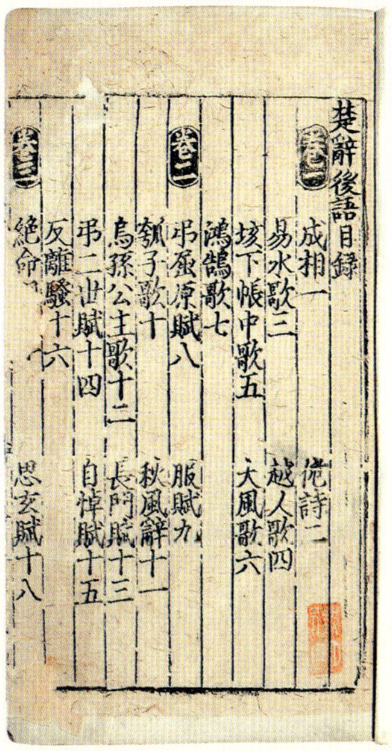

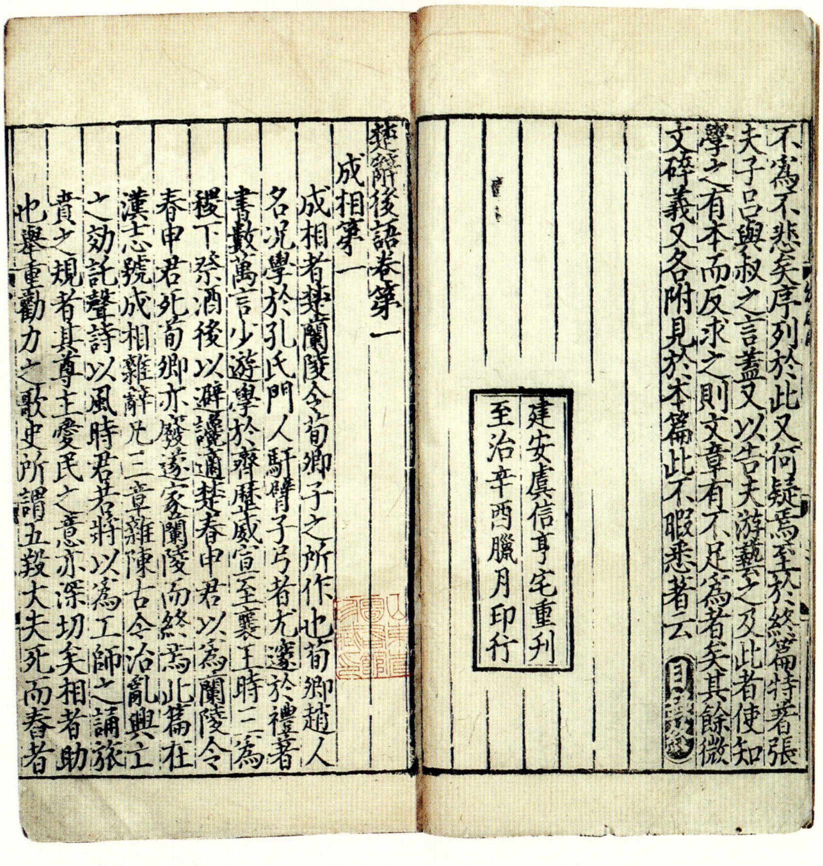

楚辭集注八卷辯證二卷後語六卷

宋朱熹撰。元至治元年(1321)建安虞信亨宅刻本。半葉十一行,行十七至十九字不等,小字雙行二十四字,細黑口,左右雙邊。框 20×12.5 釐米。有牌記:“建安虞信亨宅重刊,至治辛酉臘月印行”。鈐有“徵明”印記。

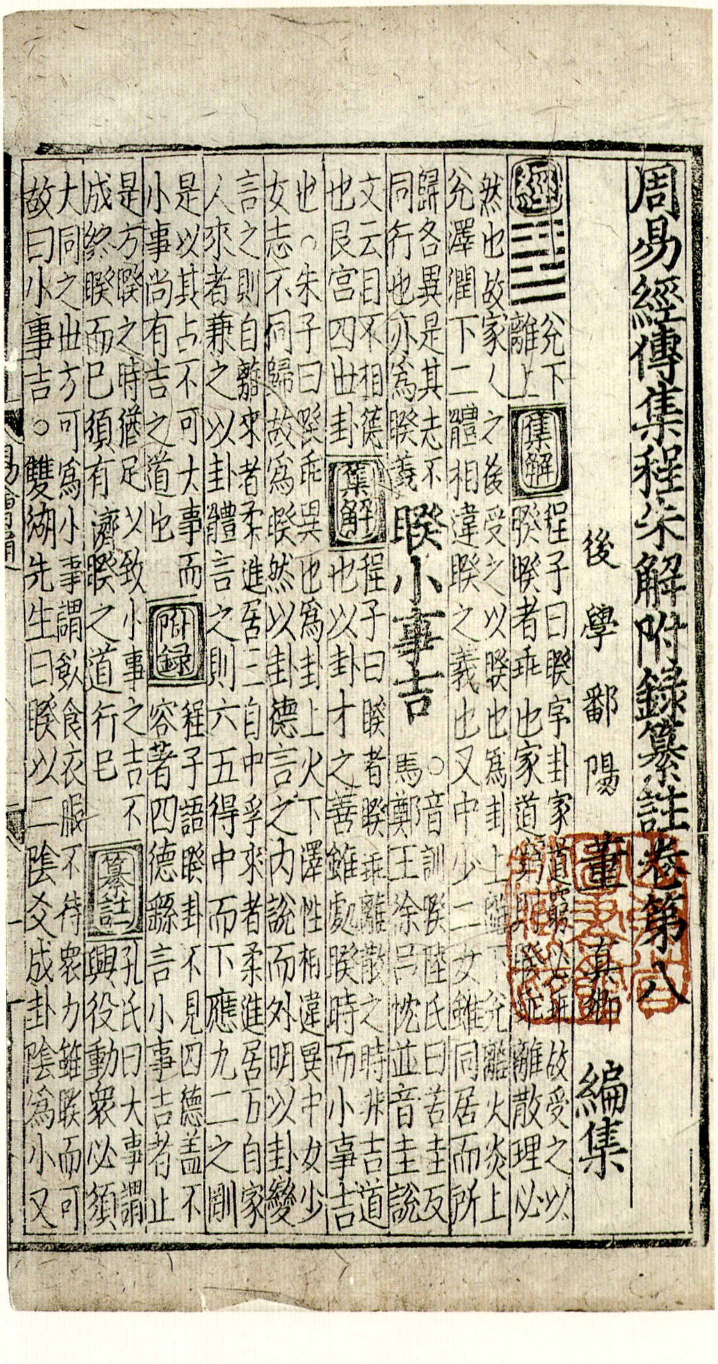
周易經傳集程朱解附錄纂註卷第八
後學鄱陽董真卿編集
經 ䷥ 兌下離上 集解 程子曰睽序卦家道窮必乖故受之以睽睽者乖也家道窮則離散理必然也故家人之後受之以睽也為卦上離下兌離火炎上兌澤潤下二體相違睽之義也又中少二女雖同居而所歸各異是其志不同行也亦為睽義
睽小事吉
○音訓睽陸氏曰苦圭反馬鄭王徐呂忱並音圭說文云目不相聽也艮宮四世卦
集解 程子曰睽者睽乖離散之時非吉道也以卦才之善雖處睽時而小事吉也○朱子曰睽乖異也為卦上火下澤性相違異中女少女志不同歸故為睽然以卦德言之內說而外明以卦變言之則自離來者柔進居三自中孚來者柔進居五自家人來者兼之以卦體言之則六五得中而下應九二之剛是以其占不可大事而小事尚有吉之道也
附錄 程子語睽卦不見四德蓋不容著四德纂言小事吉者止是方睽之時從足以致小事之吉不成終睽而已須有濟睽之道行已
纂註 孔氏曰大事謂興役動衆必須大同之世方可為小事謂飲食衣服不待衆力雖睽而可故曰小事吉○雙湖先生曰睽以二陰爻成卦陰為小又

周易經傳集程朱解附錄纂註十四卷朱子易圖附錄纂註一卷朱子啓蒙五贊附錄纂註一卷朱子筮義附錄纂註一卷

元董真卿撰。元刻本。存十三卷。半葉十一行，行十九字，小字雙行二十二字，細黑口，四周雙邊。框 20.4×13 釐米。前有元元統二年董僎序。鈐有“孝陸”、“趙錄績印”、“趙氏模鬯閣收藏圖籍書畫印”等印記。已入選首批《國家珍貴古籍名錄》。

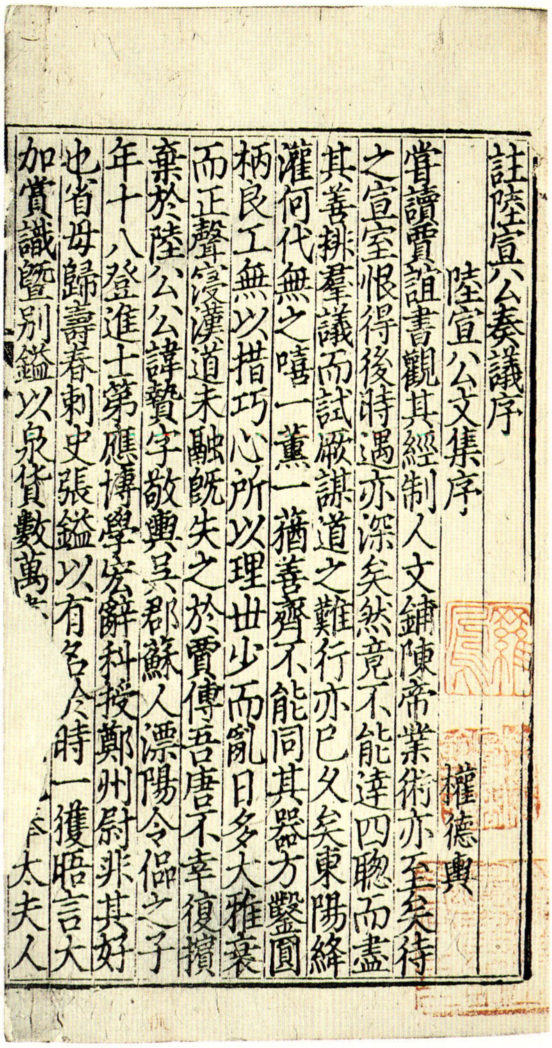
註陸宣公奏議序

陸宣公文集序

權德輿

嘗讀賈誼書觀其經制人文鋪陳帝業術亦至矣待之宣室恨得後時遇亦深矣然竟不能達四聰而盡其善排羣議而試厥謀道之難行亦已久矣東陽絳灌何代無之噫一薰一蕕善齊不能同其器方鑿圓柄良工無以措巧心所以理世少而亂日多大雅衰而正聲寖漢道未融既失之於賈傅吾唐不幸復擯棄於陸公公諱贄字敬輿吳郡蘇人溧陽令偘之子年十八登進士第應博學宏辭科授鄭州尉非其好也省母歸壽春刺史張鎰以有名於時一獲晤言大加賞識暨別鎰以泉貨數萬[illegible]太夫人

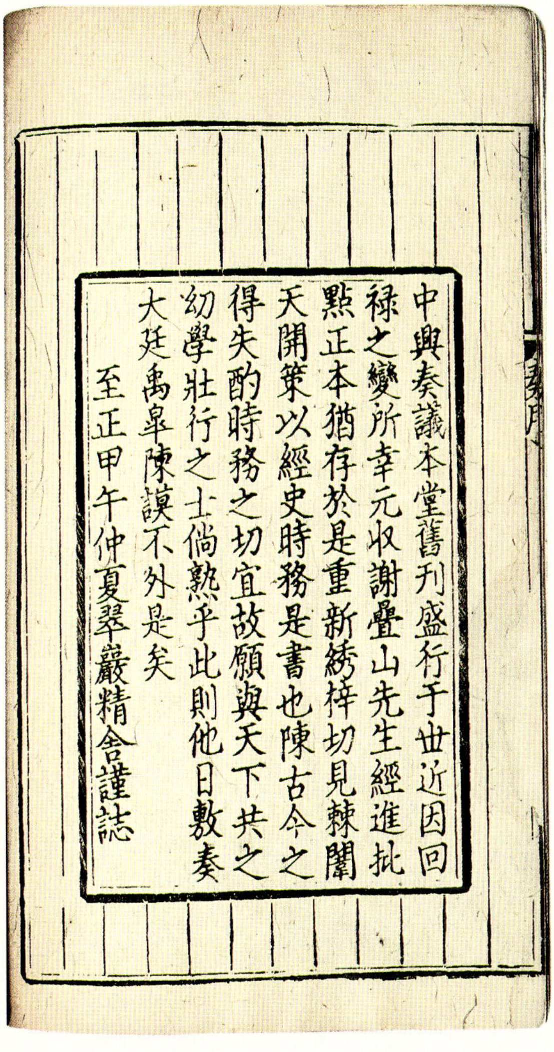
中興奏議本堂舊刊盛行于世近因回祿之變所幸元收謝疊山先生經進批點正本猶存於是重新綉梓切見棘闈天開策以經史時務是書也陳古今之得失酌時務之切宜故願與天下共之㓜學壯行之士倘熟乎此則他日數奏大廷禹皋陳謨不外是矣

至正甲午仲夏翠巖精舍謹誌

註陸宣公奏議十五卷

唐陸贄撰，宋郎曄注。元至正十四年（1354）劉氏翠巖精舍刻本。半葉十二行，行二十三字，小字雙行二十三字，小黑口，四周雙邊。框 18.8×12.4 釐米。有牌記："至正甲午仲夏翠巖精舍重刊"。已入選首批《國家珍貴古籍名錄》。

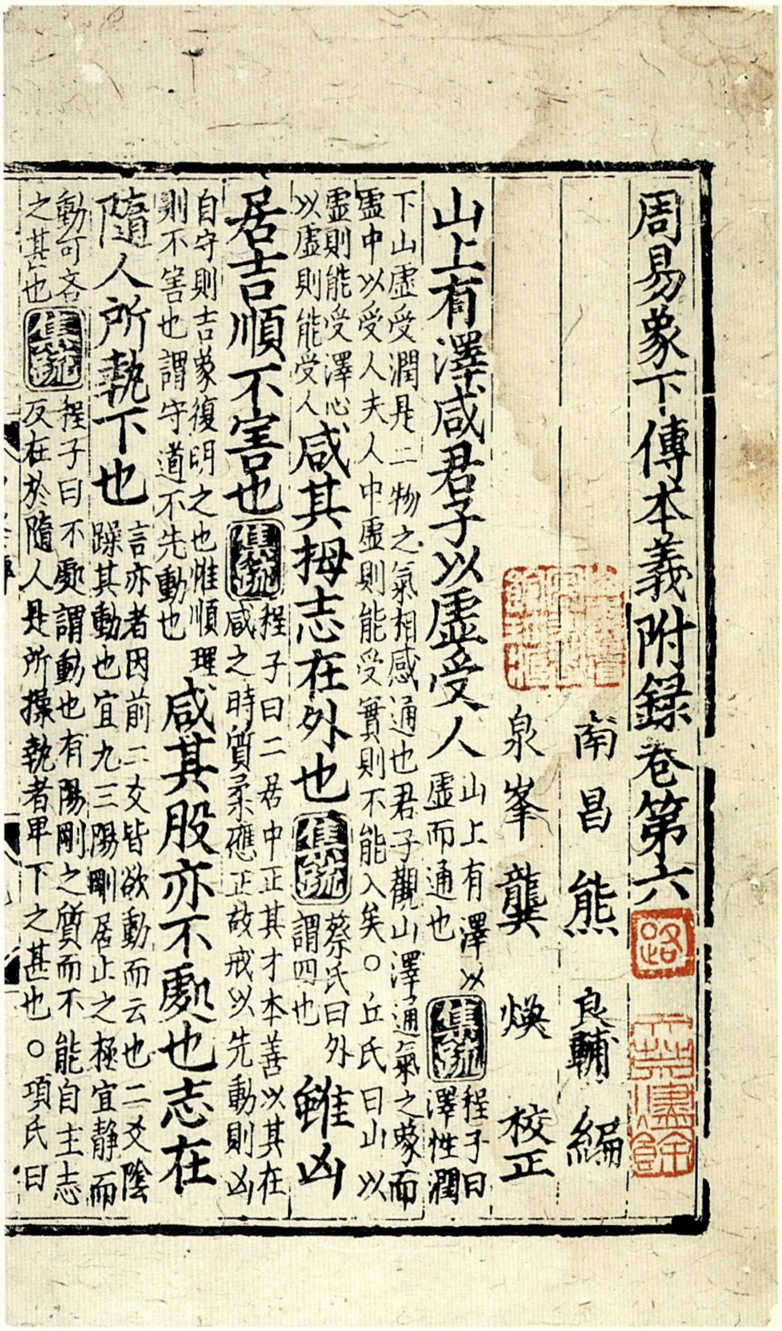
周易象下傳本義附録卷第六
南昌熊良輔編
泉峯龔煥校正
山上有澤咸君子以虚受人山上有澤以虚而通也集疏程子曰澤性潤
下山虚受潤是二物之氣相感通也君子觀山澤通氣之象而虚中以受人夫人中虚則能受實則不能入矣○丘氏曰山以
虚則能受澤心以虚則能受人咸其拇志在外也集疏蔡氏曰外謂四也雖凶
居吉順不害也集疏程子曰二居中正其才本善以其在咸之時質柔應正故戒以先動則凶
自守則吉象復明之也惟順理則不害也謂守道不先動也咸其股亦不處也志在
隨人所執下也言亦者因前二爻皆欲動而云也二爻陰躁其動也宜九三陽剛居止之極宜靜而
動可吝之甚也集疏程子曰不處謂動也有陽剛之質而不能自主志反在於隨人是所操執者卑下之甚也○項氏曰

周易本義集成十二卷

元熊良輔撰。元刻本。存七卷。半葉十行,行十七至十九字不等,小字雙行二十三至二十六字不等。細黑口或粗黑口,四周雙邊。框 19.7×13.6 釐米。鈐有“路”、“大荒爐餘”印記。已入選首批《國家珍貴古籍名錄》。

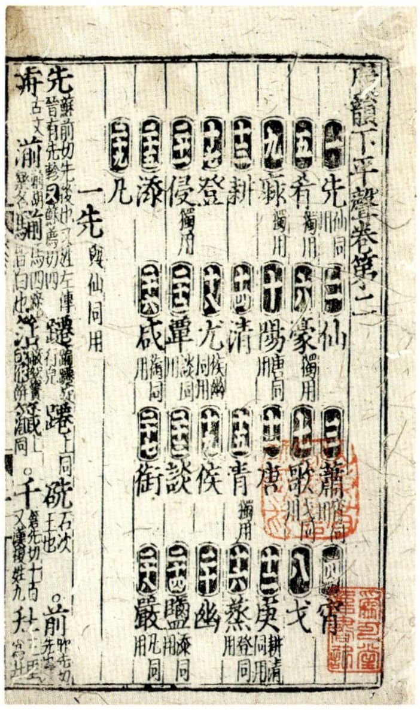
廣韻下平聲卷第二
一先仙同用 二仙 三蕭宵同用 四宵
五肴獨用 六豪獨用 七歌戈同用 八戈
九麻獨用 十陽唐同用 十一唐 十二庚耕清同用
十三耕 十四清 十五青獨用 十六蒸登同用
十七登 十八尤侯幽同用 十九侯 二十幽
二十一侵獨用 二十二覃談同用 二十三談 二十四鹽添同用
二十五添 二十六咸銜同用 二十七銜 二十八嚴凡同用
二十九凡
一先

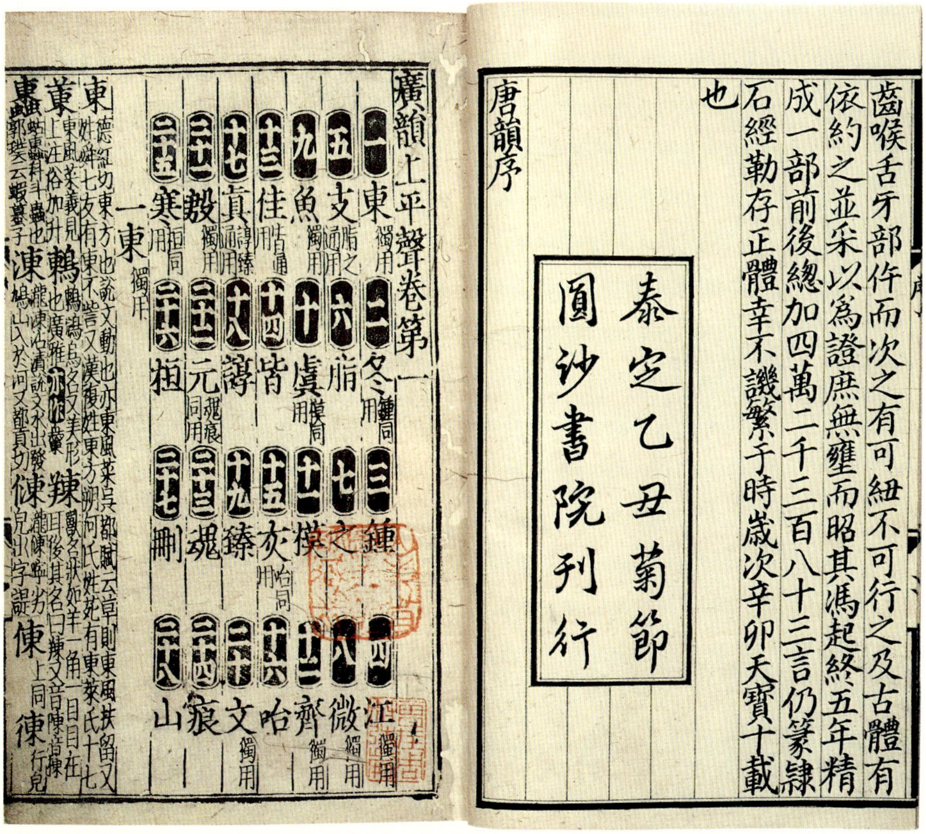
齒喉舌牙部件而次之有可紐不可行之及古體有
依約之並采以爲證庶無壅而昭其馮起終五年精
成一部前後總加四萬二千三百八十三言仍篆隸
石經勒存正體幸不譏繁于時歲次辛卯天寶十載
也

泰定乙丑菊節
圓沙書院刊行

唐韻序

廣韻上平聲卷第一
一東獨用 二冬鍾同用 三鍾 四江獨用
五支脂之同用 六脂 七之 八微獨用
九魚獨用 十虞模同用 十一模 十二齊獨用
十三佳皆同用 十四皆 十五灰咍同用 十六咍
十七真諄臻同用 十八諄 十九臻 二十文獨用
二十一殷獨用 二十二元魂痕同用 二十三魂 二十四痕
二十五寒桓同用 二十六桓 二十七刪 二十八山
一東

廣韻五卷

宋陳彭年等撰。元刻本。半葉十二行，行二十七至三十二字不等，黑口，四周雙邊。框 21.7×13.2 釐米。前有鈔配天寶十年《陳州司馬孫愐唐韻序》，又有鈔配牌記：“泰定乙丑菊節圓沙書院刊行”。鈐有“為可堂藏書記”、“粹芬閣”、“曾在周叔弢處”等印記。已入選首批《國家珍貴古籍名錄》。

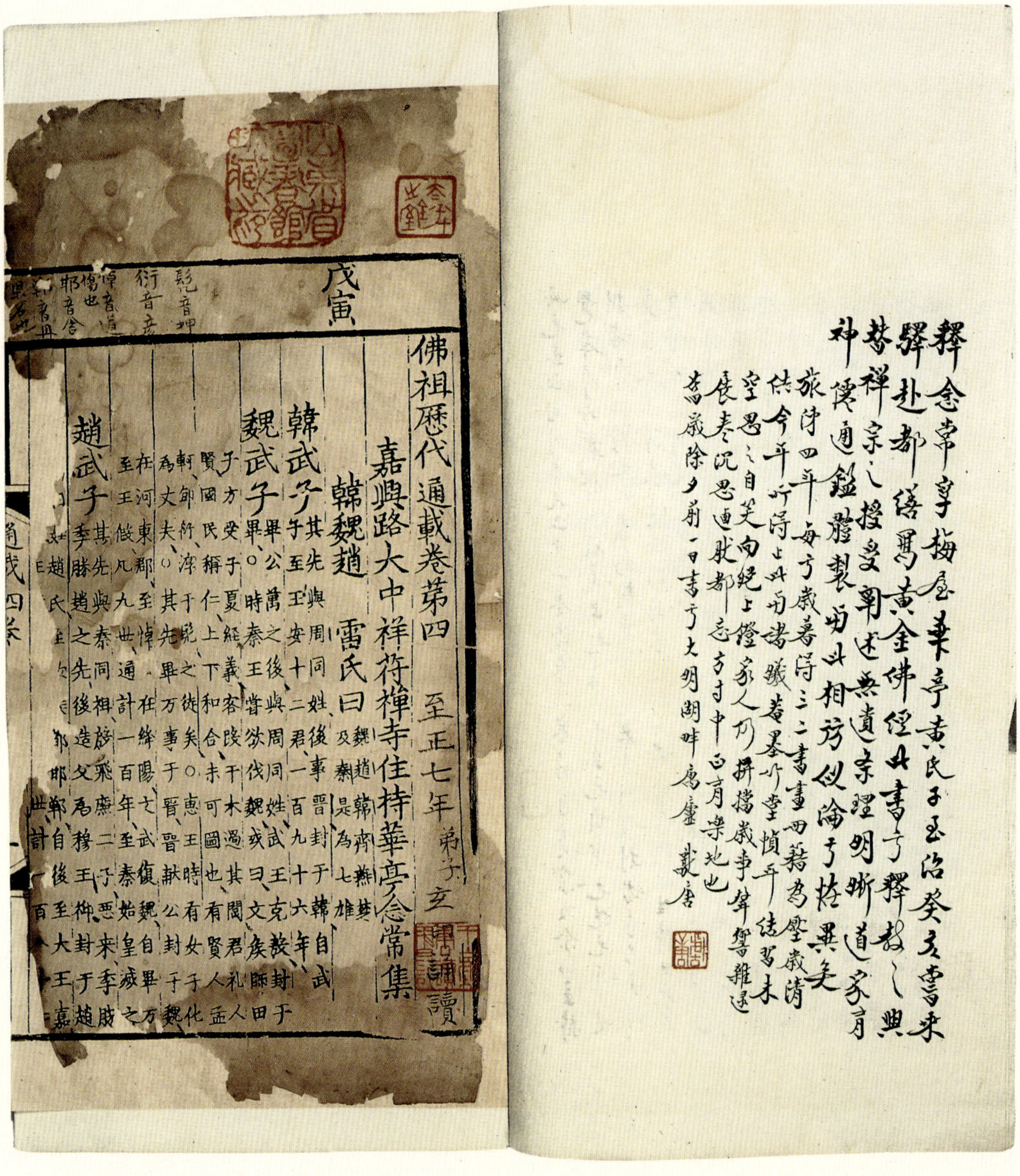

佛祖歷代通載二十二卷

元釋念常撰。元刻本(王獻唐跋)。存五卷。半葉十行,行二十字,小字雙行十八至十九字不等,黑口,左右雙邊。框 21.7×13.2 釐米。卷四末刻:“本寺維那惠顏慶孕助刊此卷”,卷六末刻:“大市門萬佛禪寺住持日東中選刊。”鈐有“王獻唐讀書記”、“獻唐”等印記。

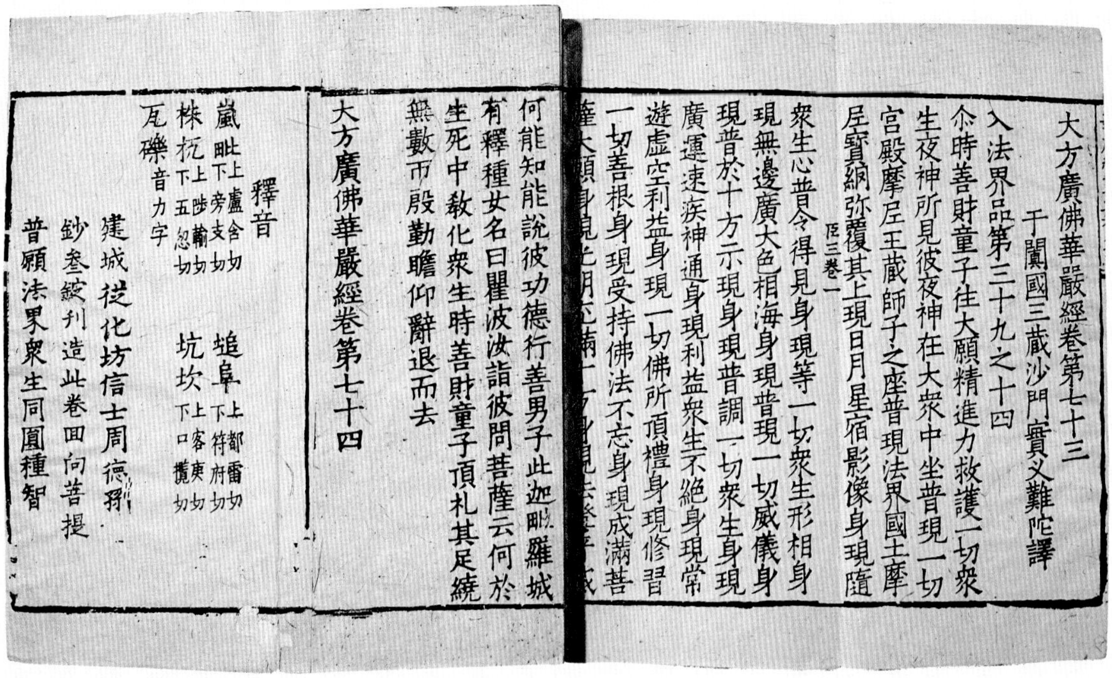
大方廣佛華嚴經卷第七十三
于闐國三藏沙門實叉難陀譯
入法界品第三十九之十四
尒時善財童子往大願精進力救護一切衆
生夜神所見彼夜神在大衆中坐普現一切
宮殿摩尼王藏師子之座普現法界國土摩
尼寶網弥覆其上現日月星宿影像身現隨
衆生心普令得見身現等一切衆生形相身
現無邊廣大色相海身現普現一切威儀身
現普於十方示現身現普調一切衆生身現
廣運速疾神通身現利益衆生不絕身現常
遊虛空利益身現一切佛所頂禮身現修習
一切善根身現受持佛法不忘身現成滿菩
[illegible]
何能知能說彼功德行善男子此迦毗羅城
有釋種女名曰瞿波汝詣彼問菩薩云何於
生死中教化衆生時善財童子頂札其足繞
無數帀殷勤瞻仰辭退而去
大方廣佛華嚴經卷第七十四
釋音
嵐毗 上盧含切 下旁支切
槌阜 上都雷切 下符府切
株杌 上陟輸切 下五忽切
坑坎 上客庚切 下口攬切
瓦礫 音力字
建城從化坊信士周德孫
鈔叁錠刊造此卷回向菩提
普願法界衆生同圓種智

大方廣佛華嚴經八十卷

唐釋實叉難陀譯。元刻本。存二十四卷。半葉七行,行十七字,白口,四周單邊。框 18×8.2 釐米。卷二十六末刻:“建甯路浦城信士曹弘信喜舍賓鈔三錠刊此卷”;卷七十四末刻:“建城從化坊信士周德孫鈔叁錠刊造此卷”;卷七十六末刻:“永安禪寺比丘大真刊經壹卷奉為先宗考妣信施”。經摺裝。孤本。

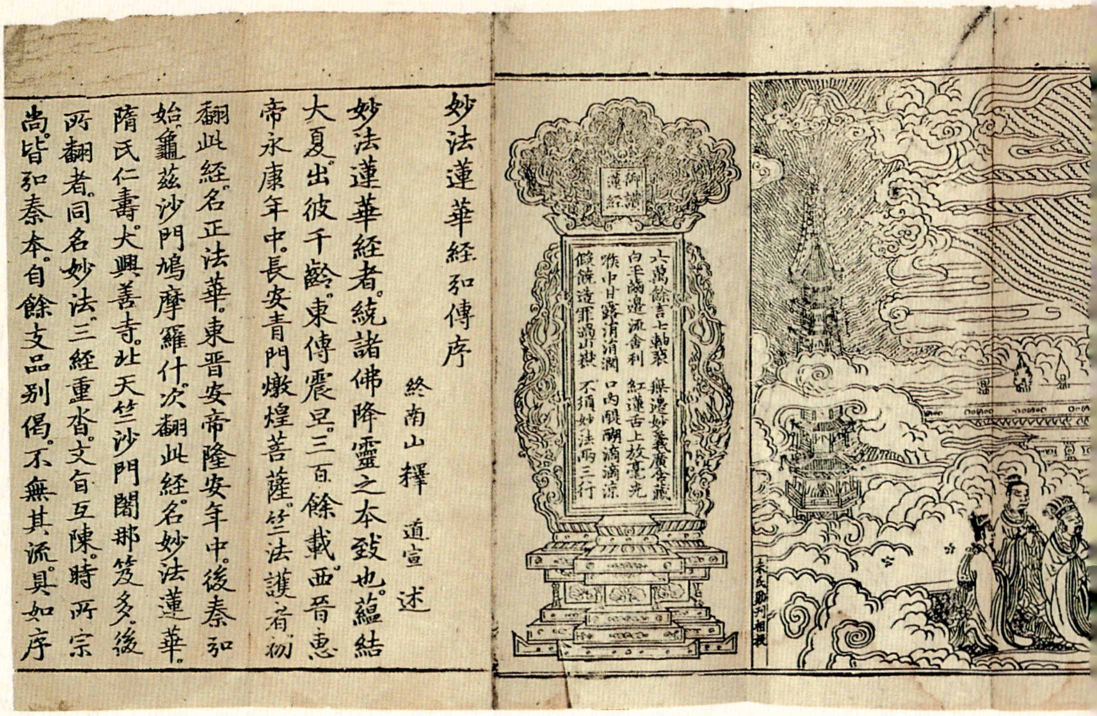
妙法蓮華經弘傳序
終南山釋　道宣　述
妙法蓮華經者。統諸佛降靈之本致也。蘊結大夏。出彼千齡。東傳震旦。三百餘載。西晉惠帝永康年中。長安青門燉煌菩薩。竺法護者。初翻此經。名正法華。東晉安帝隆安年中。後秦弘始。龜茲沙門鳩摩羅什。次翻此經。名妙法蓮華。隋氏仁壽大興善寺。北天竺沙門闍那笈多。後所翻者。同名妙法。三經重沓。文旨互陳。時所宗尚。皆弘秦本。自餘支品別偈。不無其流。具如序

妙法蓮華經七卷

後秦釋鳩摩羅什譯。元刻本(配明永樂刻本)。半葉五行,行十七字。框 18.9×8.5 釐米或框 18.2×8.4 釐米。經摺裝。孤本。

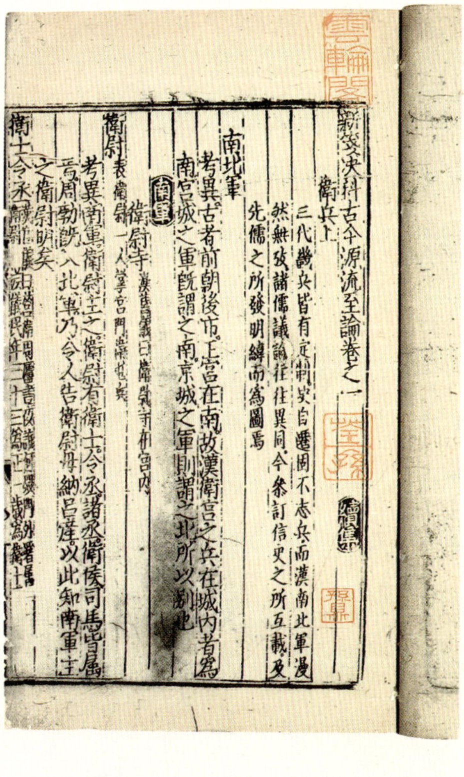

新箋决科古今源流至論卷之一

衛兵上

三代畿兵皆有定制要自選周不忘兵而漢南北軍漫然無考諸儒議論往往異同今參訂信史之所互載及先儒之所發明總而爲圖焉

南北軍

考異 古者前朝後市王宮在南故漢衛宮之兵在城内者爲南宮城之軍既謂之南京城之軍則謂之北所以別也

南軍

衛尉寺

衛尉 表衛尉一人掌宮門衛屯兵

考異 南軍衛尉主之衛尉有衛士令丞諸丞衛侯司馬皆屬焉周勃既入北軍乃令人告衛尉毋納呂産以此知南軍主之衛尉明矣

衛士令丞

新箋决科古今源流至論續集十卷

宋林駉撰。元刻本。半葉十五行，行二十五字，細黑口，四周雙邊。有書耳。框 18.9×12 釐米。鈐有“孫鼎”、“荃孫”、“雙鐘精舍”、“雲輪閣”、“曾在孫師匽處”等印記。

【明清刻本】

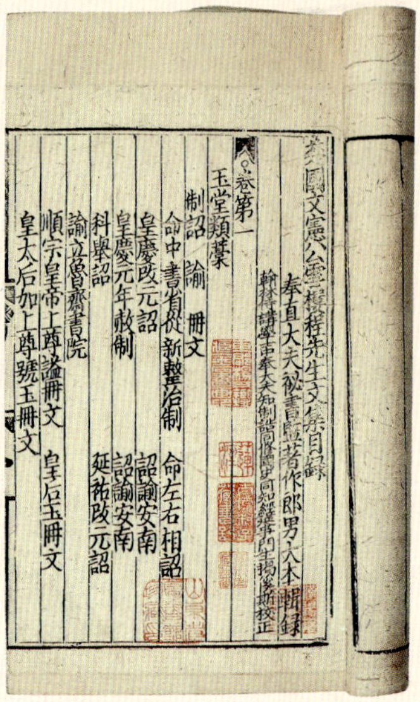

楚國文憲公雪樓程先生文集目錄
奉直大夫秘書監著作郎男大本輯錄
卷第一
玉堂類藁
制誥 詔 諭 冊文
命中書省從新整治制 命左右相詔
皇慶改元詔 詔諭安南
皇慶元年赦制 延祐改元詔
科舉詔
諭立曾參書院
順宗皇帝上尊謚冊文
皇太后加上尊號玉冊文 皇后玉冊文

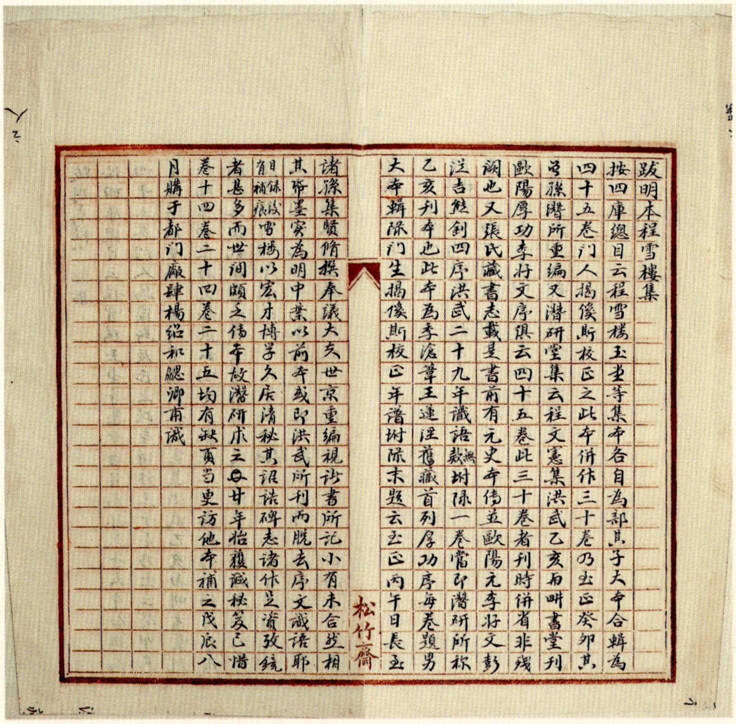

跋明本程雪樓集
按四庫總目云程雪樓玉堂等集本各自為部其子大本合輯為
四十五卷門人揭傒斯校正之此本併作三十卷乃出正癸卯其
孫潛所重編又潛研堂集云程文憲集洪武乙亥與畊書堂刊
歐陽序功李將文序俱云四十五卷此三十卷者刊時併省非殘
闕也又張氏藏書志載是書前有元史本傳並歐陽元李將文彭
注吉[illegible]劍四序洪武二十九年識語無款附錄一卷當即潛研所稱
乙亥刊本也此本為季滄葦王連涇舊藏首列序功序每卷題男
大本輯錄門生揭傒斯校正年譜附錄末題云至正丙午日長至
諸孫集賢脩撰奉議大夫世京重編視諸書所記小有未合並相
其紙墨實為明中葉以前本或即洪武所刊而脫去序文識語耶
目錄後[illegible]雪樓以宏才博學久處清秘其詔誥碑志諸作足資考鏡
者甚多而世間頗乏傳本故潛研求之垂廿年始獲識秘笈已惜
卷十四卷二十四卷二十五均有缺頁當更訪他本補之戊辰八
月購于都門廠肆楊紹和勰卿甫識

松竹齋

楚國文憲公雪樓程先生文集三十卷

元程鉅夫撰。年譜一卷。元程世京撰。附錄一卷。明洪武二十八年(1395)與耕書堂刻本(清康綸鈞、楊紹和跋)。半葉十三行,行二十二字,黑口,左右雙邊。框 19.1×14 釐米。前有歐陽玄序。鈐有“季振宜藏書”、“蓮涇”、“太原叔子藏書記”、“海源閣藏書”、“東郡楊氏海源閣藏”、“東郡楊氏鑒藏金石書畫印”、“楊氏海原閣藏”、“瀛海僊班”、“東郡楊紹和字彥合藏書之印”、“彥合珍存”、“楊彥和讀書”、“紹和筠岩”、“楊二協卿”、“楊紹和讀過”、“協卿讀過”、“紹和協卿”等印記。已入選首批《國家珍貴古籍名錄》。

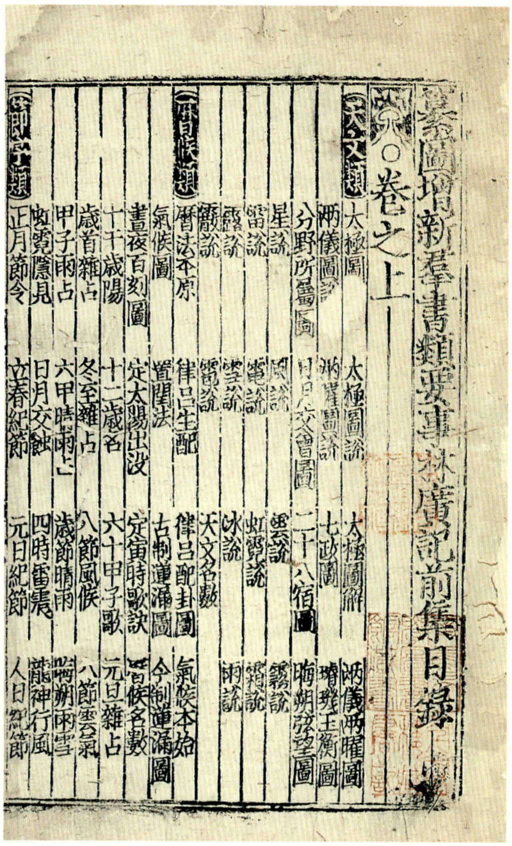

纂圖增新羣書類要事林廣記前集目錄
○卷之上
天文類 太極圖 太極圖說 太極圖解 兩儀兩曜圖
兩儀圖說 納甲圖說 七政圖 璿璣玉衡圖
分野所屬圖 日月交會圖 二十八宿圖 晦朔弦望圖
星說 風說 雲說 霧說
雷說 電說 虹霓說 霜說
露說 雪說 冰說 雨說
霰說 雹說 天文名數
節候類 曆法本原 律呂生配 律呂配卦圖 氣候本始
氣候圖 置閏法 古制蓮漏圖 今制蓮漏圖
晝夜百刻圖 定太陽出沒 定寅時歌訣 [illegible]候名數
十干歲陽 十二歲名 六十甲子歌 元旦雜占
歲首雜占 冬至雜占 八節風候 八節雲氣
甲子雨占 六甲晴雨占 歲節晴雨 晦朔雨雪
虹霓隱見 日月交蝕 四時雷震 龍神行風
節序類 正月節令 立春紀節 元日紀節 人日紀節

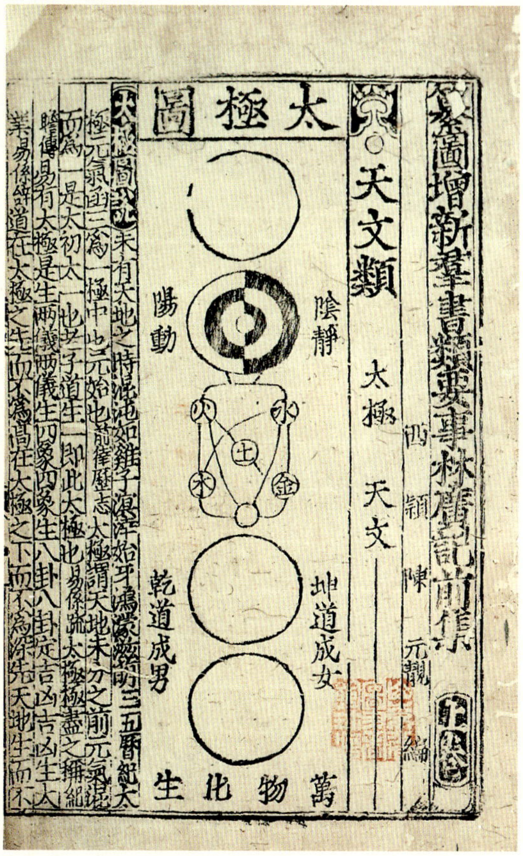

纂圖增新羣書類要事林廣記前集
○天文類 太極 天文
西穎 陳 元靚 編

太極圖

太極圖說 未有天地之時混沌如雞子溟涬始牙鴻濛滋萌三五曆紀太極元氣函三為一極中也元始也前漢曆志太極謂天地未分之前元氣混而為一是太初太一也老子道生一即此太極也易係疏太極極盡之稱繫辭傳易有太極是生兩儀兩儀生四象四象生八卦八卦定吉凶吉凶生大業易係辭道在太極之先而不為高在太極之下而不為深先天地生而不

纂圖增新羣書類要事林廣記前集二卷後集二卷

宋陳元靚編。明初刻本。半葉十八、十九行不等，行三十字，大黑口，四周雙邊。框 20.6×13.6 釐米。鈐有“八千卷樓藏書之記”。金鑲玉裝。

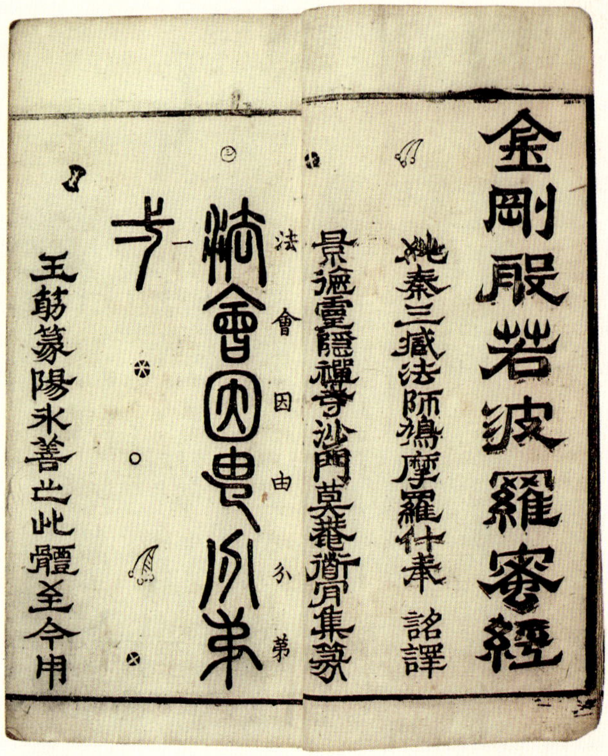

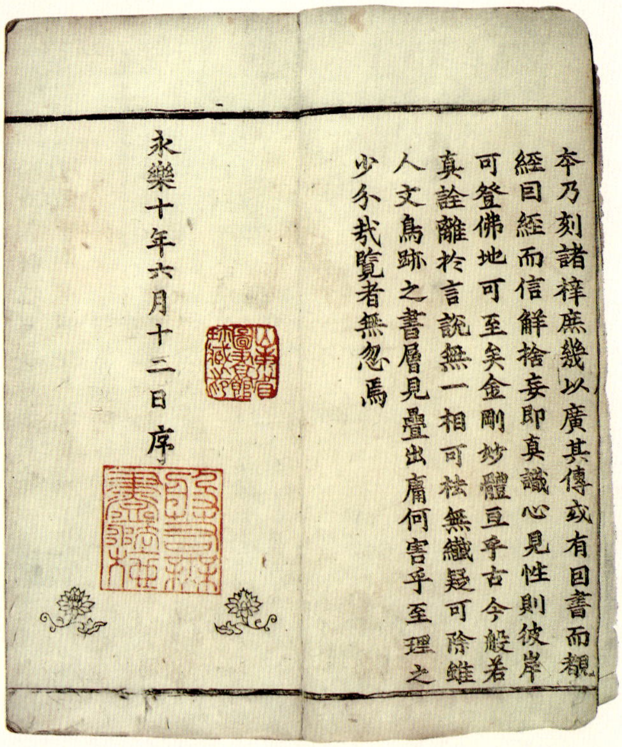

金剛般若波羅蜜經一卷

後秦釋鳩摩羅什譯，明釋莫菴道肯集篆。明永樂十年(1412)刻本。序半葉七行，行十七字，文半葉六行，行七字，上下單邊。框 26.7×14 釐米。

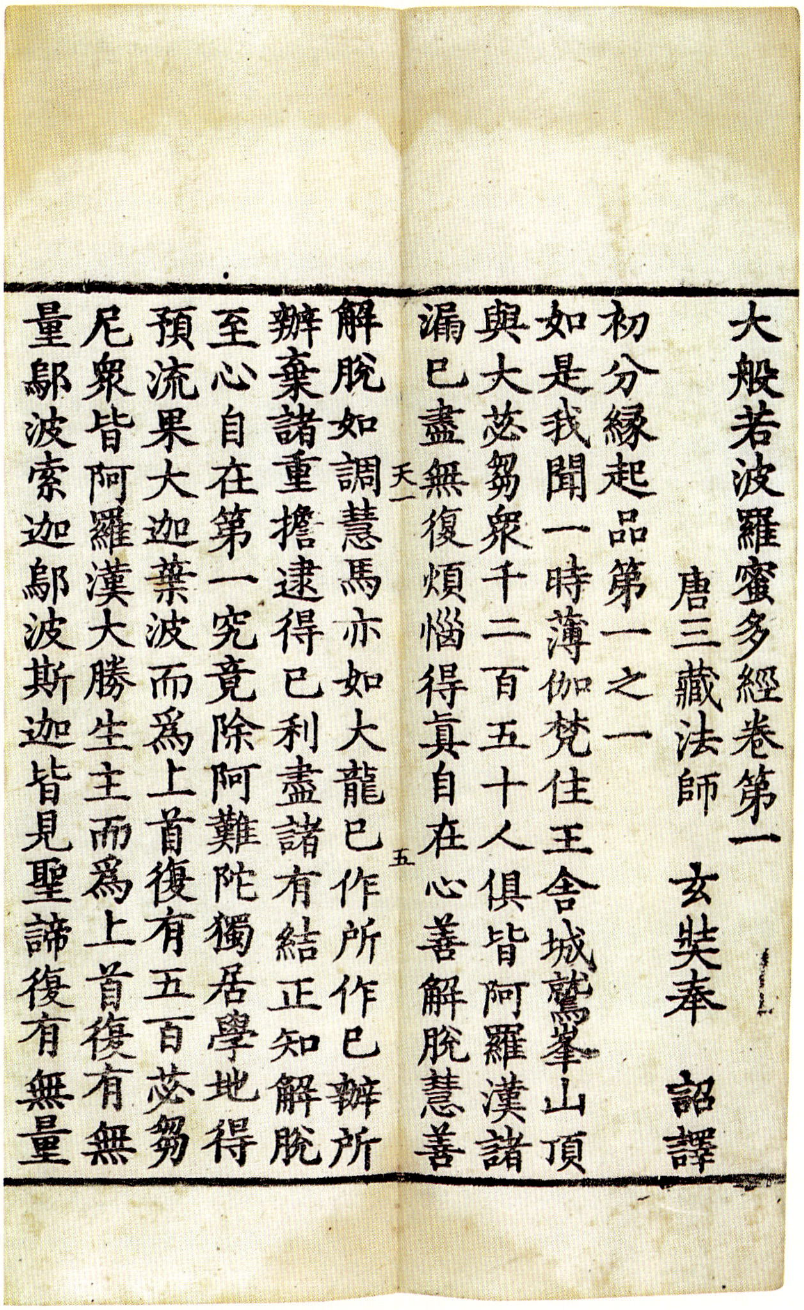
大般若波羅蜜多經卷第一
唐三藏法師　玄奘奉　詔譯
初分緣起品第一之一
如是我聞一時薄伽梵住王舍城鷲峯山頂
與大苾芻衆千二百五十人俱皆阿羅漢諸
漏已盡無復煩惱得真自在心善解脫慧善
天一　五
解脫如調慧馬亦如大龍已作所作已辦所
辦棄諸重擔逮得已利盡諸有結正知解脫
至心自在第一究竟除阿難陀獨居學地得
預流果大迦葉波而爲上首復有五百苾芻
尼衆皆阿羅漢大勝生主而爲上首復有無
量鄔波索迦鄔波斯迦皆見聖諦復有無量

永樂南藏六千三百三十一卷續藏四百十卷

明永樂十至十五年(1412–1417)刻萬曆十二年(1584)續刻本。存六千五百十二冊。半葉六行,行十七字,白口,四周單邊。框 24.5×11.1 釐米。每字頭卷末有牌記:“南京大功坊西廊下經房姜奉山印行”,“我”十、“勸”十卷末有牌記:“大明萬曆十二年七月吉旦慈聖宣文明肅皇太后印造”。已入選首批《國家珍貴古籍名錄》。

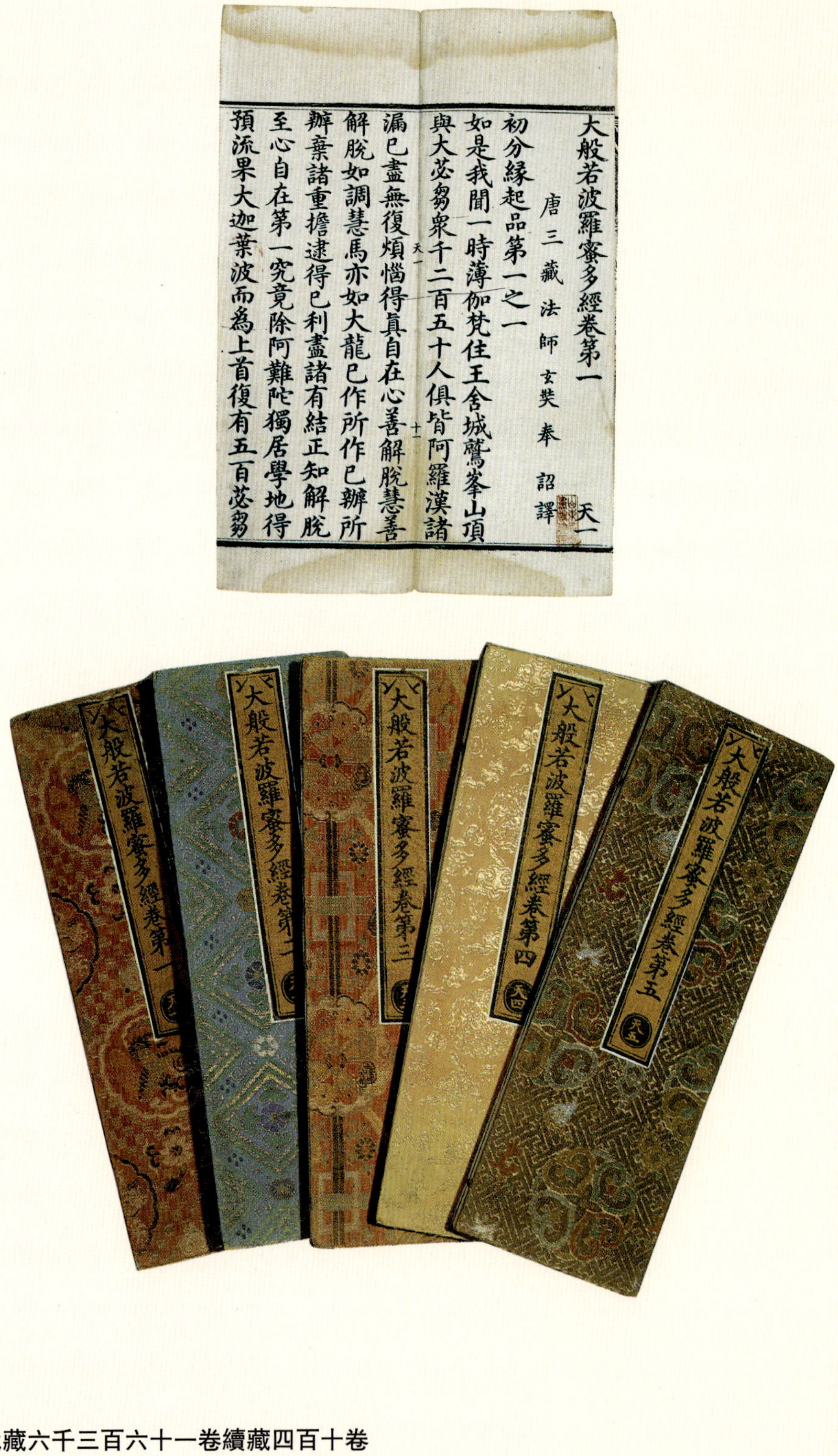

永樂北藏六千三百六十一卷續藏四百十卷

明永樂十九年至正統五年（1421–1440）刻萬曆十二年（1584）續刻本。存五千一百四十四卷。半葉五行，行十七字，白口。框 27.9×12.9 釐米。扉頁有牌記："大明正統五年十一月十一日"，卷末有牌記："大明萬曆二十年九月吉旦慈聖宣文明肅皇太后印造"。每頁後均鈐有朱印"御記"。已入選首批《國家珍貴古籍名錄》。

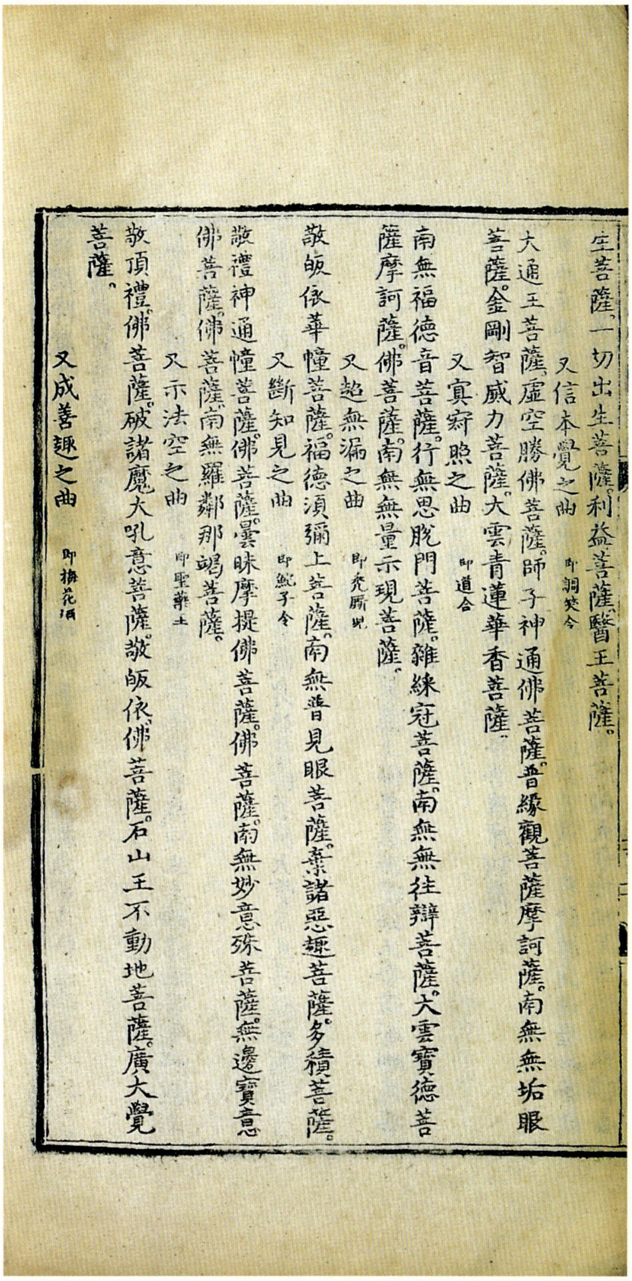
生菩薩，一切出生菩薩。利益菩薩。醫王菩薩。
又信本覺之曲 即調笑令
大通王菩薩。虚空勝佛菩薩。師子神通佛菩薩。普緣觀菩薩摩訶薩。南無無垢眼
菩薩。金剛智威力菩薩。大雲青蓮華香菩薩。
又寘寂照之曲 即道合
南無福德音菩薩。行無思脱門菩薩。雜絲冠菩薩。南無無往辯菩薩。大雲寶德菩
薩摩訶薩。佛菩薩。南無無量示現菩薩。
又超無漏之曲 即兖厮兒
敬皈依華幢菩薩。福德須彌上菩薩。南無普見眼菩薩。棄諸惡趣菩薩。多積菩薩。
又斷知見之曲 即紇子令
敬禮神通幢菩薩。佛菩薩。曇昧摩提佛菩薩。佛菩薩。南無妙意殊菩薩。無邊寶意
佛菩薩。佛菩薩。南無羅鄰那竭菩薩。
又示法空之曲 即聖葫土
敬頂禮。佛菩薩。破諸魔大吼意菩薩。敬皈依。佛菩薩。石山王不動地菩薩。廣大覺
菩薩。
又成善趣之曲 即梅花酒

諸佛世尊如來菩薩尊者名稱歌曲不分卷

明成祖朱棣撰。明永樂内府刻本。半葉十六行，行三十一字，大黑口，四周雙邊。框 30×19.3 釐米。

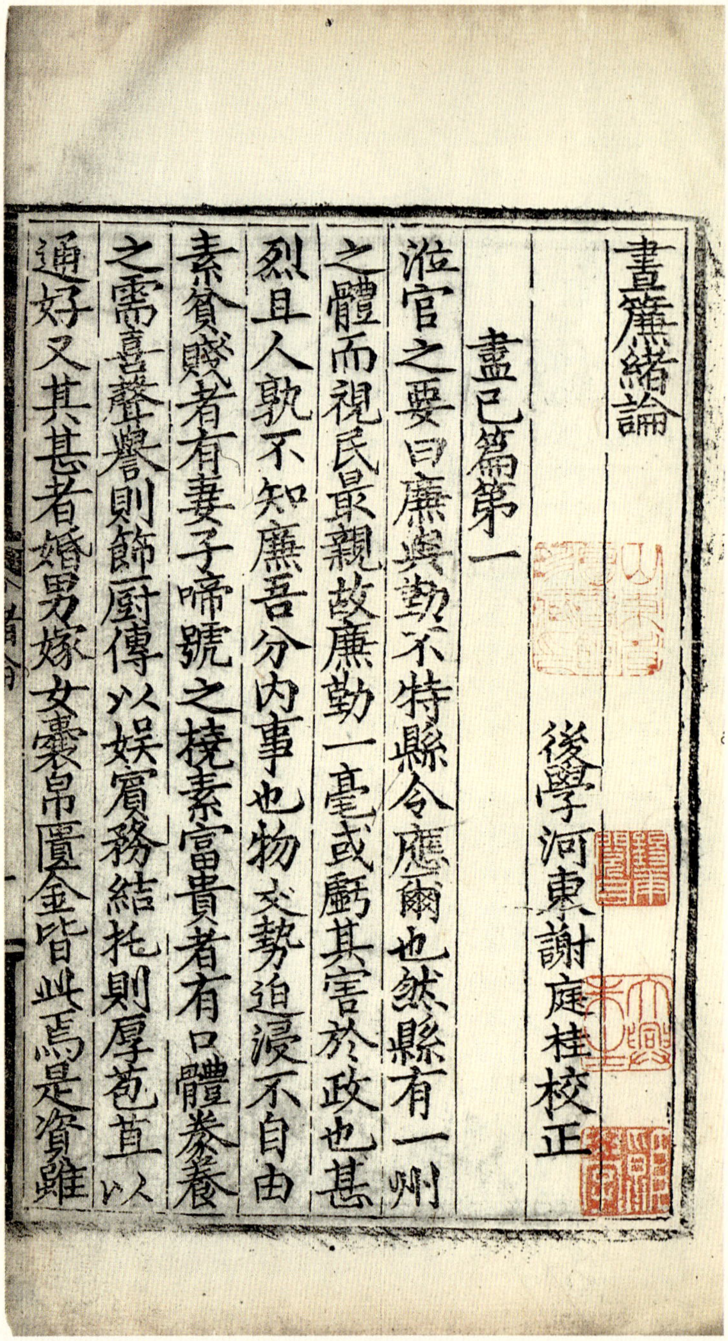

晝簾緒論

後學河東謝庭桂校正

盡己篇第一

涖官之要曰廉與勤不特縣令應爾也然縣有一州之體而視民最親故廉勤一毫或虧其害於政也甚烈且人孰不知廉吾分內事也物交勢迫寖不自由素貧賤者有妻子啼號之撓素富貴者有口體豢養之需喜聲譽則飾廚傳以娛賓務結托則厚苞苴以人通好又其甚者婚男嫁女裒帛買金皆此焉是資雖

晝簾緒論一卷

宋胡太初撰。明成化七年(1471)何鑑刻本(清朱錫庚跋)。半葉九行,行二十字,大黑口,四周雙邊。框19.2×13.3釐米。前有成化七年王傒序。鈐有"大興朱生"、"錫庚閱目"等印記。金鑲玉裝。

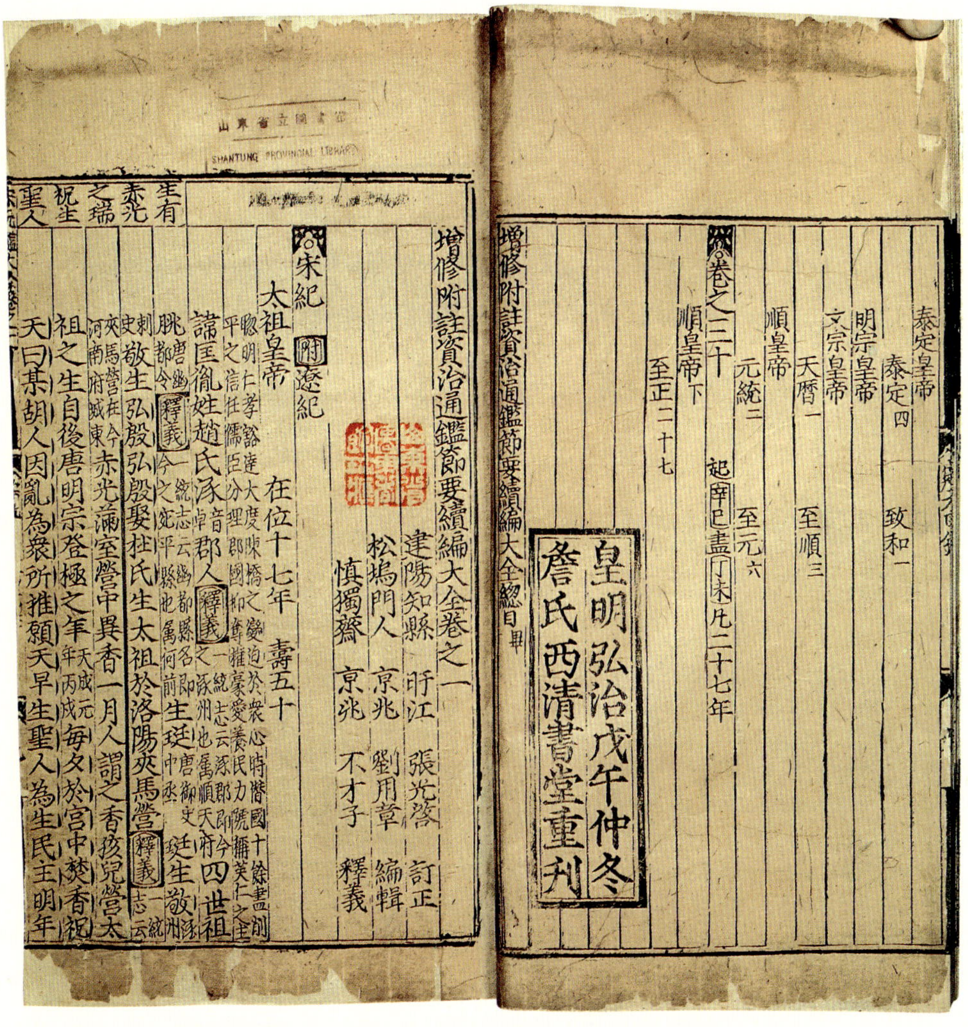

增修附註資治通鑑節要續編大全三十卷

明張光啓訂正，明劉剡編輯，題明不才子釋義。明弘治十一年（1498）詹氏西清書堂刻本。半葉十三行，行二十六字，大黑口，四周雙邊。框 24.5×13 釐米。有牌記“皇明弘治戊午仲冬詹氏西清書堂重刊”、“弘治戊午西清書堂重新校正刊行”。鈐有“廬江王書畫記”、“趙祖修印”印記。

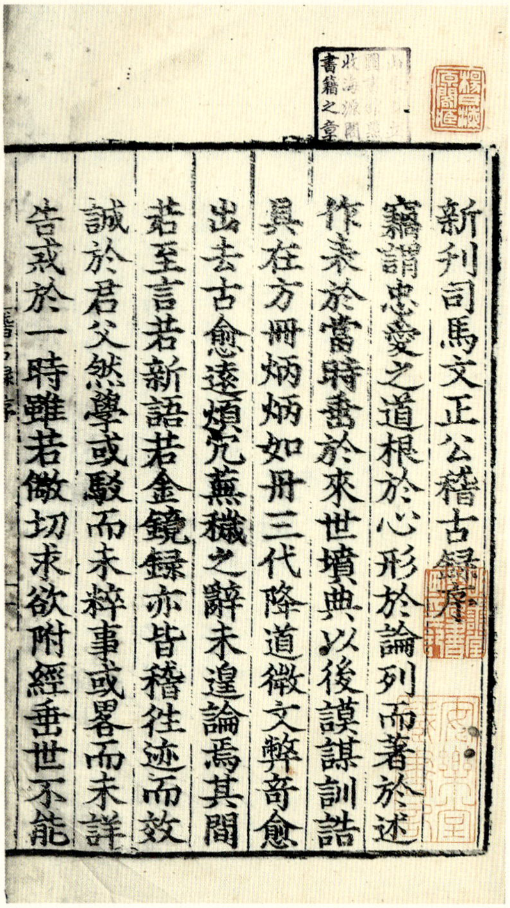

新刊司馬文正公稽古録序
竊謂忠愛之道根於心形於論列而著於述
作求於當時垂於來世墳典以後謨謀訓誥
具在方冊炳炳如冊三代降道微文弊竒愈
出去古愈遠煩冗蕪穢之辭未遑論焉其間
若至言若新語若金鏡録亦皆稽往迹而效
誠於君父然舉或駁而未粹事或畧而未詳
告戒於一時雖若徼切求欲附經垂世不能

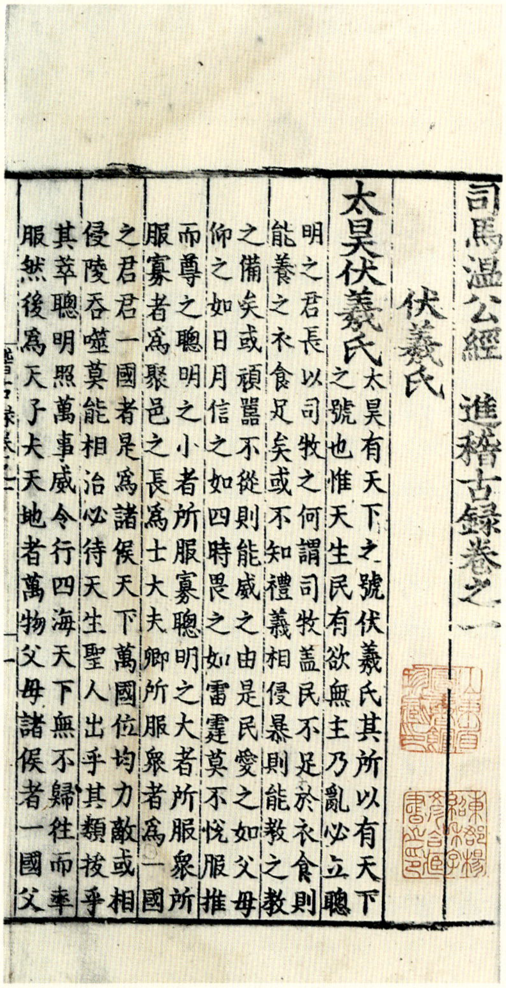

司馬溫公經　進稽古録卷之一
伏羲氏
太昊伏羲氏 太昊有天下之號伏羲氏其所以有天下之號也惟天生民有欲無主乃亂必立聰
明之君長以司牧之何謂司牧蓋民不足於衣食則
能養之衣食足矣或不知禮義相侵暴則能教之教
之備矣或頑嚚不從則能威之由是民愛之如父母
仰之如日月信之如四時畏之如雷霆莫不悅服推
而尊之聰明之小者所服寡聰明之大者所服衆所
服寡者爲聚邑之長爲士大夫卿所服衆者爲一國
之君君一國者是爲諸侯天下萬國位均力敵或相
侵陵吞噬莫能相治必待天生聖人出乎其類拔乎
其萃聰明照萬事威令行四海天下無不歸往而率
服然後爲天子夫天地者萬物父母諸侯者一國父

司馬溫公經進稽古録二十卷

宋司馬光撰。明正德二年(1507)陳鳳梧刻本。半葉八行，行二十一字，小字雙行二十一字，白口，左右雙邊。框 20.4×14.5 釐米。前有正德二年廬陵陳鳳梧序。鈐有“安樂堂藏書記”、“明善堂覽書畫印記”、“楊氏海原閣藏”、“楊氏海原閣鑒藏印”、“東郡楊紹和字彥合藏書之印”等印記。

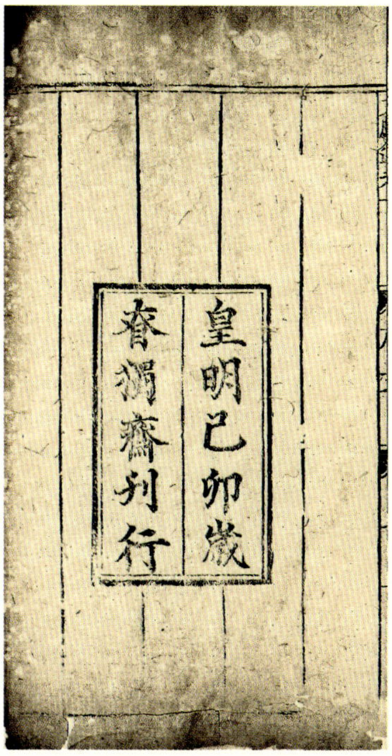

皇明己卯歲
眘獨齋刊行

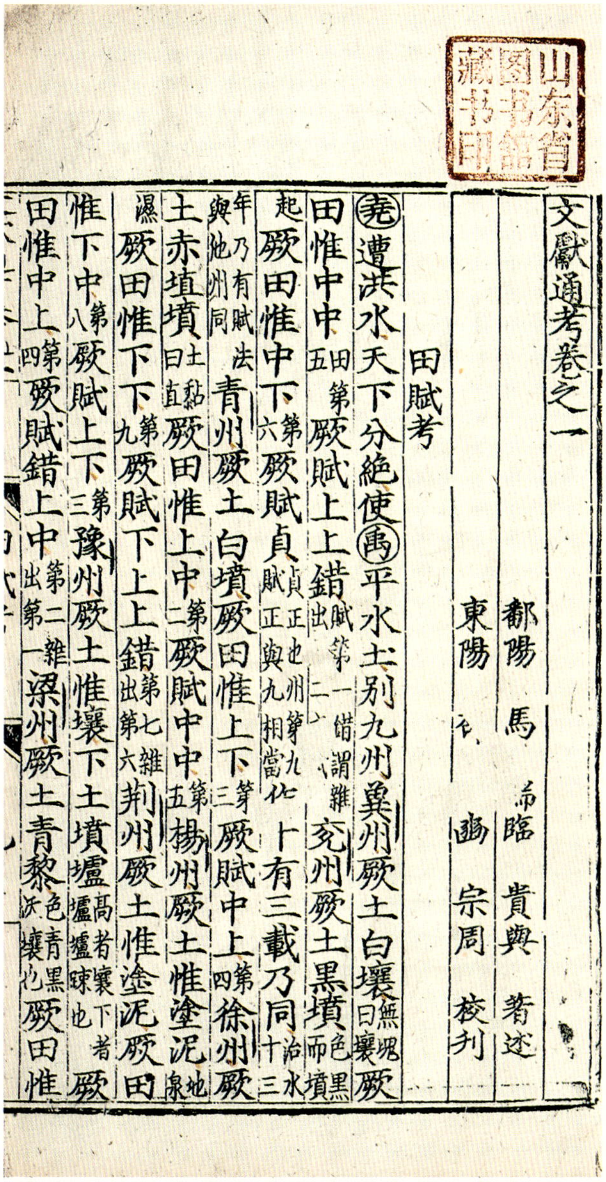

文獻通考卷之一
鄱陽 馬 端臨 貴與 著述
東陽 宗周 校刊
田賦考
堯遭洪水天下分絶使禹平水土別九州冀州厥土白壤(無塊曰壤)厥
田惟中中(第五)厥賦上上錯(賦第一錯謂雜出第二也)兖州厥土黑墳(色黑而墳起)
厥田惟中下(第六)厥賦貞(貞正也州第九賦正與九相當)作十有三載乃同(治水十三年乃有賦法與他州同)
青州厥土白墳厥田惟上下(第三)厥賦中上(第四)徐州厥
土赤埴墳(土黏曰埴)厥田惟上中(第二)厥賦中中(第五)揚州厥土惟塗泥(地泉濕)
厥田惟下下(第九)厥賦下上上錯(第七出第六雜)荊州厥土惟塗泥厥田
惟下中(第八)厥賦上下(第三)豫州厥土惟壤下土墳壚(高者壤下者壚壚疏也)厥
田惟中上(第四)厥賦錯上中(第二雜出第一)梁州厥土青黎(色青黑沃壤也)厥田惟

文獻通考三百四十八卷

元馬端臨撰。明正德十一至十四年(1516—1519)劉洪慎獨齋刻十六年(1521)重修本。半葉十二行,行二十五字,黑口,四周雙邊。框 19×12.7 釐米。序後有書牌:“皇明己卯歲眘獨齋刊行”。目錄後有書牌:“皇明正德戊寅慎獨精舍栞行”。卷末有書牌:“正德十六年十一月內蒙建甯府知府張邵武府同知鄒同校正過,計改差訛一萬一千二百二十一字,書戶劉洪改刊”。卷末有書牌:“皇明正德己卯歲眘獨齋刊行”。鈐有“高唐郝氏藏本”、“郝祖脩”印記。

嵇中散集十卷

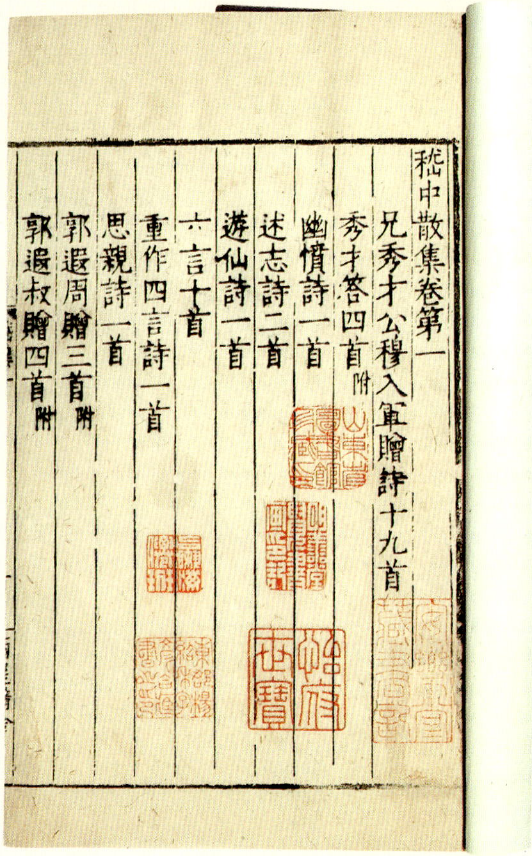
嵇中散集卷第一
兄秀才公穆入軍贈詩十九首
秀才答四首 附
幽憤詩一首
述志詩二首
遊仙詩一首
六言十首
重作四言詩一首
思親詩一首
郭遐周贈三首 附
郭遐叔贈四首 附

魏嵇康撰。明嘉靖四年(1525)黃省曾南星精舍刻本。半葉十一行,行二十字,白口,左右雙邊。框 19.4×14.3 釐米。版心鐫有:“南星精舍”。鈐有“東海徐氏私印”、“文元發”、“安樂堂藏書記”、“明善堂覽書畫印記”、“怡府世寶”、“東郡楊紹和字彥合藏書之印”、“瀛海僊班”、“東郡楊氏海原閣藏”等印記。

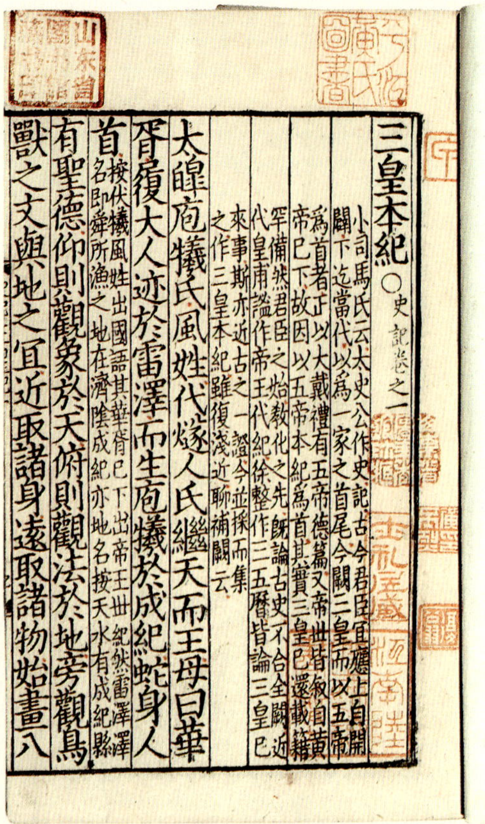
三皇本紀 ○史記卷之一
小司馬氏云太史公作史記古今君臣宜應上自開闢下迄當代以爲一家之首尾今闕三皇而以五帝爲首者正以大戴禮有五帝德篇又帝繫皆叙自黃帝已下故因以五帝本紀爲首其實三皇已還載籍罕備然君臣之始教化之先既論古史不合全闕近代皇甫謐作帝王代紀徐整作三五曆皆論三皇已來事斯亦近古之一證今並採而集之作三皇本紀雖復淺近聊補闕云
太皞庖犧氏風姓代燧人氏繼天而王母曰華胥履大人迹於雷澤而生庖犧於成紀蛇身人首 按伏犧風姓出國語其華胥已下出帝王世紀然雷澤澤名即舜所漁之地在濟陰成紀亦地名按天水有成紀縣
有聖德仰則觀象於天俯則觀法於地旁觀鳥獸之文與地之宜近取諸身遠取諸物始畫八

史記一百三十卷

漢司馬遷撰,劉宋裴駰集解,唐司馬貞索隱,唐張守節正義。明嘉靖四年(1525)汪諒刻本。半葉十行,行十八字,小字雙行二十三字,白口,左右雙邊。有刻工。框 20.1×12.8 釐米。前有張守節史記正義序。八卷卷端下題:“莆田柯維熊校正”。鈐有“季振宜印”、“滄葦”、“平江黃氏圖書”、“黃丕烈印”、“士禮居藏”、“復翁”、“江南陸润□讀書稽古”。

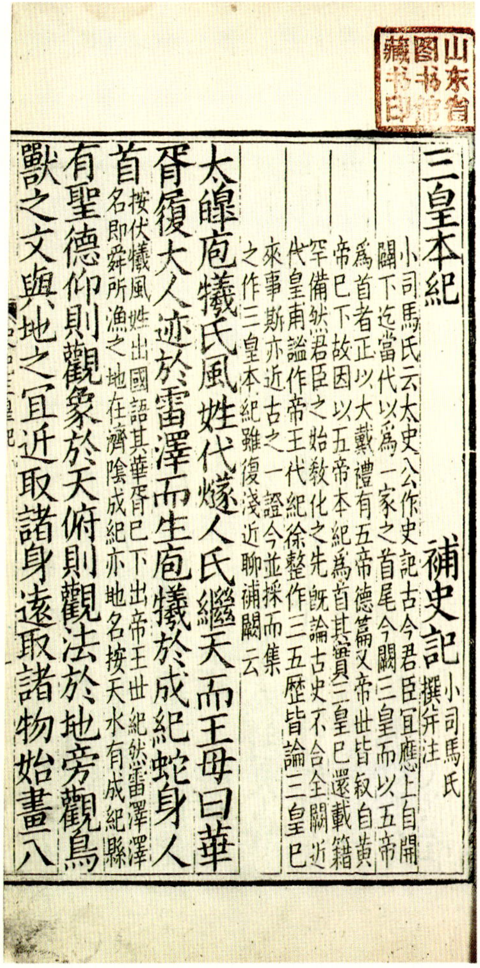

山东省图书馆藏书印

三皇本紀　補史記　小司馬氏撰并注

小司馬氏云太史公作史記古今君臣宜應上自開闢下迄當代以爲一家之首尾今闕三皇而以五帝爲首者正以大戴禮有五帝德篇又帝世皆叙自黄帝已下故因以五帝本紀爲首其實三皇已還載籍罕備然君臣之始教化之先既論古史不合全闕近代皇甫謐作帝王代紀徐整作三五歷皆論三皇已來事斯亦近古之一證今並採而集之作三皇本紀雖復淺近聊補闕云

太皞庖犧氏風姓代燧人氏繼天而王母曰華胥履大人迹於雷澤而生庖犧於成紀蛇身人首按伏犧風姓出國語其華胥已下出帝王世紀然雷澤名即舜所漁之地在濟陰成紀亦地名按天水有成紀縣有聖德仰則觀象於天俯則觀法於地旁觀鳥獸之文與地之宜近取諸身遠取諸物始畫八

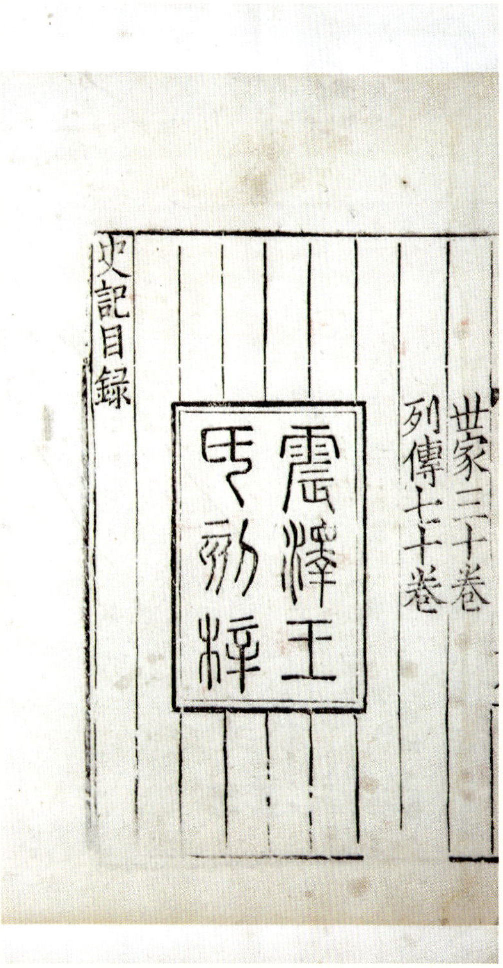

史記目錄

世家三十卷

列傳七十卷

震澤王氏刻梓

史記一百三十卷

漢司馬遷撰，劉宋裴駰集解，唐司馬貞索隱，唐張守節正義。明嘉靖四至六年（1525—1527）王延喆刻本。半葉十行，行十八字，小字雙行二十三字，白口，四周雙邊。框 20.7×13 釐米。有書牌：“震澤王氏刻梓”。

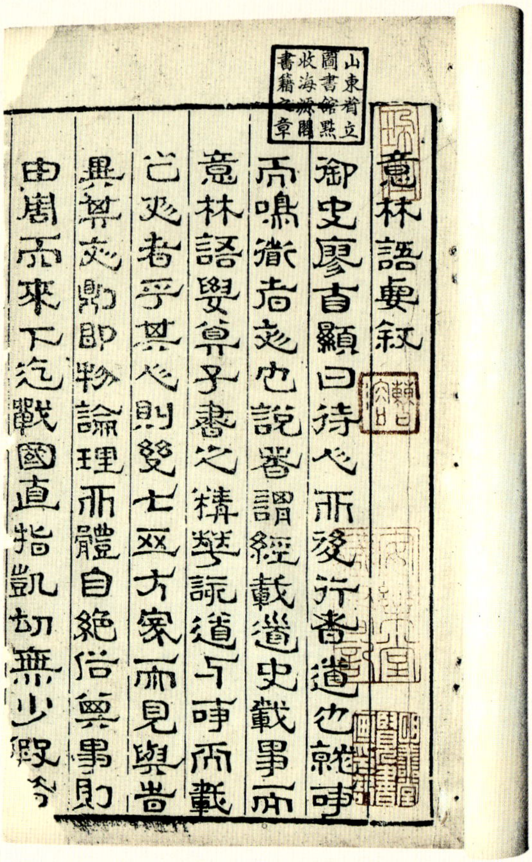

意林語要叙
御史廖自顯曰待人而後行者道也就時
而鳴徵者迹也說者謂經載道史載事而
意林語要鬻子書之精擧論道乎時而載
已迹者乎其心則

異築文則即物論理而體自絕俗與事則
由周而來下迄戰國直指凱切無少假今

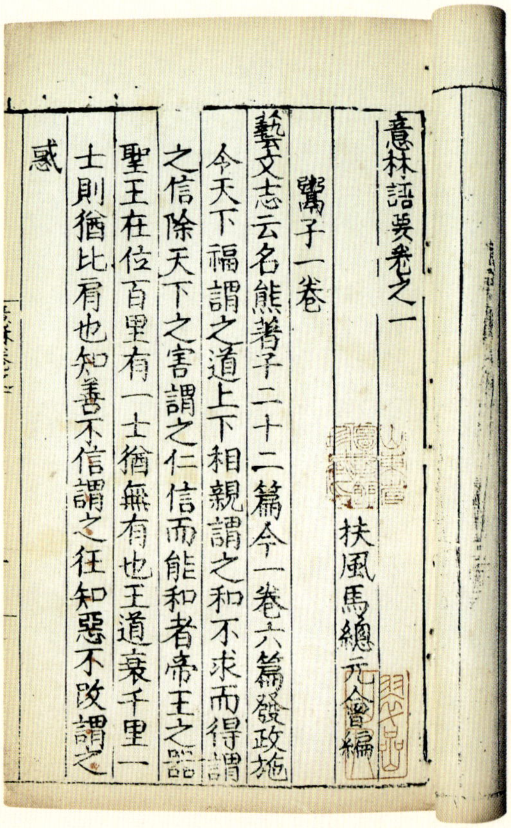

意林語要卷之一
鬻子一卷
扶風馬總元會編
藝文志云名熊著子二十二篇今一卷六篇發政施
令天下福謂之道上下相親謂之和不求而得謂
之信除天下之害謂之仁信而能和者帝王之器
聖王在位百里有一士猶無有也王道衰千里一
士則猶比肩也知善不信謂之狂知惡不改謂之
惑

意林語要五卷

唐馬總編。明嘉靖八年(1529)廖自顯刻本(佚名跋)。半葉九行,行二十字,小字雙行二十字,白口,四周單邊。框 20×14.4 釐米。鈐有"珮元"、"曹溶"、"安樂堂藏書記"、"明善堂覽書畫印記"、"翠嵒山人"、"靜庵陳氏家藏書畫"、"說劍齋"等印記。海源閣藏書。

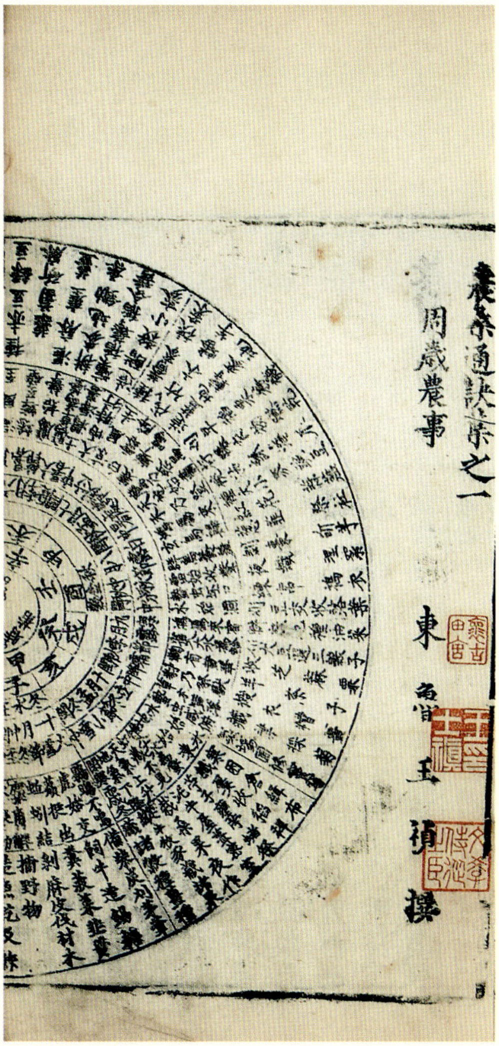

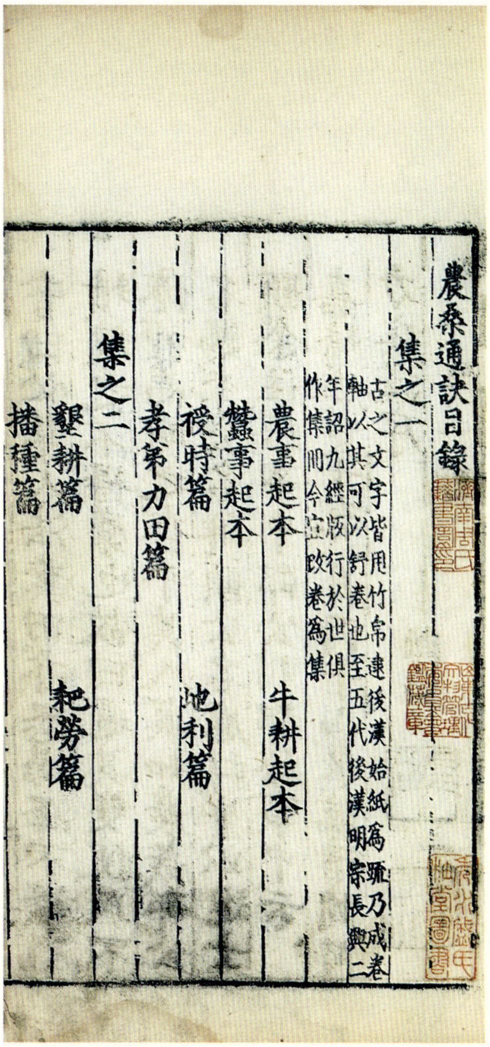
農桑通訣目錄
集之一
古之文字皆用竹帛逮後漢始紙爲䌷乃成卷軸以其可以舒卷也至五代後漢明宗長興二年詔九經版行於世俱作集間今宜改卷爲集
農事起本 牛耕起本
蠶事起本
授時篇 地利篇
孝弟力田篇
集之二
墾耕篇 耙勞篇
播種篇

農書三十六卷

元王禎撰。明嘉靖九年(1530)山東布政使司刻本。存二十六卷。半葉十一行,行二十二字,白口,四周單邊。框 24.4×15.8 釐米。白綿紙。鈐有“王士禛印”、“文學侍從之臣”、“藉書園本”、“濟南周氏藉書園印”等印記。已入選首批《國家珍貴古籍名錄》。

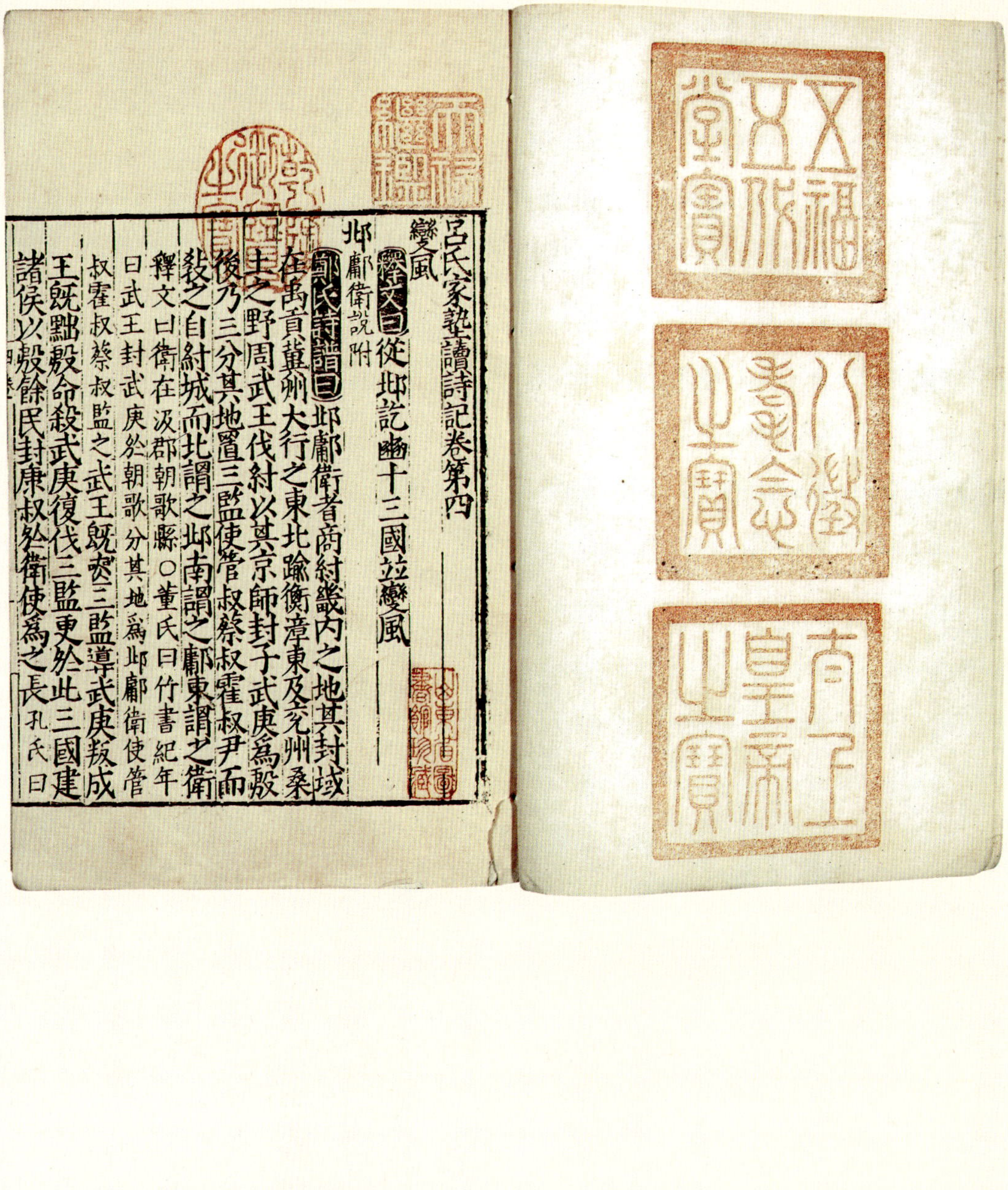

呂氏家塾讀詩記三十二卷

宋呂祖謙撰。明嘉靖十年(1531)傅鳳翱刻本。存十九卷。半葉十四行,行十九字,注文小字十九字,細黑口。框 14.9×12.3 釐米。鈐有"五福五代堂寶"、"八徵耄念之寶"、"太上皇帝之寶"、"乾隆御覽之寶"、"天禄琳琅"、"天禄繼鑑"印記。已入選首批《國家珍貴古籍名録》。

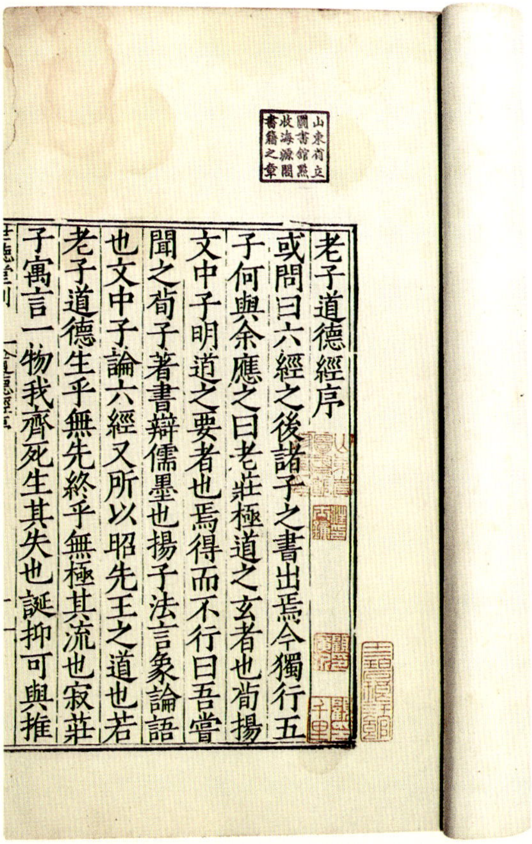
老子道德經序
或問曰六經之後諸子之書出焉今獨行五
子何與余應之曰老莊極道之玄者也背揚
文中子明道之要者也焉得而不行曰吾嘗
聞之荀子著書辯儒墨也揚子法言象論語
也文中子論六經又所以昭先王之道也若
老子道德生乎無先終乎無極其流也寂莊
子寓言一物我齊死生其失也誕抑可與推
世德堂刊

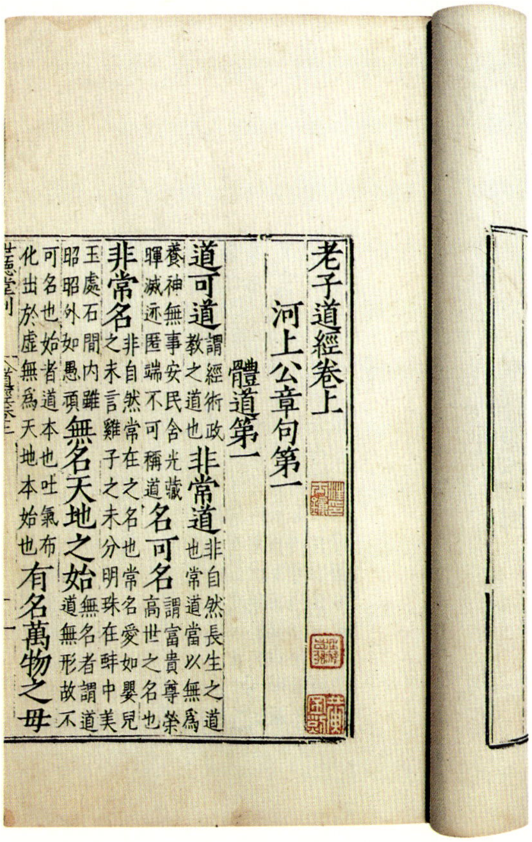
老子道經卷上
河上公章句第一
體道第一
道可道謂經術政教之道也非常道非自然長生之道也常道當以無為養神無事安民含光藏暉滅迹匿端不可稱道名可名謂富貴尊榮高世之名也非常名非自然常在之名也常名愛如嬰兒之未言雞子之未分明珠在蚌中美玉處石間內雖昭昭外如愚頑無名天地之始無名者謂道道無形故不可名也始者道本也吐氣布化出於虛無為天地本始也有名萬物之母
世德堂刊

六子書六十卷

明顧春編。明嘉靖十二年(1533)顧春世德堂刻本。半葉八行,行十七字,小字雙行十七字,白口,四周雙邊。框 20×14.3 釐米。版心鐫有:“世德堂刊”。鈐有“黄丕烈”、“顧廣圻印”、“顧千里”、“汪士鐘印”、“十二碧琅軒館”、“圖史富書生”等印記。海源閣藏書。

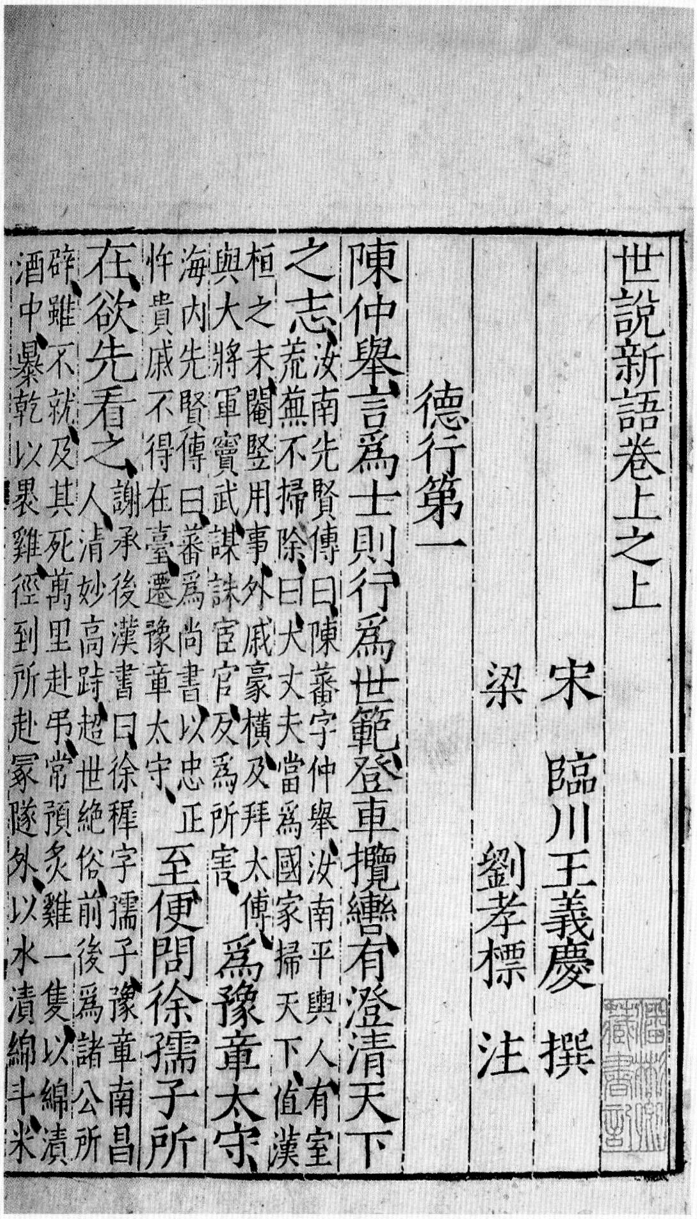
世說新語卷上之上
宋　臨川王義慶　撰
梁　劉孝標　注
德行第一
陳仲舉言爲士則行爲世範登車攬轡有澄清天下
之志汝南先賢傳曰陳蕃字仲舉汝南平輿人有室荒蕪不掃除曰大丈夫當爲國家掃天下值漢桓之末閹豎用事外戚豪橫及拜太傅與大將軍竇武謀誅宦官反爲所害爲豫章太守海內先賢傳曰蕃爲尚書以忠正忤貴戚不得在臺遷豫章太守至便問徐孺子所
在欲先看之謝承後漢書曰徐穉字孺子豫章南昌人清妙高跱超世絕俗前後爲諸公所辟雖不就及其死萬里赴弔常預炙雞一隻以綿漬酒中暴乾以裹雞徑到所赴冢隧外以水漬綿斗米

世説新語三卷

劉宋劉義慶撰，梁劉孝標注。明嘉靖十四年(1535)袁褧嘉趣堂刻本。半葉十行，行二十字，小字雙行二十字，白口，左右雙邊。框 20.1×15.1 釐米。鈐有“潘彬卿藏書記”。

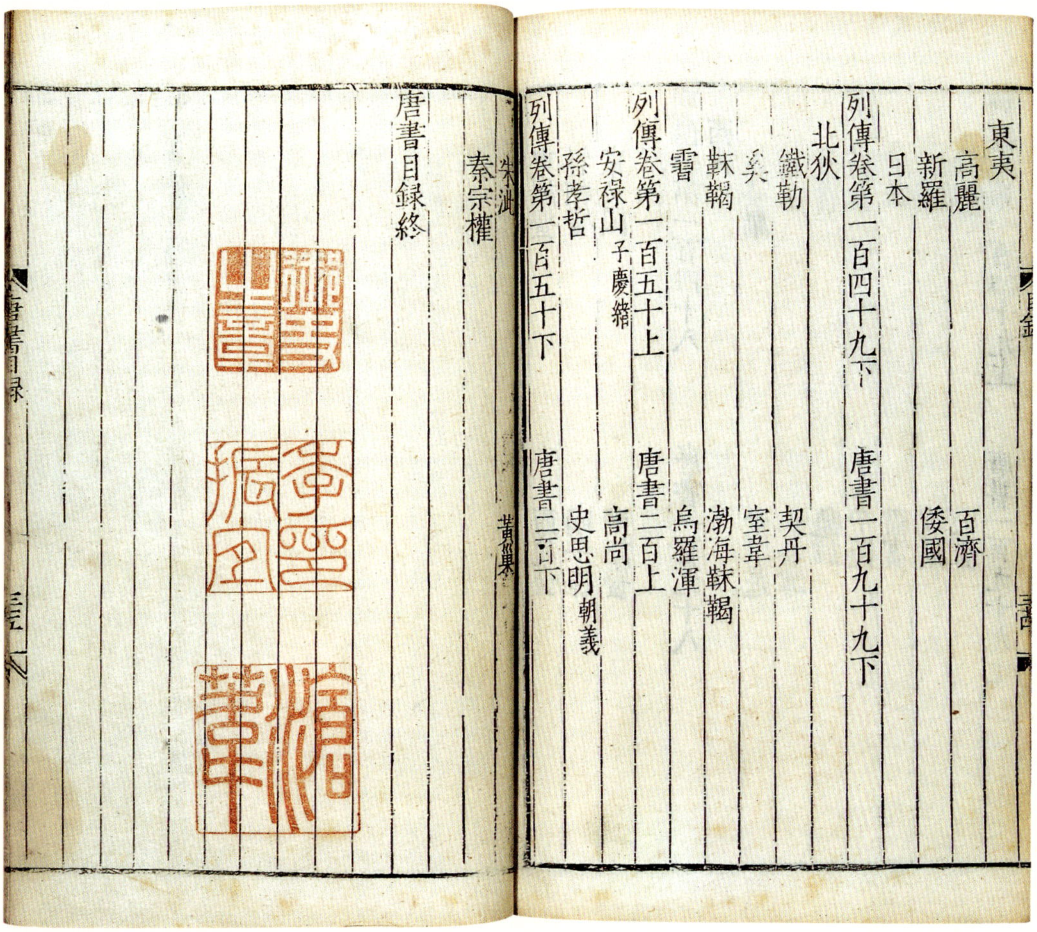
東夷
高麗　百濟
新羅　倭國
日本
列傳卷第一百四十九下　唐書一百九十九下
北狄
鐵勒　契丹
奚　室韋
靺鞨　渤海靺鞨
霫　烏羅渾
列傳卷第一百五十上　唐書二百上
安祿山子慶緒　高尚
孫孝哲　史思明朝義
列傳卷第一百五十下　唐書二百下
朱泚　黄巢
秦宗權
唐書目録終

唐書二百卷

後晉劉昫等撰。明嘉靖十四至十七年(1535—1538)餘姚聞人詮刻本。半葉十四行,行二十六字,白口,左右雙邊。框 21.5×15 釐米。有刻工。有聞人詮刻書序。鈐有"御史之章"、"季振宜印"、"滄葦"等印記。海源閣藏書。

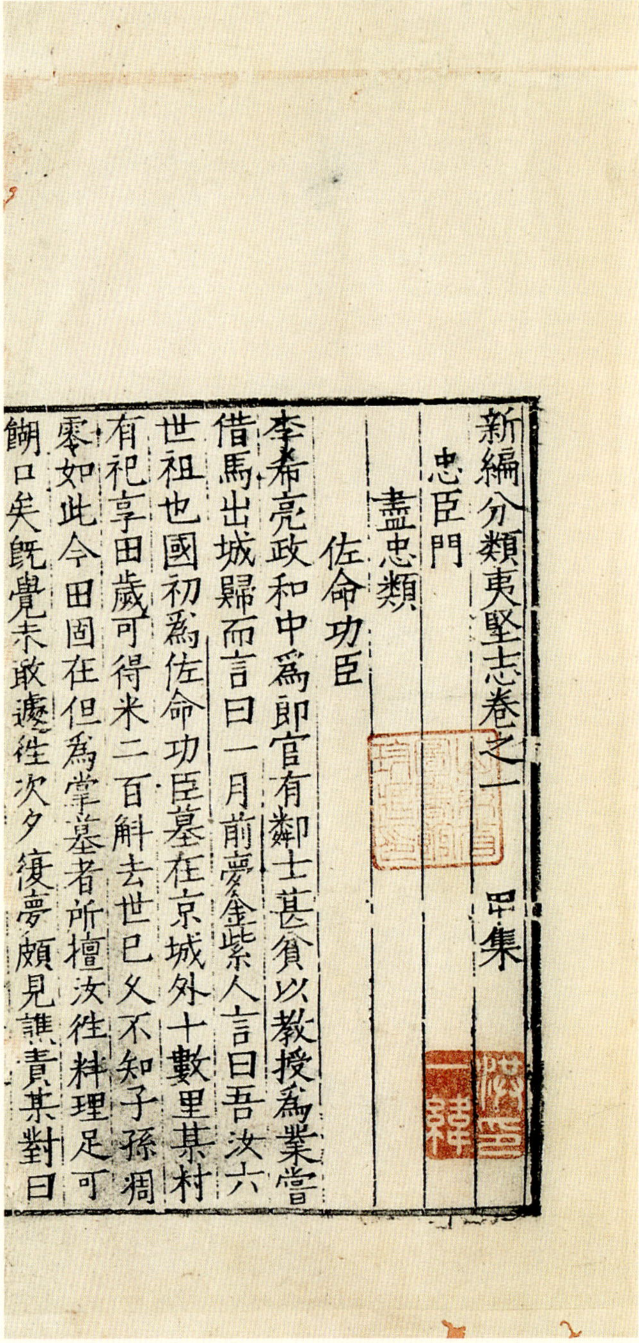
新編分類夷堅志卷之一　甲集
忠臣門
盡忠類
佐命功臣
李希亮政和中爲郎官有鄉士甚貧以教授爲業嘗
借馬出城歸而言曰一月前夢金紫人言曰吾汝六
世祖也國初爲佐命功臣墓在京城外十數里某村
有祀享田歲可得米二百斛去世已久不知子孫凋
零如此今田固在但爲掌墓者所擅汝往料理足可
餬口矣既覺未敢遽往次夕復夢頗見譙責某對曰

新編分類夷堅志甲集五卷乙集五卷丙集五卷丁集五卷戊集五卷己集五卷庚集五卷辛集五卷壬集五卷癸集五卷

宋洪邁撰，宋葉祖榮輯。明嘉靖二十五年（1546）洪楩清平山堂刻本。半葉十行，行二十字，白口，左右雙邊。版心鐫有：“清平山堂”。框 19×13.2 釐米。鈐有“洪一緯印”。

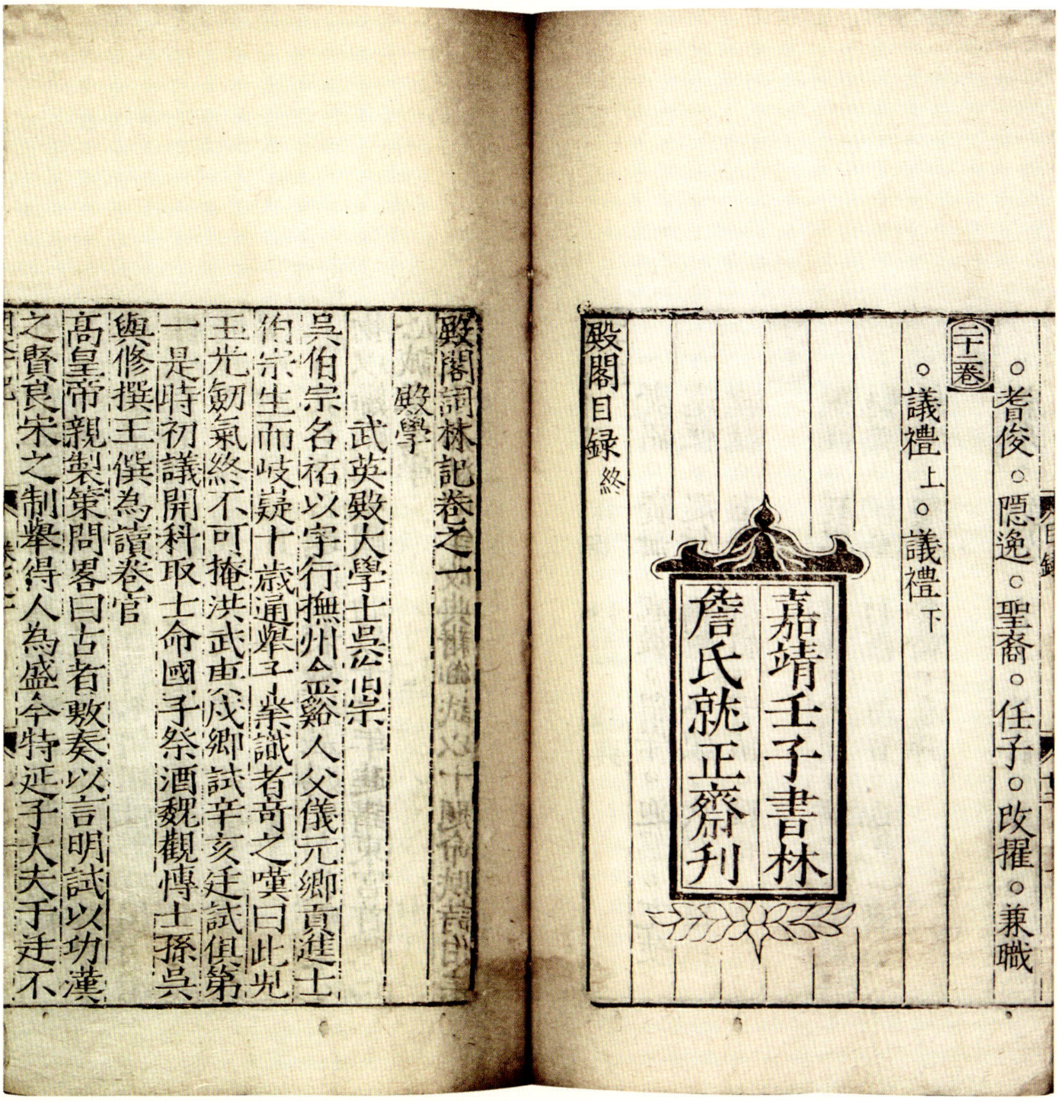

殿閣詞林記二十二卷

明廖道南撰。明嘉靖三十一年(1552)書林詹氏就正齋刻本。半葉十行,行二十字,白口,四周雙邊。框 17×11.8 釐米。目録末有牌記:"嘉靖壬子書林詹氏就正齋刊"。書末有"就正齋刊"。鈐有"明善堂覽書畫印記"、"安樂堂藏書記"等印記。海源閣藏書。

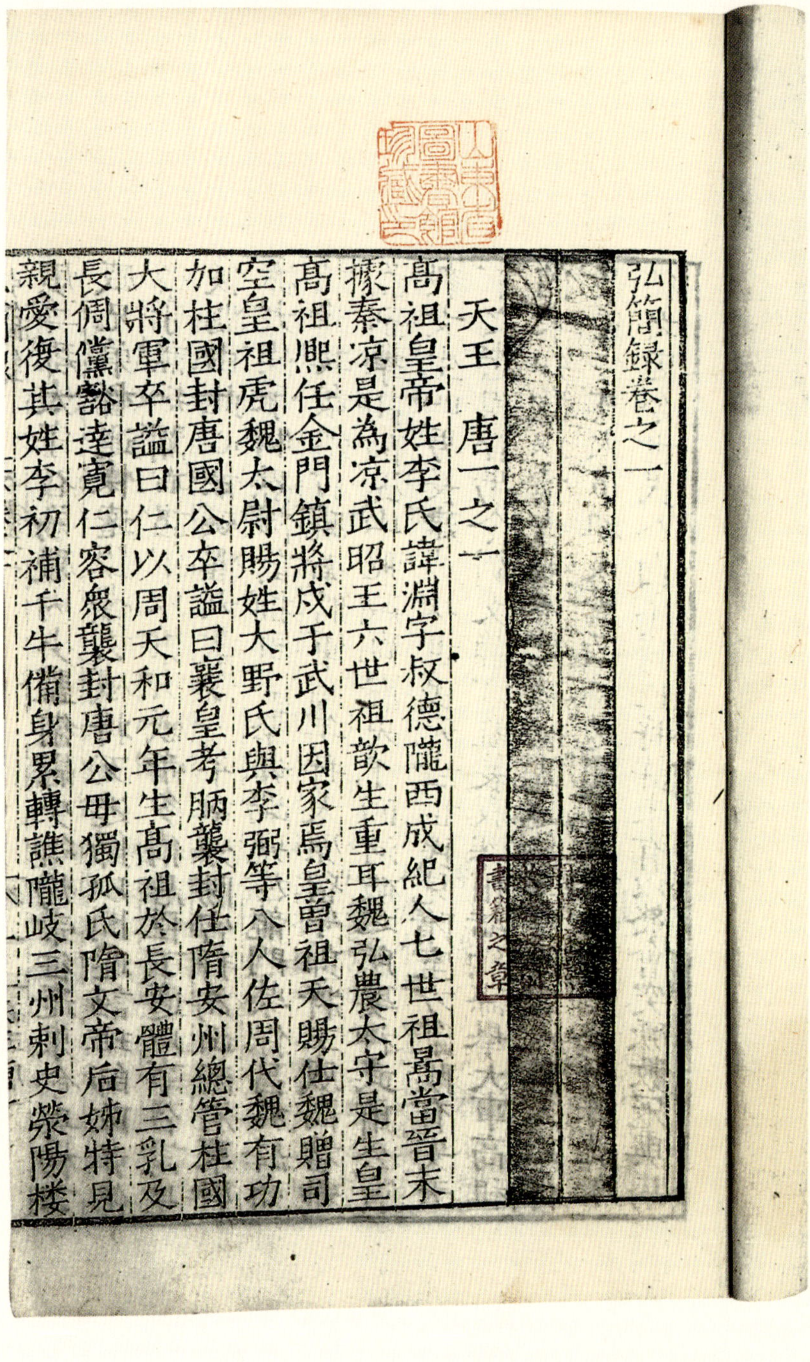

弘簡録卷之一

天王　唐一之一

高祖皇帝姓李氏諱淵字叔德隴西成紀人七世祖暠當晉末據秦涼是為涼武昭王六世祖歆生重耳魏弘農太守是生皇高祖熙任金門鎮將戍于武川因家焉皇曾祖天賜仕魏贈司空皇祖虎魏太尉賜姓大野氏與李弼等八人佐周代魏有功加柱國封唐國公卒謚曰襄皇考昞襲封仕隋安州總管柱國大將軍卒謚曰仁以周天和元年生高祖於長安體有三乳及長倜儻豁達寬仁容衆襲封唐公母獨孤氏隋文帝后姊特見親愛復其姓李初補千牛備身累轉譙隴岐三州刺史滎陽樓

弘簡錄二百五十四卷

明邵經邦撰。明嘉靖三十六至四十年(1557—1561)刻本。半葉十二行,行二十四字,白口,左右雙邊。框18.4×13.5釐米。海源閣藏書。

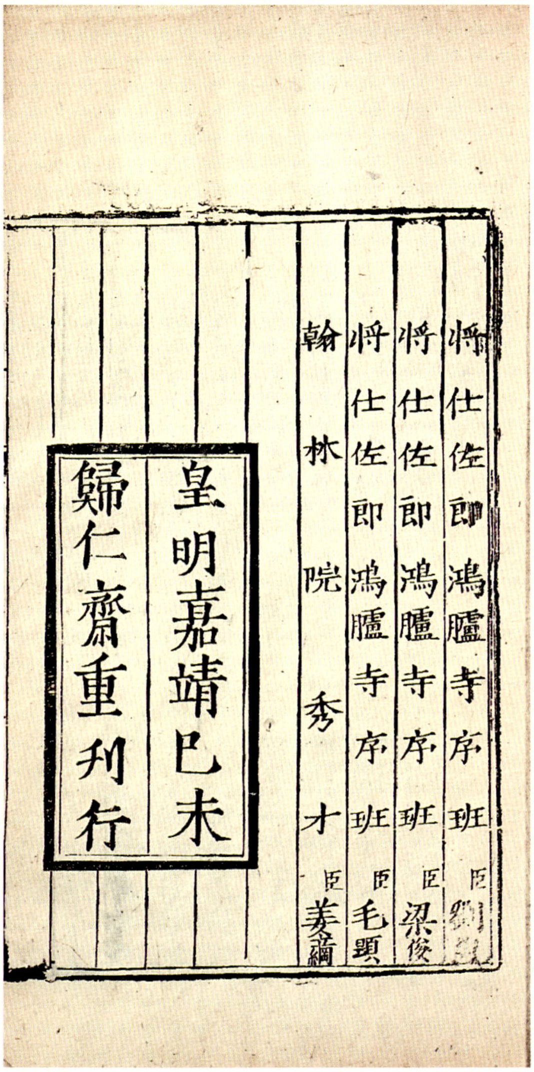

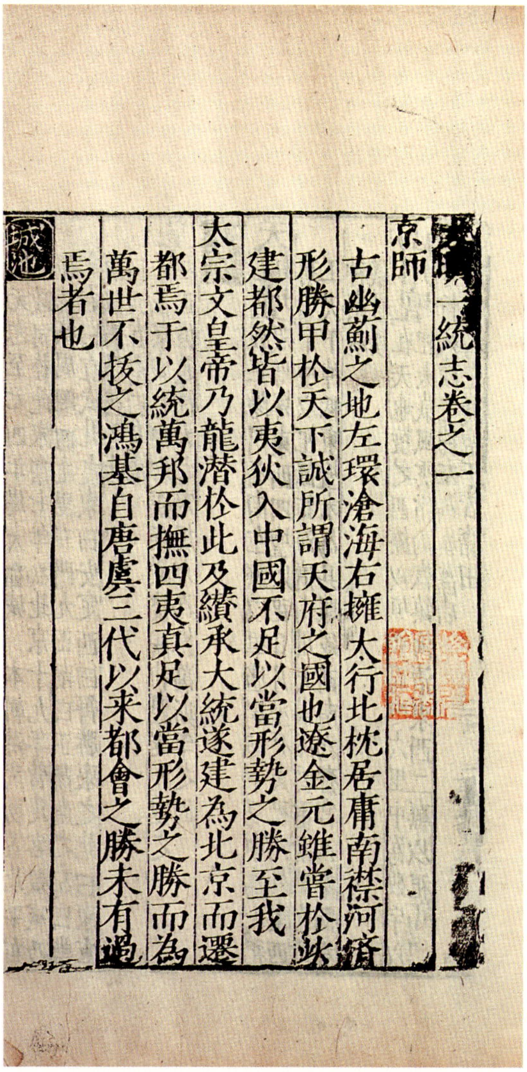

大明一統志九十卷

明李賢、萬安等纂修。明嘉靖三十八年(1559)書林楊氏歸仁齋刻本。有圖。半葉十行,行二十二字,小字雙行二十二字,大黑口,四周單邊。框 19.4×13.1 釐米。有書牌:"皇明嘉靖己未歸仁齋重刊行"。蓮龕牌記爲:"大明嘉靖己未孟秋吉旦書林楊氏歸仁齋重梓行"。

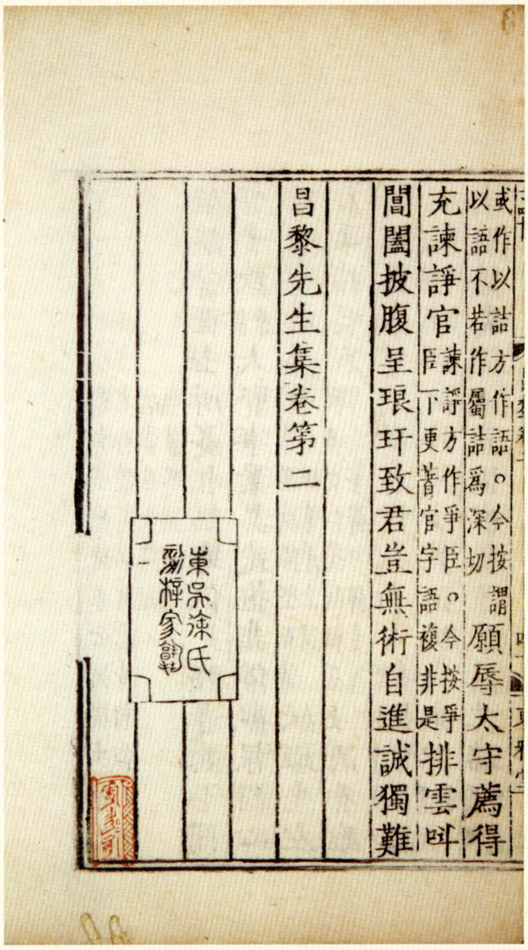

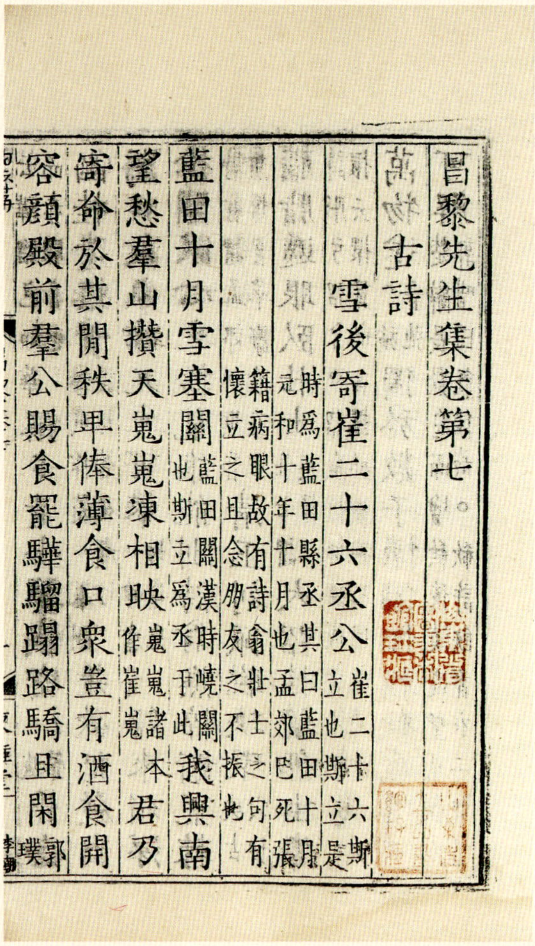

昌黎先生集四十卷外集十卷遺文一卷

唐韓愈撰，宋廖瑩中校正。朱子校昌黎先生集傳一卷。明嘉靖徐時泰東雅堂刻本。半葉九行，行十七字，小黑口，四周雙邊。有刻工。框 20.6×13.6 釐米。版心鐫有：“東雅堂”。有牌記：“東吳徐氏刻梓家塾”。鈐有“槩兒呂氏講習堂經籍圖書”印記。

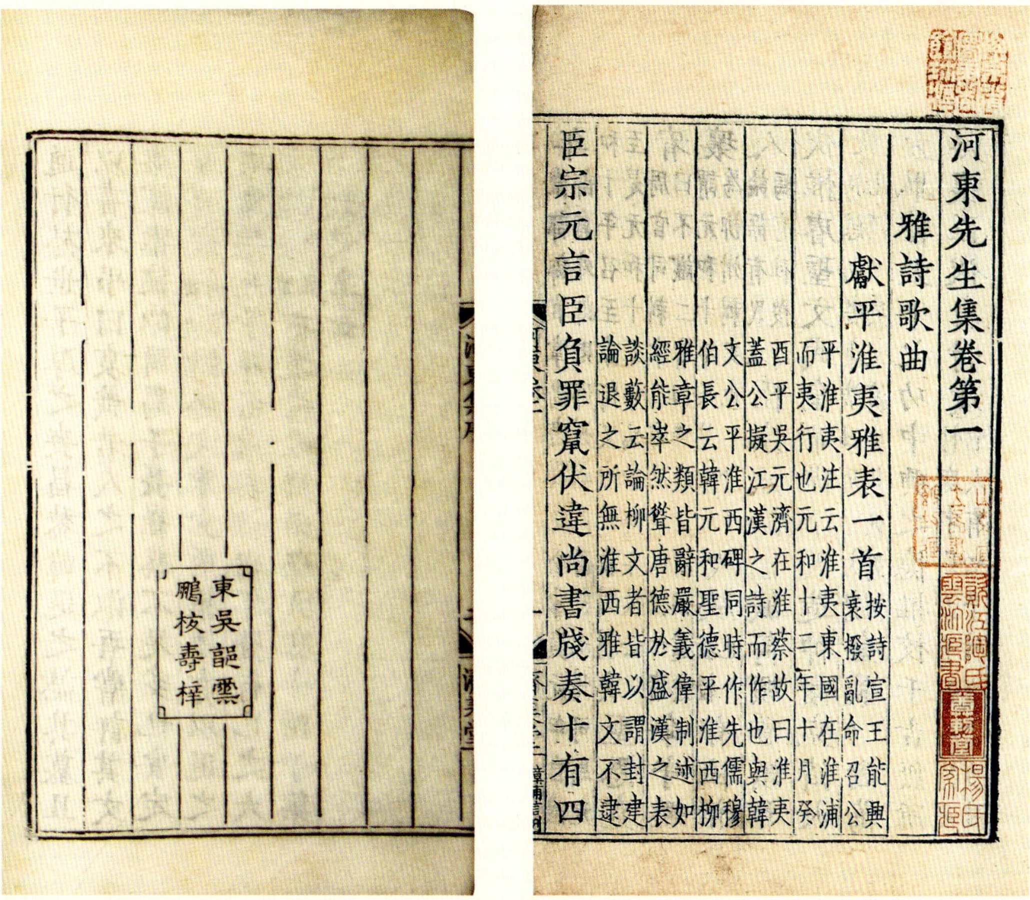

河東先生集四十五卷外集二卷龍成錄二卷

唐柳宗元撰，宋廖瑩中校正。明郭雲鵬濟美堂刻本。半葉九行，行十七字，小黑口，四周雙邊。版心鐫有“濟美堂”。框 20.3×13.6 釐米。有牌記：“東吴郭雲鵬校壽梓”。每冊末有“印心石屋主人”朱印小像。鈐有“資江陶氏雲汀藏書”、“楊氏家藏”、“奠勑堂”等印記。

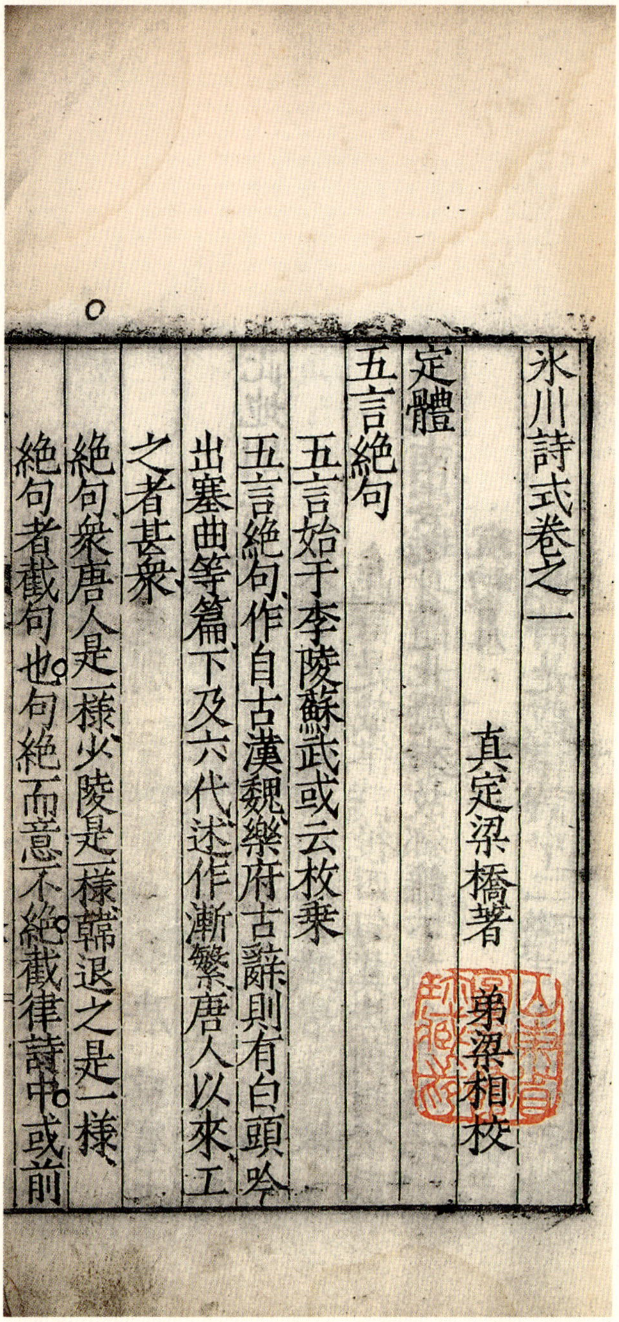

冰川詩式卷之一
真定梁橋著　弟梁相校
定體
五言絶句
五言始于李陵蘇武或云枚乘
五言絶句作自古漢魏樂府古辭則有白頭吟
出塞曲等篇下及六代述作漸繁唐人以來工
之者甚衆
絶句衆唐人是一樣少陵是一樣韓退之是一樣
絶句者截句也句絶而意不絶截律詩中或前

冰川詩式十卷

明梁橋撰。明隆慶四年（1570）朱睦㮮、梁夢龍刻本。半葉十行，行二十字，白口，左右雙邊。框 19.3×13.6 釐米。首有隆慶辛未《刻冰川詩式序》。

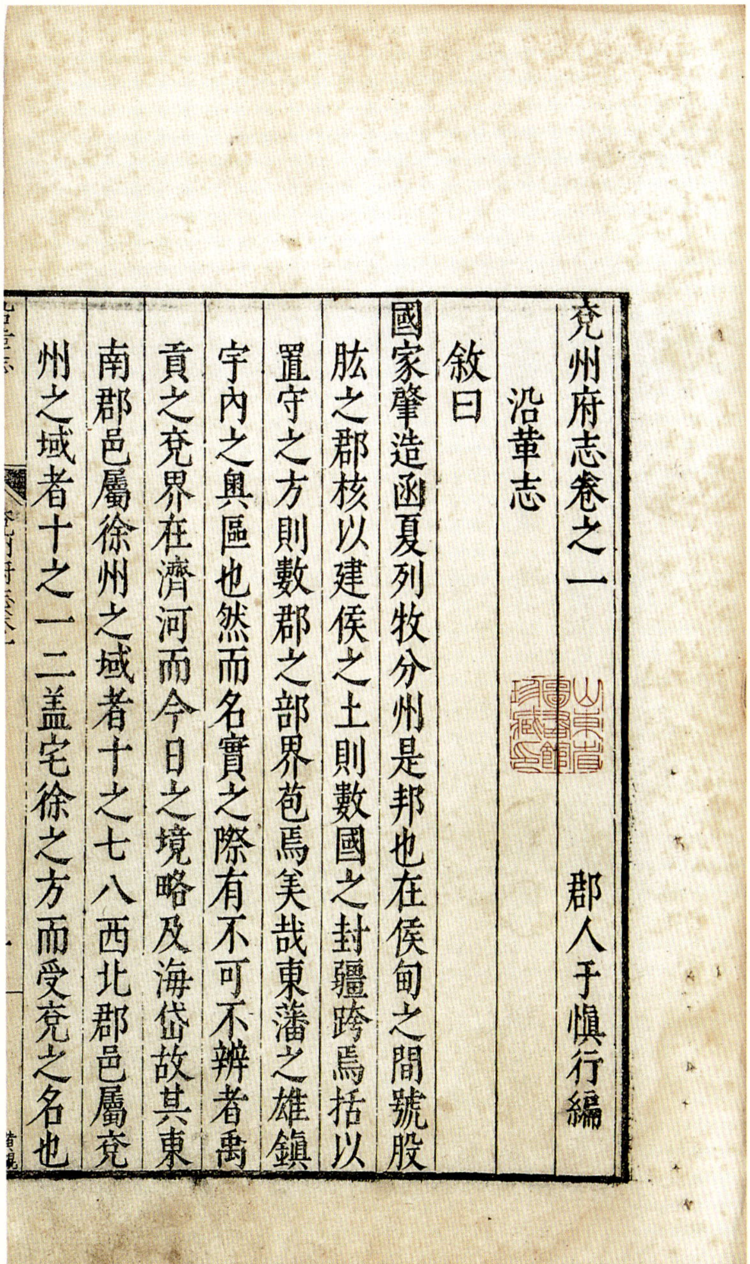
兗州府志卷之一　　郡人于愼行編
沿革志
敘曰
國家肇造函夏列牧分州是邦也在侯甸之間號股肱之郡核以建侯之土則數國之封疆跨焉括以置守之方則數郡之部界苞焉美哉東藩之雄鎮宇内之奥區也然而名實之際有不可不辨者禹貢之兗界在濟河而今日之境略及海岱故其東南郡邑屬徐州之域者十之七八西北郡邑屬兗州之域者十之一二盖宅徐之方而受兗之名也

[萬曆]兗州府志五十二卷

明易登瀛、于慎行纂修。明萬曆刻本(有二册爲鈔配)。半葉十行,行二十一字,小字雙行二十一字,白口,左右雙邊。框 22.9×16.6 釐米。鈐有“王俊亭章”。海内孤本。

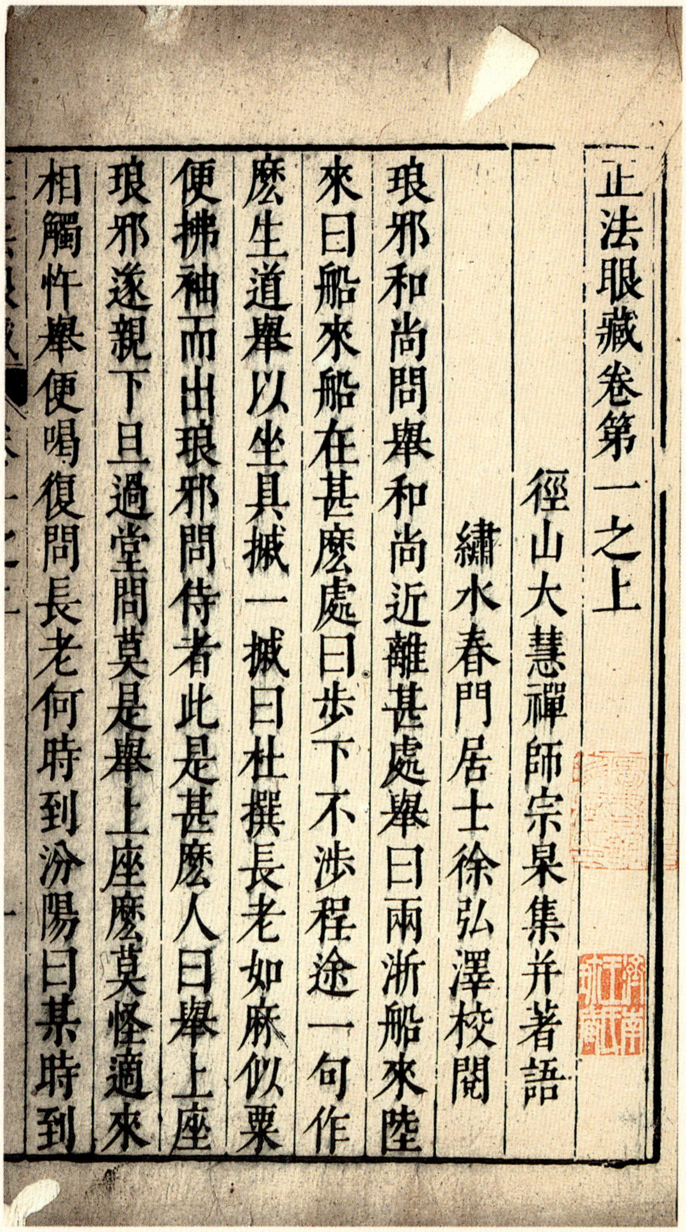

正法眼藏三卷

宋釋宗杲撰。明萬曆四十四年(1616)徐弘澤刻本。半葉九行,行十九字,白口,左右雙邊。框 21.5×14.3 釐米。前有萬曆四十四年圓澄序。鈐有"濟南王氏珍藏"。

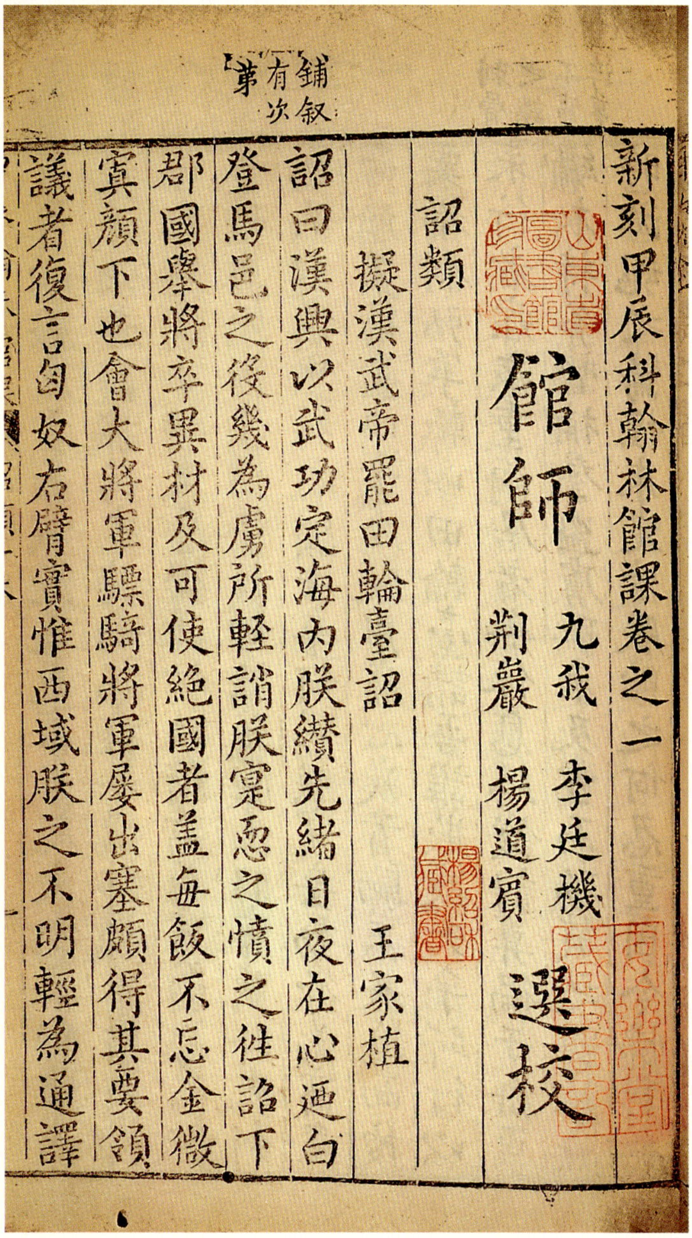

新刻甲辰科翰林館課卷之一

館師 九我 李廷機
荊巖 楊道賓 選校

詔類

擬漢武帝罷田輪臺詔　王家植

詔曰漢興以武功定海內朕纘先緒日夜在心迺白登馬邑之役幾為虜所軽誚朕寔恧之憤之徃詔下郡國舉將卒異材及可使絕國者葢每飯不忘金微寘顏下也會大將軍驃騎將軍屢出塞頗得其要領議者復言匈奴右臂實惟西域朕之不明輕為通譯

新刻甲辰科翰林館課十二卷

明李廷機、楊道賓輯。明萬曆刻本。半葉十行,行二十字,白口,四周單邊。框 21.7×14.7 釐米。前有萬曆三十四年李國祥序。鈐有"明善堂珍藏書畫印記"、"安樂堂藏書記"、"楊紹和藏書"等印記。

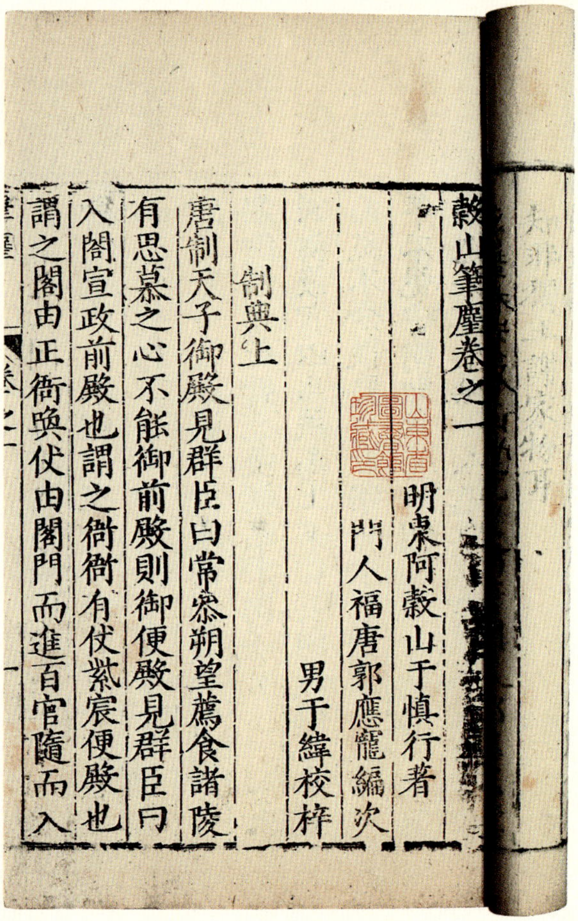

穀山筆麈卷之一

明東阿穀山于慎行著

門人福唐郭應寵編次

男于緯校梓

制典上

唐制天子御殿見群臣曰常叅朔望薦食諸陵有思慕之心不能御前殿則御便殿見群臣曰入閣宣政前殿也謂之衙衙有仗紫宸便殿也謂之閣由正衙喚仗由閤門而進百官隨而入

穀城山館全集九十四卷

明于慎行撰，明郭應寵編。明萬曆于緯刻清康熙十六年（1677）于氏重修本。半葉九行，行十八字，白口，四周單邊。框 19.7×13.5 釐米。有刻工。海源閣藏書，原匣。

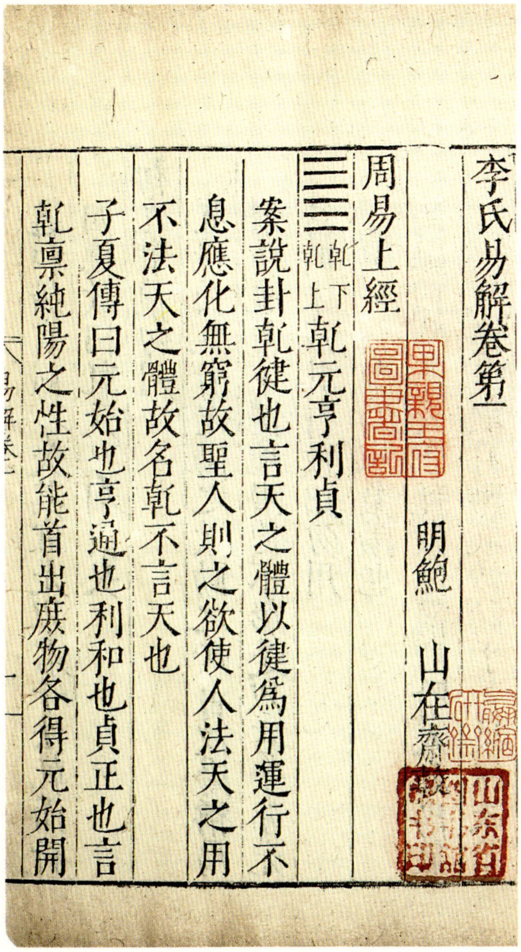

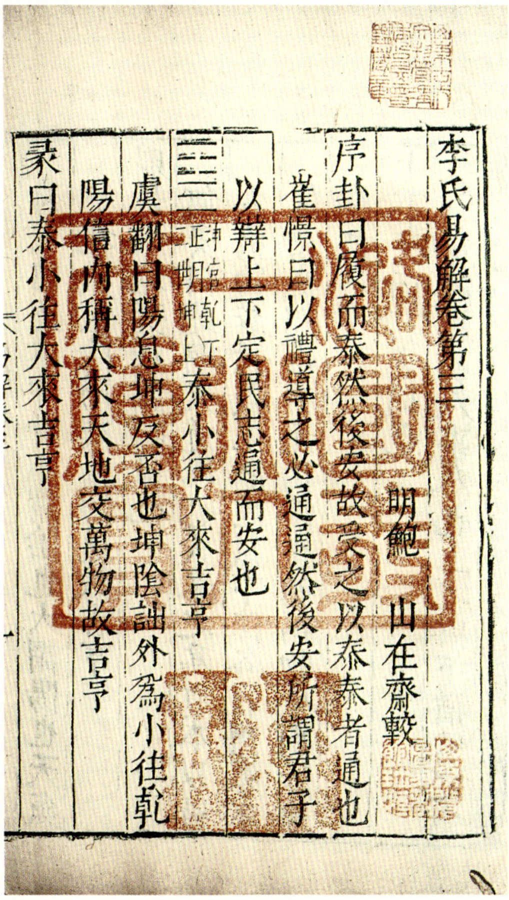

李氏易解十卷

唐李鼎祚撰。明天啓元年(1621)鮑山刻本。半葉九行，行十八字，白口，左右雙邊。框 19.3×14.1 釐米。鈐有“潞國敬一道人世傳寶”、“果親王府圖書記”、“贏縮硯齋藏書”、“鏡塘長物”、“贏縮研齋”等印記。

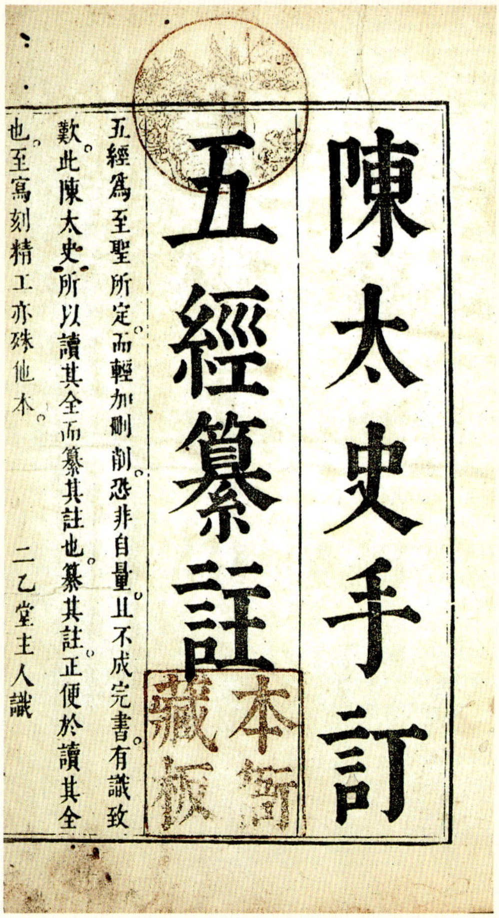

陳太史手訂

五經纂註

五經爲至聖所定而輕加刪削恐非自量且不成完書有識致歎此陳太史所以讀其全而纂其註也纂其註正便於讀其全也至寫刻精工亦殊他本。

二乙堂主人識

本衙藏板

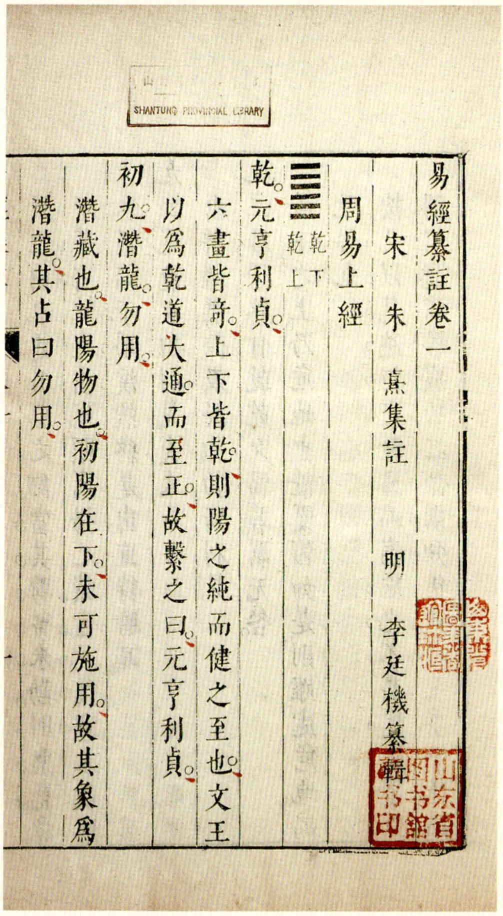

易經纂註卷一

宋 朱熹集註 明 李廷機纂輯

周易上經

乾下乾上

乾。元亨利貞。

六畫皆奇。上下皆乾。則陽之純而健之至也。文王以爲乾道大通而至正。故繫之曰。元亨利貞。

初九。潛龍。勿用。

潛藏也。龍陽物也。初陽在下。未可施用。故其象爲潛龍。其占曰勿用。

易經纂註四卷

宋朱熹集注，明李廷機輯。明崇禎刻本。半葉十行，行二十字，白口，左右雙邊。框 21.2×14.6 釐米。卷二首頁版心鐫有：“古吴周明徵書”。

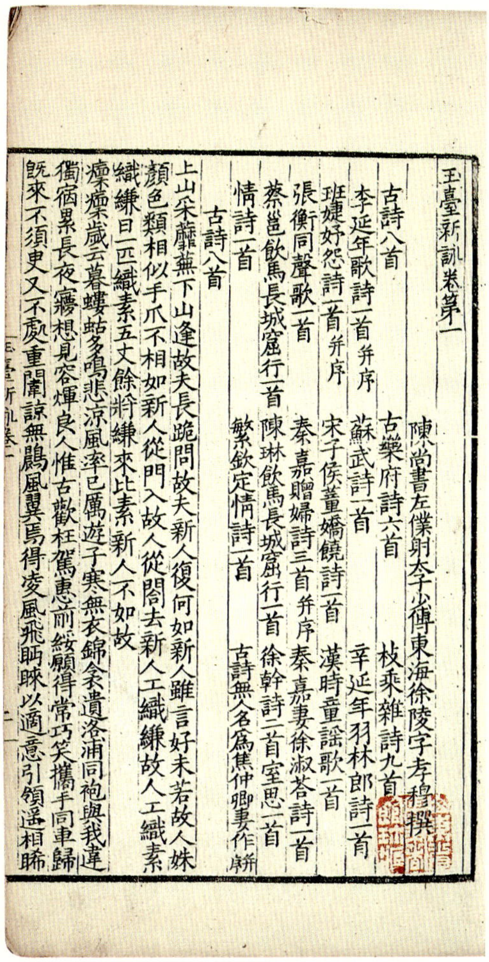

玉臺新詠卷第一

陳尚書左僕射太子少傅東海徐陵字孝穆撰

古詩八首　古樂府詩六首　枚乘雜詩九首

李延年歌詩一首并序　蘇武詩一首　辛延年羽林郎詩一首

班婕妤怨詩一首并序　宋子侯董嬌饒詩一首　漢時童謠歌一首

張衡同聲歌一首　秦嘉贈婦詩三首并序　秦嘉妻徐淑荅詩一首

蔡邕飲馬長城窟行一首　陳琳飲馬長城窟行一首　徐幹詩二首室思一首

情詩一首　繁欽定情詩一首　古詩無人名爲焦仲卿妻作并序

古詩八首

上山采蘼蕪下山逢故夫長跪問故夫新人復何如新人雖言好未若故人姝顏色類相似手爪不相如新人從門入故人從閤去新人工織縑故人工織素織縑日一匹織素五丈餘將縑來比素新人不如故

凜凜歲云暮螻蛄夕鳴悲涼風率已厲遊子寒無衣錦衾遺洛浦同袍與我違獨宿累長夜夢想見容輝良人惟古歡枉駕惠前綏願得常巧笑攜手同車歸既來不須臾又不處重闈諒無鷐風翼焉得凌風飛眄睞以適意引領遙相睎

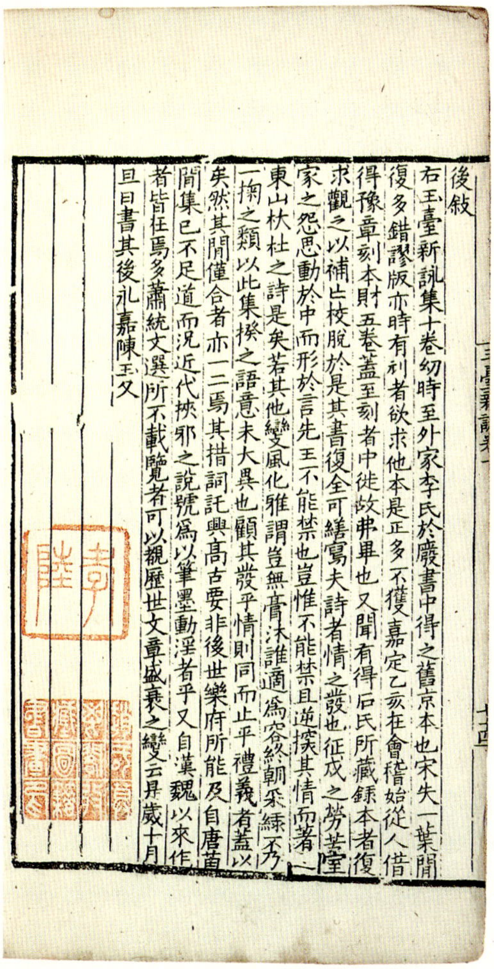

後敘

右玉臺新詠集十卷幼時至外家李氏於廢書中得之舊京本也宋失一葉間復多錯謬版亦時有刓者欲求他本是正多不獲嘉定乙亥在會稽始從人借得豫章刻本財五卷蓋至刻者中徙故弗畢也又聞有得石氏所藏錄本者復求觀之以補亡校脫於是其書復全可繕寫夫詩者情之發也征戍之勞苦室家之怨思動於中而形於言先王不能禁也豈惟不能禁且逆探其情而著之東山杕杜之詩是矣若其他變風化雅謂豈無膏沐誰適爲容終朝采綠不盈一掬之類以此集揆之語意未大異也顧其發乎情則同而止乎禮義者蓋以矣然其間僅合者亦一二焉其措詞託興高古要非後世樂府所能及自唐聞集已不足道而況近代狹邪之說號爲以筆墨動淫者乎又自漢魏以來作者皆在焉多蕭統文選所不載覽者可以覩歷世文章盛衰之變云是歲十月旦日書其後永嘉陳玉父

玉臺新詠十卷

陳徐陵輯。明崇禎六年(1633)趙均刻本。半葉十五行,行三十字,細黑口,左右雙邊。框 20.3×14.3 釐米。鈐有“汪東山讀書記”、“孝陸”、“趙氏模𢈔閣收藏圖籍書畫印”。

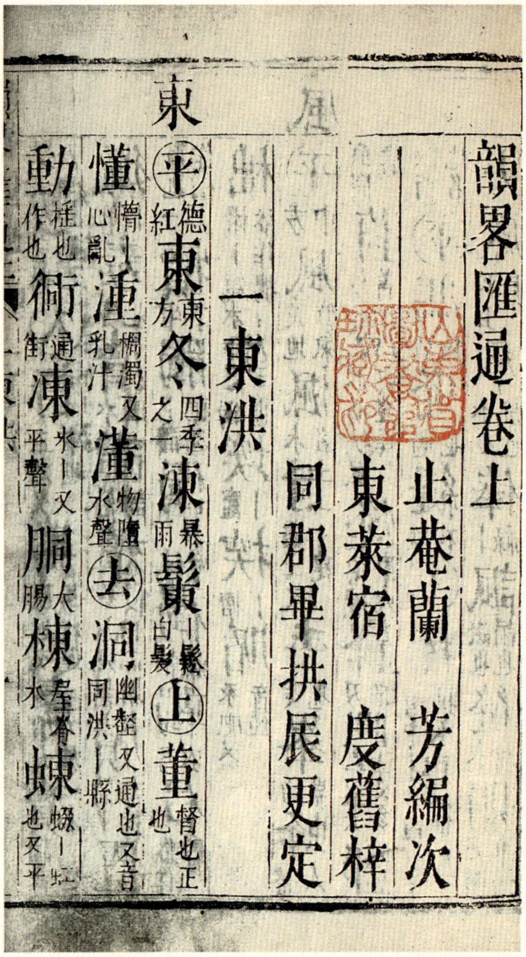

韻畧匯通卷上
止菴蘭　芳編次
東萊宿　度舊梓
同郡畢拱辰更定
一東洪
東

韻畧匯通二卷

明蘭芳撰，明畢拱辰刪補。明崇禎十五年(1642)畢拱辰刻本。上下兩欄，下欄半葉八行，字不一，白口，四周雙邊。框 21.3×13.8 釐米。前有崇禎十五年畢拱辰序。卷端下題："東萊宿度舊梓，同郡畢拱辰更定"。

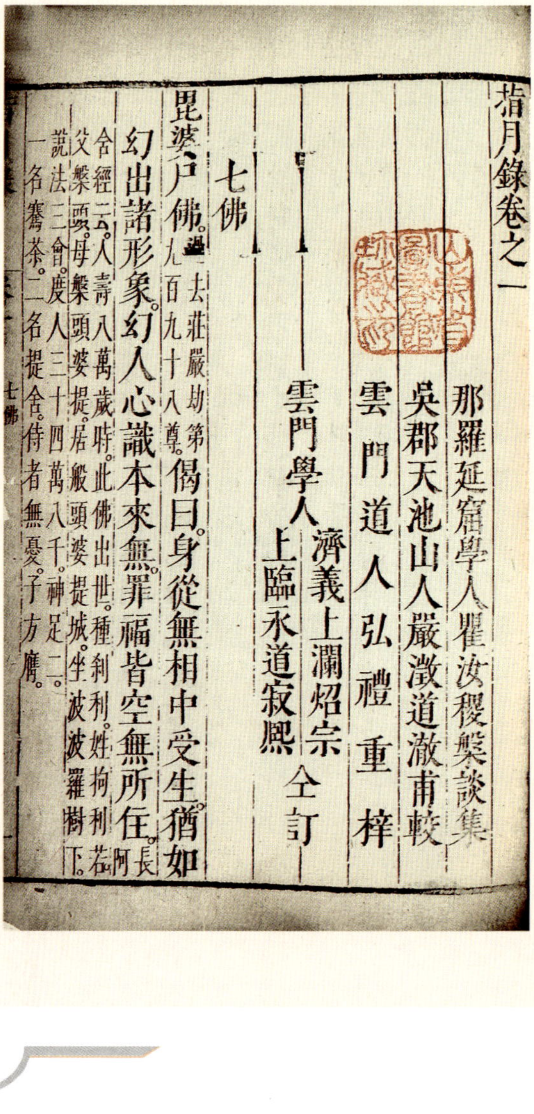

指月錄卷之一
那羅延窟學人瞿汝稷槃談集
吳郡天池山人嚴澂道澈甫較
雲門道人弘禮重梓
雲門學人　濟義上瀾炤宗　上臨永道寂熈　仝訂
七佛
毗婆尸佛 去莊嚴劫第九百九十八尊 偈曰。身從無相中受生。猶如幻出諸形象。幻人心識本來無。罪福皆空無所住。長阿含經云。人壽八萬歲時。此佛出世。種刹利。姓拘利若。父槃頭。母槃頭婆提。居槃頭婆提城。坐波波羅樹下。說法三會。度人三十四萬八千。神足二。一名騫荼。二名提舍。侍者無憂。子方膺。

指月錄三十二卷

明瞿汝稷撰。明釋弘禮刻本。半葉十一行，行二十一字，小字雙行二十一字，白口，四周單邊。框 22.4×15.6 釐米。卷端下第四行刻："雲門道人弘禮重梓。"

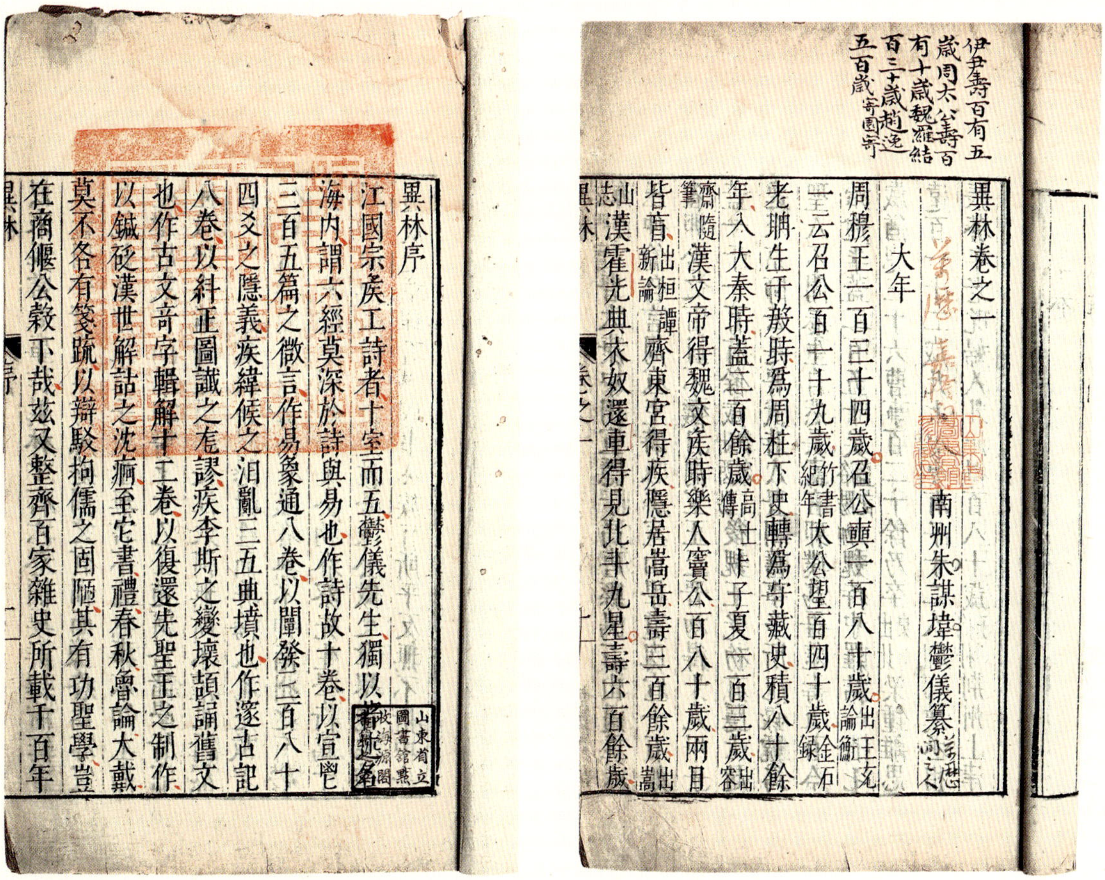

異林十六卷

明朱謀㙔輯。明萬曆帥廷鏌刻本(佚名批校)。四庫進呈本。半葉十行,行二十字,小字雙行二十字,白口,左右雙邊。框 19.9×14.4 釐米。卷一首葉版心下有寫工刻工姓名:“南昌黄袍寫,鄒邦畿刻。”前有臨川帥廷鏌序。鈐有“翰林院印”、“心翼”、“芑詒”等印記。海源閣藏書。

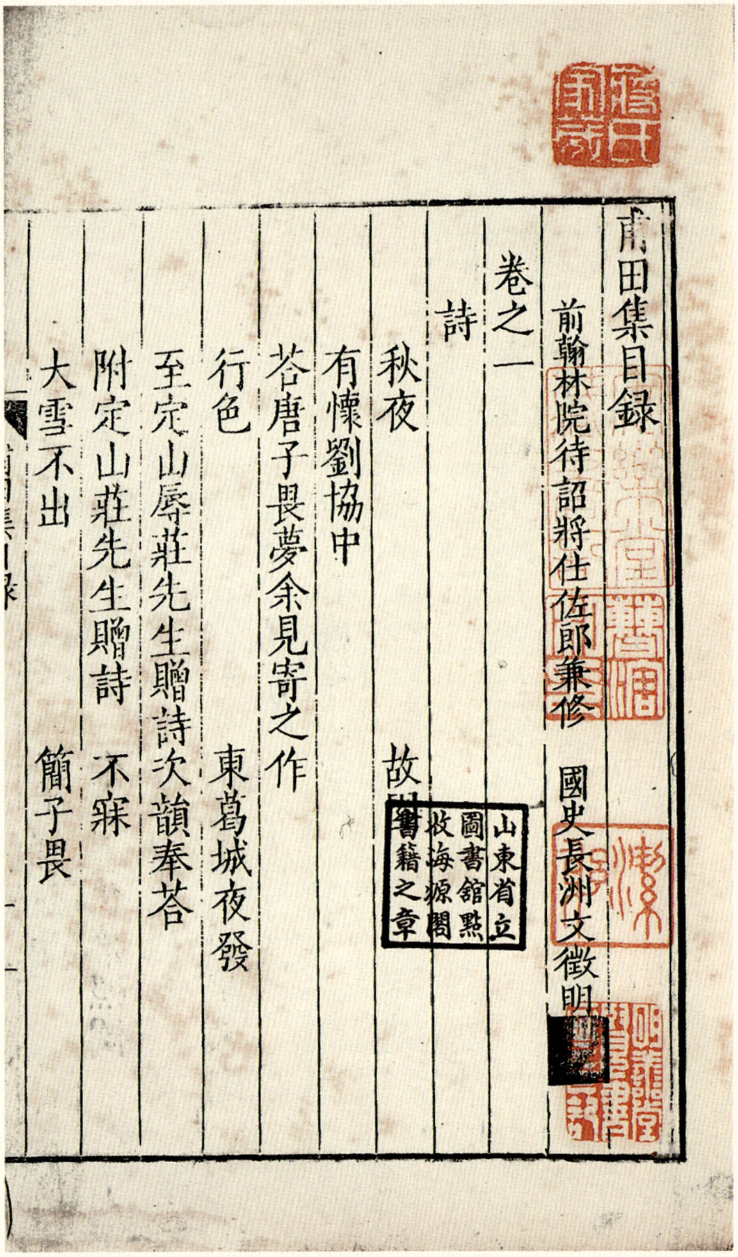
甫田集目錄
前翰林院待詔將仕佐郎兼修　國史長洲文徵明
卷之一
詩
秋夜　故
有懷劉協中
荅唐子畏夢余見寄之作
行色　東莒城夜發
至宋山辱莊先生贈詩次韻奉荅
附定山莊先生贈詩　不寐
大雪不出　簡子畏

山東省立圖書館點收海源閣書籍之章

甫田集三十六卷

明文徵明撰。明刻本。半葉十一行，行二十一字，白口，左右雙邊。框 18.7×13.5 釐米。鈐有“蔣氏家藏”、“檇李蔣石林藏書畫印記”、“潔躬”、“曹溶私印”、“明善堂覽書畫印記”、“安樂堂藏書記”等印記。海源閣藏書。

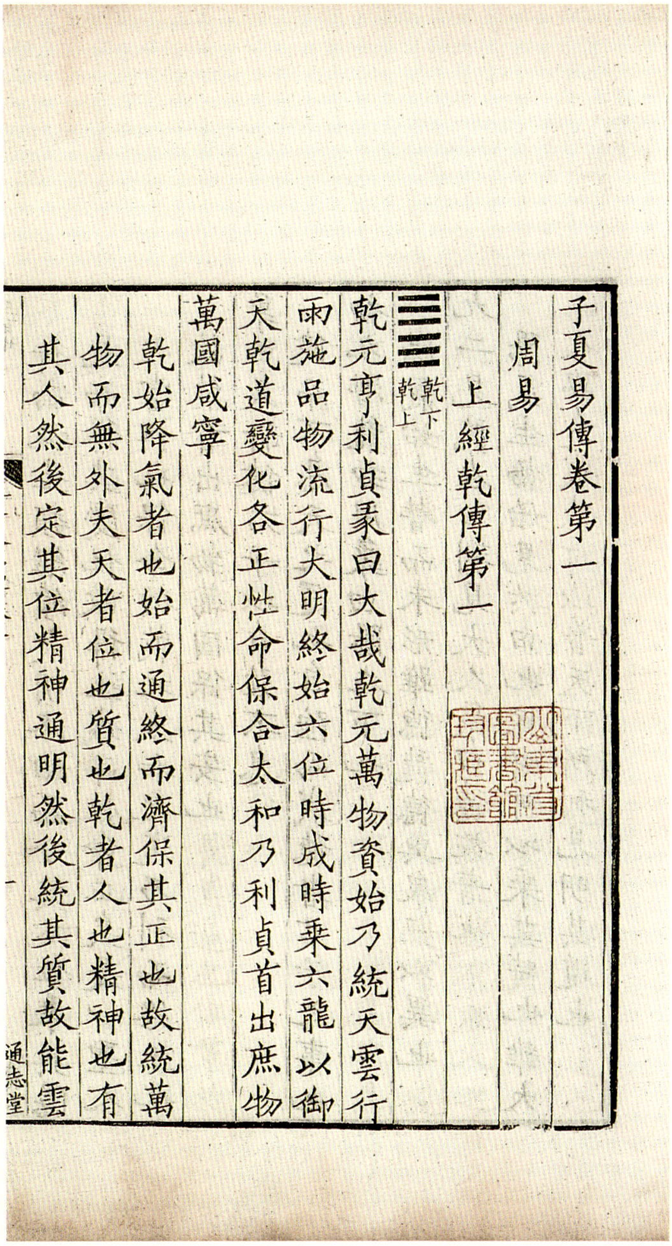
子夏易傳卷第一
周易
上經乾傳第一
䷀ 乾下乾上
乾元亨利貞彖曰大哉乾元萬物資始乃統天雲行雨施品物流行大明終始六位時成時乘六龍以御天乾道變化各正性命保合太和乃利貞首出庶物萬國咸寧
乾始降氣者也始而通終而濟保其正也故統萬物而無外夫天者位也質也乾者人也精神也有其人然後定其位精神通明然後統其質故能雲
通志堂

通志堂經解一百四十種一千八百六十卷

清成德編。清通志堂刻本。白紙。半葉十一行，行二十字，白口，左右雙邊。框 19.8×15.1 釐米。有刻工：劉美城、周開等。版心鐫有：“通志堂”。足本。

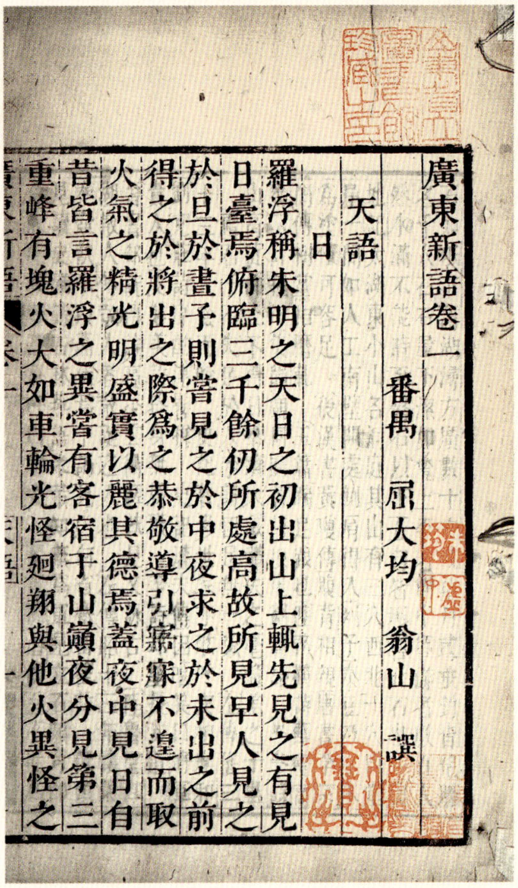
廣東新語卷一　番禺　屈大均　翁山　譔
天語
日
羅浮稱朱明之天日之初出山上輒先見之有見
日臺焉俯臨三千餘仞所處高故所見早人見之
於旦於晝予則嘗見之於中夜求之於未出之前
得之於將出之際為之恭敬導引𤑭𤒎不遑而取
火氣之精光明盛實以麗其德焉蓋夜中見日自
昔皆言羅浮之異嘗有客宿于山巔夜分見第三
重峰有塊火大如車輪光怪廻翔與他火異怪之

廣東新語二十六卷

清屈大均撰。清康熙三十九年(1700)木天閣刻本。半葉十一行,行十九字,白口,四周單邊。框 19.9×13.5 釐米。前有康熙庚辰潘耒序及自序。封面題"木天閣繡版"。鈐有"朱筠"、"虛中"、"竇"、"孝陸"、"趙氏模𢈼閣收藏圖籍書畫印"等印記。孤本。

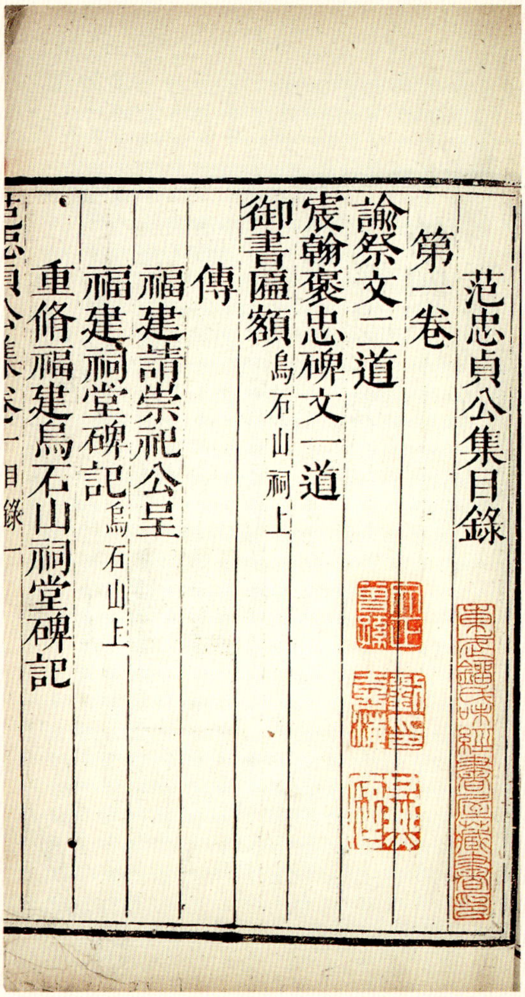
范忠貞公集目錄
第一卷
諭祭文二道
宸翰褒忠碑文一道
御書匾額烏石山祠上
傳
福建請崇祀公呈
福建祠堂碑記烏石山上
重脩福建烏石山祠堂碑記
范忠貞公集卷一　目錄一

范忠貞公集十卷

清范承謨撰。清康熙范弘遇刻本。半葉九行,行十九字,白口,四周雙邊。框 19.8×14 釐米。前有康熙三十九年劉德芳序。鈐有"燕庭藏書"、"東武鐂氏味經書屋藏書印"、"文正曾孫"、"劉喜海印"、"燕庭" 等印記。海源閣藏書。

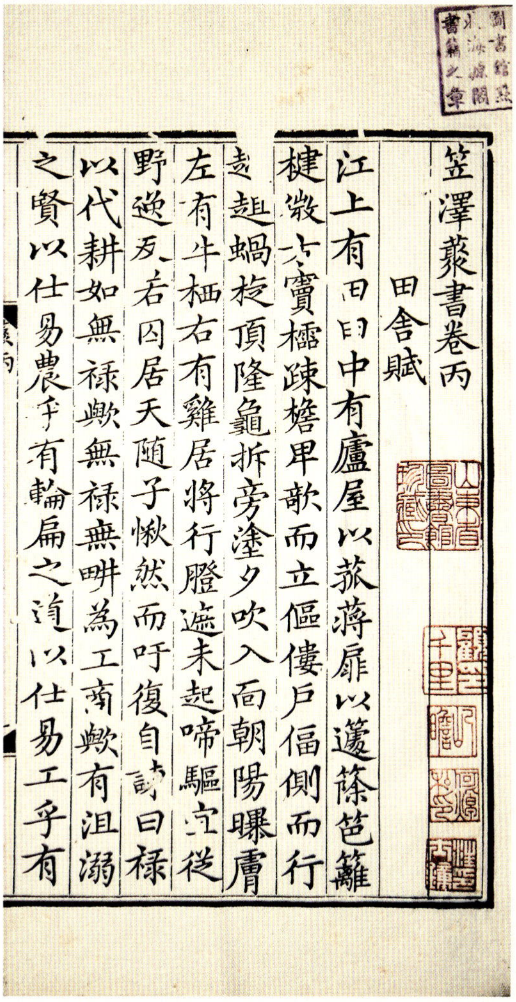
笠澤叢書卷丙

田舍賦

江上有田田中有廬屋以菰蔣扉以蘧篨笆籬楗微方竇櫺踈簷卑欹而立傴僂戶偪側而行遶起蝸旋頂隆龜拆旁塗夕吹入面朝陽曝膚左有牛栖右有雞居將行蹬逾未起啼驅從野逆互右因居天隨子愀然而吁復自詠曰祿以代耕如無祿歟無祿無畊為工商歟有沮溺之賢以仕易農乎有輪扁之道以仕易工乎有

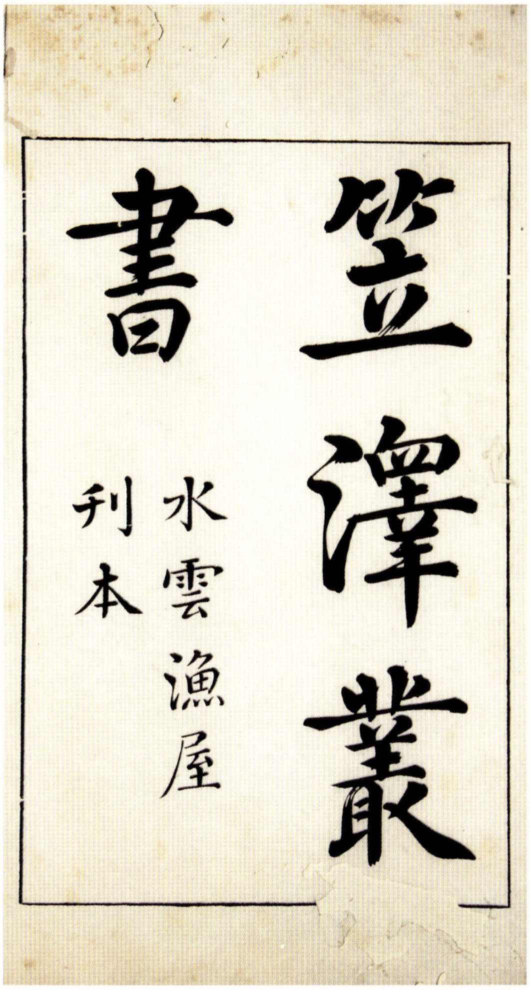
笠澤叢書

水雲漁屋刊本

笠澤叢書四卷補遺一卷

唐陸龜蒙撰。清雍正九年(1731)陸鍾輝水雲漁屋刻本。半葉九行,行十八字,白口,四周雙邊。框 18.4×14.1 釐米。卷末有雍正九年陸鍾輝跋。封面題:“水雲漁屋刊本”。鈐有“何焯私印”、“屺瞻”、“蕘翁”、“顧千里印”、“汪士鐘印”等印記。海源閣藏書。

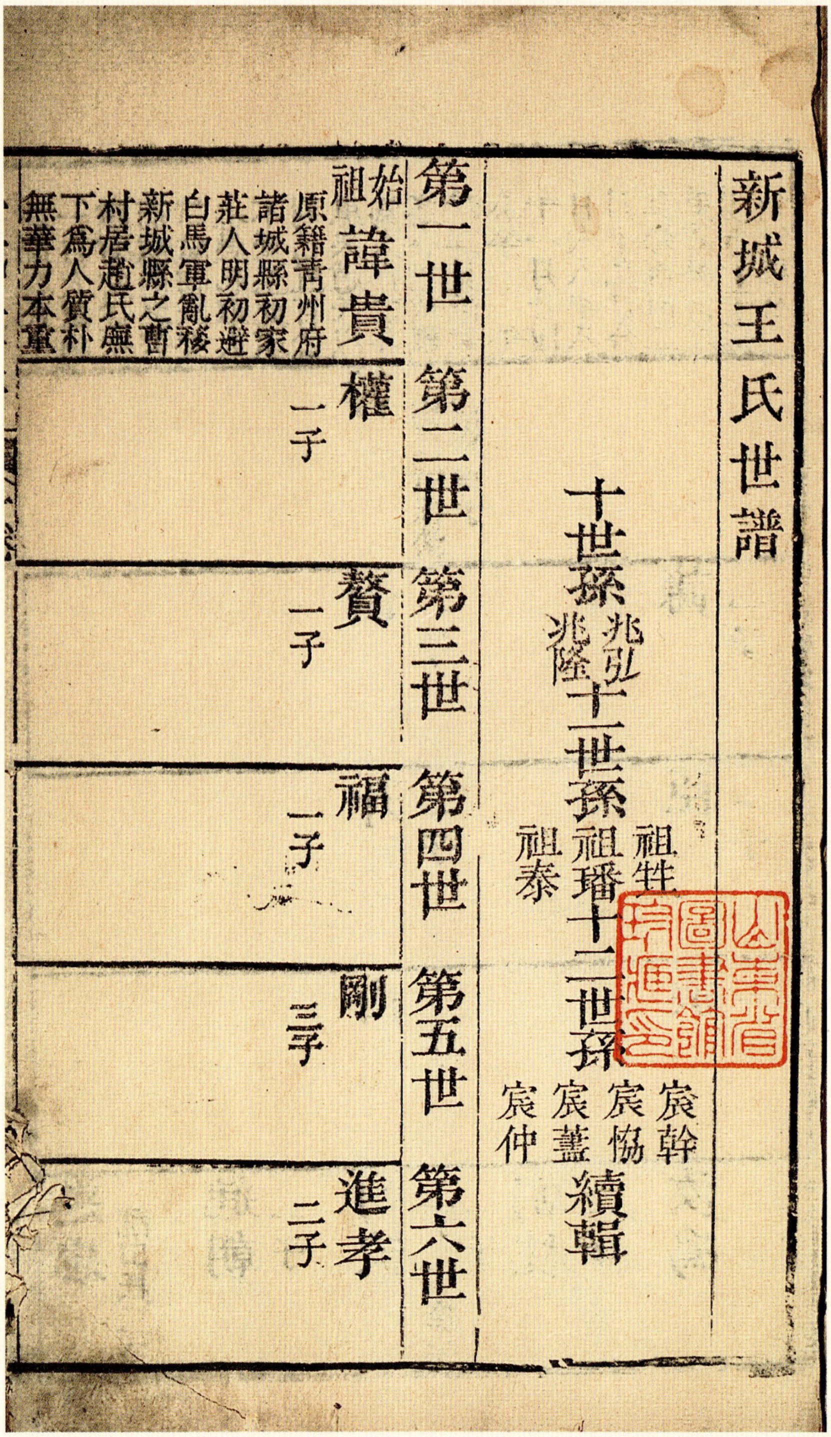

新城王氏世譜

十世孫兆弘 兆隆 十一世孫祖牲 祖璠 祖泰 十二世孫宸幹 宸協 宸藎 宸仲 續輯

第一世 始祖諱貴 原籍青州府諸城縣初家莊人明初避白馬軍亂移新城縣之曹村居趙氏廡下爲人質朴無華力本重

第二世 權 一子

第三世 贇 一子

第四世 福 一子

第五世 剛 三子

第六世 進孝 二子

新城王氏世譜八卷

清王兆弘等纂修。清乾隆二十五年(1760)刻本。序八行十八字,白口,四周單邊。框 21.7×14.9 釐米。有明王象晉序。譜成於乾隆二十五年,起自明初一世,止於十四世。

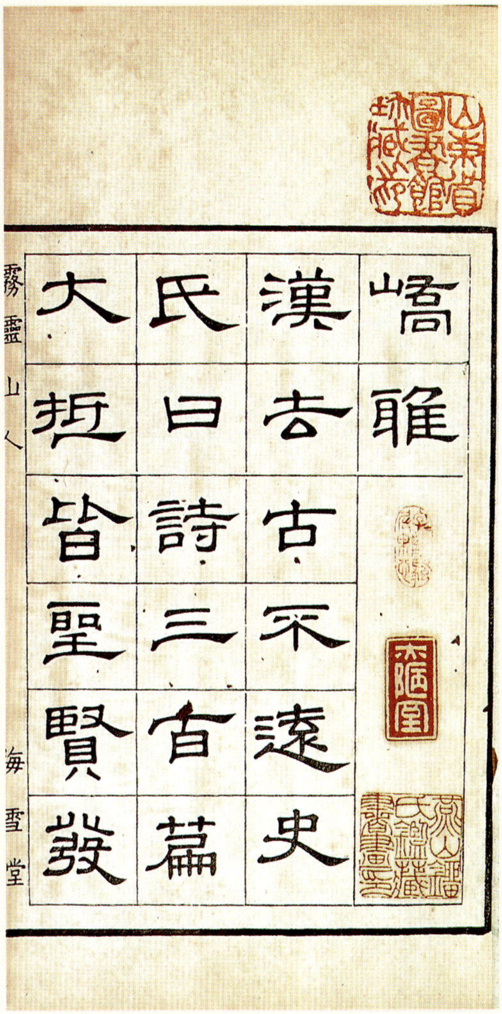

嶠雅
漢古不遠史
氏曰詩三百篇
大抵皆聖賢發
霧靈山人
海雪堂

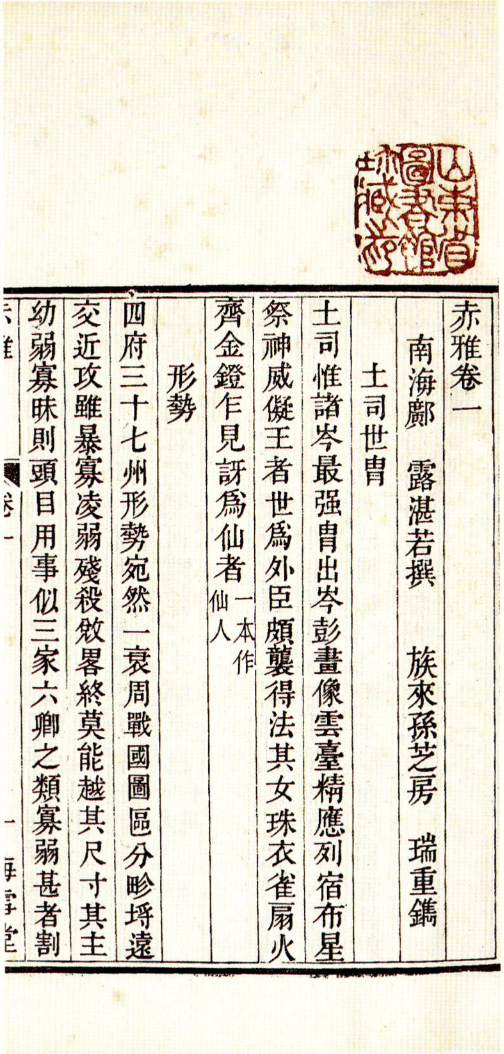

赤雅卷一
南海鄺露湛若撰　族來孫芝房瑞重鐫
土司世冑
土司惟諸岑最强冑出岑彭畫像雲臺精應列宿布星
祭神威儼王者世爲外臣頗襲得法其女珠衣雀扇火
齊金鐙乍見訝爲仙者一本作仙人
形勢
四府三十七州形勢宛然一衰周戰國圖區分畛埒遠
交近攻雖暴寡凌弱殘殺斂畧終莫能越其尺寸其主
幼弱寡昧則頭目用事似三家六卿之類寡弱甚者割
赤雅　卷一　一　海雪堂

嶠雅二卷赤雅三卷

明鄺露撰。清海雪堂刻本。《嶠雅》：半葉八行，行十五字，白口，四周雙邊。《赤雅》：半葉十行，行二十一字，白口，四周雙邊。版心均鐫有：“海雪堂”。框 18.1×13.9 釐米。鈐有“欒城張世堯印”、“亦陋室”、“燕山劉氏鑑藏書畫印”、“算學博士”、“字字離騷屈宋心”、“號振宇直隸欒城人”印記。

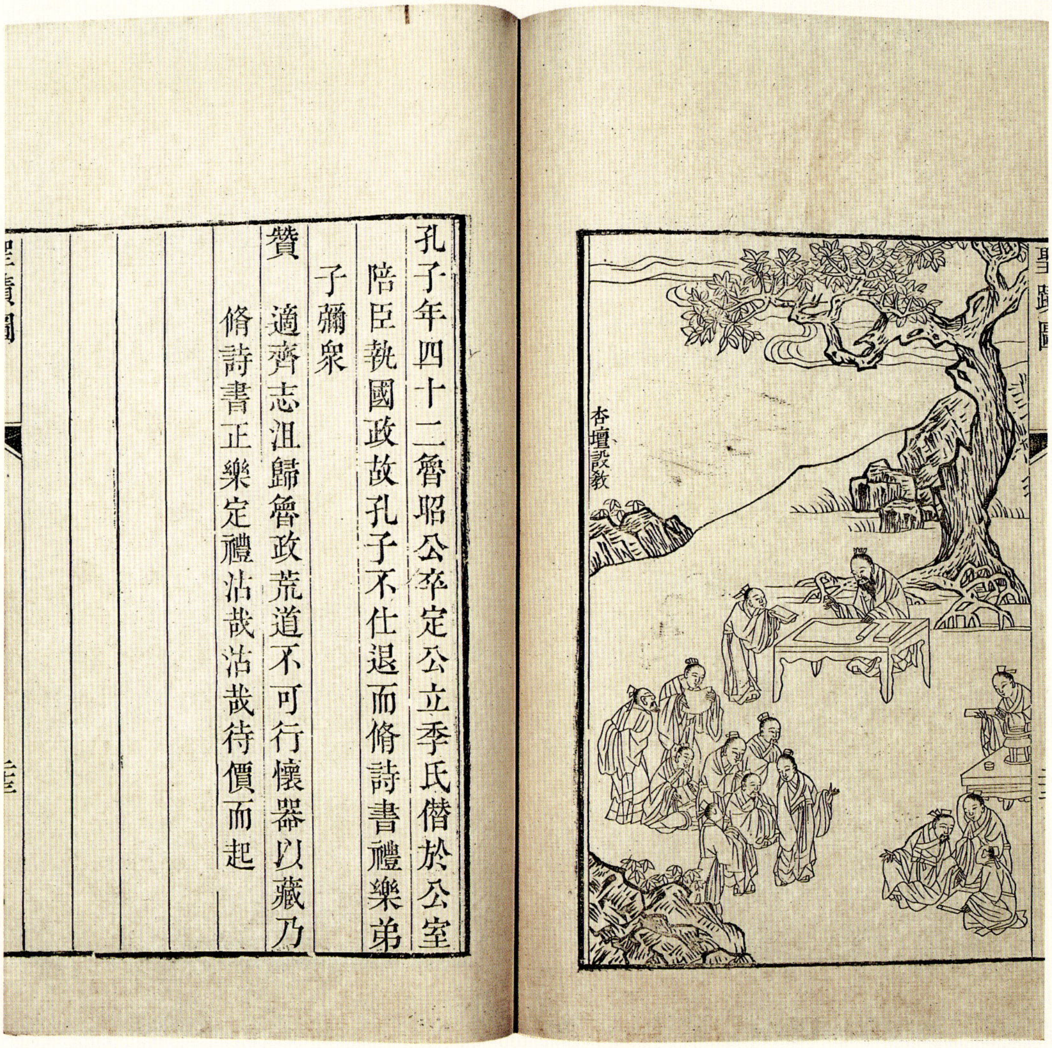
聖蹟圖

孔子年四十二魯昭公卒定公立季氏僭於公室
陪臣執國政故孔子不仕退而脩詩書禮樂弟
子彌衆
贊　適齊志沮歸魯政荒道不可行懷器以藏乃
脩詩書正樂定禮沽哉沽哉待價而起

聖蹟圖

聖廟祀典圖考五卷孔孟聖蹟圖二卷

清顧沅輯。清道光刻本。半葉九行，行十九字，白口，四周雙邊。框 18.7×12.5 釐米。

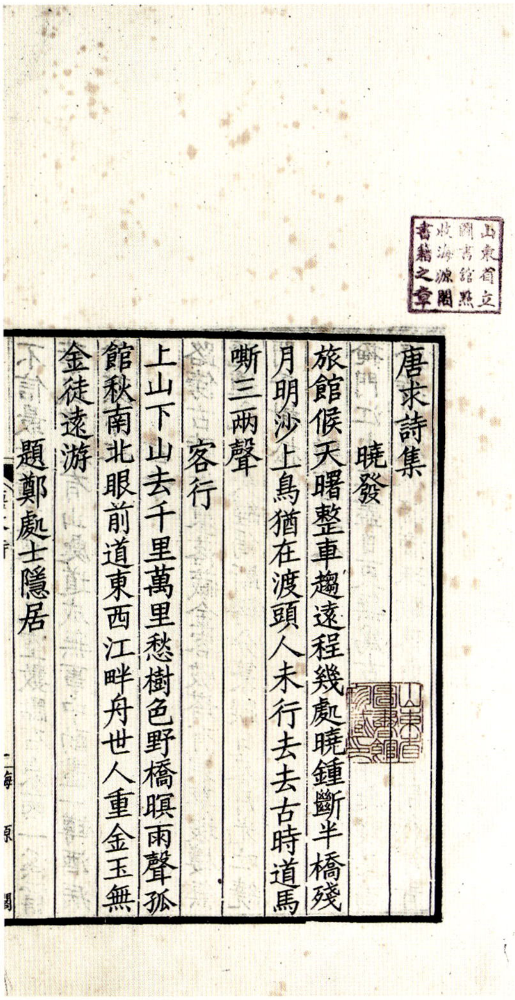
唐求詩集
曉發
旅館候天曙整車趨遠程幾處曉鍾斷半橋殘
月明沙上鳥猶在渡頭人未行去去古時道馬
嘶三兩聲
客行
上山下山去千里萬里愁樹色野橋暝雨聲孤
館秋南北眼前道東西江畔舟世人重金玉無
金徒遠游
題鄭處士隱居

唐求詩集一卷附錄一卷

唐唐求撰。清光緒二十年（1894）楊氏海源閣影宋刻本。半葉十行，行十八字，白口，左右雙邊。版心鐫有："海源閣"。框 17.2×13.2 釐米。封面有牌記："光緒甲午聊城楊氏海源閣刊"。

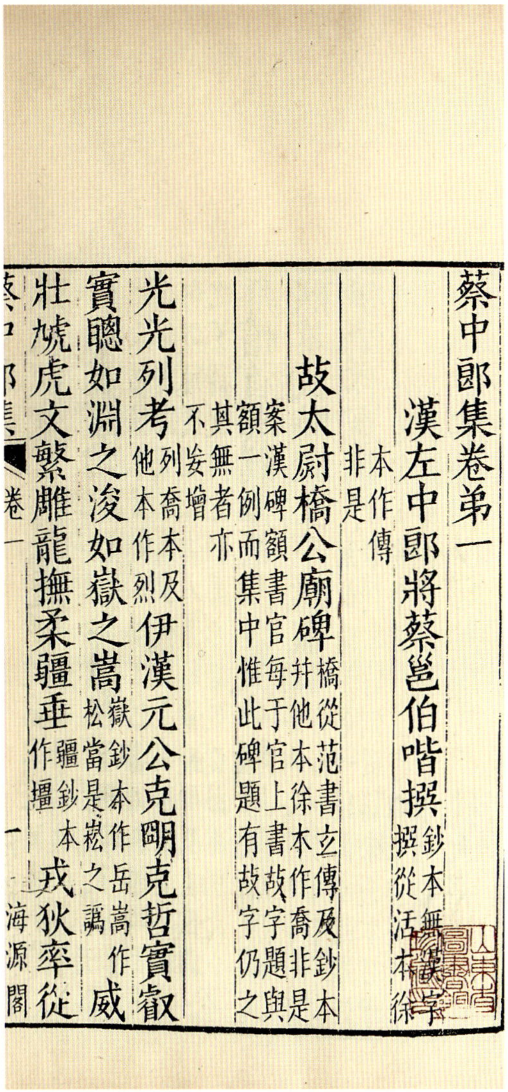
蔡中郎集卷弟一
漢左中郎將蔡邕伯喈撰 鈔本無撰字撰從汪本徐本作傳非是
故太尉橋公廟碑 橋從范書玄傳及鈔本并他本徐本作喬非是案漢碑額書官每于官上書故字題與額一例而額集中惟此碑題有故字仍之其無者亦不妄增
光光列考 列喬本及他本作烈 伊漢元公克明克哲實叡
實聰如淵之浚如嶽之嵩 嶽鈔本作岳嵩作松當是崧之譌 威
壯虓虎文繫雕龍撫柔疆垂 疆鈔本作壃 戎狄率從
蔡中郎集 卷一 海源閣

蔡中郎集十卷外紀一卷外集四卷

漢蔡邕撰。清咸豐二年（1852）楊氏海源閣仿宋刻本。半葉九行，行十八字，白口，左右雙邊。有刻工。版心鐫有："海源閣"。框 17.3×13.6 釐米。封面有牌記："咸豐二年東郡楊氏海源閣仿宋刊"。有咸豐二年楊以增序。

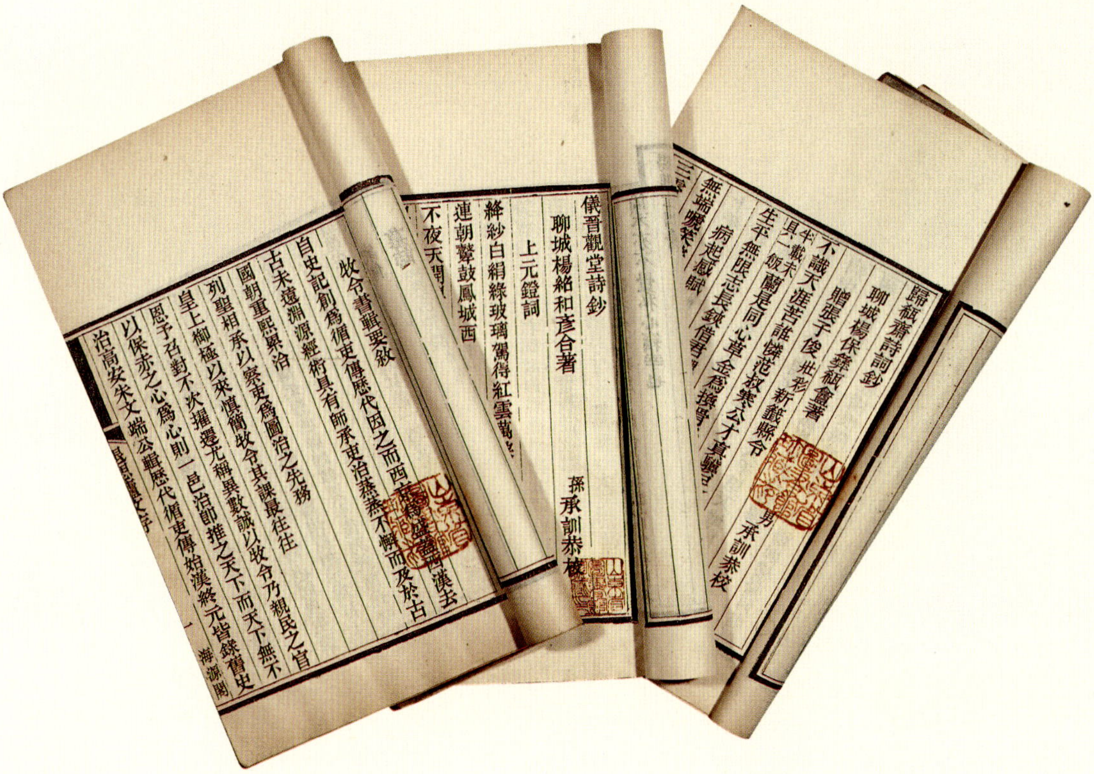

退思廬文存一卷

清楊以增撰。民國九年(1920)聊城楊氏海源閣刻本。半葉九行,行二十一字,黑口,四周雙邊。版心鐫有:“海源閣”。框 18.2×14.2 釐米。有牌記:“庚申春日海原閣刊”。

儀晉觀堂詩鈔不分卷

清楊紹和撰。民國九年(1920)聊城楊氏海源閣刻本。半葉九行,行二十一字,小字雙行二十一字,黑口,四周雙邊。版心鐫有:“海源閣”。框 18.8×13.8 釐米。有牌記:“庚申春日海原閣刊”。

歸穎齋詩詞鈔不分卷

清楊保彝撰。民國九年(1920)聊城楊氏海源閣刻本。半葉九行,行二十一字,黑口,四周雙邊。版心鐫有:“海源閣”。框 18.1×14.1 釐米。前有乙未張元鈞序。有牌記:“庚申春日海原閣刊”。

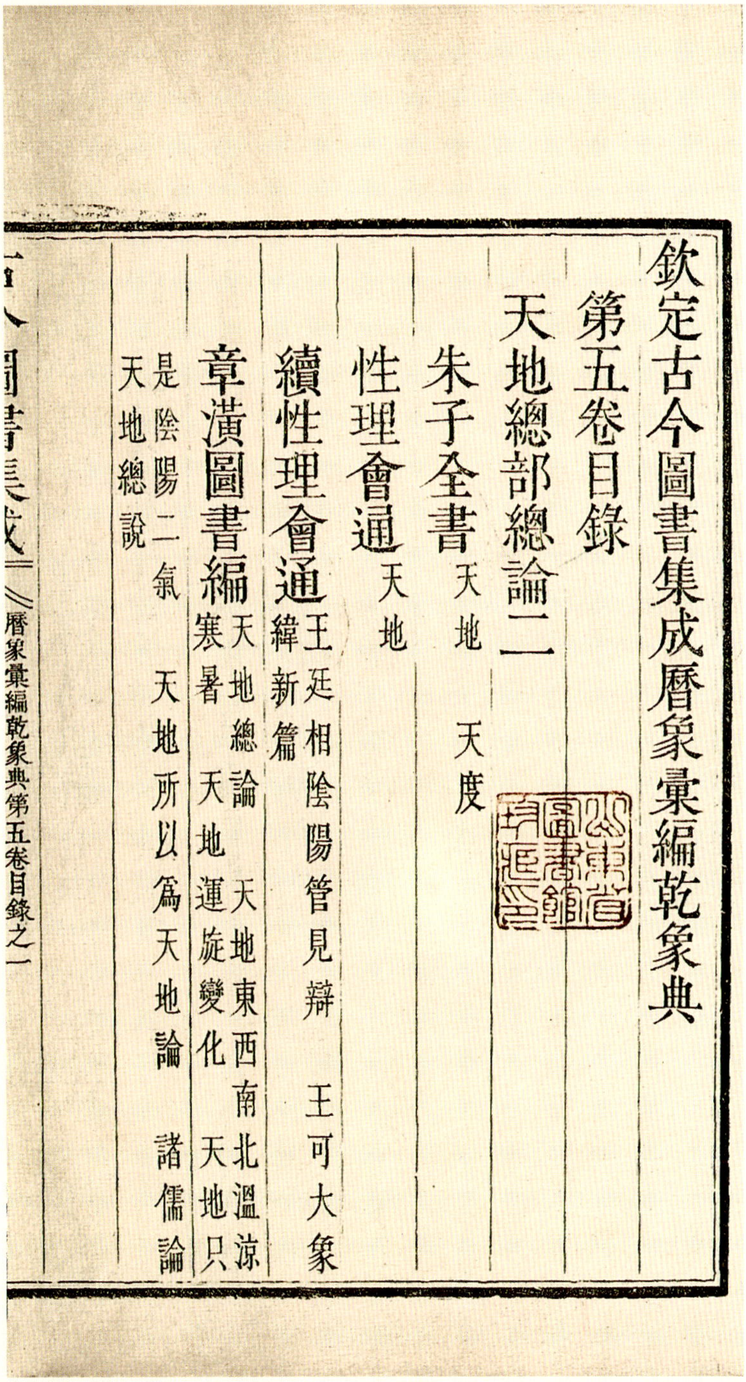
欽定古今圖書集成曆象彙編乾象典

第五卷目錄

天地總部總論二

朱子全書 天地 天度

性理會通 天地

續性理會通 王廷相陰陽管見辯 王可大象緯新篇

章潢圖書編 天地總論 天地東西南北溫涼寒暑 天地運旋變化 天地只是陰陽二氣 天地所以爲天地論 諸儒論 天地總說

曆象彙編乾象典第五卷目錄之一

欽定古今圖書集成一萬卷目錄四十卷

清蔣廷錫、陳夢雷等輯。清雍正四年(1726)內府銅活字印本。存八千九百一十三卷,目錄三十二卷。半葉九行,行二十字,白口,四周雙邊。框 21.3×14.8 釐米。太史連紙。已入選首批《國家珍貴古籍名錄》。

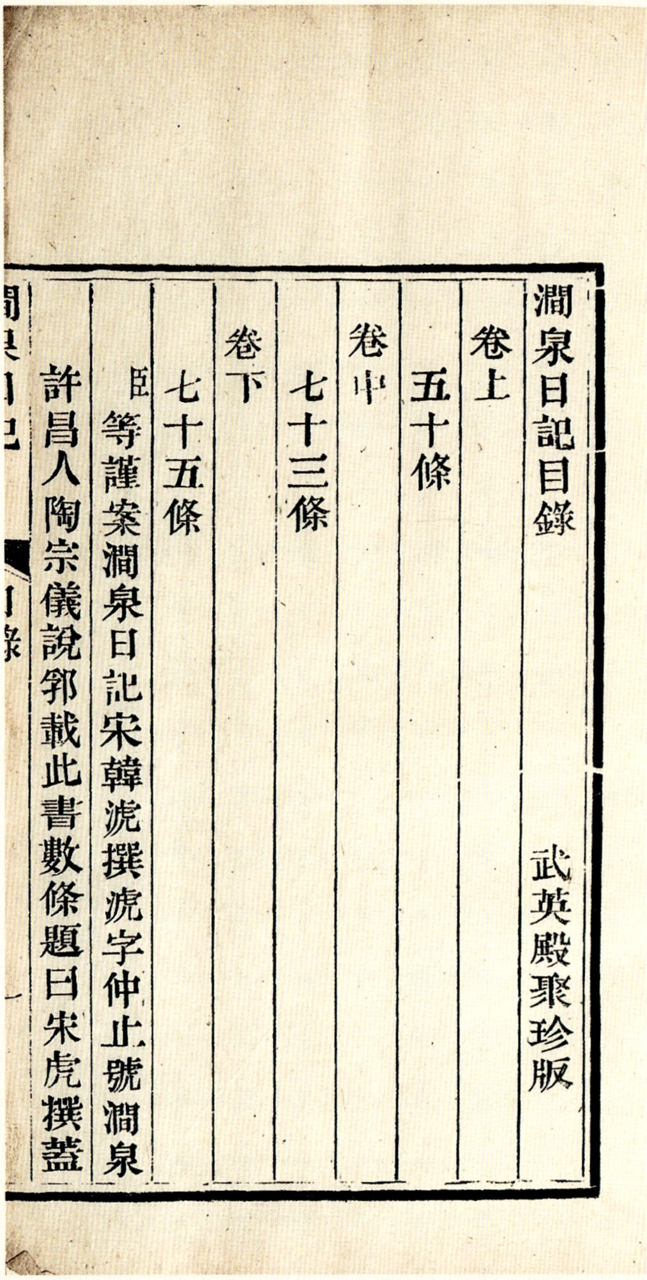
澗泉日記目錄　　武英殿聚珍版
卷上
五十條
卷中
七十三條
卷下
七十五條
臣等謹案澗泉日記宋韓淲撰淲字仲止號澗泉
許昌人陶宗儀說郛載此書數條題曰宋虎撰蓋

武英殿聚珍版書一百三十八種二千四百十六卷

清乾隆武英殿活字印本(易緯、漢官舊儀、魏鄭公諫續錄、帝範注,清乾隆三十八年武英殿刻本)。半葉九行,行二十一字,小字雙行二十一字,白口,四周雙邊。框 19.6×12.6 釐米。各書目錄卷端題:“武英殿聚珍版”。

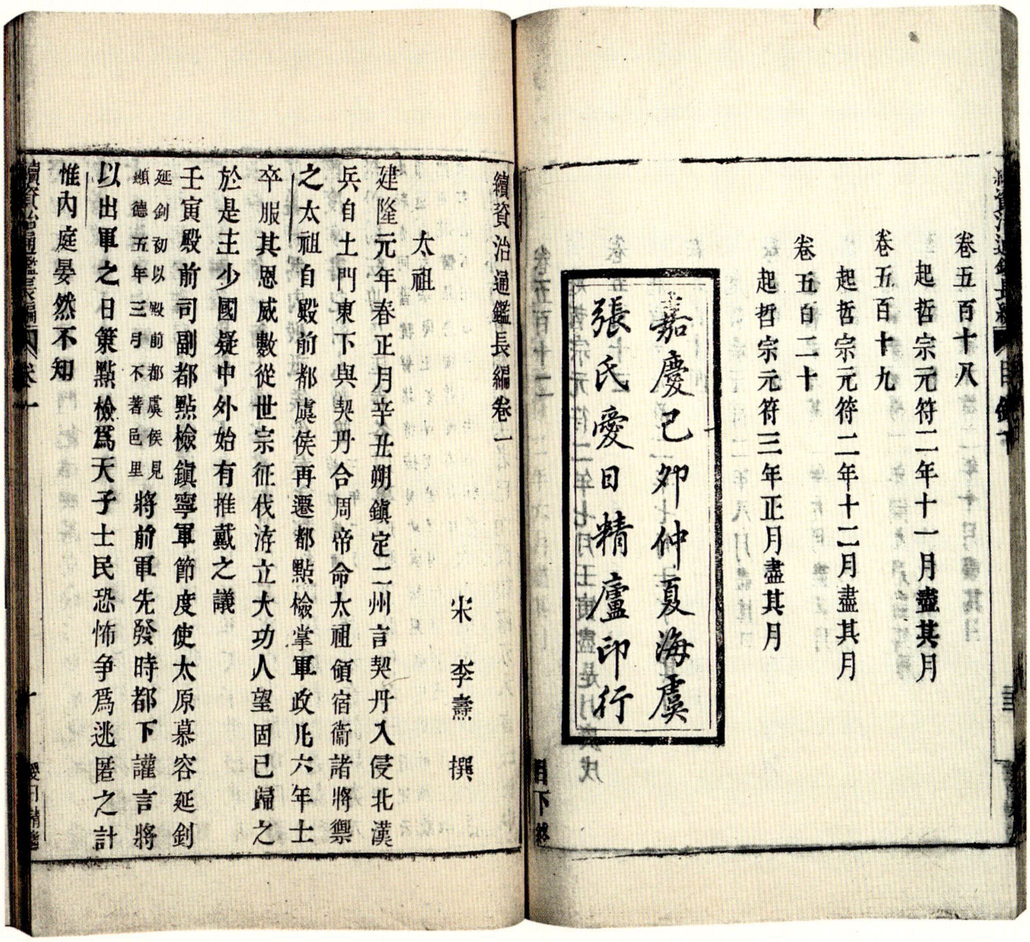

續資治通鑑長編五百二十卷目錄二卷

宋李燾撰。清嘉慶二十四年(1819)海虞張氏愛日精廬活字印本。存四百九十五卷,目錄二卷。半葉十三行,行二十一字,白口,四周單邊。版心鐫有:"愛日精廬"。框 21.8×15.9 釐米。自跋、目錄後均有書牌:"嘉慶己卯仲夏海虞張氏愛日精廬印行"。

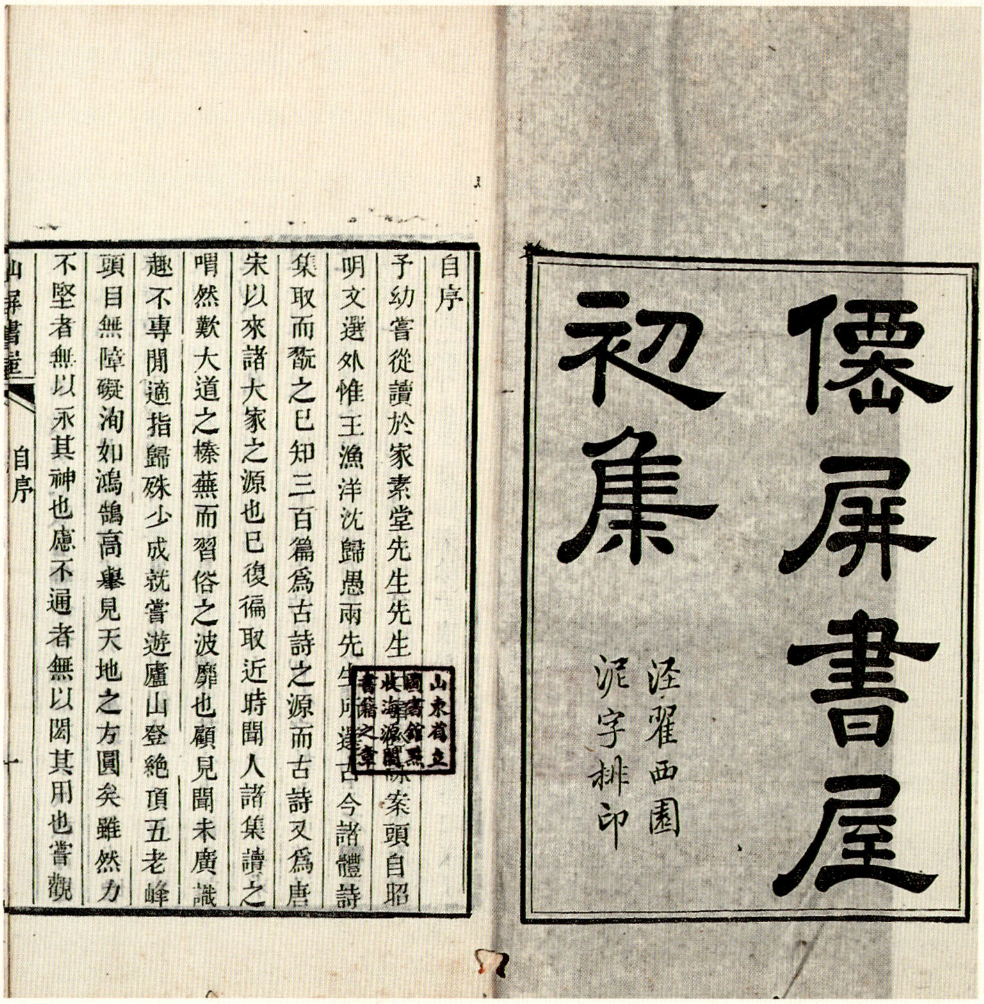

僊屏書屋初集詩錄十六卷後錄二卷

清黃爵滋撰。清道光二十七年(1847)翟金生泥活字印本。半葉九行,行二十一字,白口,左右雙邊。框17.1×12.5釐米。已入選首批《國家珍貴古籍名錄》。

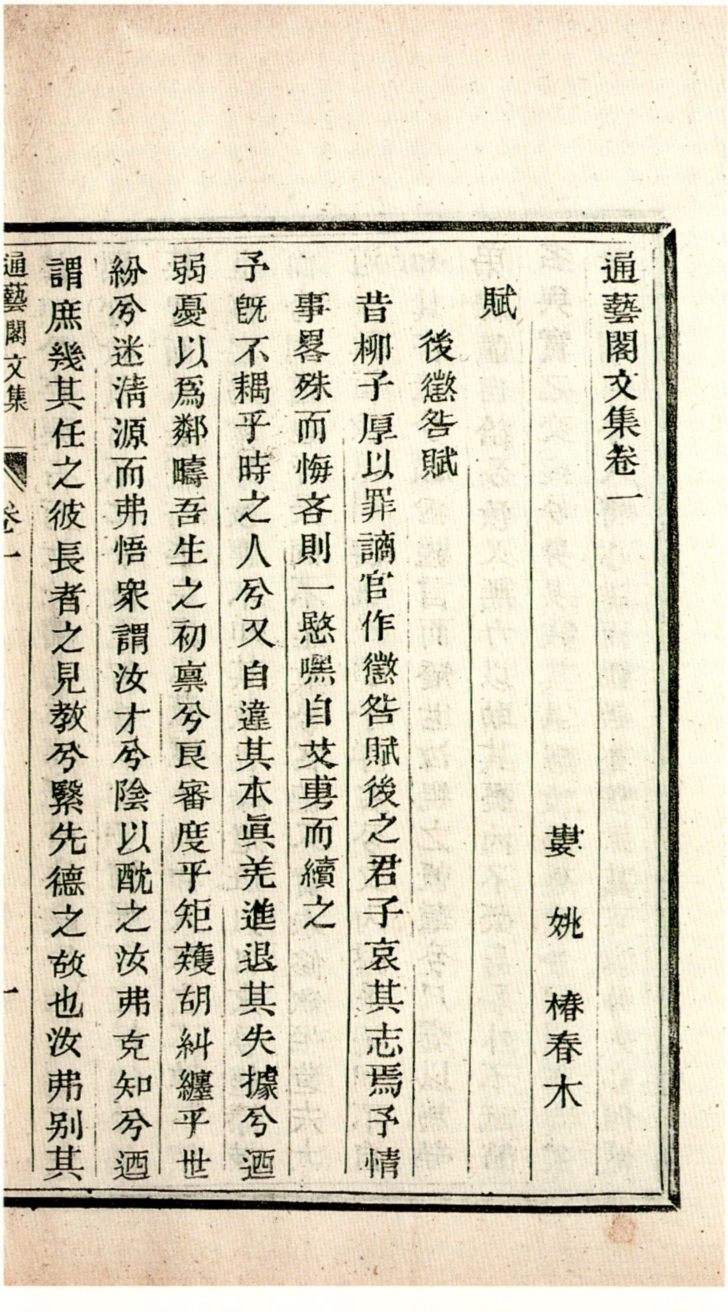
通藝閣文集卷一

婁 姚 椿春木

賦

後懲咎賦

昔柳子厚以罪謫官作懲咎賦後之君子哀其志焉予情事畧殊而悔吝則一愍嘿自艾專而續之

予既不耦乎時之人兮又自違其本眞羌進退其失據兮迺弱憂以爲鄰疇吾生之初禀兮良審度乎矩矱胡糾纆乎世紛兮迷清源而弗悟衆謂汝才兮陰以酖之汝弗克知兮迺謂庶幾其任之彼長者之見教兮繄先德之故也汝弗别其

通藝閣文集 卷一 一

通藝閣文集六卷補編一卷

清姚椿撰。清道光莊仲方活字印本。半葉十行，行二十三字，白口，四周雙邊。框 20.2×14.4 釐米。前有道光二十年王柏心序，後有莊仲方跋。海源閣藏書。

【套印本】

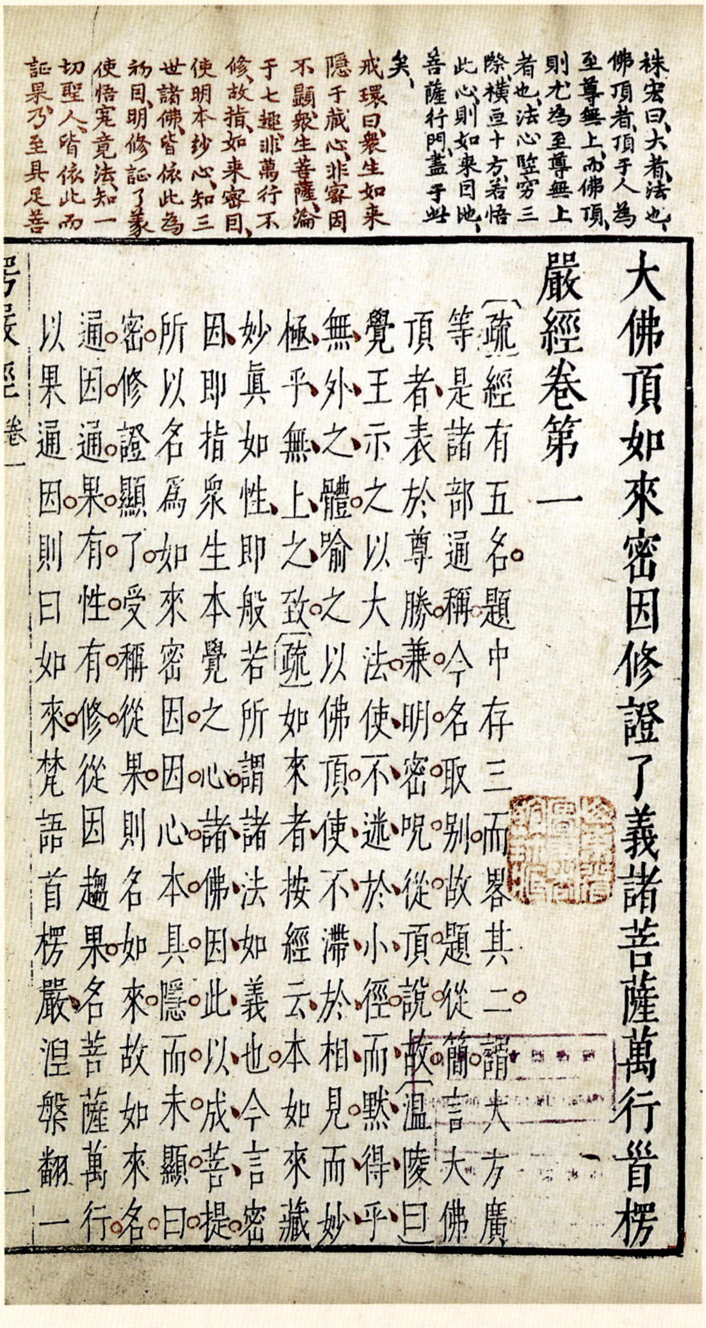

大佛頂如來密因修證了義諸菩薩萬行首楞嚴經十卷

題唐釋般剌密帝、彌伽釋迦譯。明天啓元年(1621)凌弘憲刻三色套印本。半葉八行,行十八字,小字雙行十八字,白口,四周單邊。有刻工。框 21.3×15 釐米。

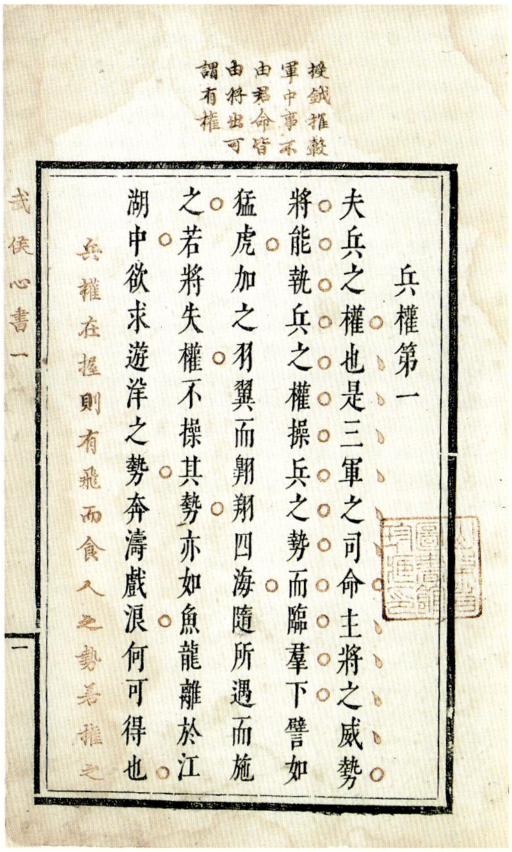

授鉞推轂軍中事不由君命皆由將出可謂有權

兵權第一

夫兵之權也是三軍之司命主將之威勢將能執兵之權操兵之勢而臨羣下譬如猛虎加之羽翼而翱翔四海隨所遇而施之若將失權不操其勢亦如魚龍離於江湖中欲求遊洋之勢奔濤戲浪何可得也

兵權在握則有飛而食人之勢

武侯心書一

武侯兵要七種十六卷

題蜀諸葛亮撰，明郭子章批。明天啓三年（1623）方淑如刻套印本。半葉七行，行十六字，白口，四周雙邊。框 19.7×13.3 釐米。前有天啓癸亥方淑如刻書序。

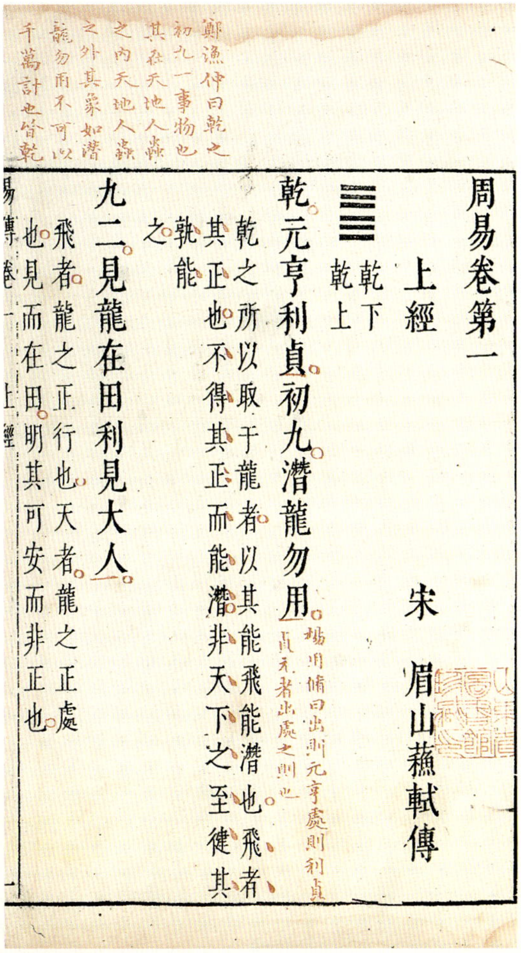

鄭漁仲曰乾之初九一事物也其在天地人蟲之內天地人蟲之外其象如潛龍勿用不可以千萬計也皆乾

周易卷第一

上經　　宋　眉山蘇軾傳

乾下乾上

乾元亨利貞初九潛龍勿用

楊用脩曰出則元亨處則利貞　貞元者出處之則也

乾之所以取于龍者以其能飛能潛也飛者其正也不得其正而能潛非天下之至健其孰能之

九二見龍在田利見大人

飛者龍之正行也天者龍之正處也見而在田明其可安而非正也

易傳卷一　上經

周易八卷

宋蘇軾撰。王輔嗣論易一卷。魏王弼撰。明閔齊伋刻套印本。半葉八行，行十八字，小字雙行十八字，白口，四周單邊。框 20.2×14.6 釐米。

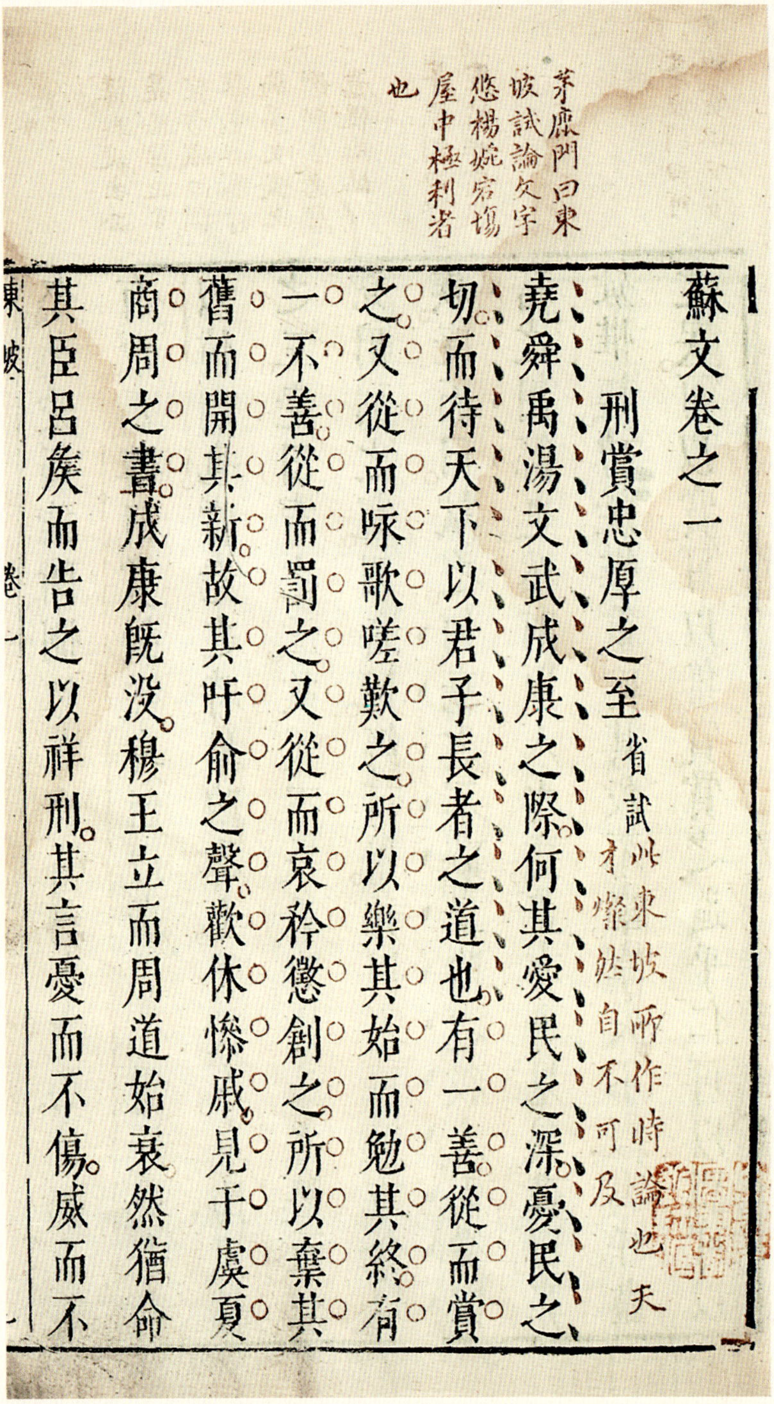

茅鹿門曰東坡試論文字悠揚婉宕場屋中極利者也

蘇文卷之一

刑賞忠厚之至 省試 此東坡所作時論也夫才燦然自不可及

堯舜禹湯文武成康之際何其愛民之深憂民之切而待天下以君子長者之道也有一善從而賞之又從而咏歌嗟歎之所以樂其始而勉其終有一不善從而罰之又從而哀矜懲創之所以棄其舊而開其新故其吁俞之聲歡休慘戚見于虞夏商周之書成康既沒穆王立而周道始衰然猶命其臣呂侯而告之以祥刑其言憂而不傷威而不

東坡 卷一

蘇文忠公文選六卷

宋蘇軾撰。明閔氏刻三色套印本。半葉九行，行十九字，白口，四周單邊。框 20.4×14.5 釐米。前有沈闇章《蘇文忠公文選序》。

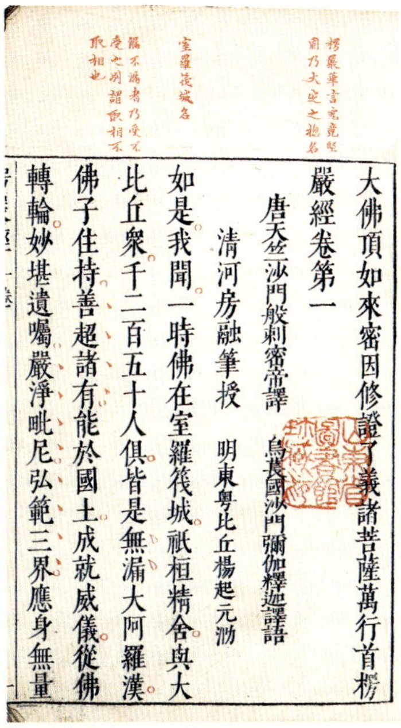

楞嚴華言究竟堅固乃大定之總名
室羅筏城名
漏不漏者乃受不受之別謂取相不取相也

大佛頂如來密因修證了義諸菩薩萬行首楞嚴經卷第一
唐天竺沙門般剌密帝譯　烏萇國沙門彌伽釋迦譯語
清河房融筆授　明東粵比丘楊起元泐
如是我聞一時佛在室羅筏城祇桓精舍與大比丘衆千二百五十人俱皆是無漏大阿羅漢佛子住持善超諸有能於國土成就威儀從佛轉輪妙堪遺囑嚴淨毗尼弘範三界應身無量

大佛頂如來密因修證了義諸菩薩萬行首楞嚴經十卷

題唐釋般剌密帝、彌伽釋迦譯。明凌毓枏刻套印本。半葉八行，行十八字，白口，四周單邊。框 20×14.8 釐米。鈐有“逸菴”、“海庸之印”。

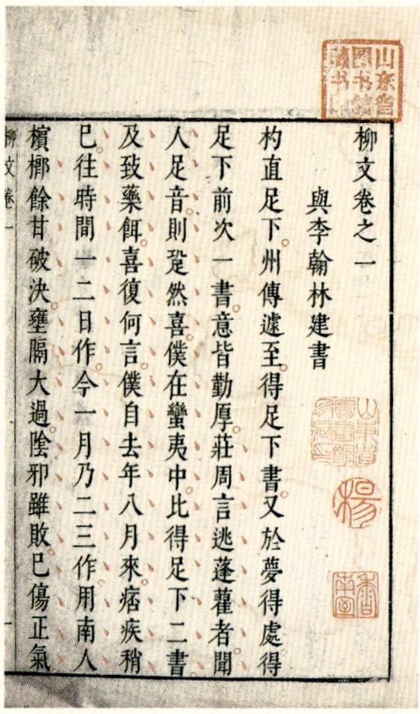
柳文卷之一
與李翰林建書
杓直足下州傳遽至得足下書又於夢得處得
足下前次一書意皆勤厚莊周言逃蓬藋者聞
人足音則跫然喜僕在蠻夷中比得足下二書
及致藥餌喜復何言僕自去年八月來痞疾稍
已往時間一二日作今一月乃二三作用南人
檳榔餘甘破決壅隔大過陰邪雖敗已傷正氣
柳文卷一

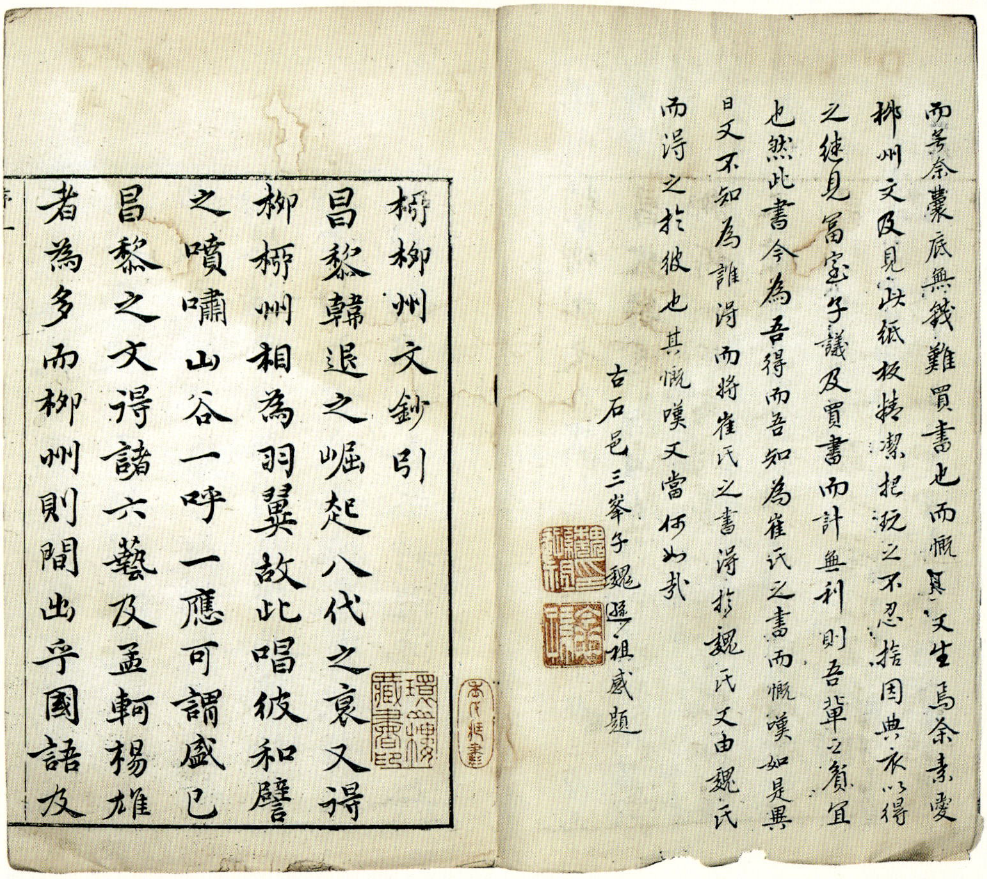
而今余囊底無錢難買書也而慨其文生焉余素愛
柳州文及見此紙板精潔把玩之不忍捨因典衣以得
之徒見笥笑予議及買書而計無利則吾輩之貧宜
也然此書今為吾得而吾知為崔氏之書而慨嘆如是異
日又不知為誰得而將崔氏之書得於魏氏又由魏氏
而得之於彼也其慨嘆又當何如哉
古石邑三峯子魏湜祖感題

柳柳州文鈔引
昌黎韓退之崛起八代之衰又得
柳柳州相為羽翼故此唱彼和譬
之噴嘯山谷一呼一應可謂盛已
昌黎之文得諸六藝及孟軻楊雄
者為多而柳州則間出乎國語及

柳文七卷

唐柳宗元撰，明茅坤輯。明刻朱墨套印本。半葉八行，行十八字，白口，四周單邊。框 20.25×14.5 釐米。鈐有“香南室”、“楊氏海源閣藏”、“楊”、“保彝私印”等印記。已入選首批《國家珍貴古籍名錄》。

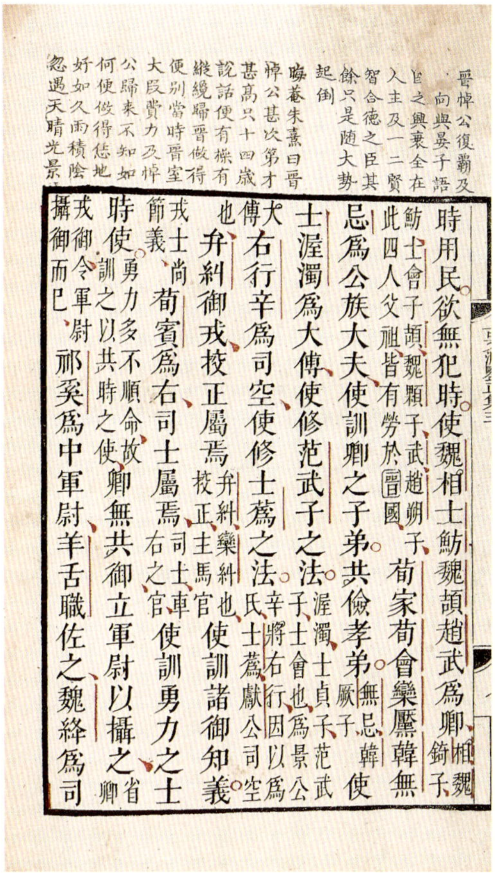

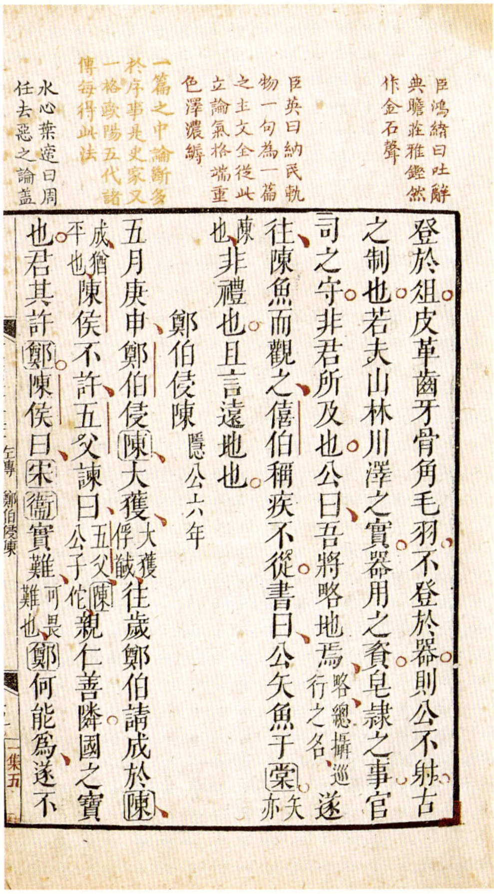

古文淵鑒六十四卷

清徐乾學等輯並注。清康熙内府刻五色套印本。半葉九行，行二十字，黑口，四周單邊。框 19.1×14.2 釐米。

芥子園畫傳二集八卷

清王槩、王蓍、王臬輯。清康熙四十年(1701)芥子園甥館刻彩色套印本。框 22.5×14.8 釐米。卷末題:"康熙辛巳蒲月芥子園甥館鐫藏"。

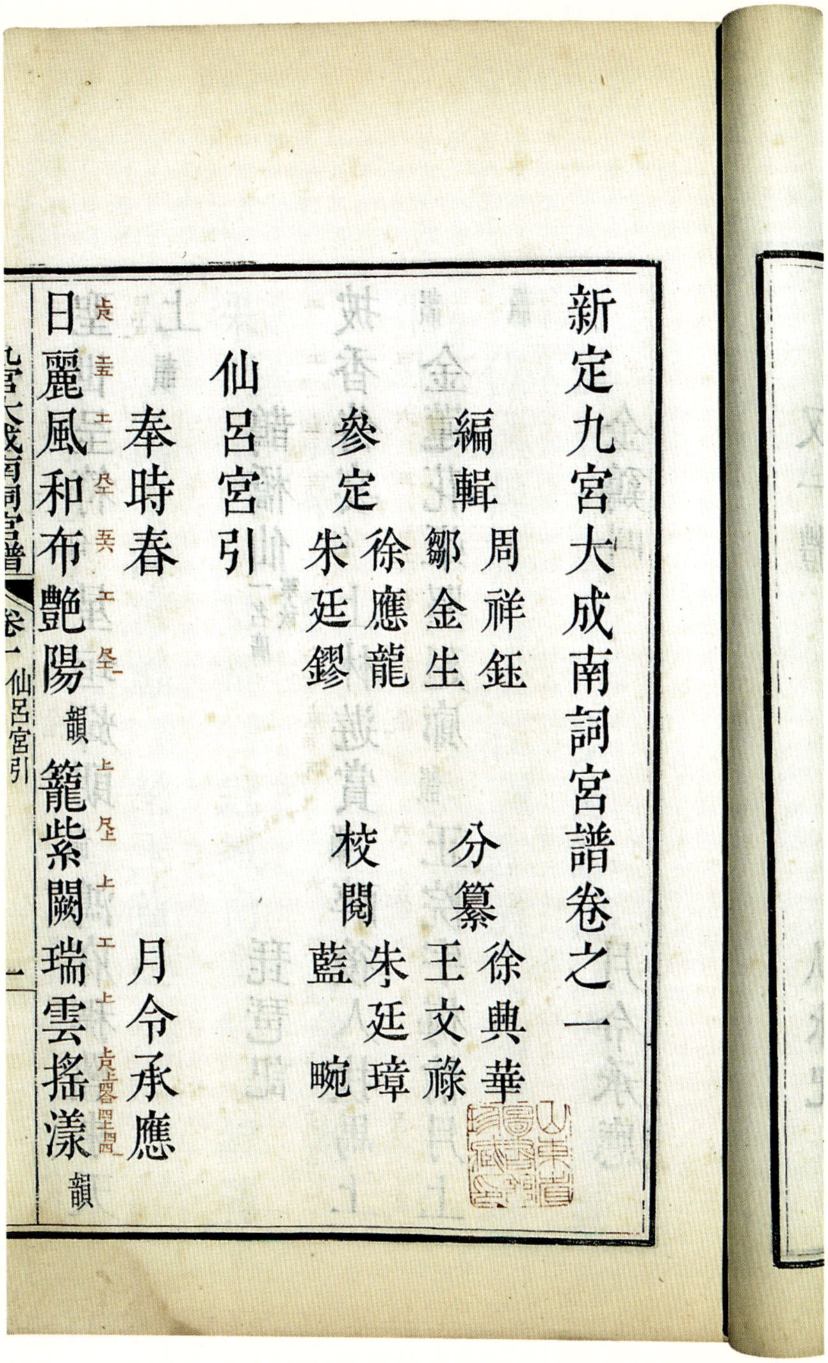
新定九宮大成南詞宮譜卷之一
編輯 周祥鈺 鄒金生 分纂 徐興華 王文祿
參定 徐應龍 朱廷鏐 校閱 朱廷璋 藍畹
仙呂宮引
奉時春 月令承應
日麗風和布艷陽韻 籠紫闕瑞雲搖漾韻
九宮大成南詞宮譜 卷一 仙呂宮引 一

新定九宮大成南北宮詞譜八十一卷閏一卷總目三卷

清周祥鈺、鄒金生等輯。清乾隆十一年(1746)允祿刻朱墨套印本。半葉七行，行十六字，白口，四周雙邊。框 22.8×15.6 釐米。無序跋。

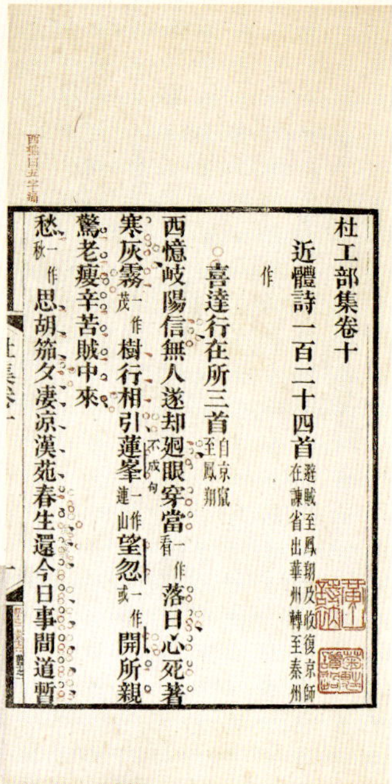
杜工部集卷十
近體詩一百二十四首 避賊至鳳翔及收復京師在諫省出華州轉至秦州作
喜達行在所三首 自京竄至鳳翔
西憶岐陽信無人遂却廻眼穿當一作看落日心死著寒灰霧一作茂樹行相引蓮峯一作逢山望忽一作或開所親驚老瘦辛苦賊中來
愁一作秋思胡笳夕凄涼漢苑春生還今日事間道暫

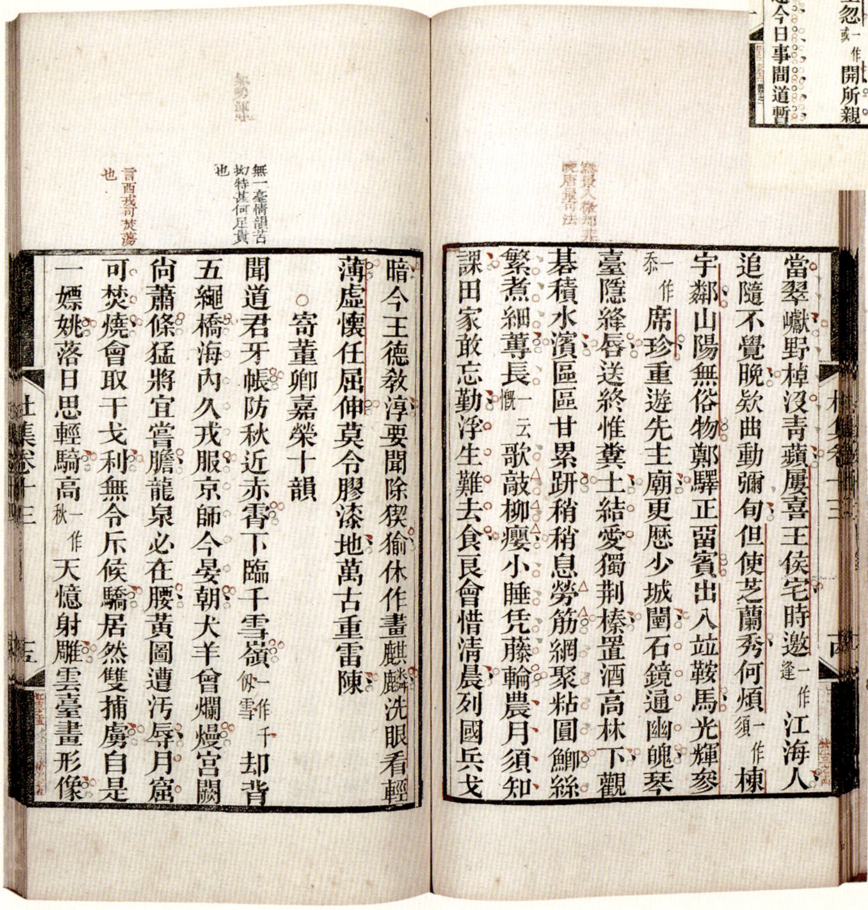
當翠巘野棹沒青蘋屢喜王侯宅時邀一作逢江海人追隨不覺晚款曲動彌旬但使芝蘭秀何煩一作須棟宇鄰山陽無俗物鄭驛正留賓出入並鞍馬光輝參一作忝席珍重遊先主廟更歷少城闉石鏡通幽魄琴臺隱絳唇送終惟糞土結愛獨荆榛置酒高林下觀碁積水濱區區甘累趼稍稍息勞筋網聚粘圓鯽絲繁煮細蓴長一云慣歌敲柳癭小睡凭藤輪農月須知課田家敢忘勤浮生難去食良會惜清晨列國兵戈

暗今王德教淳要聞除猰貐休作畫麒麟洗眼看輕薄虛懷任屈伸莫令膠漆地萬古重雷陳
寄董卿嘉榮十韻
聞道君牙帳防秋近赤霄下臨千雪嶺一作千嶺雪却背五繩橋海內久戎服京師今晏朝犬羊曾爛熳宮闕尚蕭條猛將宜嘗膽龍泉必在腰黃圖遭汙辱月窟可焚燒會取干戈利無令斥候驕居然雙捕虜自是一嫖姚落日思輕騎高一作秋天憶射雕雲臺畫形像

杜工部集二十卷首一卷

唐杜甫撰。清道光十四年(1834)芸葉盦刻五色套印本。半葉八行,行二十字,粗黑口,左右雙邊。框 17.8×13.5 釐米。鈐有"丁菊甦藏印"、"菊甦讀過"、"黃山詩衲"印記。

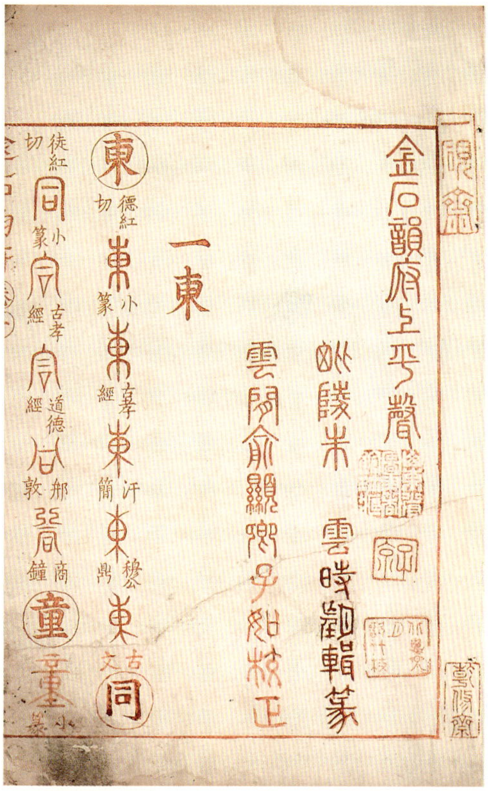

金石韻府五卷

明朱雲撰。明刻朱印本。半葉六行，字不等，白口，四周單邊。框 20.6×15.3 釐米。前有嘉靖十年豐坊序，俞顯謨序。鈐有“一硯齋”、“乾修齋”等印記。

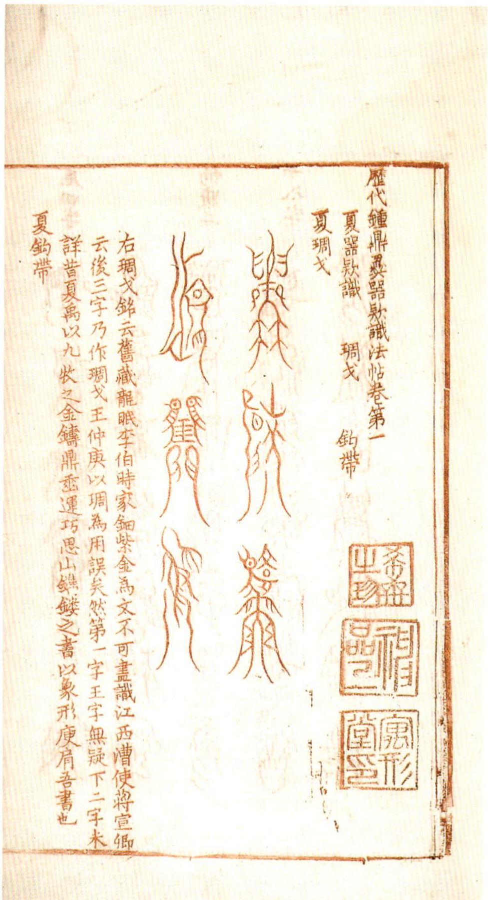

歷代鐘鼎彝器款識法帖二十卷

宋薛尚功撰。明萬曆十九年(1591)萬嶽山人刻朱印本。存十一卷。半葉十五行，行三十二字，白口，左右雙邊。框 21×14.4 釐米。鈐有“沈氏珍藏”、“浦東沈氏所藏書畫圖籍金石之章”等印記。

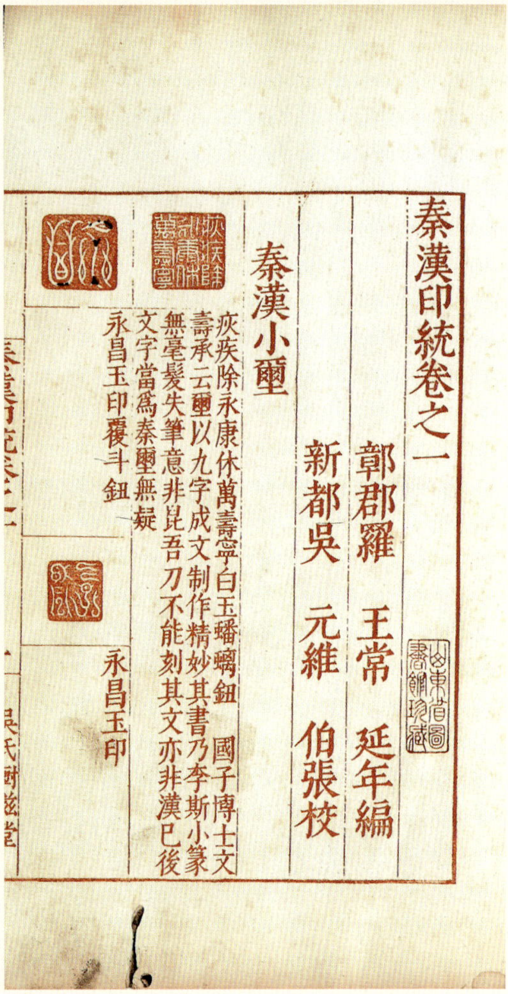
秦漢印統卷之一

鄣郡羅　王常　延年編

新都吳　元維　伯張校

秦漢小璽

疢疾除永康休萬壽寧白玉螭鈕　國子博士文壽承云璽以九字成文制作精妙其書乃李斯小篆無毫髮失筆意非昆吾刀不能刻其文亦非漢已後文字當爲秦璽無疑

永昌玉印覆斗鈕

永昌玉印

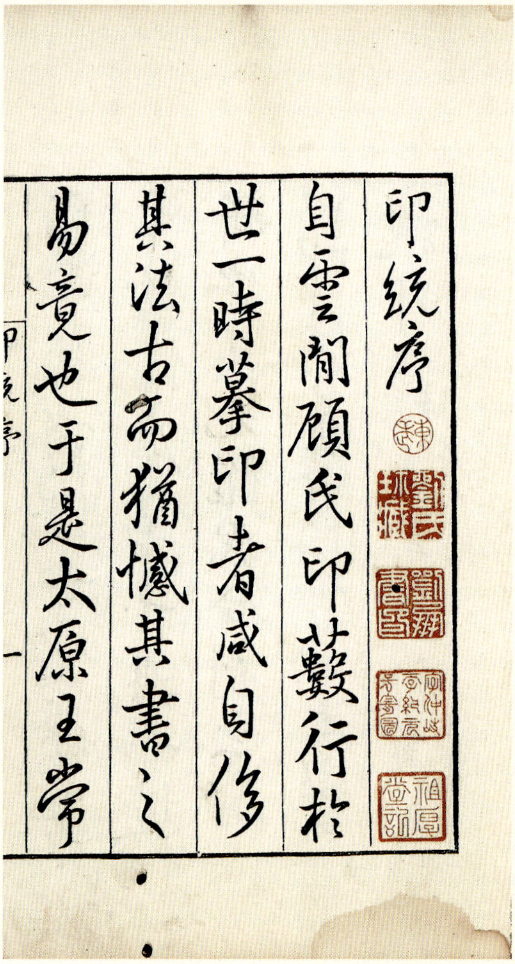
印統序

自雲間顧氏印藪行於世一時摹印者咸自修其法古而猶憾其書之易竟也于是太原王常

秦漢印統八卷

明羅王常輯。明萬曆三十四年(1606)吳氏樹滋堂刻朱印本。行、字不一,有刻工。框 20.6×14.2 釐米。版心鐫有:“吳氏樹滋堂”。鈐有“東武”、“寄園”、“東武劉氏珍藏”、“劉氏珍藏”、“祖厚堂記”、“字仲岐一字紀元号寄園”、“劉朋書印”等印記。

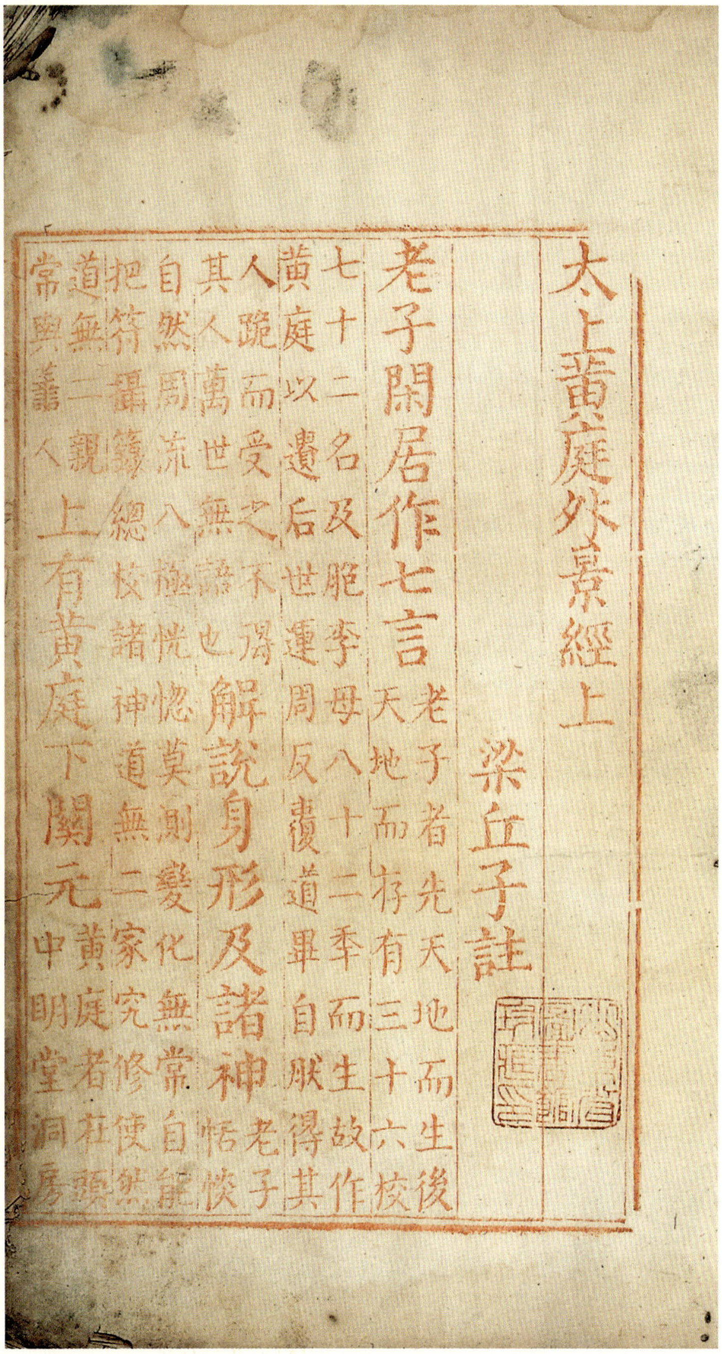

太上黃庭外景經上

梁丘子註

老子閑居作七言
老子者先天地而生後
天地而存有三十六校
七十二名及肥李母八十一季而生故作
黃庭以遺后世運周反覆道畢自然得其
人踐而受之不得
其人萬世無諸也
解說身形及諸神
老子
恬惔
自然周流八極恍惚莫測變化無常自能
把符籙總校諸神道無二家究修使然
道無一親
常與善人
上有黃庭下關元
黃庭者在頭
中明堂洞房

太上黃庭外景經三卷黃庭內景五臟六腑圖說一卷

唐白履忠撰。明萬曆刻朱印本。半葉七行，行十六字，白口，四周雙邊。框 20.7×13.8 釐米。末有萬曆沈儆《黃庭內外景經後序》。

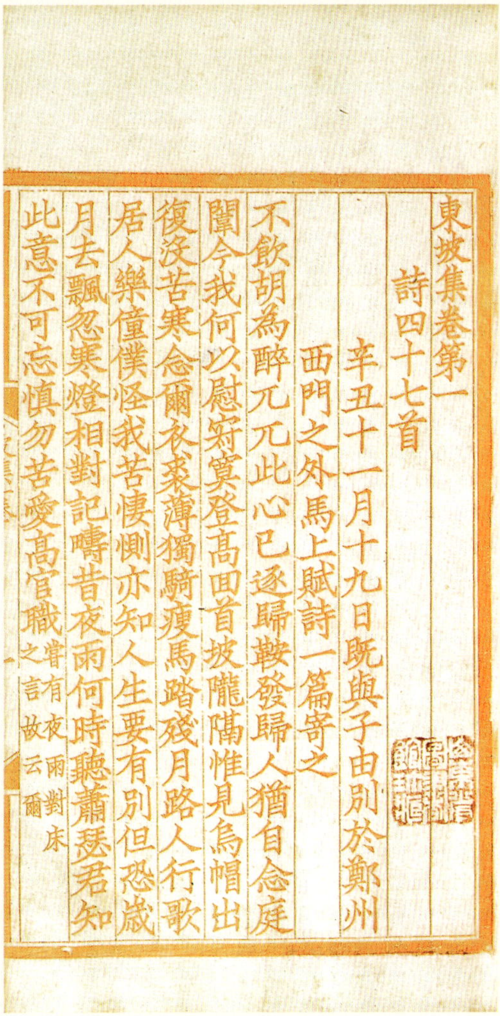

東坡集卷第一

詩四十七首

辛丑十一月十九日既與子由別於鄭州西門之外馬上賦詩一篇寄之

不飲胡為醉兀兀此心已逐歸鞍發歸人猶自念庭闈今我何以慰寂寞登高回首坡隴隔惟見烏帽出復沒苦寒念爾衣裘薄獨騎瘦馬踏殘月路人行歌居人樂僮僕怪我苦悽惻亦知人生要有別但恐歲月去飄忽寒燈相對記疇昔夜雨何時聽蕭瑟君知此意不可忘慎勿苦愛高官職嘗有夜雨對床之言故云爾

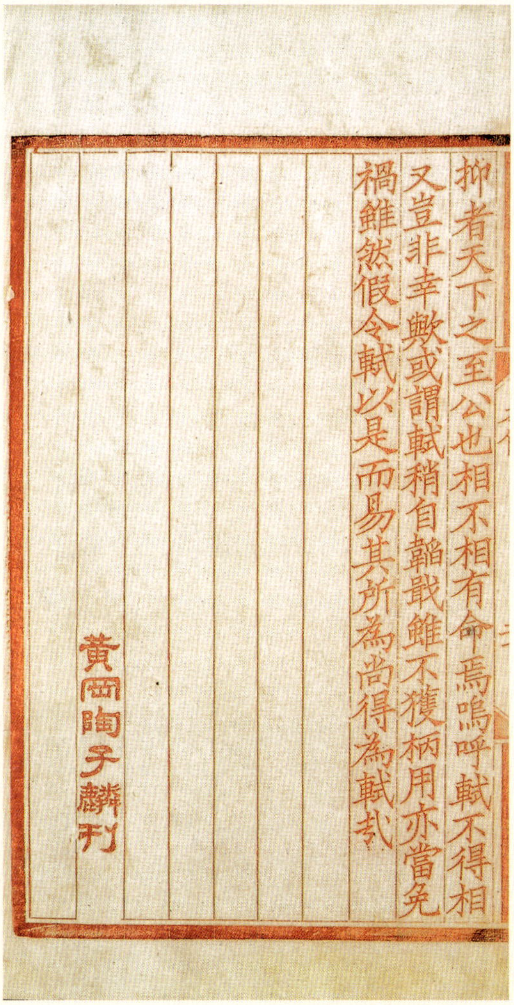

抑者天下之至公也相不相有命焉嗚呼軾不得相又豈非幸歟或謂軾稍自韜戢雖不獲柄用亦當免禍雖然假令軾以是而易其所為尚得為軾哉

黃岡陶子麟刊

蘇文忠公全集一百十一卷

宋蘇軾撰。年譜一卷。宋王宗稷撰。清光緒三十四年（1908）至宣統元年（1909）端方寶華盦刻朱印本（繆荃孫批校）。半葉十行，行二十字，大紅口，四周雙邊。框 20.2×13.3 釐米。《宋史本傳》末刻有："黃岡陶子麟刊"。

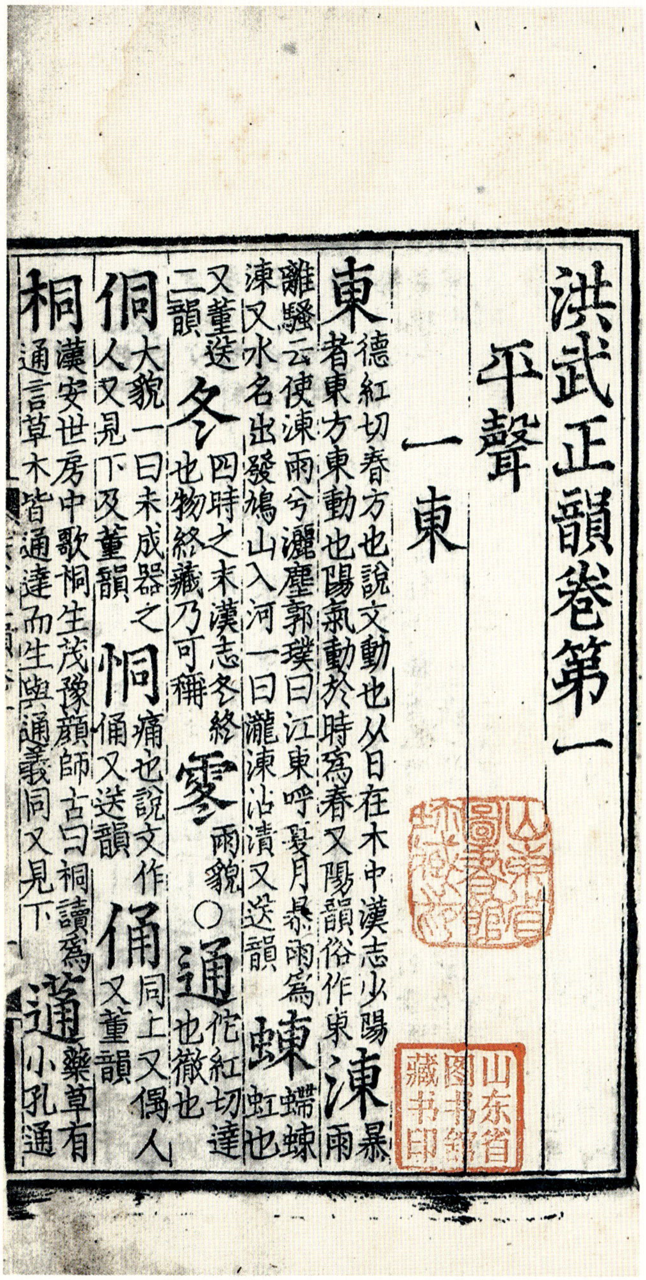

洪武正韻十六卷

明樂韶鳳、宋濂等撰。明嘉靖二十七年(1548)衡藩刻藍印本。半葉八行,字不一,小字雙行二十四字,大藍口,四周雙邊。框 21.7×14.7 釐米。

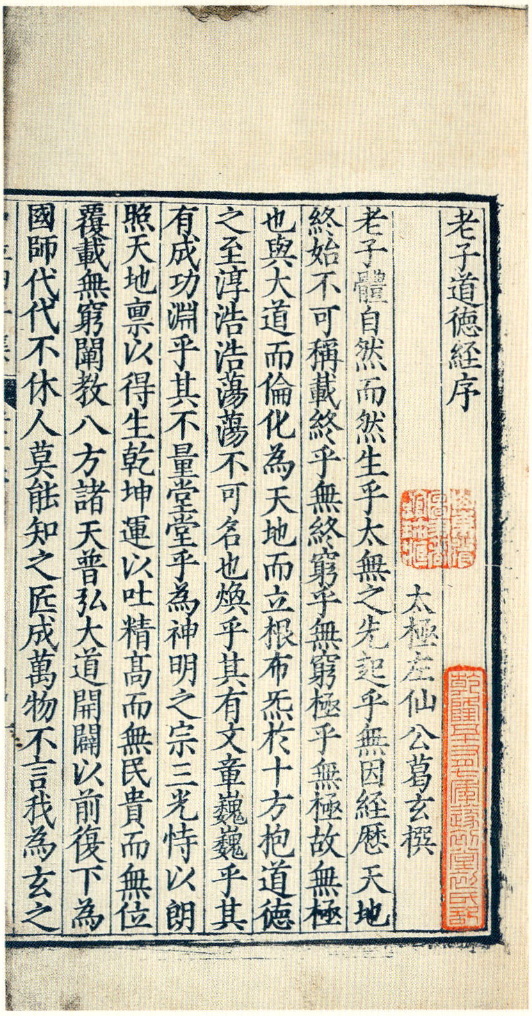

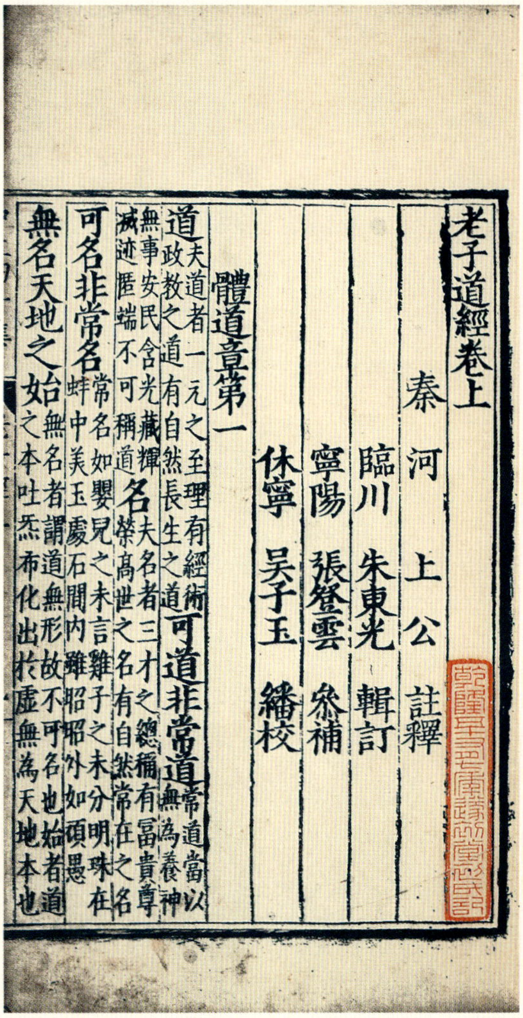

老子道德經注釋二卷

題漢河上公撰。明萬曆七年(1579)朱東光刻《中立四子集》藍印本。半葉十行,行二十一字,白口,四周雙邊。框 21.3×14.8 釐米。鈐有"乾隆五十有七年遂初堂初氏記"。

闕里誌二十四卷

明陳鎬撰。明萬曆刻藍印本。存八卷。半葉九行二十一字，白口，四周單邊，有刻工。框 23×15.1 釐米。前有陳瑛及孔貞叢序。鈐有“吴任席”、“幼珍”等印記。

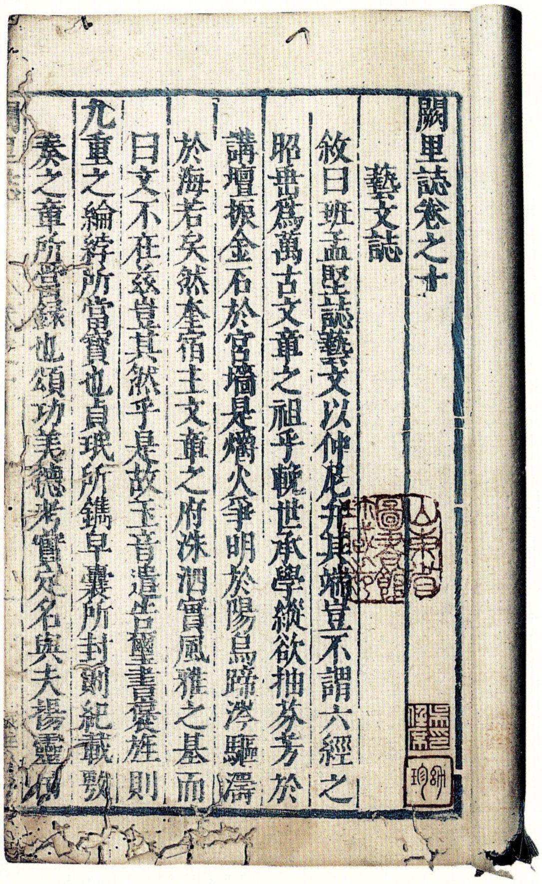
闕里誌卷之十
藝文誌
敘曰班孟堅誌藝文以仲尼沒其端豈不謂六經之
昭世爲萬古文章之祖乎觀世承學纔欲抽芬芳於
講壇振金石於宮墻是猶火爭明於陽烏蹄涔驪濤
於海若矣然奎宿主文章之府洙泗實風雅之基而
曰文不在茲豈其然乎是故玉音遣告璽書褒旌則
九重之綸綍所賞賚也貞珉所鐫皁囊所封劄紀載數
奏之章所當錄也頌功美德考實定名與夫揚靈

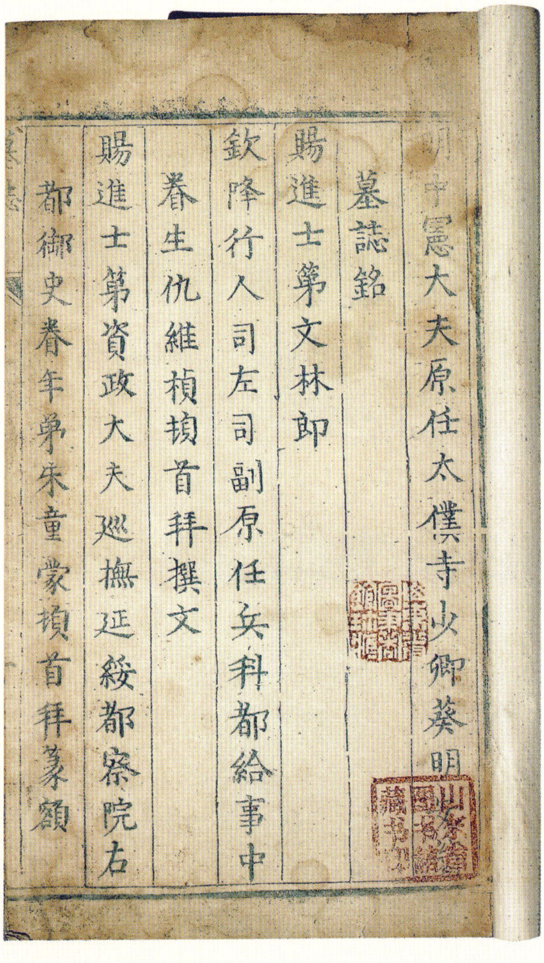
明守憲大夫原任太僕寺少卿葵明
墓誌銘
賜進士第文林郎
欽降行人司左司副原任兵科都給事中
眷生仇維楨頓首拜撰文
賜進士第資政大夫巡撫延綏都察院右
都御史眷年弟朱童蒙頓首拜篆額

葵明安翁墓誌銘行狀一卷

明仇維楨撰。明刻藍印本。半葉七行，行十六字，白口，四周雙邊。框 22.2×13.9 釐米。

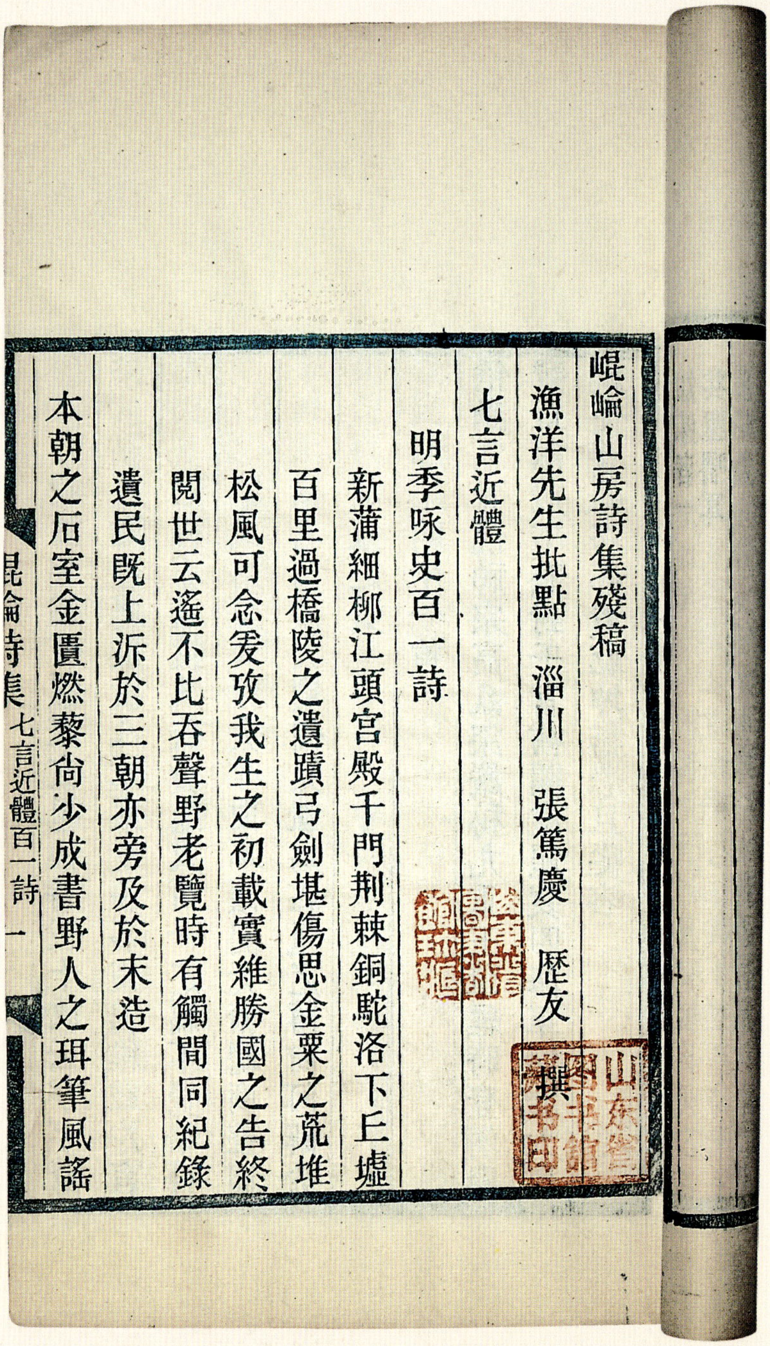
崐崘山房詩集殘稿
漁洋先生批點　淄川　張篤慶　歷友　撰
七言近體
明季咏史百一詩
新蒲細栁江頭宮殿千門荆棘銅駝洛下丘墟
百里過橋陵之遺蹟弓劍堪傷思金粟之荒堆
松風可念爰攷我生之初載實維勝國之告終
閲世云遥不比吞聲野老覽時有觸間同紀錄
遺民既上泝於三朝亦旁及於末造
本朝之后室金匱燃藜尚少成書野人之珥筆風謠
崐崘詩集　七言近體百一詩　一

崐崘山房詩集殘稿不分卷

清張篤慶撰。清蓝印本。半葉九行，行二十一字。框 17.7×13.8 釐米。鈐有“六慎齋”、“曠劫以後所得”印記。

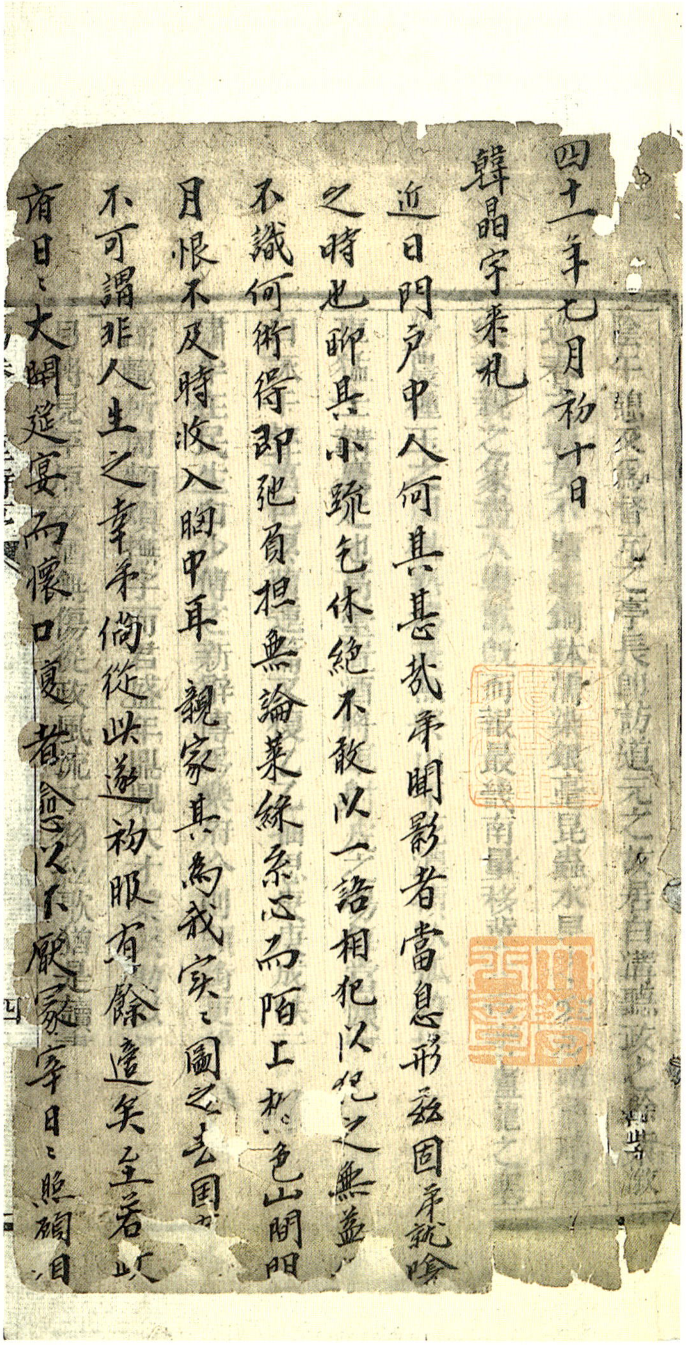
四十一年七月初十日
韓晶宇來札
近日門戶中人何其甚哉乎聞影者當息形茲固乎就陰
之時也卿其小疏乞休絕不敢以一語相犯以犯之無益也
不識何術得即弛負担無論菜緣系心而陌上熱熱色山明明
月恨不及時收入胸中耳　親家其為我突突圖之去國者
不可謂非人生之幸乎倘從此遂初服有餘適矣至若此
前日日大閱遊宴而懷口餒者念以不厭豪宰日日照顧目

白陽畢公自嚴遺蹟一卷

明畢自嚴撰。稿本。半葉八行，字不一。鈐有“肖保尚書中丞開府之章”、“大學士章”等印記。

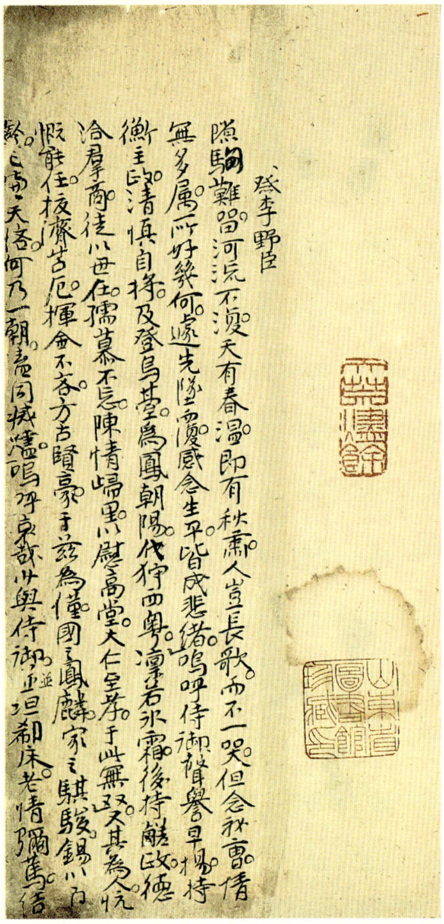

祭李野臣

隙駒難留，河流不返，天有春溫，即有秋肅。人豈長歌，而不一哭。但念秋霜，情
無多屬，所好幾何，遂先隕零，感念生平，皆成悲緒。嗚呼侍御，聲譽早揚，持
衡主政，清慎自持。及登烏臺，爲鳳朝陽，代狩西粵，凜若冰霜，後持鹺政，德
洽羣商。徒以母在，孺慕不忘，陳情歸里，以慰高堂。大仁至孝，于此無雙。又其爲人，伉
爽任俠，濟苦厄，揮金不吝，方古賢豪。予竊爲僅國之鳳麟，家之騏駿，錫以百
齡，乃當天倍，何乃一朝，遽同燼滅。嗚呼哀哉！廿與侍御，並坦連床，老情彌篤，信

聊齋文集□□卷

清蒲松齡撰。稿本（張元濟、王獻唐、王統照跋）。存一卷。半葉十行，行二十七、二十八字不等。鈐有“大荒燼餘”印記。

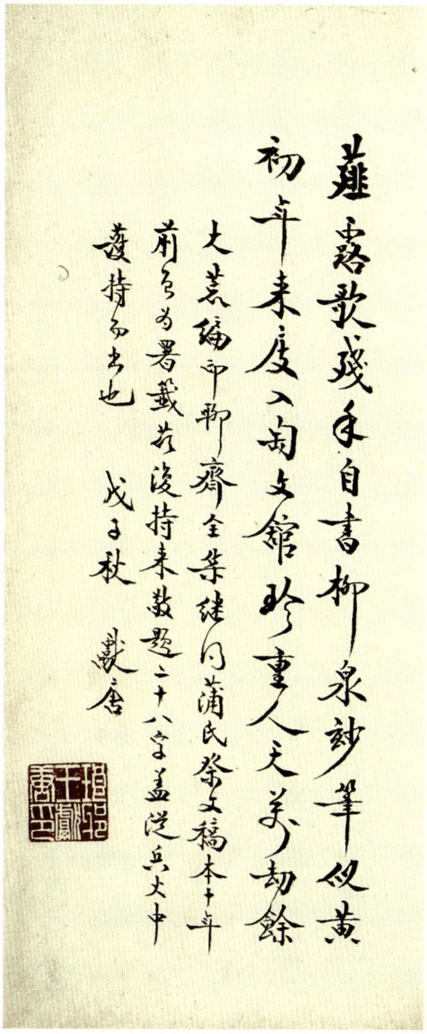
薤露歌殘手自書柳泉妙筆似黃初
年來度入句文館珍重人天美劫餘
大著編印聊齋全集繼得蒲氏祭文稿本十年
前已為署籤茲復持來囑題二十八字蓋從兵火中
復持而出也
戊子秋

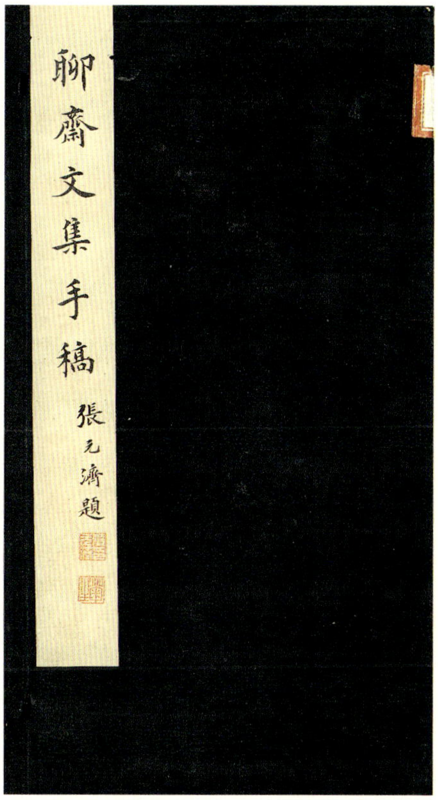
聊齋文集手稿
張元濟題

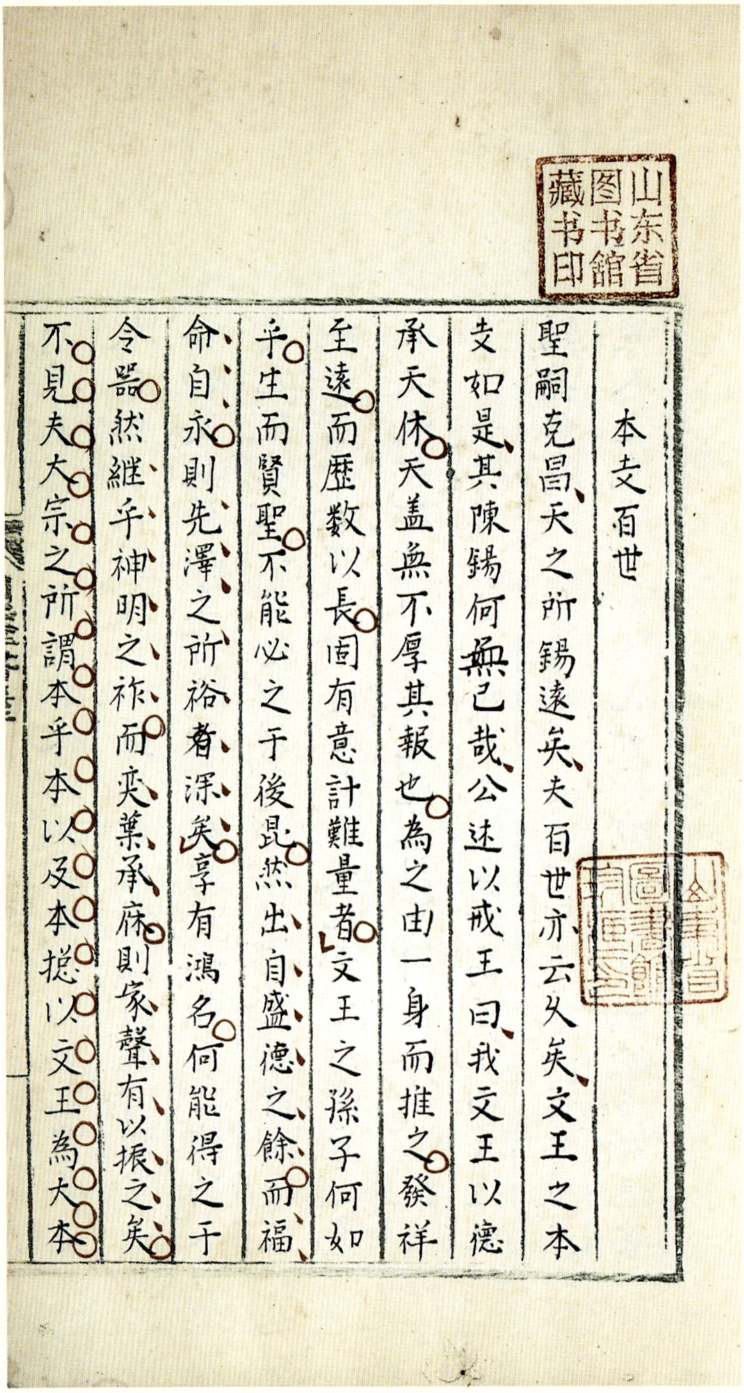
本支百世
聖嗣克昌天之所錫遠矣夫百世亦云久矣文王之本
支如是其陳錫何無已哉公述以戒王曰我文王以德
承天休天蓋無不厚其報也爲之由一身而推之發祥
至遠而歷數以長固有意計難量者文王之孫子何如
乎生而賢聖不能必之于後昆然出自盛德之餘而福
命自永則先澤之所裕者深矣享有鴻名何能得之于
令器然繼乎神明之祚而奕葉承庥則家聲有以振之矣
不見夫大宗之所謂本乎本以及本摠以文王爲大本

詩經大題不分卷

清田雯輯。稿本。半葉九行，行二十一字，白口，四周雙邊。框 20.4×14.8 釐米。版心鐫有："山薑書屋"。

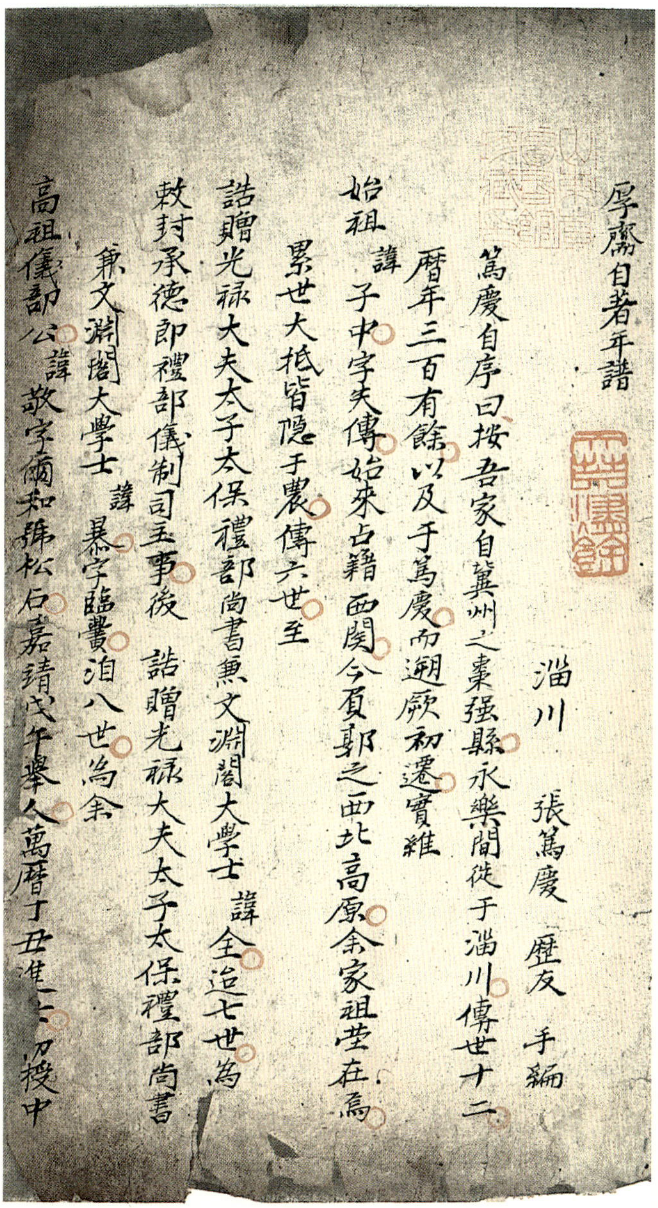
厚齋自著年譜

淄川 張篤慶 歷友 手編

篤慶自序曰按吾家自冀州之棗强縣永樂閭徙于淄川傳世十二
曆年三百有餘以及于篤慶而溯厥初遷實維
始祖 諱子中字夫傳始來占籍西關今頁郭之西北高原余家祖塋在焉
累世大抵皆隱于農傳六世至
誥贈光禄大夫太子太保禮部尚書兼文淵閣大學士 諱全迨七世為
敕封承德郎禮部儀制司主事後 誥贈光禄大夫太子太保禮部尚書
兼文淵閣大學士 諱暴字臨畫洎八世為余
高祖儀部公諱 敬字爾知號松石嘉靖戊午舉人萬曆丁丑進士□授中

厚齋自著年譜一卷

清張篤慶撰。稿本。半葉十行,字不一。鈐有"大荒燼餘"印記。

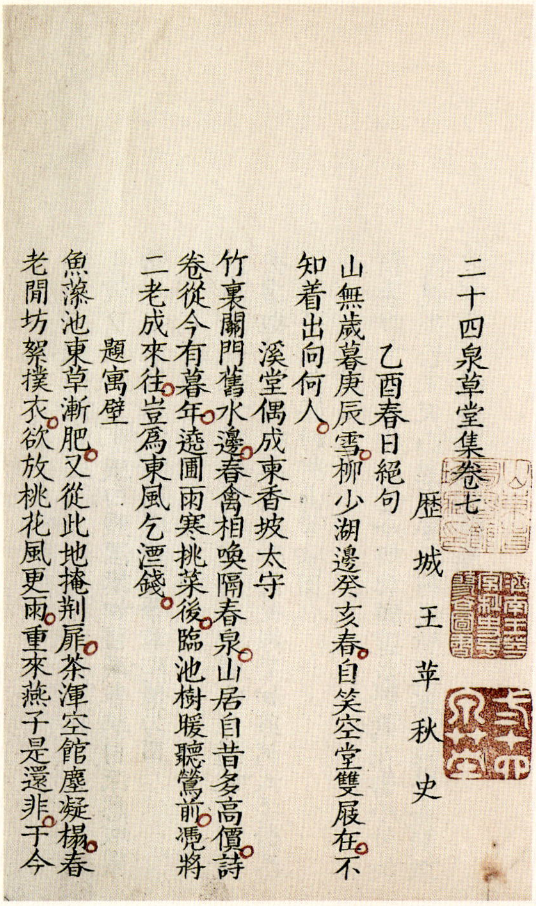

二十四泉草堂集卷七
歷城王苹秋史
乙酉春日絕句
山無歲暮庚辰雪柳少湖邊癸亥春自笑空堂雙屐在不
知着出向何人
溪堂偶成柬香坡太守
竹裏關門舊水邊春禽相喚隔春泉山居自昔多高價詩
卷從今有暮年遶圃雨寒挑菜後臨池樹暖聽鶯前憑將
二老成來往豈爲東風乞湮錢
題寓壁
魚藻池東草漸肥又從此地掩荊扉茶渾空館塵凝榻春
老閒坊絮撲衣欲放桃花風更雨重來燕子是還非于今

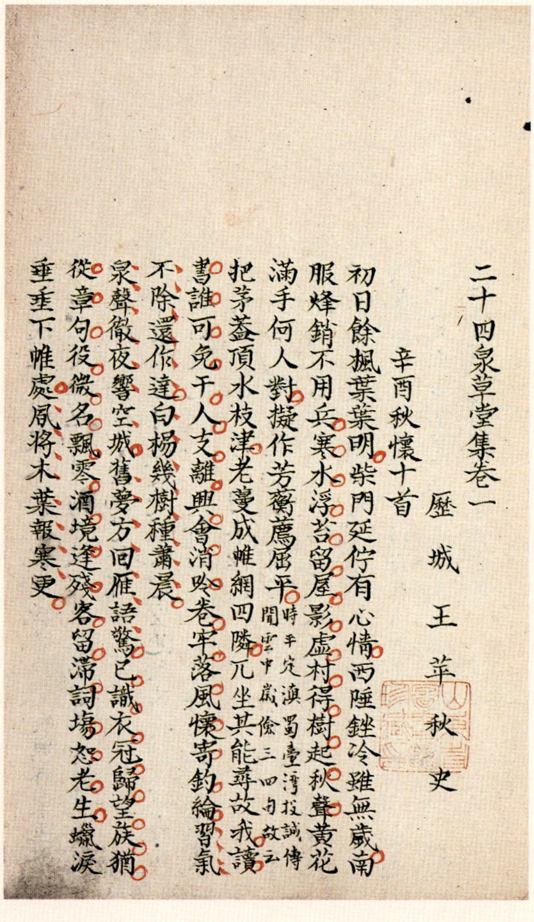

二十四泉草堂集卷一
歷城王苹秋史
辛酉秋懷十首
初日餘楓葉葉明柴門延佇有心情西陲鉎冷雖無歲南
服烽銷不用兵寒水浮苔留屋影虛村得樹起秋聲黃花
滿手何人對擬作芳尊薦屈平（時平定滇蜀臺灣投誠傳聞雲中歲儉三四月故云）
把茅蓋頂水枝津老蔓成帷網四隣兀坐其能尋故我讀
書誰可免干人支離興會消吟卷牢落風懷寄釣綸習氣
不除還作達白楊幾樹種蕭晨
泉聲徹夜響空城舊夢方回雁語驚已識衣冠歸望族猶
從章句役微名飄零酒境逢殘客留滯詞場怨老生蠟淚
垂垂下帷處夙將木葉報寒更

二十四泉草堂集十二卷

清王苹撰。稿本。半葉十二行，行二十二字。鈐有“濟南王苹字秋史号蓼谷圖書”、“二十四泉草堂”等印記。

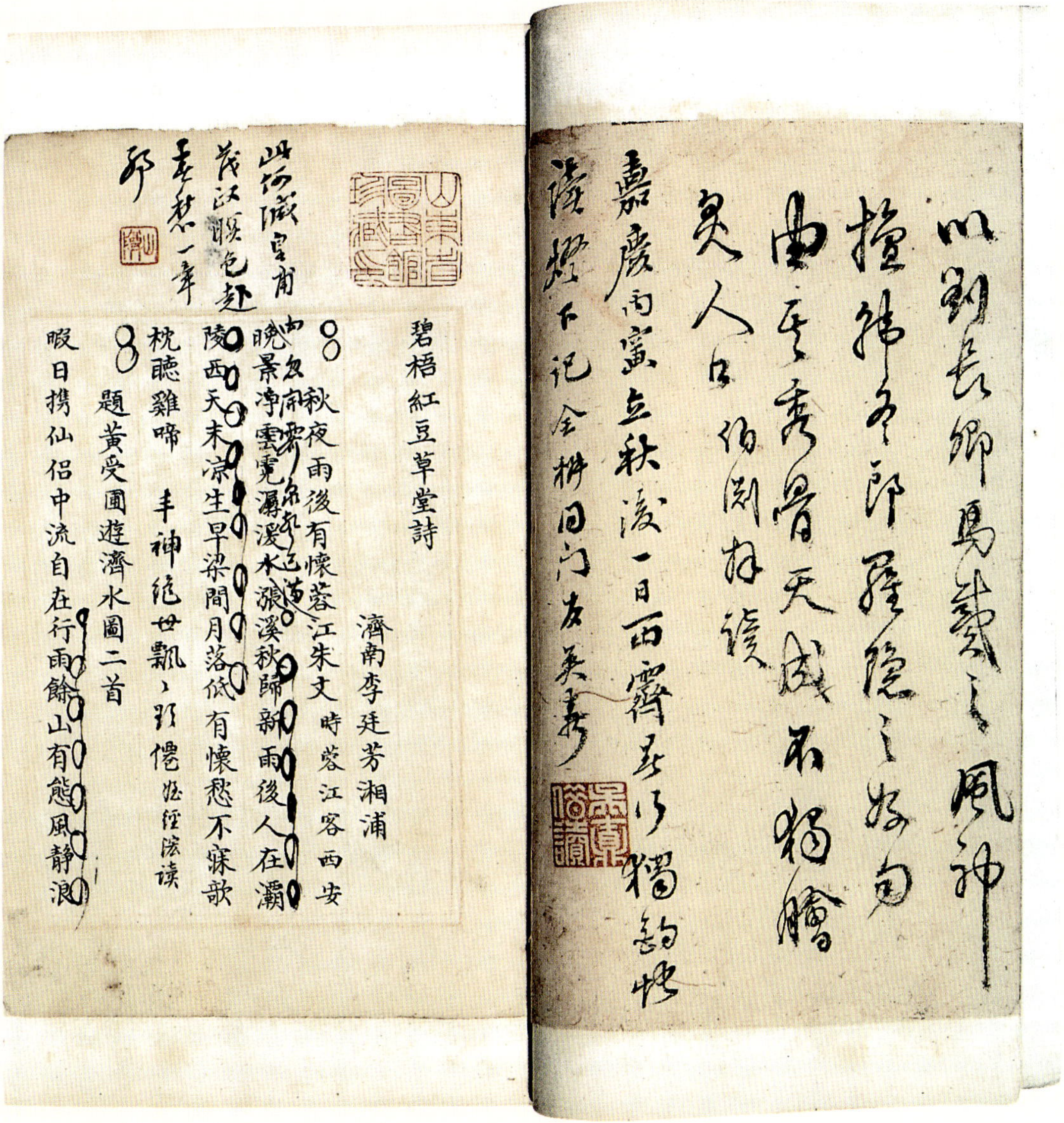

碧梧紅豆草堂詩不分卷

清李廷芳撰。稿本（清孫星衍、吳鼒批校並跋）。半葉八行，行十八字，四周雙邊，紅格。框 13.3×10.2 釐米。

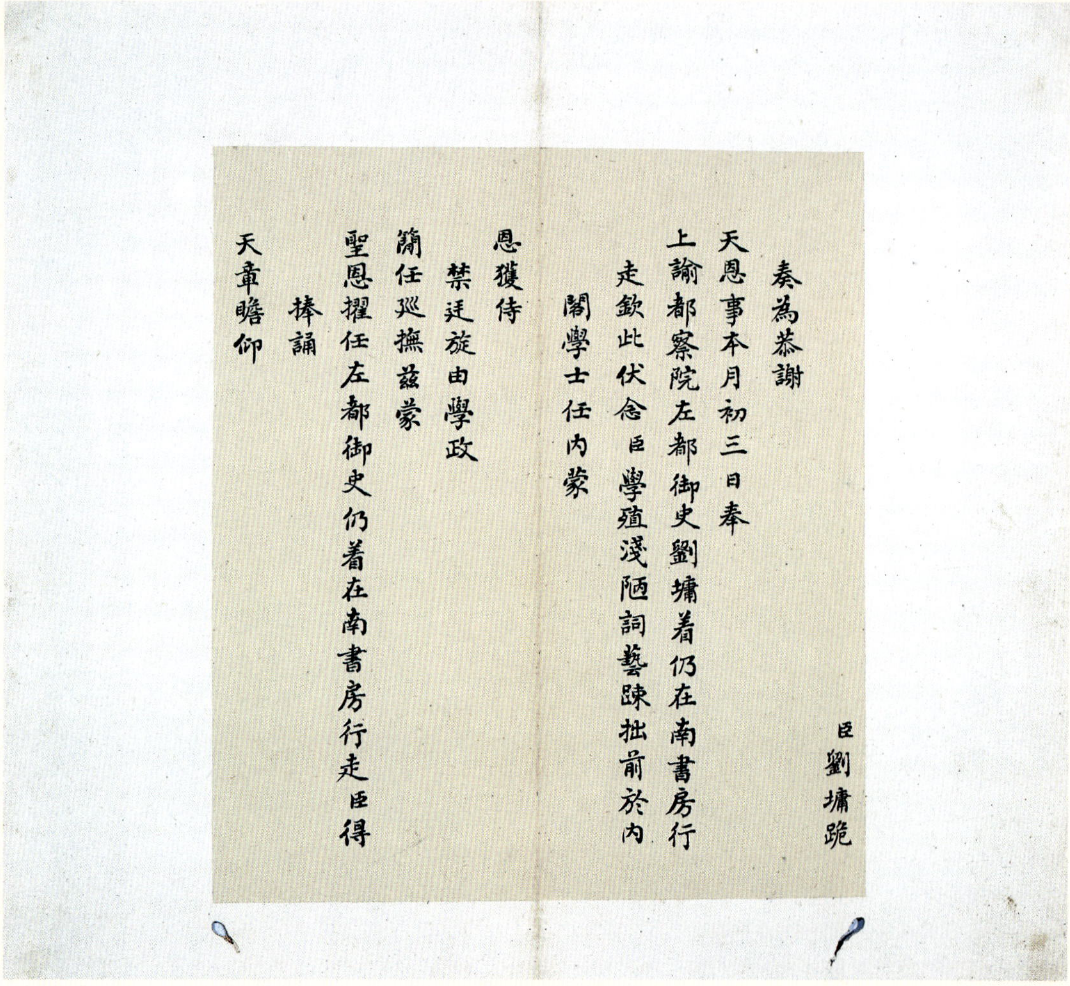
臣劉墉跪
奏為恭謝
天恩事本月初三日奉
上諭都察院左都御史劉墉着仍在南書房行
走欽此伏念臣學殖淺陋詞藝疎拙前於內
閣學士任內蒙
恩獲侍
禁廷旋由學政
簡任巡撫兹蒙
聖恩擢任左都御史仍着在南書房行走臣得
捧誦
天章瞻仰

諸城劉氏三世奏稿一卷

清劉統勳、劉墉、劉鐶之撰。稿本(沈梧跋,呂景端題款)。行、字不一。奏事在雍正至嘉慶間。

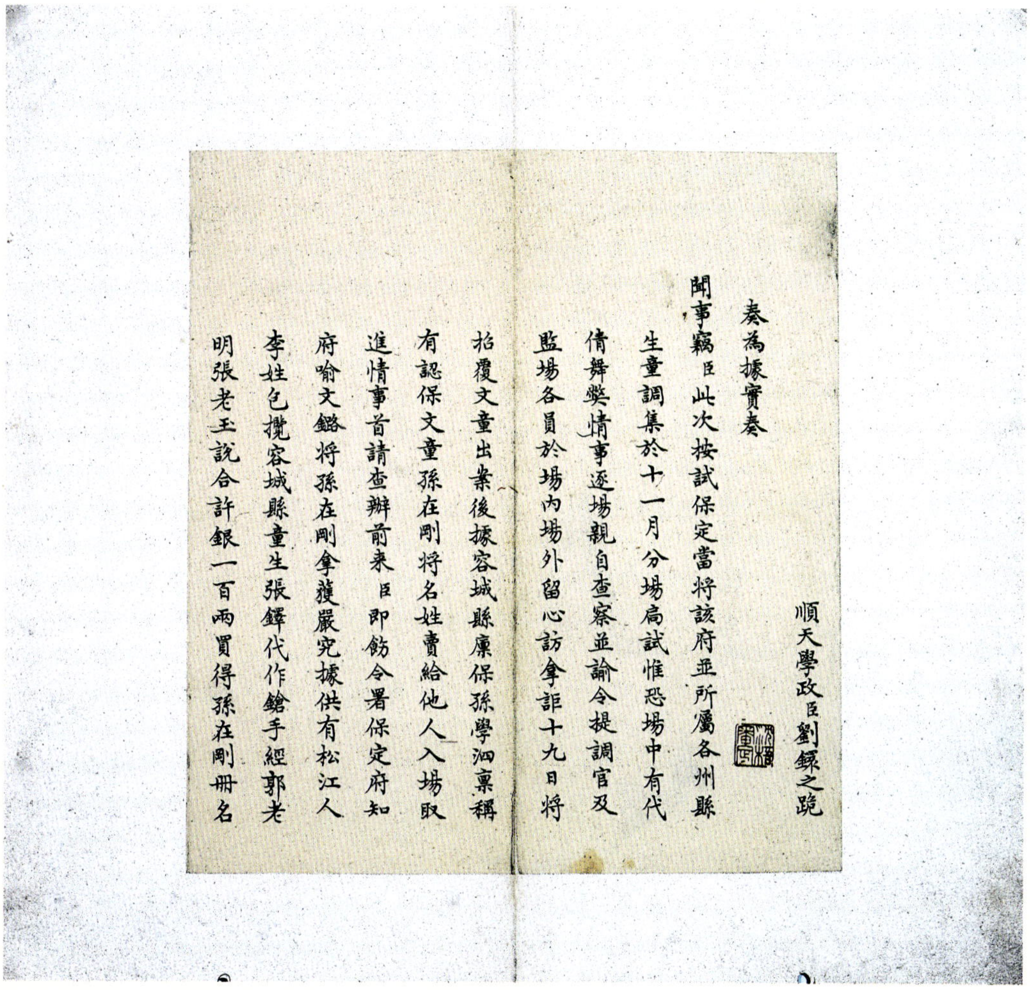

順天學政臣劉鐶之跪

奏為據實奏

聞事竊臣此次按試保定當將該府並所屬各州縣生童調集於十一月分場扃試惟恐場中有代倩舞弊情事逐場親自查察並諭令提調官及監場各員於場內場外留心訪拿詎十九日將招覆文童出案後據容城縣廩保孫學泗稟稱有認保文童孫在剛將名姓賣給他人入場取進情事首請查辦前來臣即飭令署保定府知府喻文鎔將孫在剛拿獲嚴究據供有松江人李姓包攬容城縣童生張鐸代作鎗手經郭老明張老王說合許銀一百兩買得孫在剛冊名

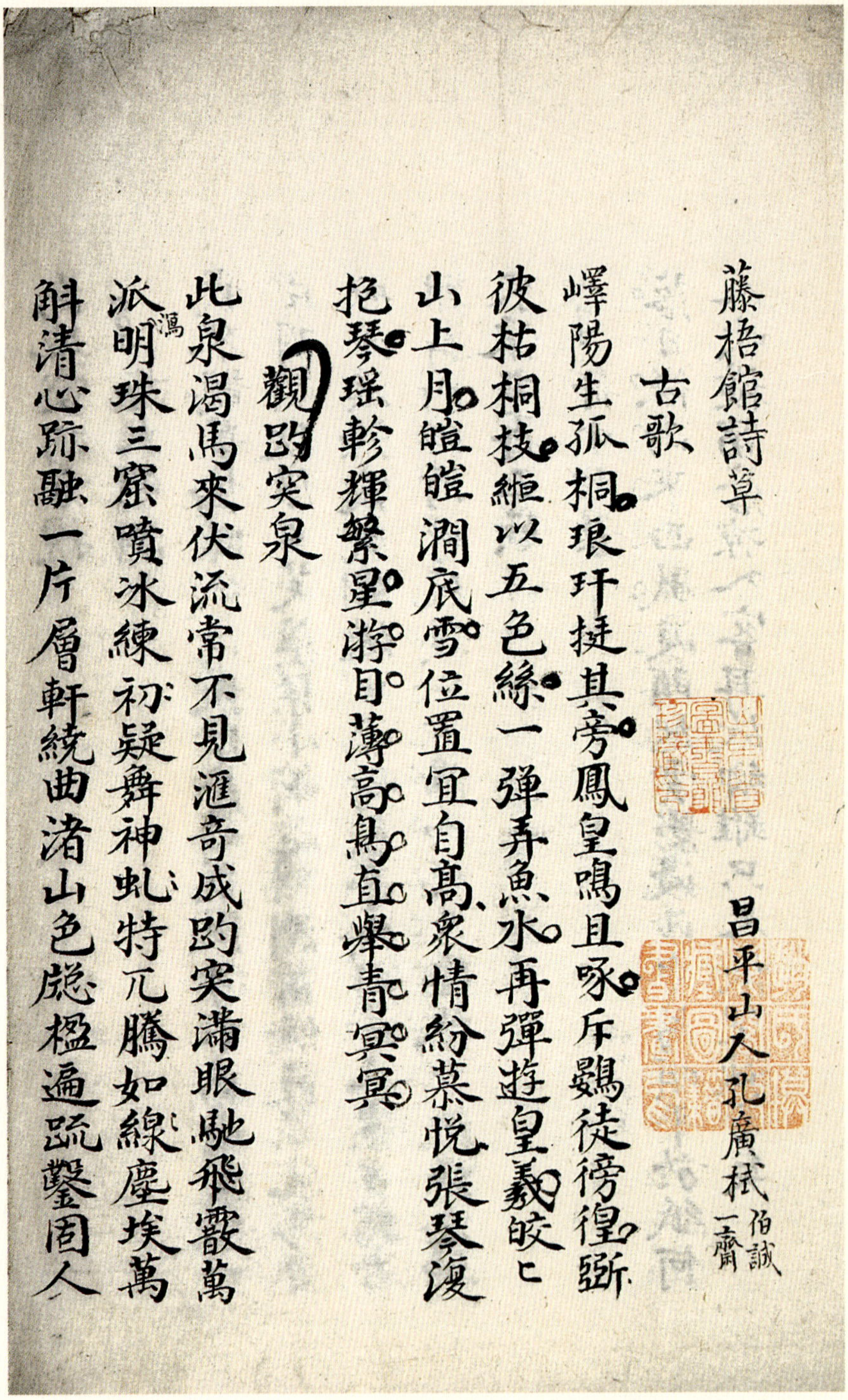
藤梧館詩草
昌平山人孔廣栻 伯誠 一齋
古歌
嶧陽生孤桐琅玕挺其旁鳳皇鳴且啄斤斸徒徬徨蹶
彼枯桐枝維以五色絲一彈弄魚水再彈遊皇羲皎皎
山上月皚皚澗底雪位置宜自高衆情紛慕悅張琴復
抱琴瑶軫輝繁星游目薄高鳥直舉青冥冥
觀趵突泉
此泉渴馬來伏流常不見涯奇成趵突滿眼馳飛霰萬
派明珠三竅噴冰練初疑舞神虬特兀騰如線塵埃萬
斛清心脾融一片層軒繞曲渚山色總楹遍蹤鑿固人

藤梧館詩草一卷

清孔廣栻撰。稿本。半葉十行,字不一。鈐有“趙氏模㲻閣收藏圖籍書畫印”印記。

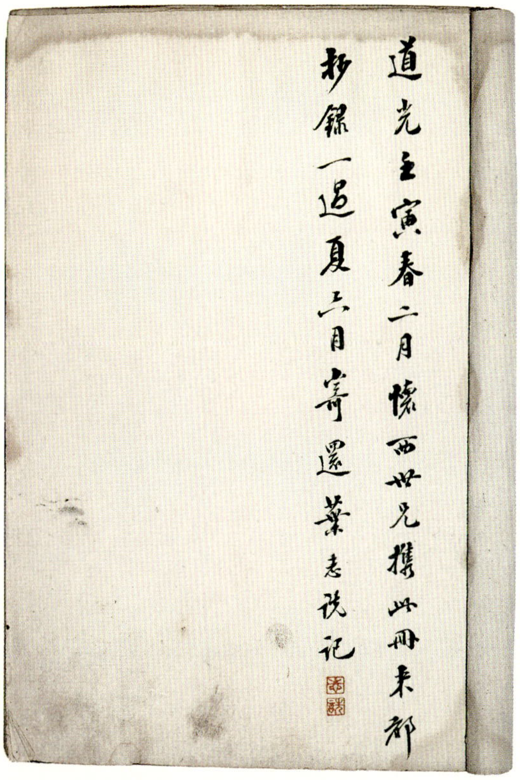

道光壬寅春二月懷西世兄攜此冊來郡
鈔錄一過夏六月寄還葉志詵記

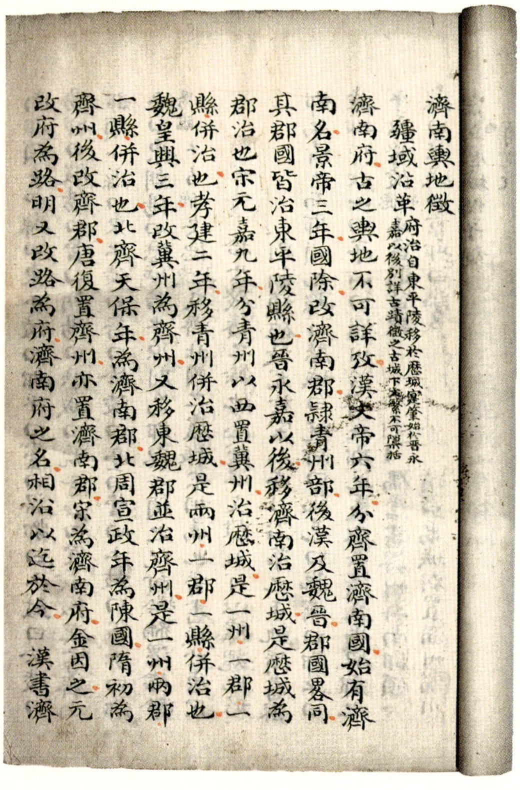

濟南輿地徵
疆域沿革府治自東平陵移於歷城實肇始於晉永嘉以後別詳古蹟徵之古城下此繁不可隱括
濟南府古之輿地不可詳攷漢文帝六年分齊置濟南國始有濟
南名景帝三年國除改濟南郡隸青州部後漢及魏晉郡國畧同
其郡國皆治東平陵縣也晉永嘉以後移濟南治歷城是歷城為
郡治也宋元嘉九年分青州以西置冀州治歷城是一州一郡一
縣併治也孝建二年移青州併治歷城是兩州一郡一縣併治也
魏皇興三年改冀州為齊州又移東魏郡並治齊州是一州兩郡
一縣併治也北齊天保年為濟南郡北周宣政年為陳國隋初為
齊州後改齊郡唐復置齊州亦置濟南郡宋為濟南府金因之元
改府為路明又改路為府濟南府之名相沿以迄於今○漢書濟

篛園日札十卷續六卷附一卷餘札一卷

清成瓘撰。稿本(清葉志詵跋)。半葉十行,行二十二字。

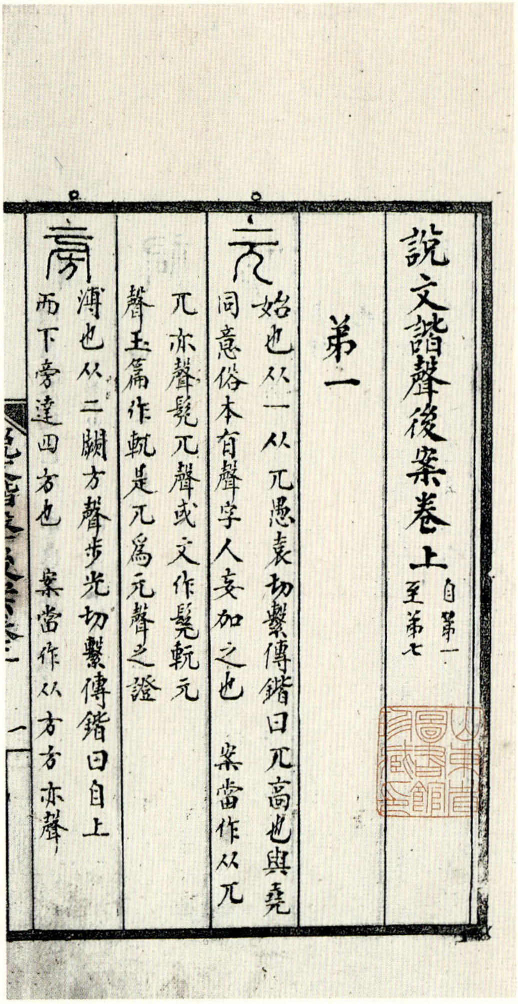
說文諧聲後案卷上 自第一至第七

第一

元 始也从一从兀愚袁切聲傳鍇曰兀高也與堯同意俗本有聲字人妄加之也 案當作从兀兀亦聲髡兀聲或文作髡軏元聲玉篇作軏是兀爲元聲之證

旁 溥也从二闕方聲步光切聲傳鍇曰自上而下旁達四方也 案當作从方方亦聲

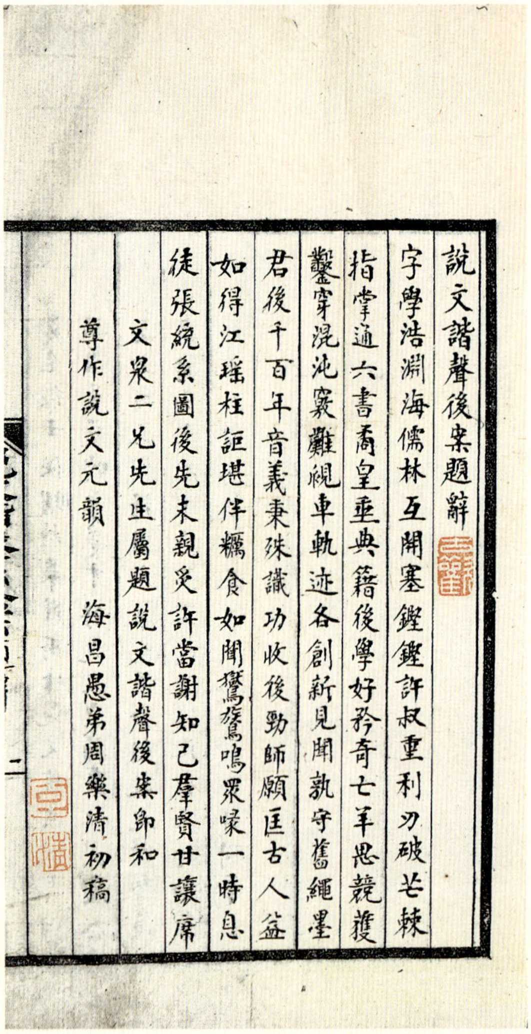
說文諧聲後案題辭

字學浩淵海儒林互開塞鏗鏗許叔重利刃破芒棘指掌通六書喬皇垂典籍後學好矜奇七羊思競獲鑿穿混沌竅難覘車軌迹各創新見聞孰守舊繩墨君後千百年音義秉殊識功收後勁師頤匡古人益如得江瑶柱詎堪伴糲食如聞鸑鷟鳴眾喙一時息徒張統系圖後先未親炙許當謝知己羣賢甘讓席

文泉二兄先生屬題說文諧聲後案即和尊作說文元韻 海昌愚弟周樂清初稿

說文諧聲後案二卷

清翟云升撰。稿本(清周樂清題詩)。半葉五行,字不一,左右雙邊,墨格。框 16.3×11.2 釐米。

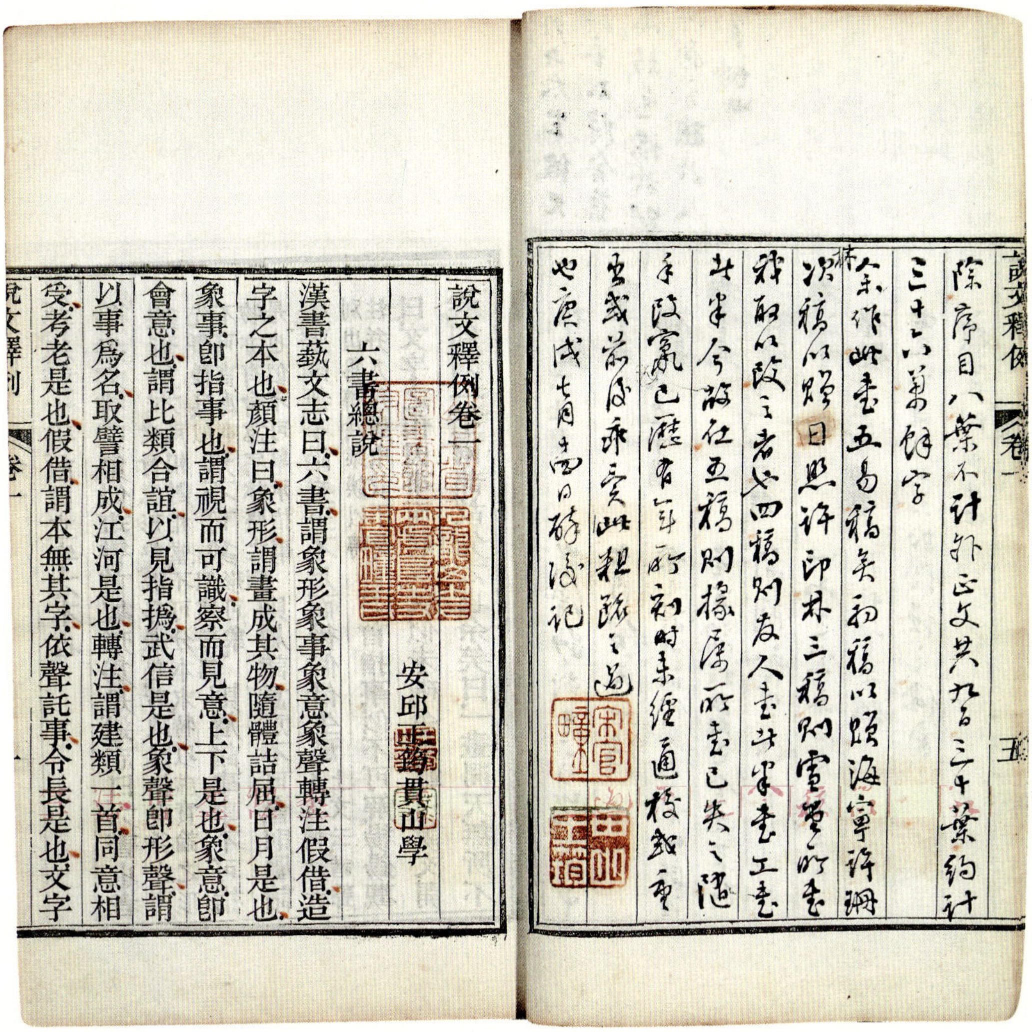

說文釋例二十卷

清王筠撰。清道光二十八年(1837)刻王筠校改本。半葉九行,行二十二字,白口,四周雙邊。框 17.9×13.6 釐米。鈐有“總領提控之印”、“筠”、“貫山”、“王筠之印”、“斐園”、“鄉甯縣印”、“書卷墨池情所適,爐雪茗椀靜中緣”、“臣筠”、“言不在酒”、“宋官疃”、“貫山王筠”、“九龍山之左,兩虎阜之右,宋官疃王氏”、“菉友”、“人有王郎”、“摩兜鞬”、“適情”、“鴛鴦”、“王筠私印”、“字曰貫山”、“鄂長”、“為學當尋孔顏樂處”、“雌槐瘦”、“宋官疃王氏”、“伯堅”、“一樓月色江聲”、“大中丞印”、“貫山王筠”、“鄂長”、“真卿”、“緣隙奮筆”、“宋官疃王氏”、“菉友手校”、“趙氏模邕閣收藏圖籍書畫印”、“孝陸”等印記。

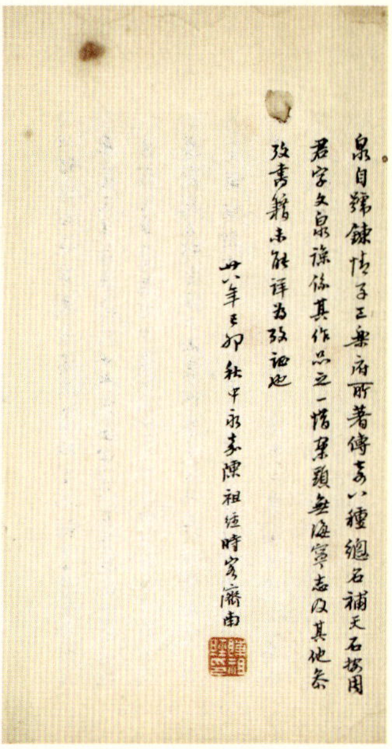

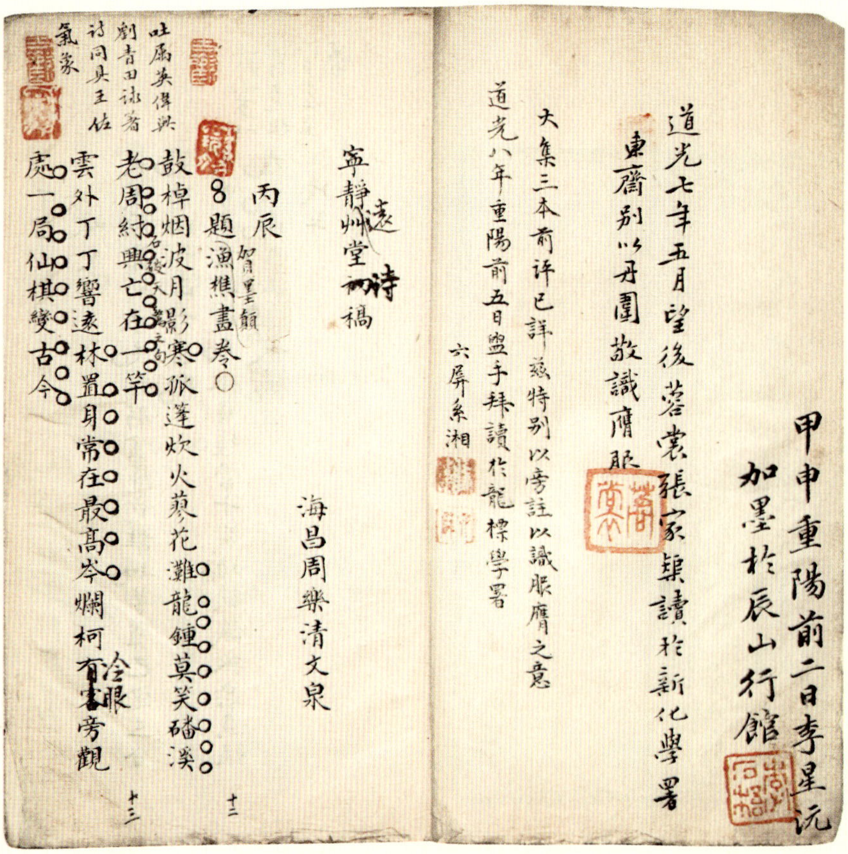

靜遠草堂詩稿不分卷

清周樂清撰。稿本(清李星沅、張家榘、孫湘、陳祖經跋)。半葉八行,行二十字。

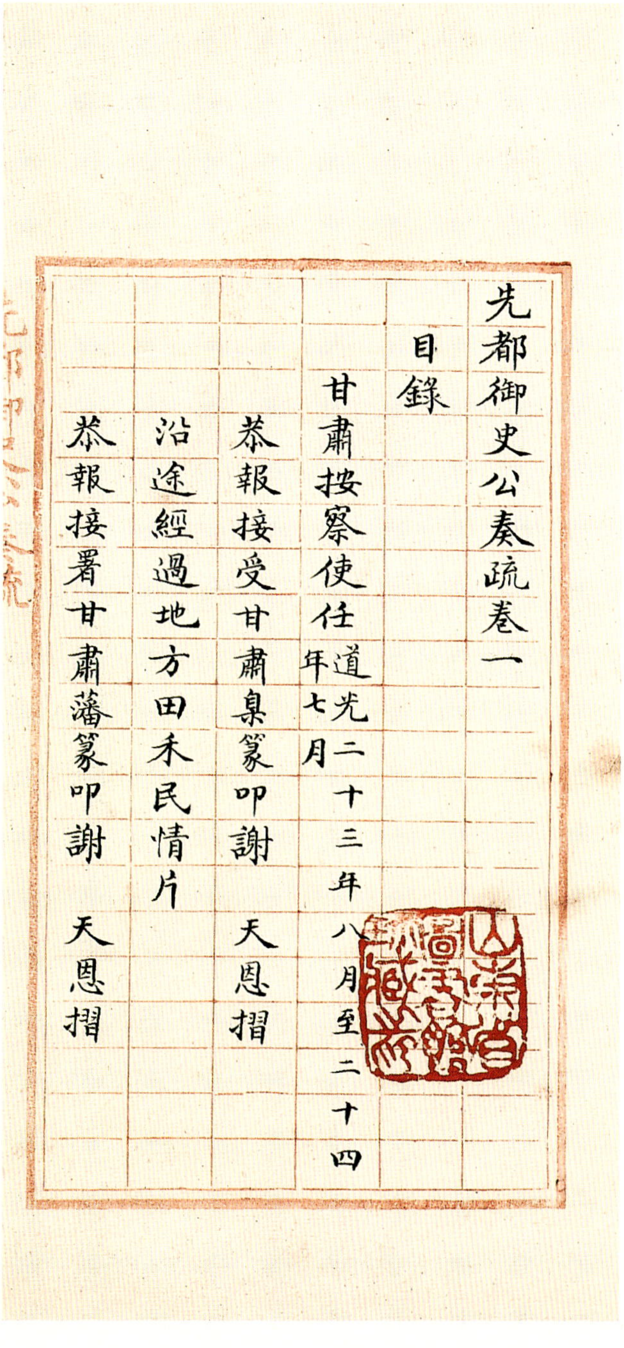

先都御史公奏疏卷一

目錄

甘肅按察使任道光二十三年八月至二十四年七月

恭報接受甘肅臬篆叩謝天恩摺

沿途經過地方田禾民情片

恭報接署甘肅藩篆叩謝天恩摺

先都御史公奏疏三十六卷

清楊以增撰，清楊紹和輯。稿本。存二十一卷。半葉六行，行二十字，白口，紅格，四周雙邊。框 18.9×10.9 釐米。版心鐫有："先都御史公奏疏"。目錄後有同治辛未楊紹和序。此爲楊以增在甘肅布政使、陝西巡撫、江南河道總督任職時的奏議。

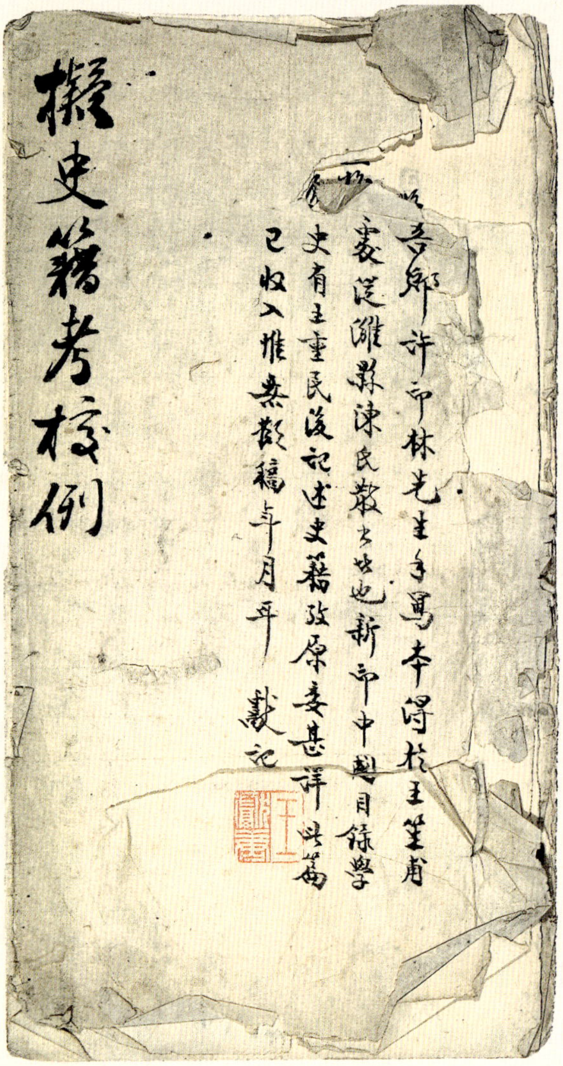
擬史籍考校例

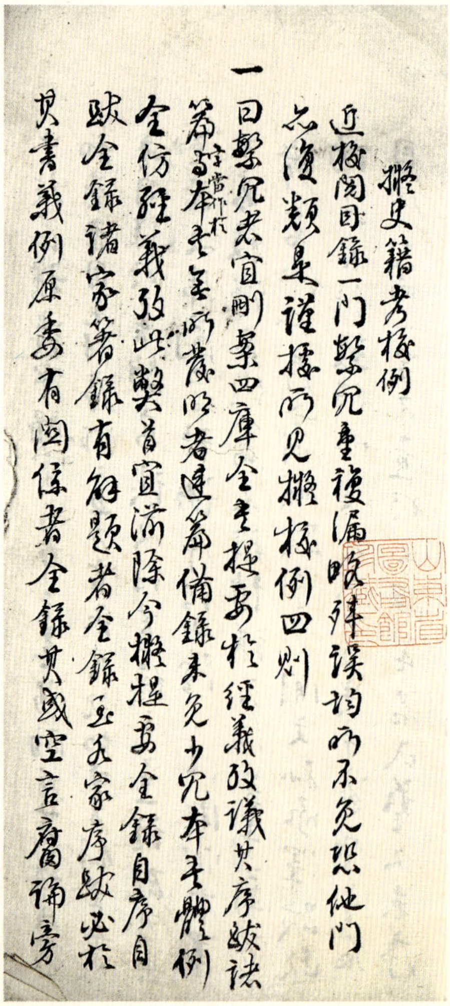
擬史籍考校例

擬史籍考校例一卷

清許瀚撰。稿本(王獻唐跋)。半葉八行,字不一。

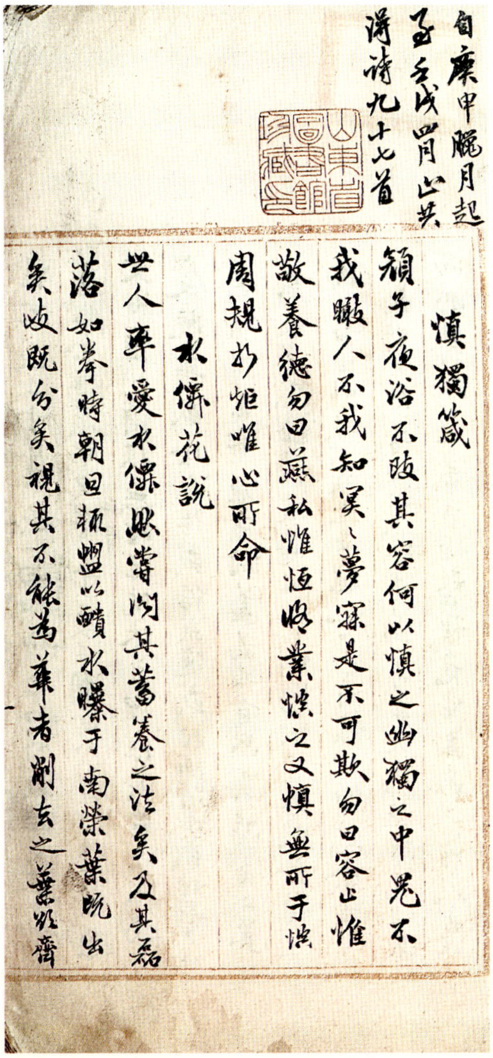
自庚申臘月起
至壬戌四月止共
得詩九十七首

慎獨箴

頟子夜浴不改其容何以慎之幽獨之中儼不
我瞰人不我知冥冥夢寐是不可欺句曰容止惟
敬養德句曰燕私惟恆將業惟之又慎無所于惶
周規折矩惟心所命

水仙花説

世人卒愛水仙然嘗問其蓄養之法矣及其磊
落如拳時朝日盥以醴水曝于南榮葉既出
矣收既分矣視其不能為華者削去之蓋以齊

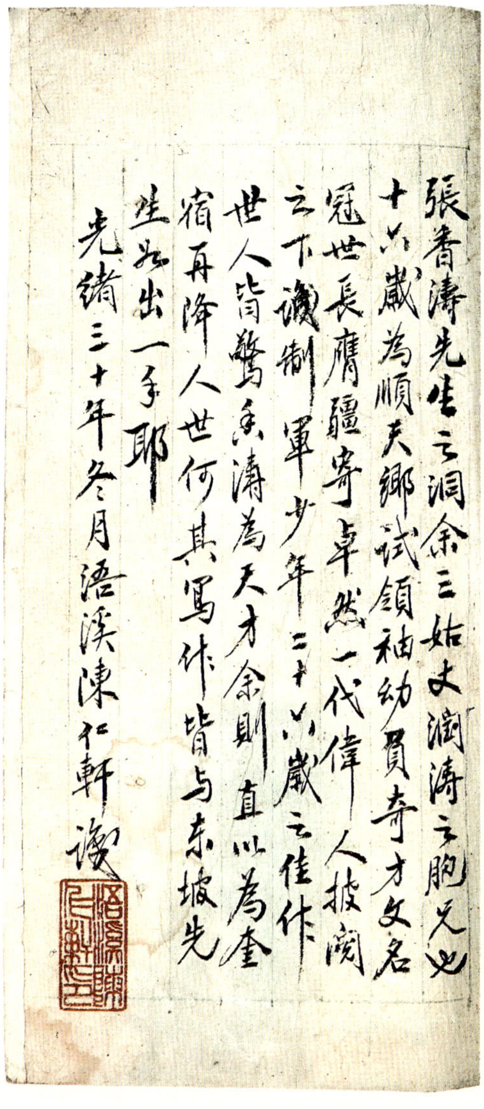
張香濤先生之洞余之姑丈潤濤之胞兄也
十六歲為順天鄉試領袖紛貫奇才文名
冠世長膺疆寄卓然一代偉人披閱
之下識制軍少年二十六歲之佳作
世人皆驚矣濤為天才余則直以為奎
宿再降人世何其寫作皆與東坡先
生如出一手耶
光緒三十年冬月浯溪陳仁軒識

張香濤詩稿一卷

清張之洞撰。稿本(陳仁軒、雅龢跋)。半葉九行,字不一,白口,四周雙邊,紅格。框 18.1×12.2 釐米。版心鐫有:“天香閣主人自製”。鈐有“浯溪陳仁軒印”印記。

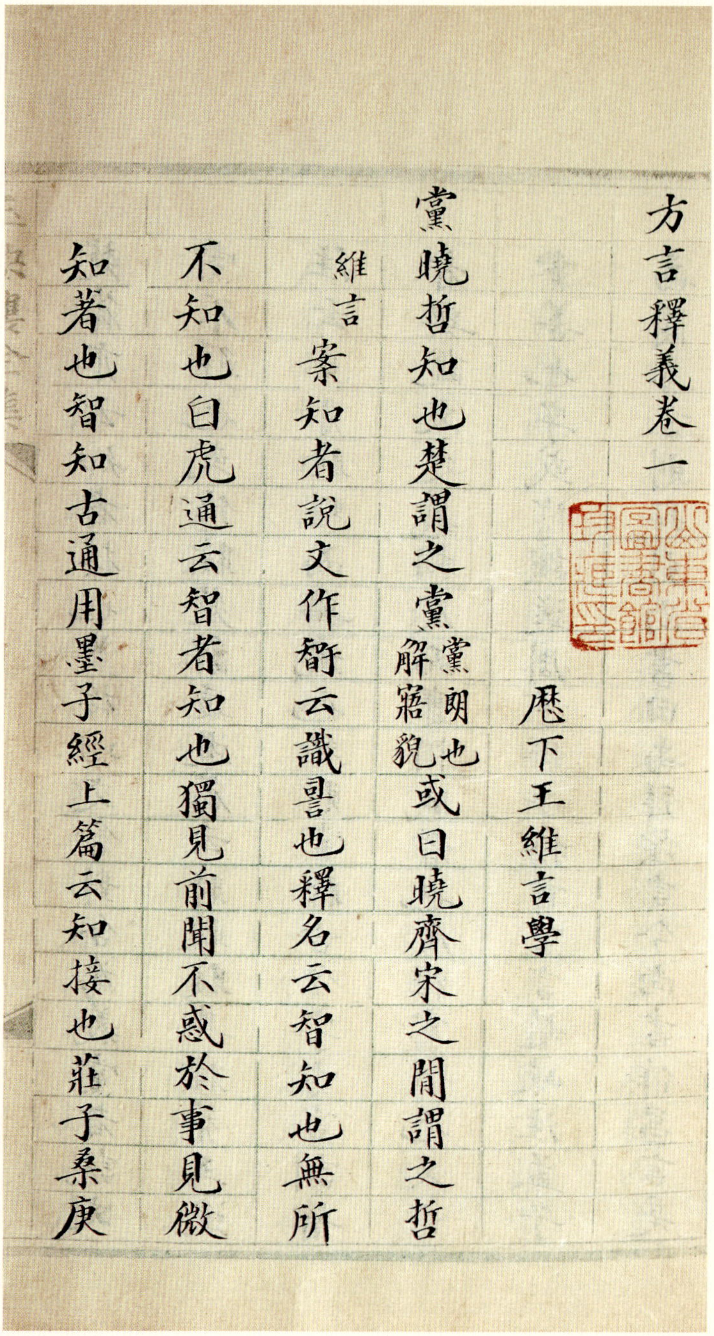
方言釋義卷一
歷下王維言學
黨曉哲知也楚謂之黨黨朗也解寤貌或曰曉齊宋之閒謂之哲
維言案知者說文作𣉻云識詞也釋名云智知也無所
不知也白虎通云智者知也獨見前聞不惑於事見微
知著也智知古通用墨子經上篇云知接也莊子桑庚

方言釋義十三卷

清王維言撰。稿本。半葉六行，行二十二字，白口，四周雙邊。版心鐫有："玉映樓全集"。框 20.2×13.8 釐米。藍格紙。

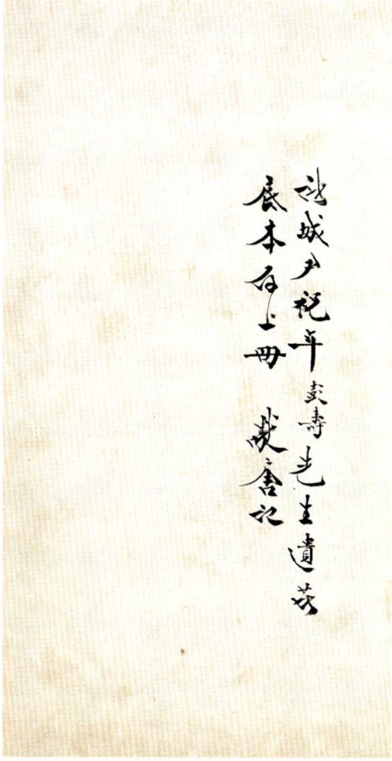

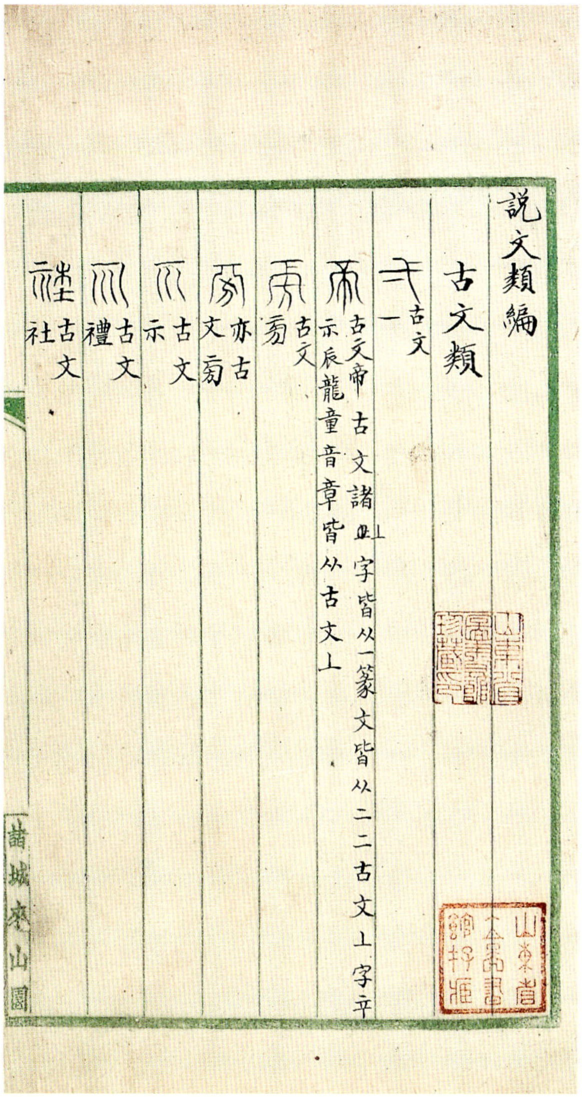

說文類編不分卷

清尹彭壽撰。稿本(王獻唐跋)。半葉九行,字不一,四周單邊,綠格。版心鐫有:"諸城來山園"。框 19.5×13.2 釐米。

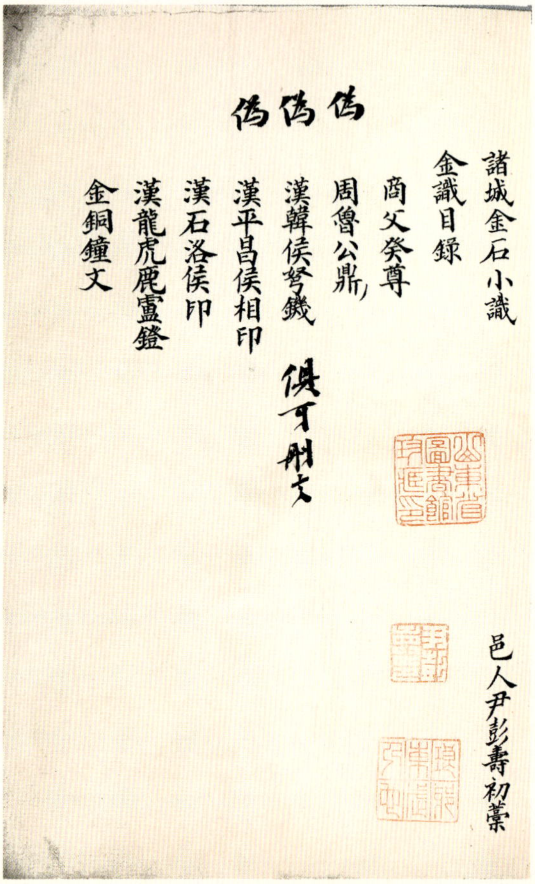
諸城金石小識
金識目錄
商父癸尊
周魯公鼎
漢韓侯弩鐖
漢平昌侯相印
漢石洛侯印
漢龍虎鹿盧鐙
金銅鐘文
偽 偽 偽
俱可刪去
邑人尹彭壽初藳

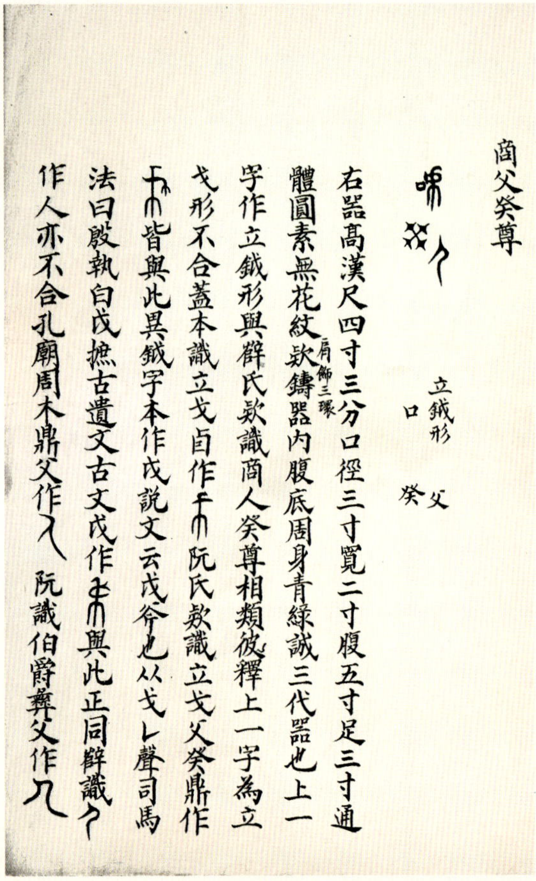
商父癸尊
立鉞形 口 父 癸
右器高漢尺四寸三分口徑三寸寬二寸腹五寸足三寸通
體圓素無花紋肩飾三環欵鑄器內腹底周身青綠誠三代器也上一
字作立鉞形與薛氏欵識商人癸尊相類彼釋上一字為立
戈形不合蓋本識立戈卣作　阮氏欵識立戈父癸鼎作
　皆與此異鉞字本作戉說文云戉斧也从戈乚聲司馬
法曰殷執白戚揔古遺文古文戉作　與此正同薛識
作人亦不合孔廟周木鼎父作　阮識伯爵彝父作

諸城金石小識一卷石刻存目一卷

清尹彭壽撰。稿本（清潘祖蔭跋）。半葉十行，行二十四字。卷端題：“邑人尹彭壽初藳”。有“尹彭壽印”、“琅邪東武人也”等印記。

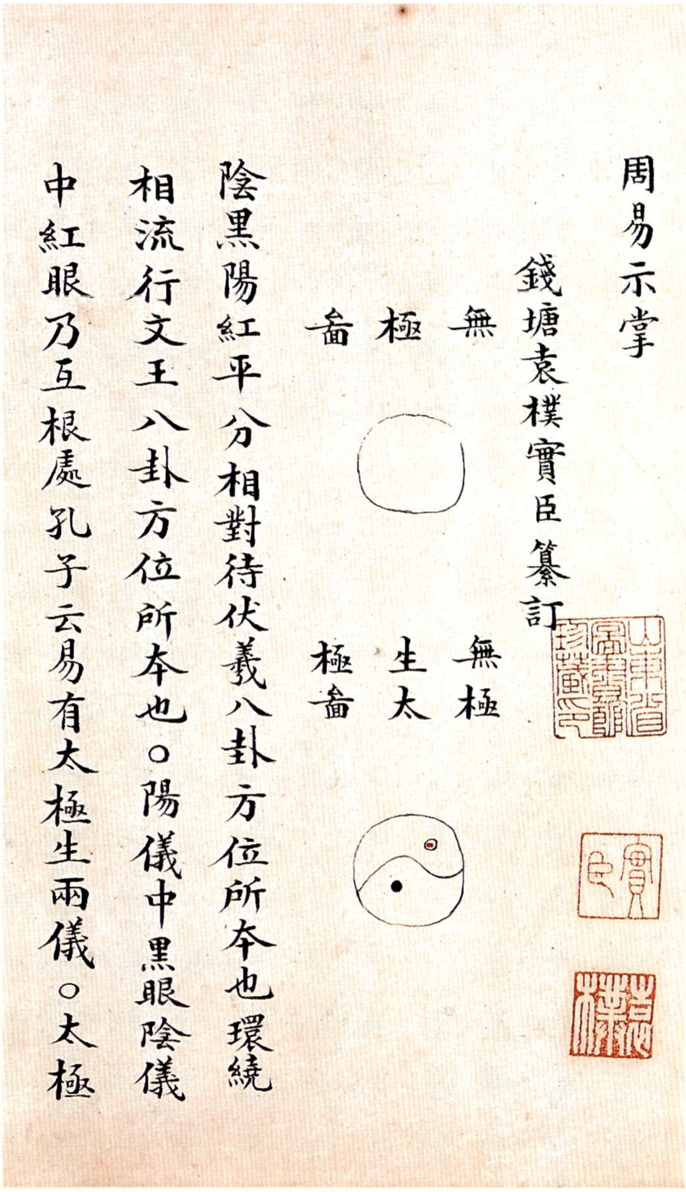

周易示掌

錢塘袁樸實臣纂訂

無極畫

無極生太極畫

陰黑陽紅平分相對待伏羲八卦方位所本也環繞

相流行文王八卦方位所本也○陽儀中黑眼陰儀

中紅眼乃互根處孔子云易有太極生兩儀○太極

周易示掌不分卷

清袁樸撰。稿本。半葉七行,行二十字。前有袁樸自序,後有汪其豐、張錫華跋。鈐有“袁樸”、“寶臣”等印記。

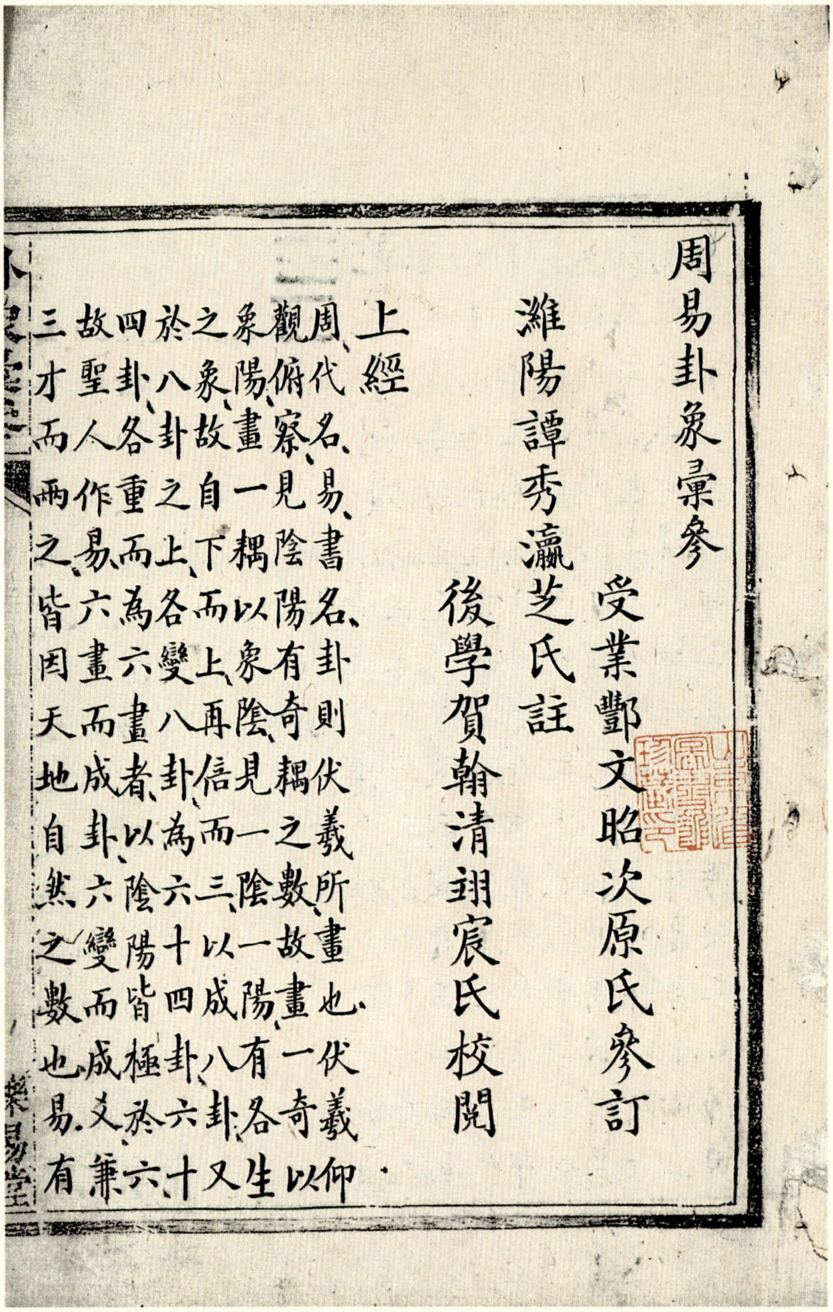
周易卦象彙參
受業鄞文昭次原氏參訂
濰陽譚秀瀛芝氏註
後學賀翰清翊宸氏校閱
上經
周代名易書名卦則伏羲所畫也伏羲仰
觀俯察見陰陽有奇耦之數故畫一奇以
象陽畫一耦以象陰見一陰一陽有各生
之象故自下而上再倍而三以成八卦又
於八卦之上各變八卦為六十四卦六十
四卦各重而為六畫者以陰陽皆極於六
故聖人作易六畫而成卦六變而成文兼
三才而兩之皆因天地自然之數也易有

周易卦象彙參二卷

清譚秀撰。稿本。半葉九行，行十七字，白口，四周雙邊。版心上鐫書名："卦象彙參"，版心下鐫："樂易堂藏板"。框 18.7×14.2 釐米。

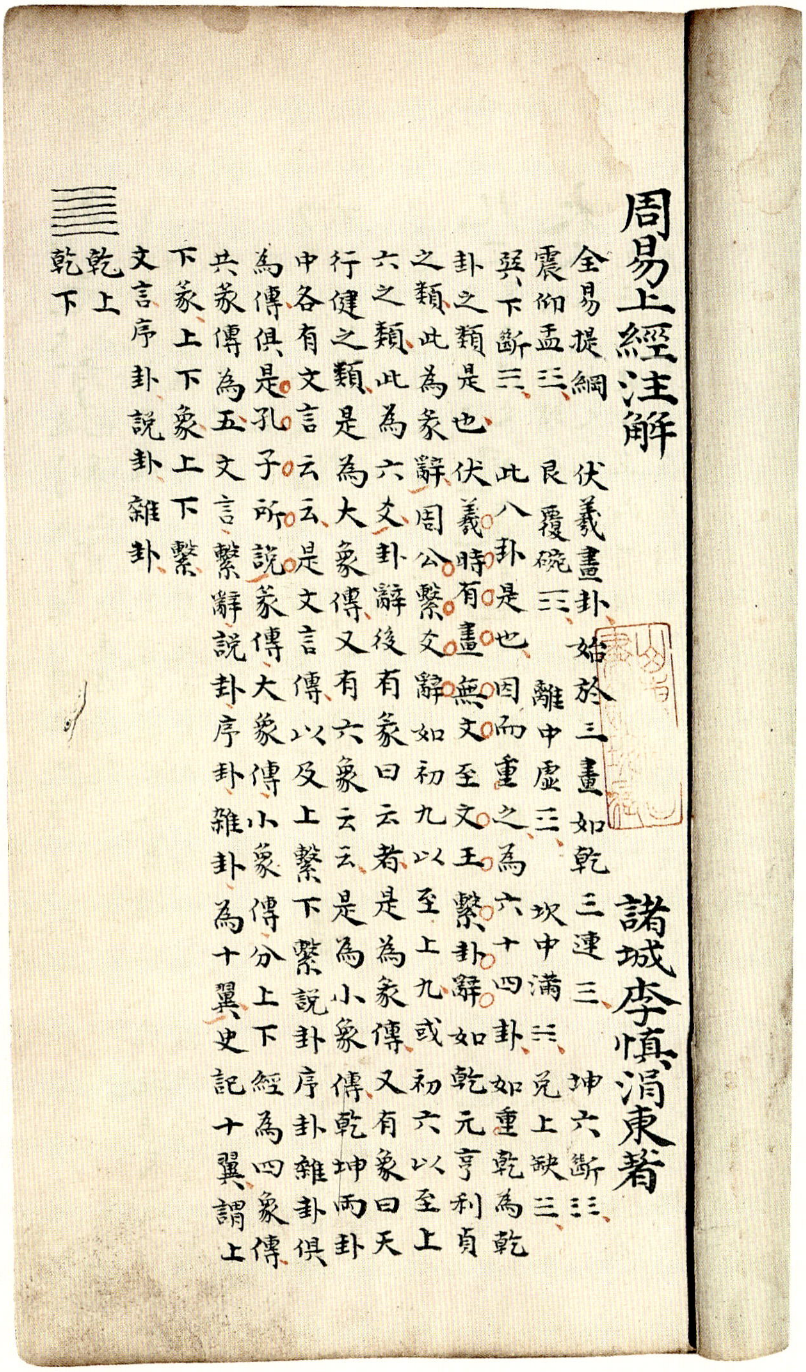

周易上經注解　諸城李慎涓東著

全易提綱　伏羲畫卦始於三畫如乾☰連三坤☷六斷震☳仰盂艮☶覆碗離☲中虛坎☵中滿兌☱上缺巽☴下斷此八卦是也因而重之為六十四卦如重乾為乾卦之類是也伏羲時有畫無文王繫卦辭如乾元亨利貞之類此為彖辭周公繫爻辭如初九以至上九或初六以至上六之類此為六爻卦辭後有象曰云云者是為象傳又有象曰天行健之類是為大象傳又有六象云云是為小象傳乾坤兩卦中各有文言云云是文言傳以及上繫下繫說卦序卦雜卦俱為傳俱是孔子所說彖傳大象傳小象傳分上下經為四象傳共彖傳為五文言繫辭說卦序卦雜卦為十翼史記十翼謂上下彖上下象上下繫文言序卦說卦雜卦

☰　乾上　乾下

周易注解八卷

民國李慎撰。稿本。半葉八行，行二十五字，小字雙行二十五字。有丁昌燕、管象賡、王獻唐親筆序。

【鈔本】

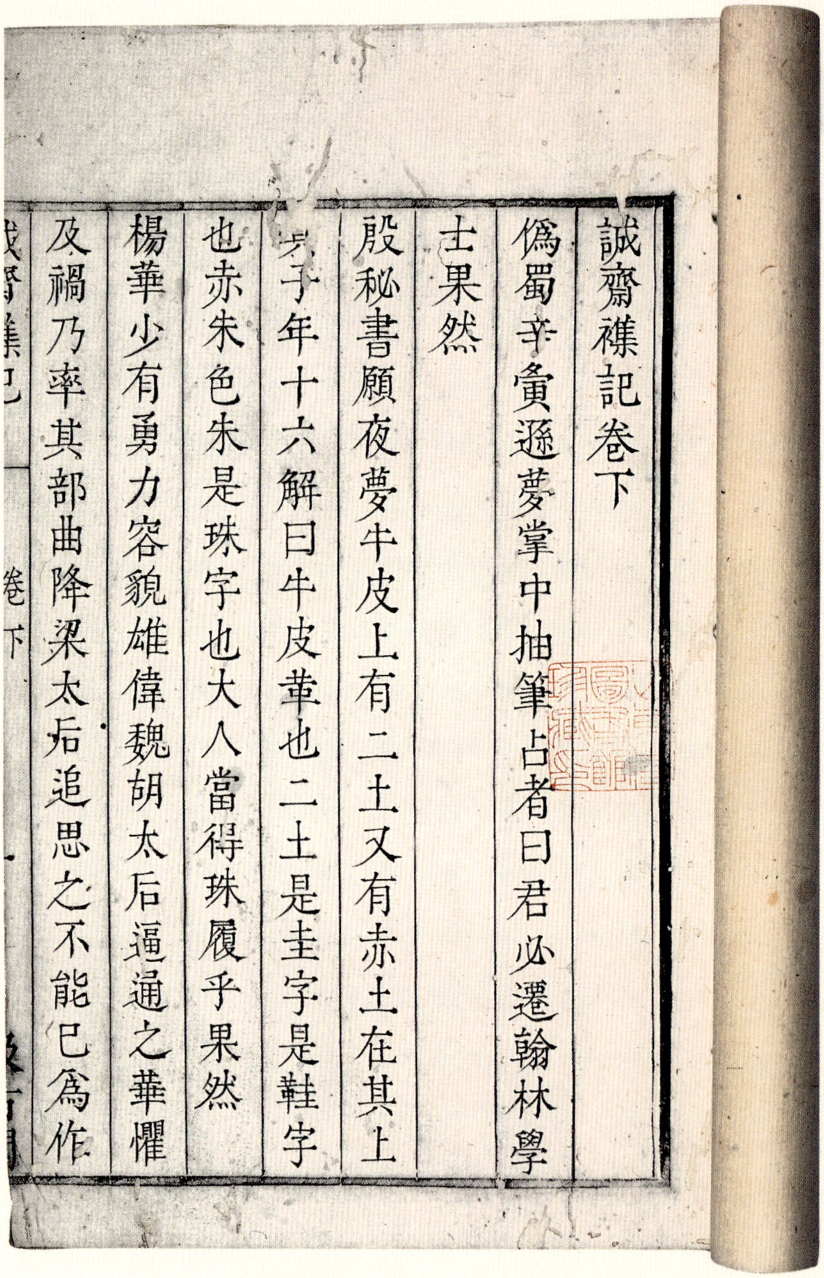
誠齋襍記卷下
僞蜀辛寅遜夢掌中抽筆占者曰君必遷翰林學
士果然
殷秘書願夜夢牛皮上有二土又有赤土在其上
是于年十六解曰牛皮革也二土是圭字是鞋字
也赤朱色朱是珠字也大人當得珠履乎果然
楊華少有勇力容貌雄偉魏胡太后逼通之華懼
及禍乃率其部曲降梁太后追思之不能已爲作

誠齋襍記二卷

題元林坤撰。毛氏汲古閣鈔本。半葉八行，行十九字，白口，左右雙邊。框 18.9×13.5 釐米。版心鐫有："汲古閣"。前有元周達觀序。

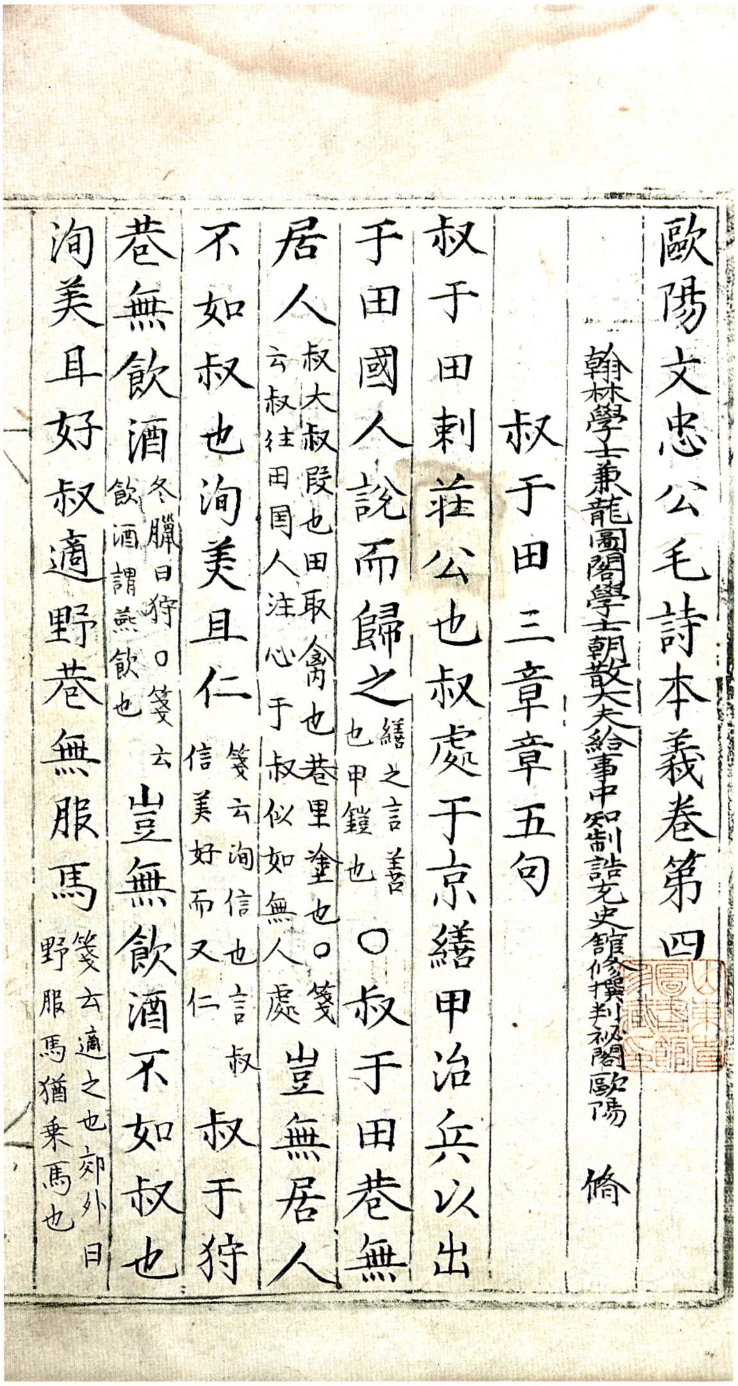

歐陽文忠公毛詩本義十六卷

宋歐陽修撰。明鈔本。半葉九行，行十七字，白口，四周雙邊，藍格。框 24.7×16.9 釐米。無序跋。

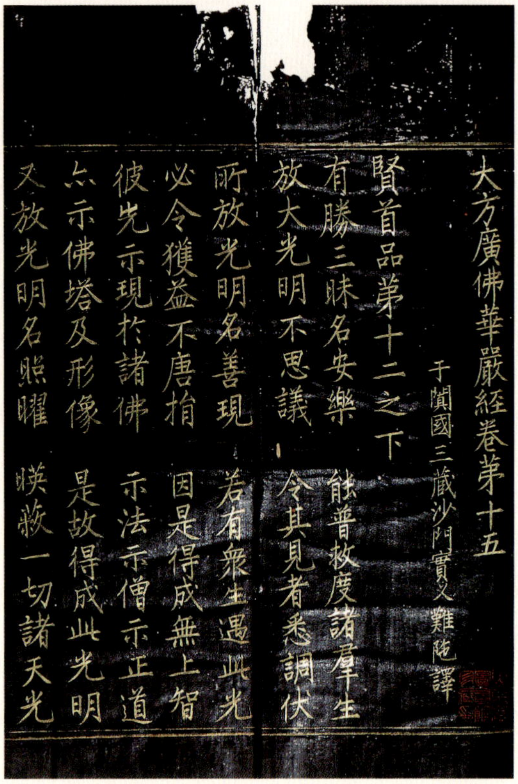

大方廣佛華嚴經卷第十五

于闐國三藏沙門實叉難陀譯

賢首品第十二之下

有勝三昧名安樂　能普救度諸羣生
放大光明不思議　令其見者悉調伏
所放光明名善現　若有衆生遇此光
必令獲益不唐捐　因是得成無上智
彼先示現於諸佛　示法示僧示正道
亦示佛塔及形像　是故得成此光明
又放光明名照曜　映蔽一切諸天光

大方廣佛華嚴經八十卷

唐實叉難陀譯。明萬曆泥金寫本。半葉五行,行十五字,金色雙邊。框 26.6×12.2 釐米。有書牌,記有施金者姓氏,多爲南京謝氏。卷十五後有韋陀像。

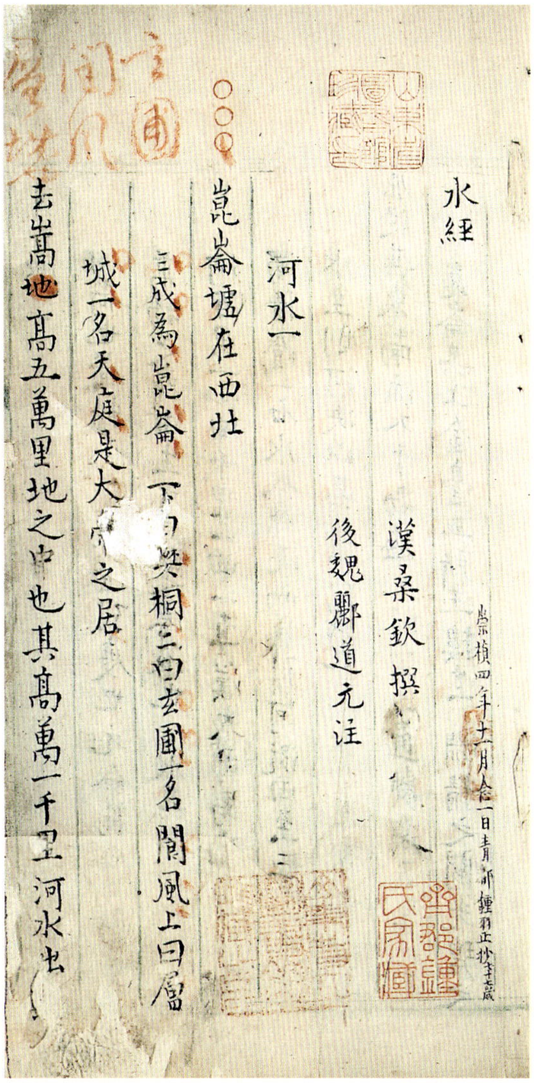

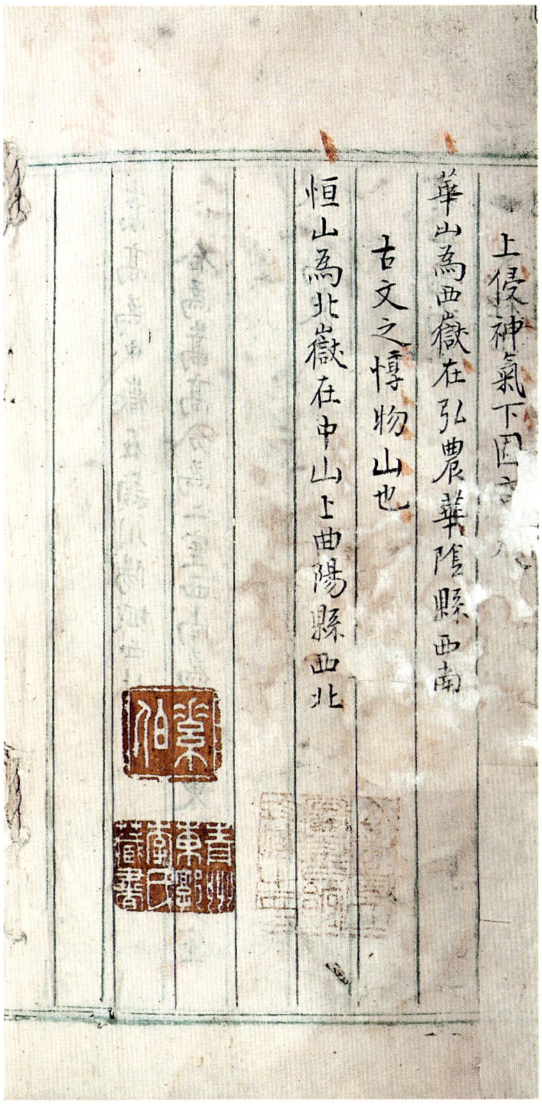

水經注不分卷

北魏酈道元撰。明崇禎四年(1631)鍾羽正鈔本(清李文藻批校)。半葉八行,字不一,四周雙邊,藍格。框21×14.2釐米。鈐有“齊郡鍾氏家藏”、“素伯”、“青州東郭李氏藏書”、“孫文瀾印”、“益都孫文瀾藏書畫記”、“觀亭”。

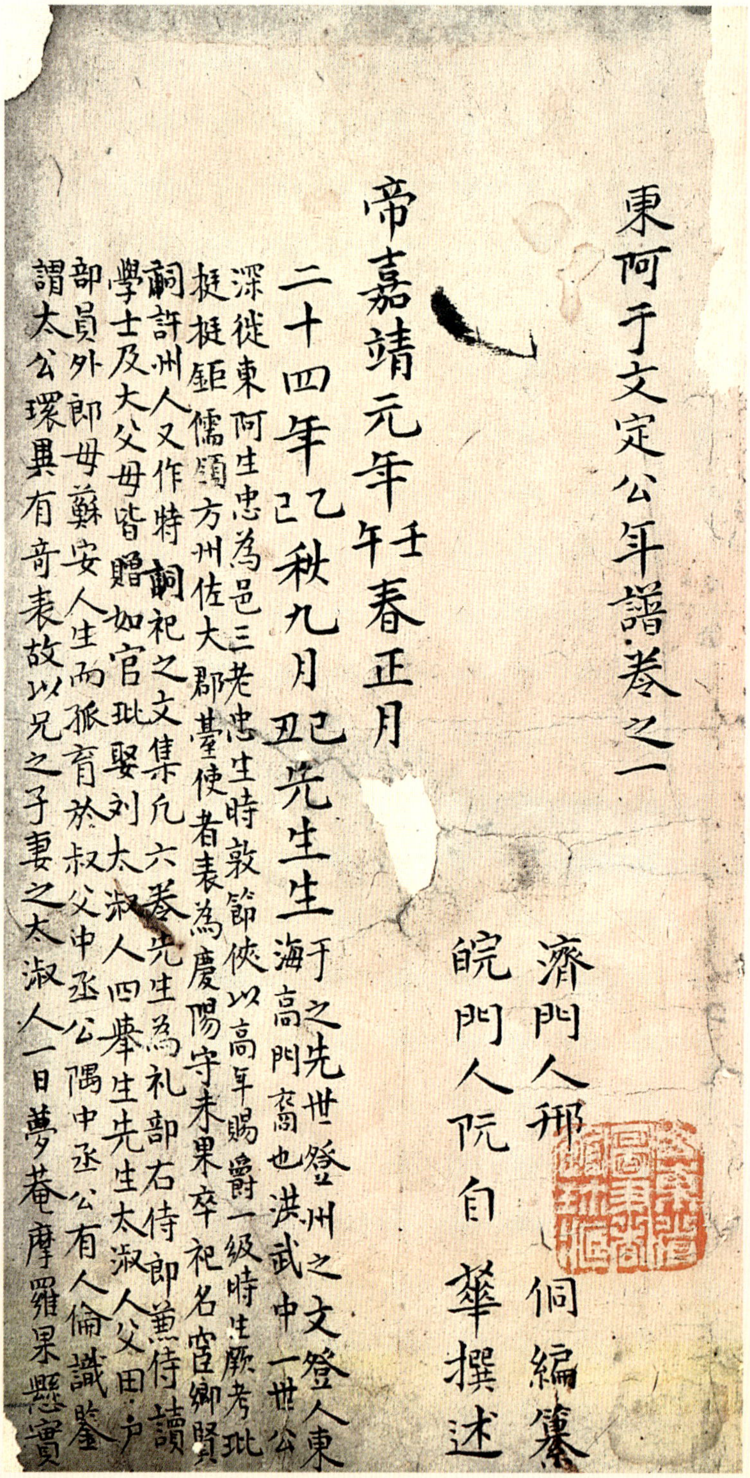
東阿于文定公年譜卷之一
濟門人邢　侗編纂
皖門人阮自華撰述
帝嘉靖元年壬午春正月
二十四年乙巳秋九月己丑先生生于之先世登州之文登人東海高門裔也洪武中一世公
深從東阿生忠爲邑三老忠生時敦節俠以高年賜爵一級時生厥考玭
梃梃鉅儒顯方州佐大郡臺使者表爲慶陽守未果卒祀名宦鄉賢
祠許州人又作特祠祀之文集凡六卷先生爲礼部右侍郎兼侍讀
學士及大父母皆贈如官玭娶刘太淑人四舉生先生太淑人父田户
部員外郎母蘇安人生而孤育於叔父中丞公偶中丞公有人倫識鑒
謂太公環異有奇表故以兄之子妻之太淑人一日夢菴摩羅果懸實

東阿于文定公年譜二卷

明邢侗撰。明鈔本。半葉八行，字不一。

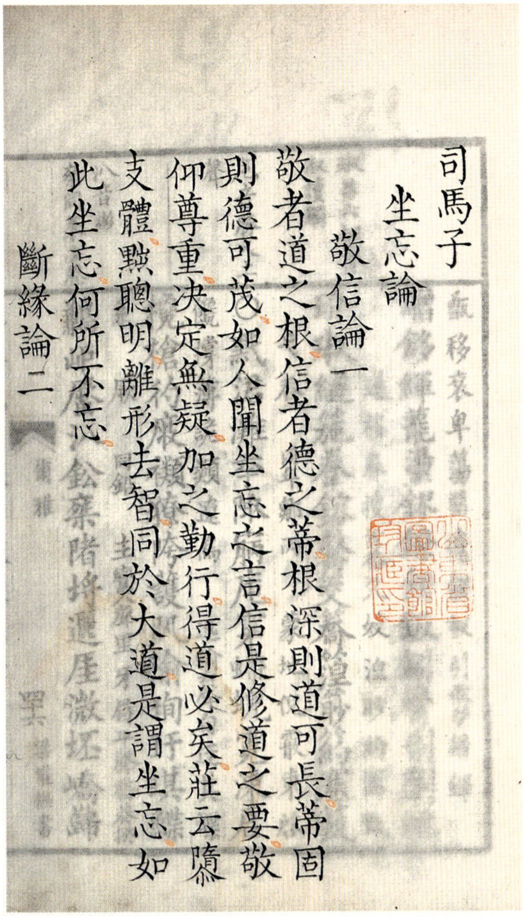
司馬子
坐忘論
敬信論一
敬者道之根信者德之蒂根深則道可長蒂固
則德可茂如人聞坐忘之言信是修道之要敬
仰尊重決定無疑加之勤行得道必矣莊云隳
支體黜聰明離形去智同於大道是謂坐忘如
此坐忘何所不忘
斷緣論二

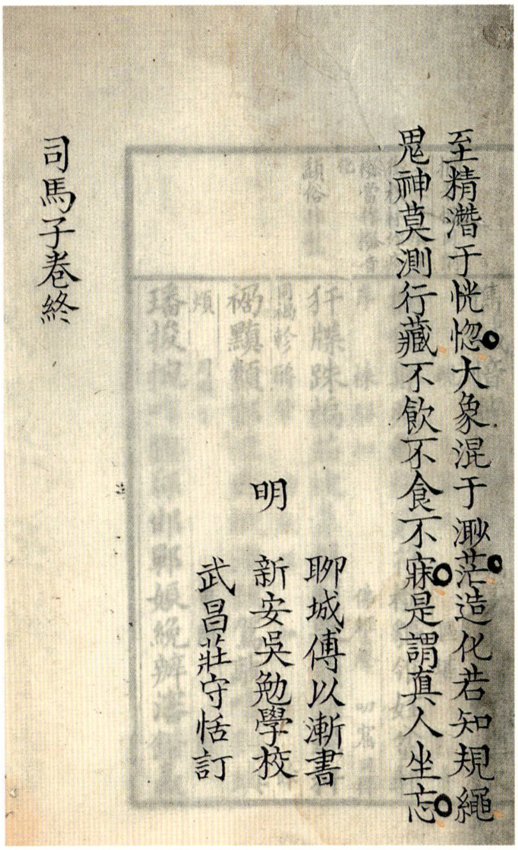
至精潛于恍惚大象混于渺茫造化若知規繩
鬼神莫測行藏不飲不食不寐是謂真人坐忘
聊城傅以漸書
明 新安吳勉學校
武昌莊守恬訂
司馬子卷終

司馬子坐忘論一卷

唐司馬承禎撰。清傅以漸鈔本。半葉九行,行十八字。

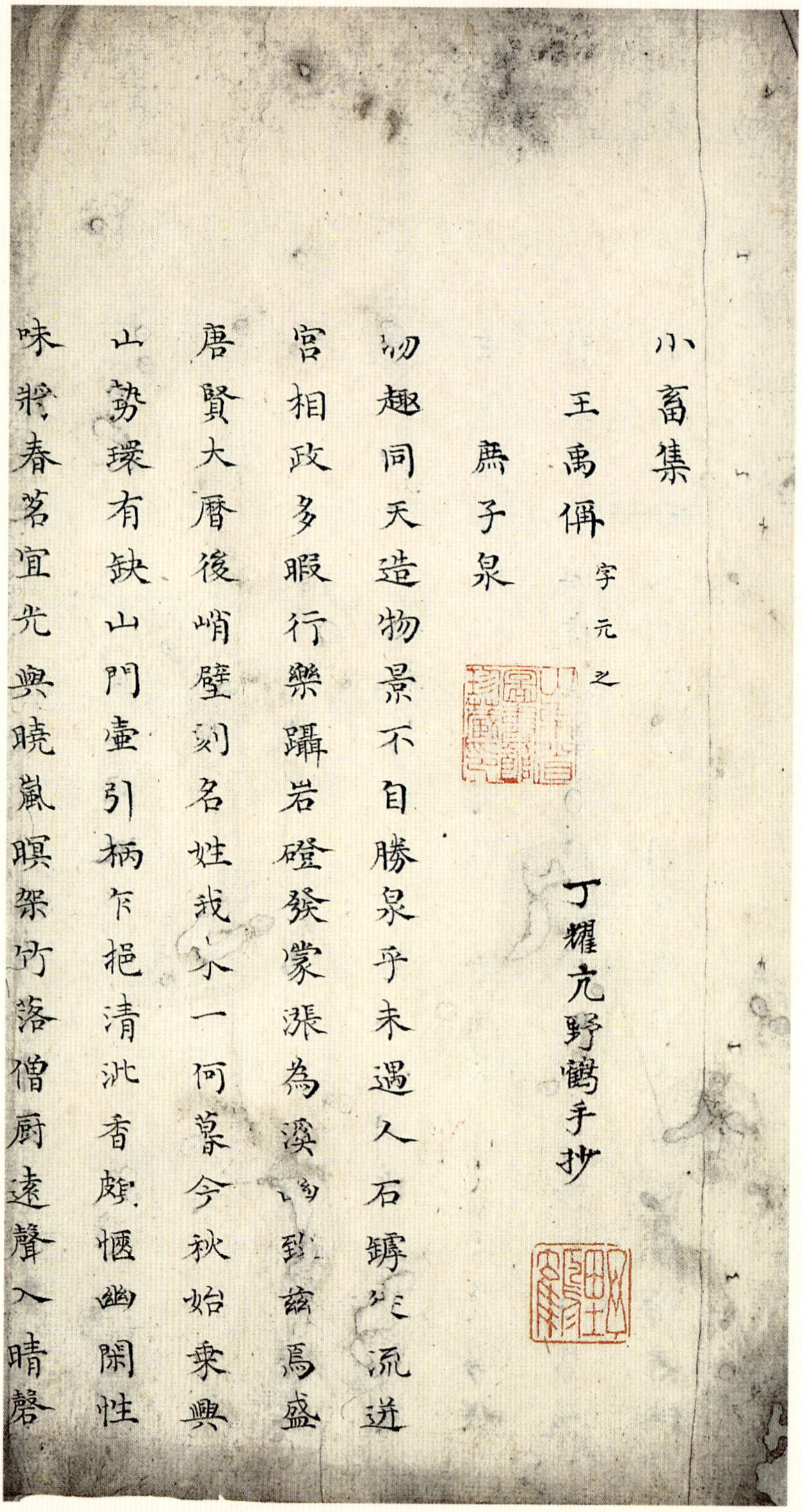

宋詩英華四卷

清丁耀亢鈔本。半葉八行,行二十字。鈐有“丁耀亢印”、“野鶴”等印記。

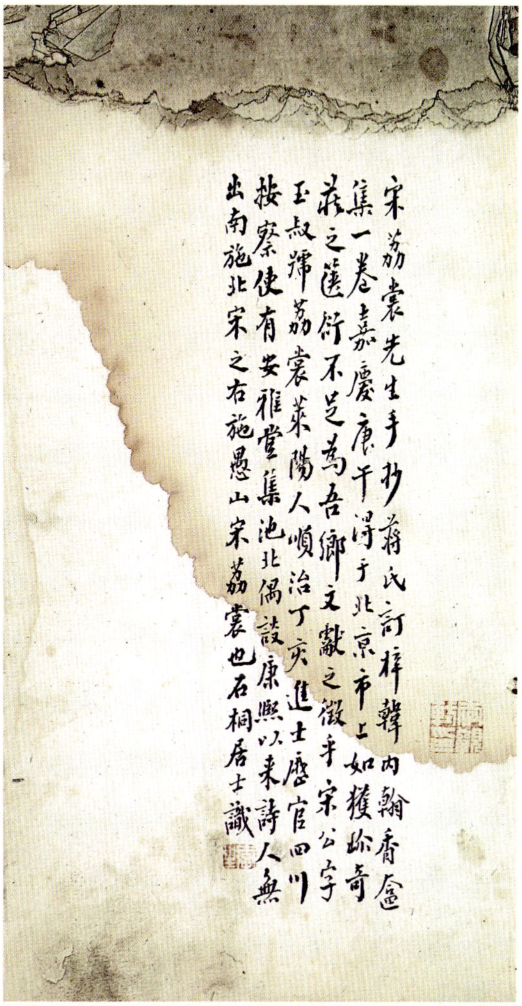
宋荔裳先生手抄蔣氏所梓韓內翰香奩
集一卷嘉慶庚午得于北京市上如獲跡奇
藏之篋衍不足為吾鄉文獻之徵乎宋公字
玉叔號荔裳萊陽人順治丁亥進士歷官四川
按察使有安雅堂集池北偶談康熙以來詩人無
出南施北宋之右施愚山宋荔裳也石桐居士識

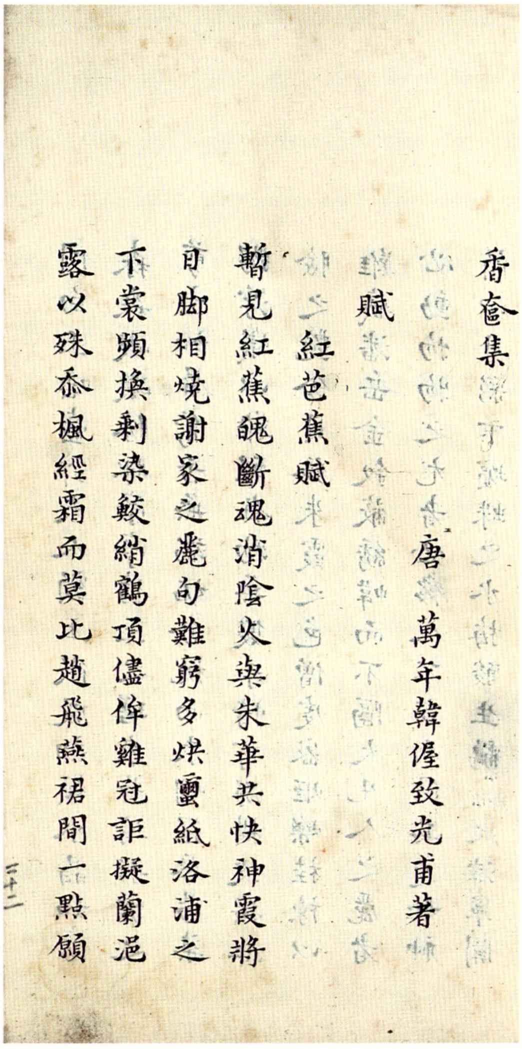
香奩集　唐　萬年韓偓致光甫著
賦
紅芭蕉賦
暫見紅蕉魄斷魂消陰火與朱華共映神霞將
日脚相燒謝家之麗句難窮多烘畫紙洛浦之
下裳頻換剩染鮫綃鶴頂儂倖雞冠詎擬蘭浥
露以殊黍楓經霜而莫比趙飛燕裙間一點頳
二十二

香奩集一卷韓內翰別集一卷

唐韓偓撰。清宋琬鈔本(清李觀軾跋)。半葉八行,行十八字。卷首有李石桐跋。卷末題"萊陽後學宋琬拜録"。鈐有"李生"、"李觀軾印"、"香峰"等印記。

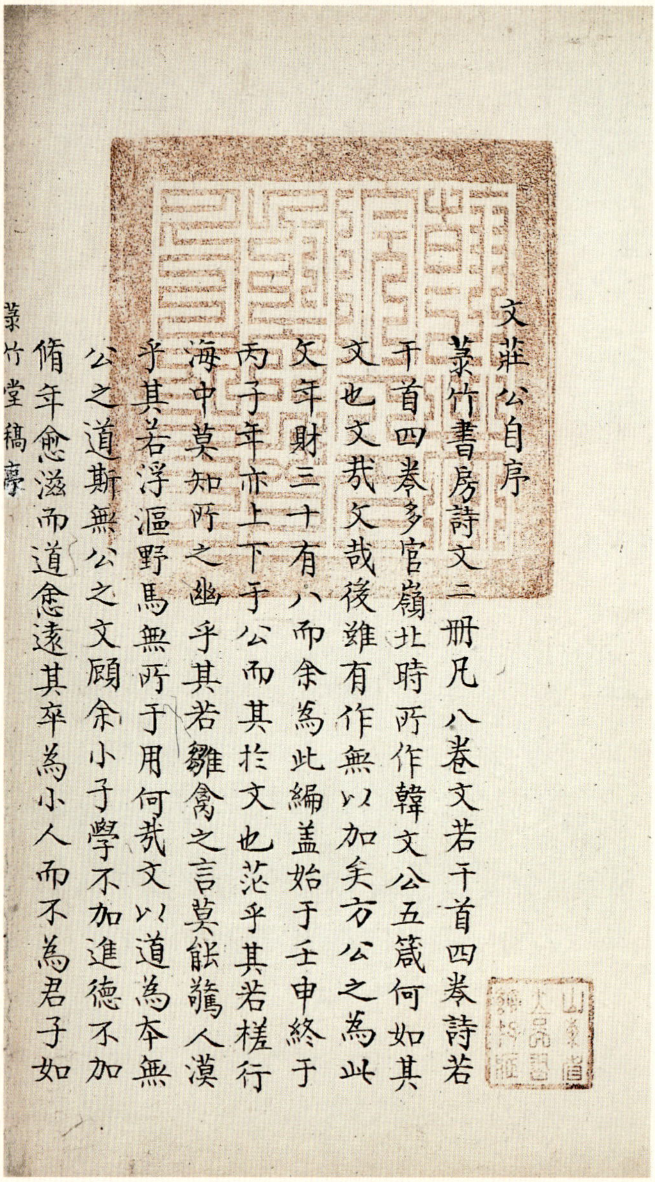
文莊公自序
菉竹書房詩文二冊凡八卷文若干首四卷詩若
干首四卷多官嶺北時所作韓文公五歲何如其
文也文哉後雖有作無以加矣方公之為此
文年財三十有八而余為此編蓋始于壬申終于
丙子年亦上下于公而其於文也茫乎其若槎行
海中莫知所之幽乎其若雛禽之言莫能籥人漠
乎其若浮漚野馬無所于用何哉文以道為本無
公之道斯無公之文顧余小子學不加進德不加
脩年愈滋而道愈遠其卒為小人而不為君子如
菉竹堂稿序

菉竹堂藁八卷

明葉盛撰。清鈔本。四庫進呈本。半葉十行,行二十字。書衣有戳記:“乾隆三十八年七月兩淮鹽政李質穎送到菉竹堂稿壹部,計書陸本。”首葉鈐有“翰林院印”。又有“趙氏模㲄閣收藏圖籍書畫印”、“趙錄績印”。王懿榮題簽。

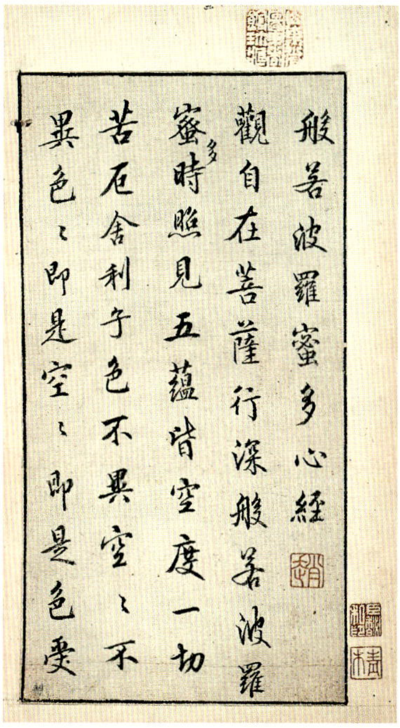

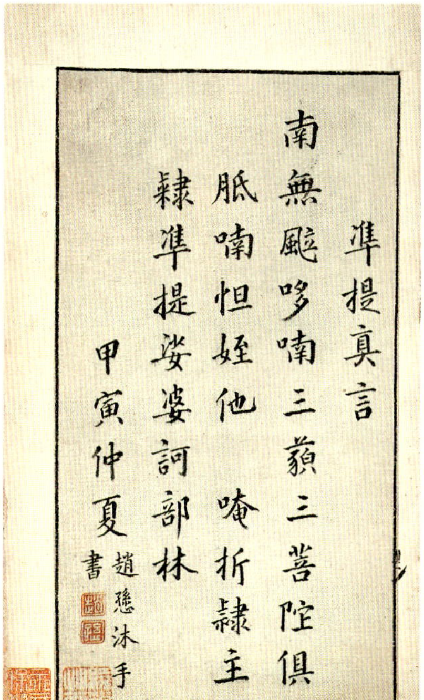

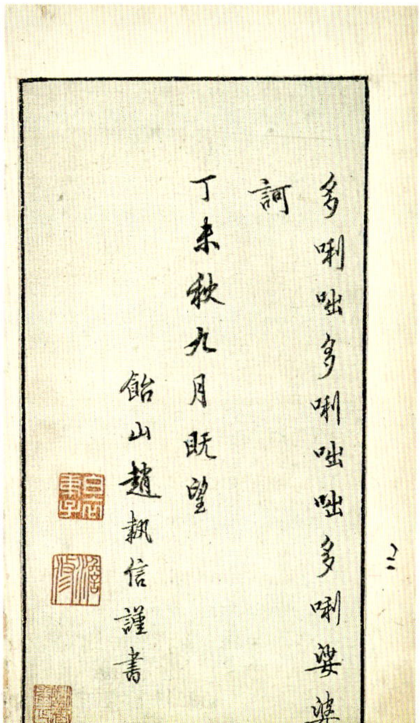

般若波羅蜜多心經一卷

唐釋玄奘譯。附準提真言一卷。清康熙六年(1667)趙執信、趙懋鈔本。半葉五行,行十一、十二字不等,四周單邊。框 24.6×13 釐米。絲絹面。鈐有“趙执瑒字德琏”、“舒嘯樓珍藏印”、“趙”、“臣懋私印”、“青木”、“白衣弟子”、“淡修”、“趙懋”、“繞谿草堂”、“永言保之”、“獻唐审定”等印記。

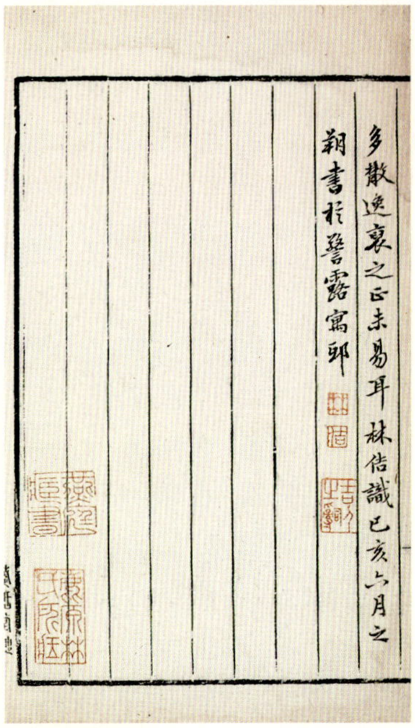
多散逸衰之正未易耳 林佶識 己亥六月之
朔書於[illegible]露寓邸

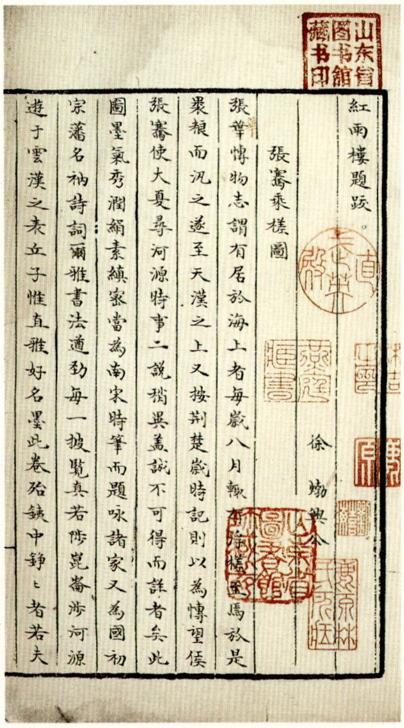
紅雨樓題跋
張騫乘槎圖
徐𤊹興公
張華博物志謂有居於海上者每歲八月輙有浮槎至焉於是
裹糧而汎之遂至天漢之上又按荆楚歲時記則以為博望侯
張騫使大夏尋河源時事二說稍異蓋誠不可得而詳者矣此
圖墨氣秀潤絹素縝密當為南宋時筆而題咏諸家又為國初
宗藩名衲詩詞爾雅書法遒勁每一披覽真若傍崑崙涉河源
遊于雲漢之表立子惟直雅好名墨此卷殆錸中錚錚者若夫

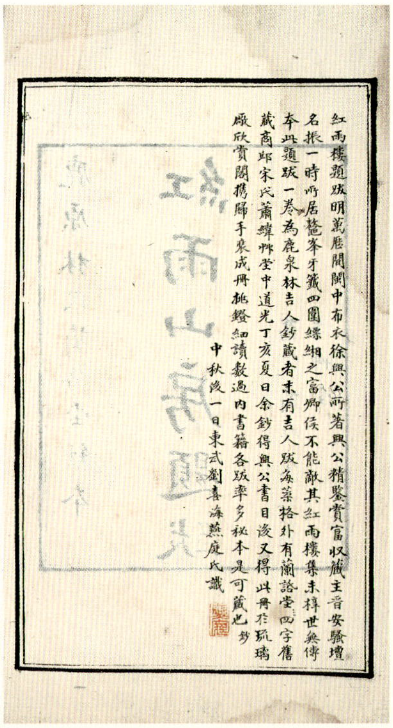
紅雨樓題跋明萬歷閩中布衣徐興公所著興公精鑒賞富收藏主晉安騷壇
名振一時所居鼇峯牙籤四圍縹緗之富卿侯不能敵其紅雨樓集未梓世無傳
本此題跋一卷為鹿泉林吉人鈔藏者末有吉人跋無藥格外有蘭謌堂四字舊
藏商邱宋氏蕭緯畔堂中道光丁亥夏日余鈔得興公書目後又得此冊於琉璃
廠欣賞閱攜歸手裝成冊挑鐙細讀數過內書籍各跋率多秘本是可藏也鈔
中秋後一日東武劉喜海燕庭氏識

紅雨樓題跋一卷

明徐𤊹撰。清康熙五十八年(1719)林佶蘭謌堂鈔本(清林佶、劉喜海跋)。半葉九行,行二十三字,白口,左右雙邊。框 21.3×14.4 釐米。鈐有"鹿原"、"鹿原林氏所藏"、"林佶"、"林佶之印"、"吉人之詞"、"劉喜海"、"燕庭"、"燕庭藏書"、"光熙之印"、"光熙所藏"、"裕如秘笈"等印記。

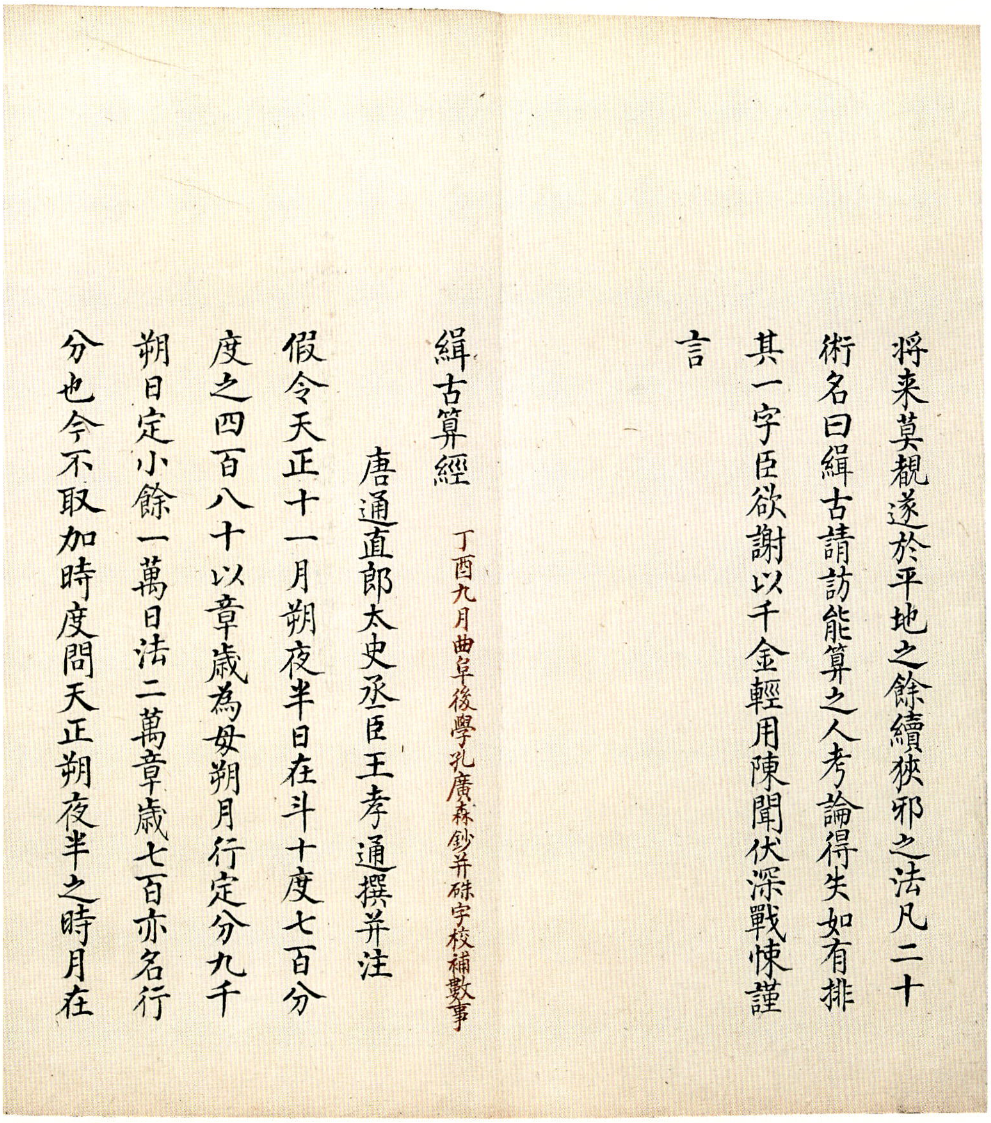
将来莫覩遂於平地之餘續狹邪之法凡二十
術名曰緝古請訪能算之人考論得失如有排
其一字臣欲謝以千金輕用陳聞伏深戰悚謹
言

緝古算經　丁酉九月曲阜後學孔廣森鈔并硃字校補數事
唐通直郎太史丞臣王孝通撰并注
假令天正十一月朔夜半日在斗十度七百分
度之四百八十以章歲為母朔月行定分九千
朔日定小餘一萬日法二萬章歲七百亦名行
分也今不取加時度問天正朔夜半之時月在

緝古算經一卷

唐王孝通撰並注。清乾隆四十二年(1777)孔廣森鈔本(清孔廣森校)。半葉六行,字不一。

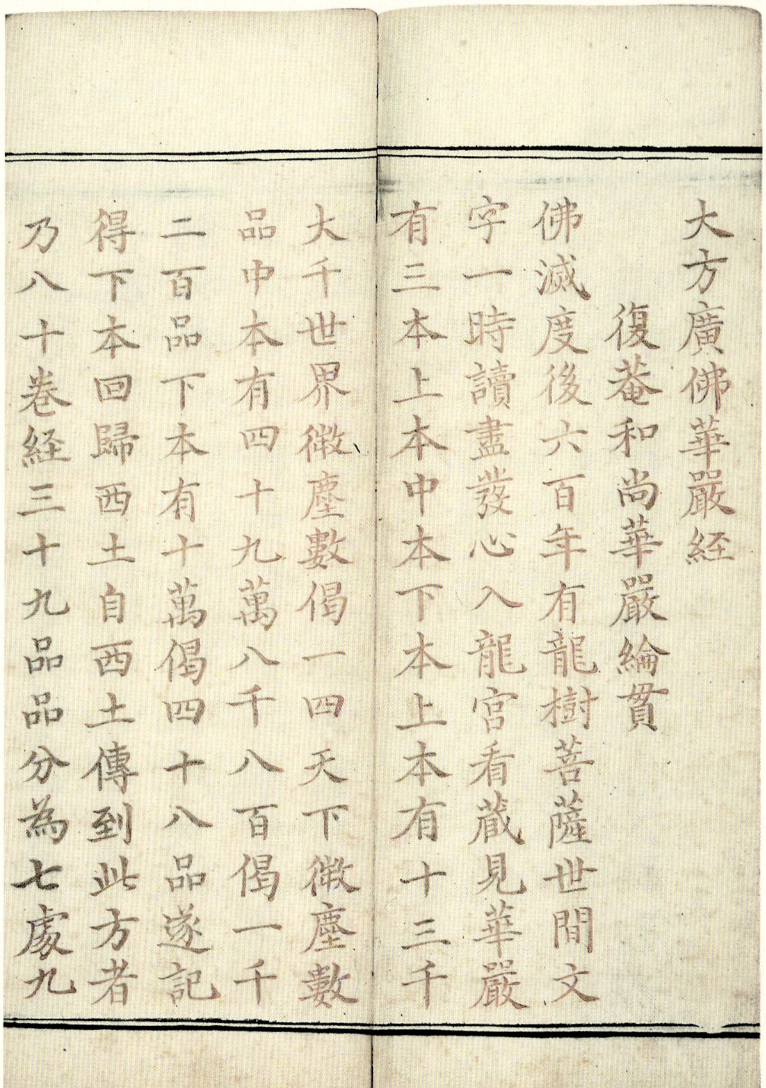

大方廣佛華嚴經

復菴和尚華嚴綸貫

佛滅度後六百年有龍樹菩薩世間文字一時讀盡發心入龍宮看藏見華嚴有三本上本中本下本上本有十三千大千世界微塵數偈一四天下微塵數品中本有四十九萬八千八百偈一千二百品下本有十萬偈四十八品遂記得下本回歸西土自西土傳到此方者乃八十卷經三十九品品分為七處九

大方廣佛華嚴經八十卷大方廣佛華嚴經入不思議解脱境界普賢行願品一卷

唐釋實叉難陀譯。清康熙四明嗣法沙門深湛大師用永樂十七年至萬曆二十一年(1419–1593)雕版印樣刺血填寫本(清道光間如典跋)。五行十五字。框 34×12.1 釐米。經摺裝。已入選首批《國家珍貴古籍名錄》。

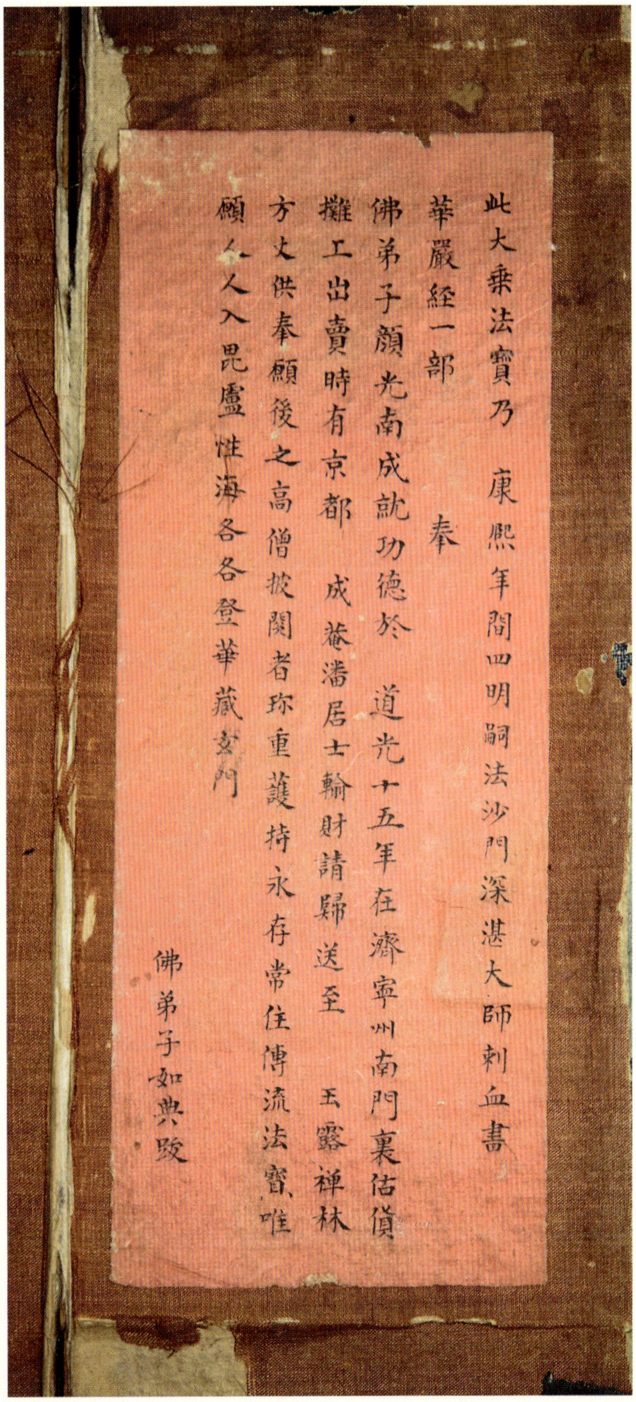
此大乘法寶乃 康熙年間四明嗣法沙門深湛大師刺血書
華嚴經一部 奉
佛弟子顏光南成就功德於 道光十五年在濟寧州南門裏估貨
攤工出賣時有京都 成菴潘居士輸財請歸送至 玉露禅林
方丈供奉願後之高僧披閱者珎重護持永存常住傳流法寶唯
願人人入毘盧性海各各登華藏玄門
佛弟子如典跋

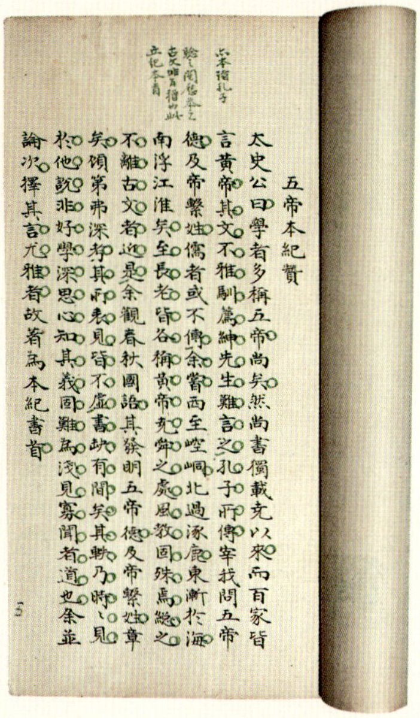

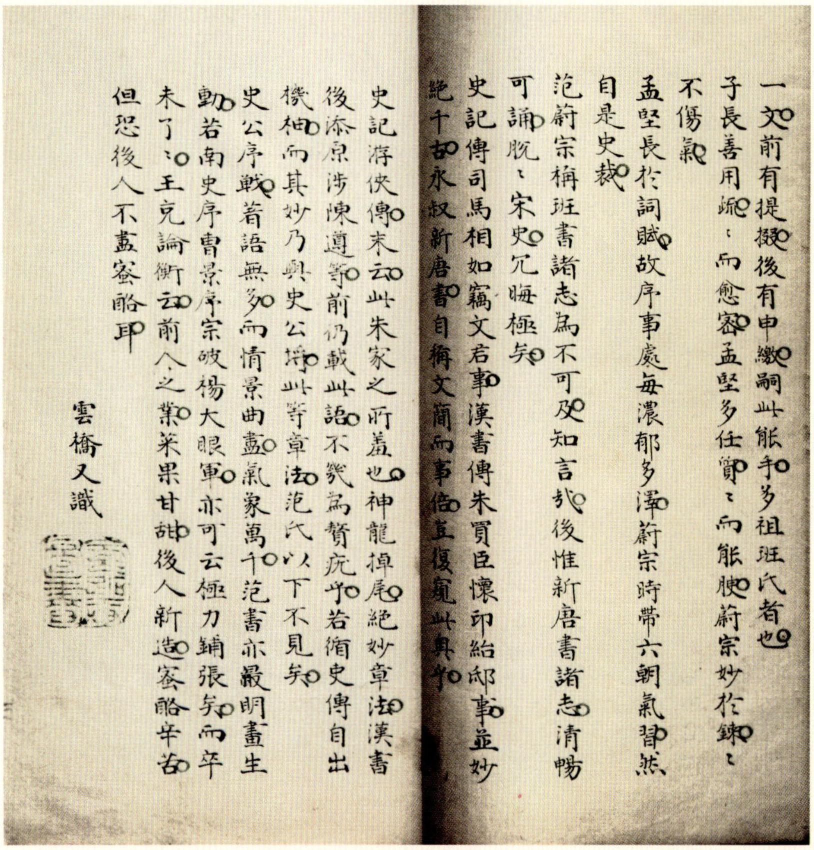

讀史前鈔甲本不分卷

清乾隆五十九年(1794)許鴻磐鈔本(清許鴻磐批)。半葉九行,行二十四字。

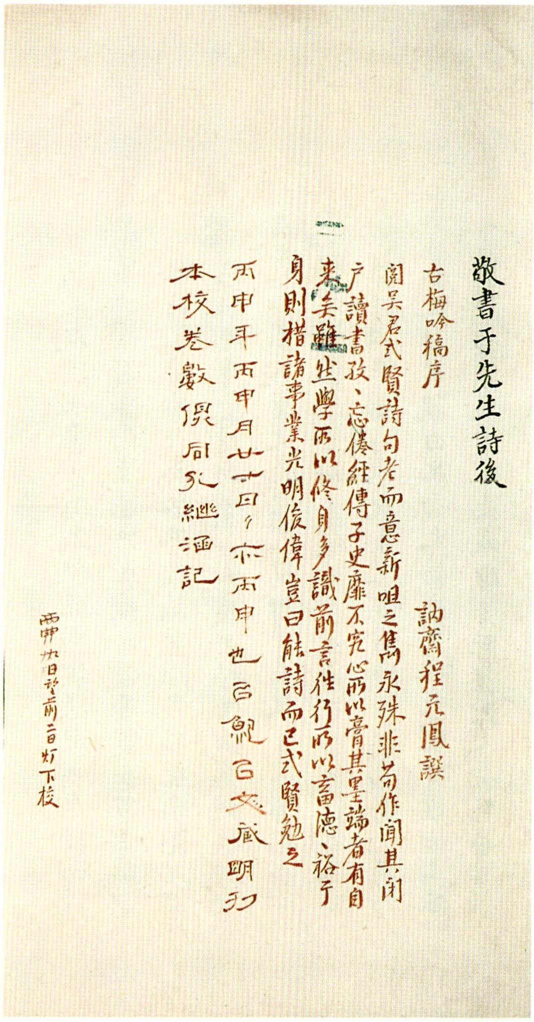

敬書于先生詩後

古梅吟稿序　訥齋程元鳳譔

閱吴君式賢詩句老而意新咀之雋永殊非苟作聞其閉
戶讀書孜孜忘倦經傳子史靡不究心而以膏其筆端者有自
來矣雖然學所以修身多識前言往行所以畜德裕于
身則措諸事業光明俊偉豈曰能詩而已式賢勉之

丙申年丙申月廿廿日亦丙申也以觀以文廟明刀
本校卷數俟同孔繼涵記

丙申九日癸前二日灯下校

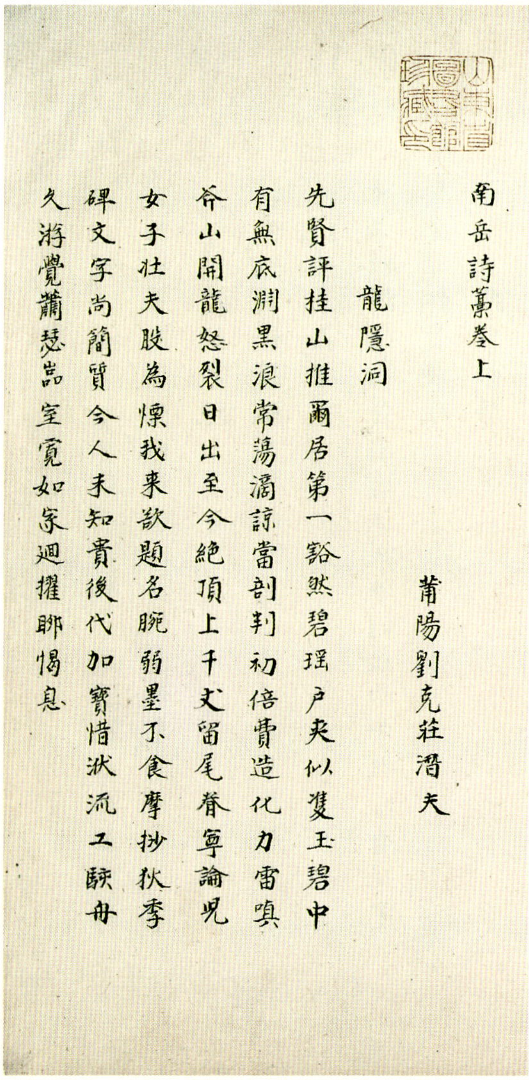

南岳詩藁卷上　莆陽劉克莊潛夫

龍隱洞

先賢評桂山推爾居第一豁然碧瑶户夾似雙玉碧中
有無底淵黑浪常蕩潏諒當剖判初倍費造化力雷嗔
斧山開龍怒裂日出至今絕頂上千丈留尾脊蓴論兒
女子壯夫股為慄我來欲題名腕弱墨不食摩抄狄季
碑文字尚簡質今人未知貴後代加寶惜狀流工賤毋
久游覺蕭瑟點室寬如家廻擢卿偈息

微波榭鈔詩三種八卷

清孔繼涵編。清孔繼涵鈔本(清孔繼涵校並跋)。半葉九行,行二十一字。

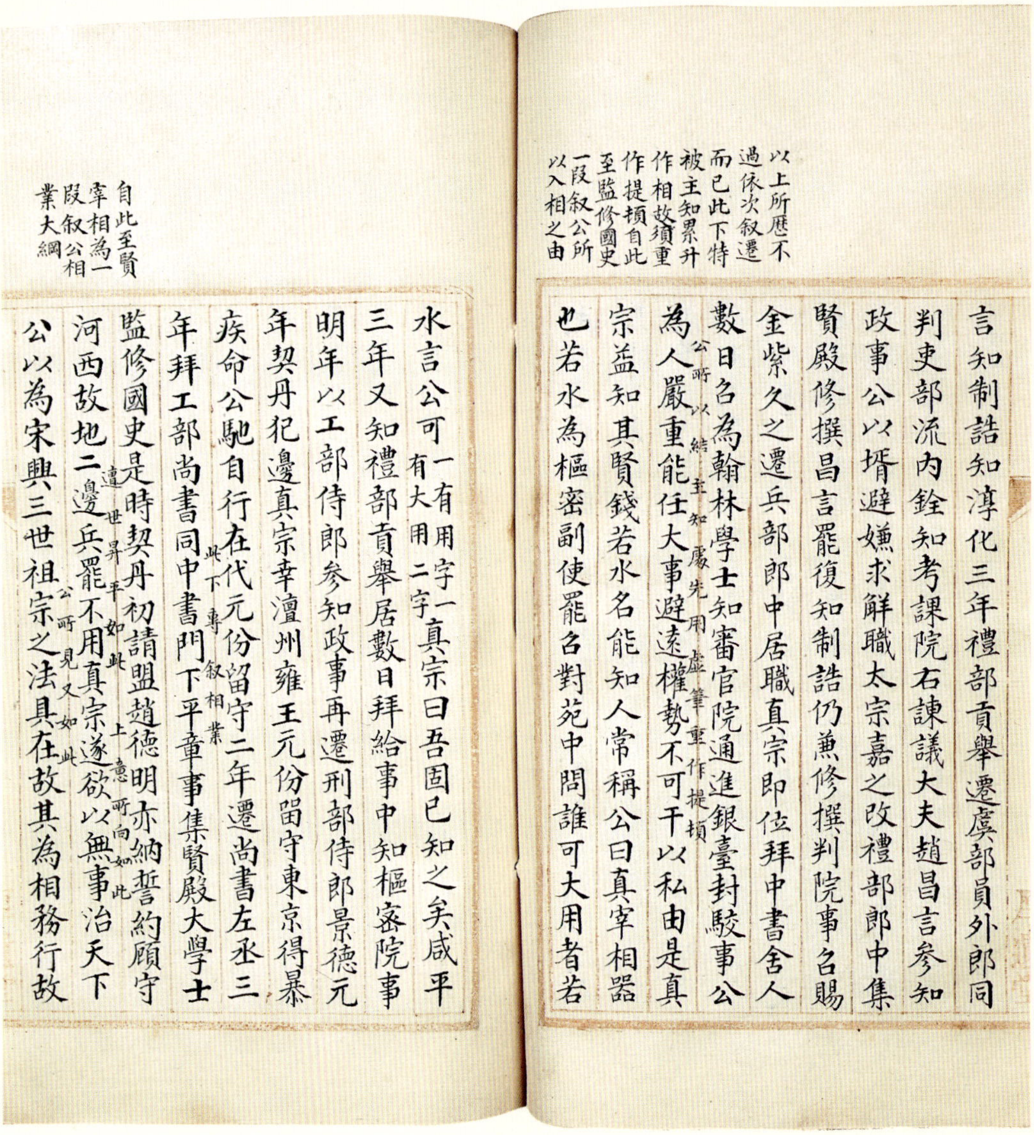

居士集不分卷

宋歐陽修撰，清王元啓輯。清杨兆煜厚遺堂鈔本。半葉九行，行二十字，白口，四周雙邊，紅格。版心鐫有："厚遺堂"。框 17.7×12.0 釐米。海源阁藏书。

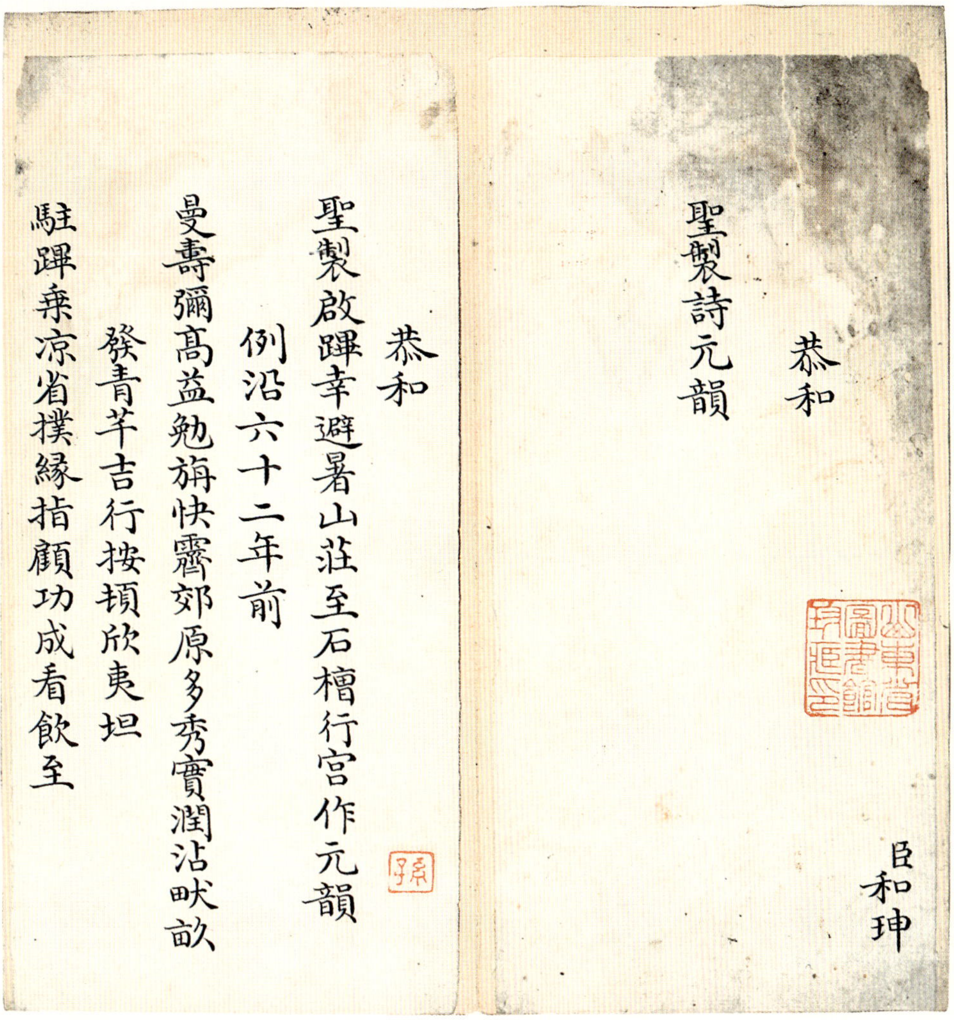

清閣臣和純廟御製詩不分卷

清董誥、阮元等撰。清鈔本。半葉六行，行十八字。

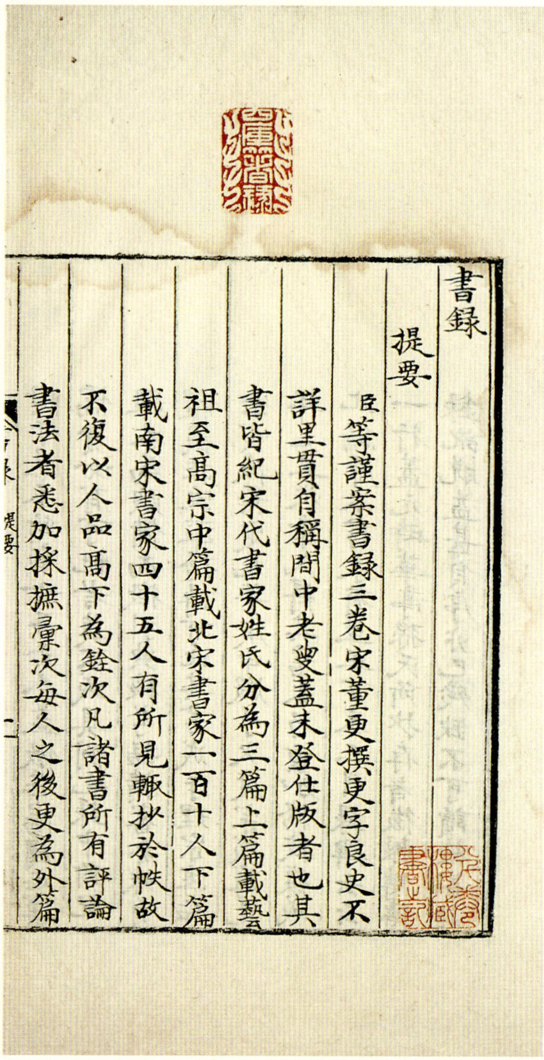
書録

提要

臣等謹案書録三卷宋董更撰更字良史不
詳里貫自稱閒中老叟蓋未登仕版者也其
書皆紀宋代書家姓氏分為三篇上篇載藝
祖至高宗中篇載北宋書家一百十人下篇
載南宋書家四十五人有所見輙抄於帙故
不復以人品高下為銓次凡諸書所有評論
書法者悉加採摭彙次每人之後更為外篇

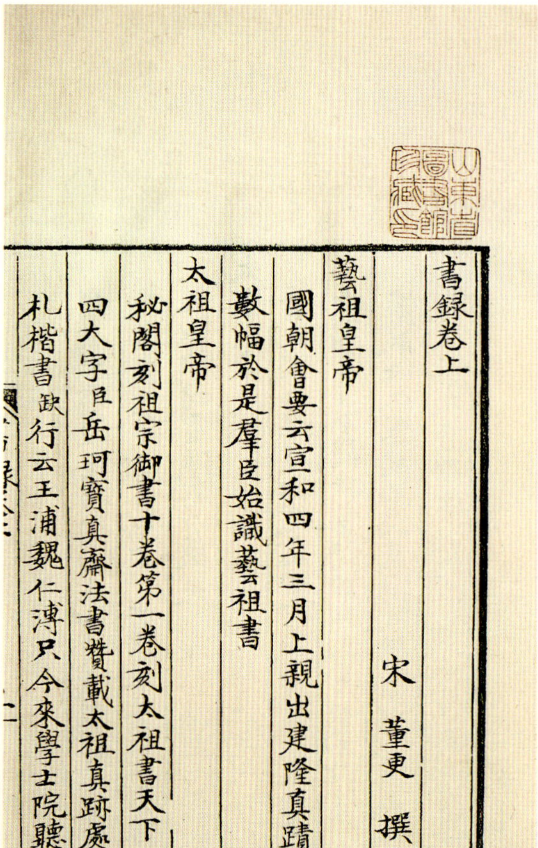
書録卷上

宋 董更 撰

藝祖皇帝

國朝會要云宣和四年三月上親出建隆真蹟詩翰
數幅於是羣臣始識藝祖書

太祖皇帝

秘閣刻祖宗御書十卷第一卷刻太祖書天下一統
四大字臣岳珂寶真齋法書贊載太祖真跡處分手
札楷書欵行云王浦魏仁溥只今來學士院聽處分

書錄三卷外篇一卷

宋董史撰。清丁氏八千卷樓鈔本。半葉九行，行二十一字，白口，左右雙邊。框 18.4×13.9 釐米。鈐有"八千卷樓藏書之記"、"四庫著錄"印記。

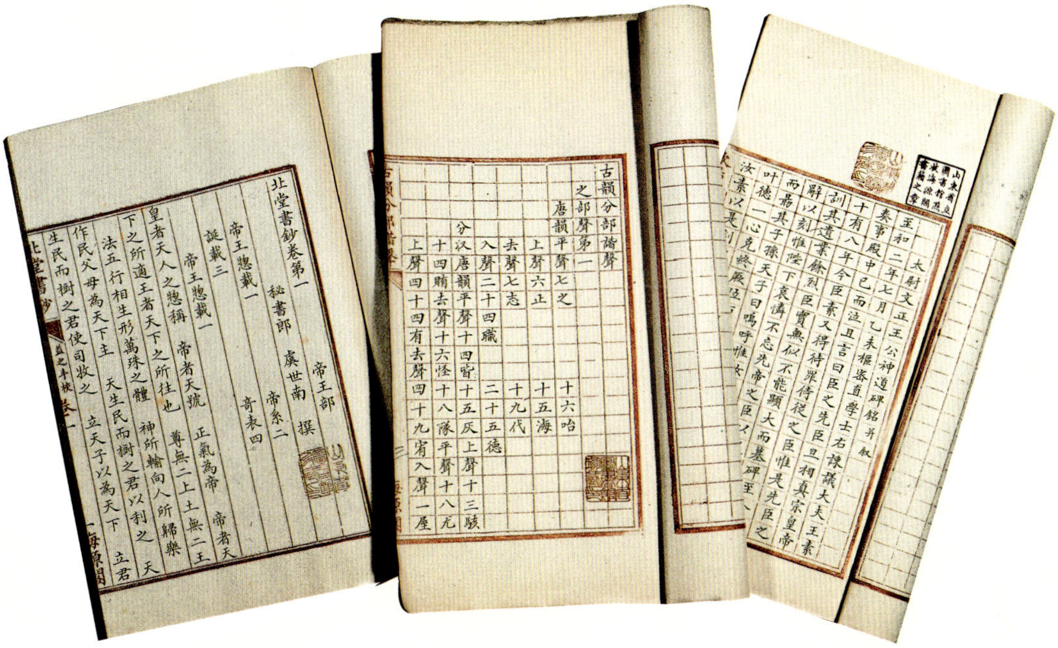

北堂書鈔一百六十卷

唐虞世南輯。清道光咸豐間楊氏海源閣鈔本。半葉十行，行二十一字，白口，四周雙邊。22.4×15.5 釐米。

古韻分部諧聲二十一卷

清楊氏海源閣鈔本。半葉九行，字不一，紅格，白口，四周雙邊。版心鐫有："海源閣"。無序跋。框 20×13.3 釐米。

震川先生評選歐陽文忠公文鈔不分卷

宋歐陽修撰，明歸有光輯並評。清咸豐楊氏海源閣鈔本。半葉九行，行二十字，紅格，白口，四周雙邊。版心鐫有："海源閣"、"震川選本"。框 20×13.3 釐米。

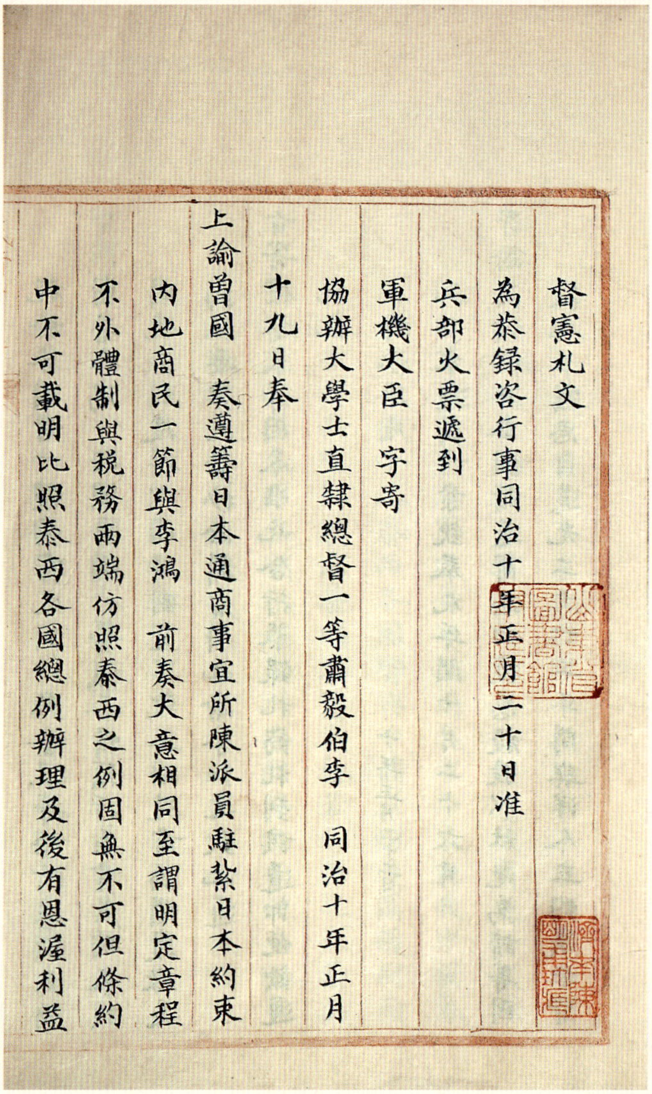

督憲札文
為恭録咨行事同治十年正月二十日准
兵部火票遞到
軍機大臣 字寄
協辦大學士直隸總督一等肅毅伯李 同治十年正月
十九日奉
上諭曾國 奏遵籌日本通商事宜所陳派員駐紮日本約束
内地商民一節與李鴻 前奏大意相同至謂明定章程
不外體制與稅務兩端仿照泰西之例固無不可但條約
中不可載明比照泰西各國總例辦理及後有恩渥利益

清代中外法事彙鈔不分卷

清藏脩書屋鈔本。半葉十行，行二十二字，白口，四周雙邊，紅格。框 20.1×14.8 釐米。版心鐫有："藏脩書屋"。記同治光緒間事，史料頗多。鈐有"濟南陳明甫珍藏"。

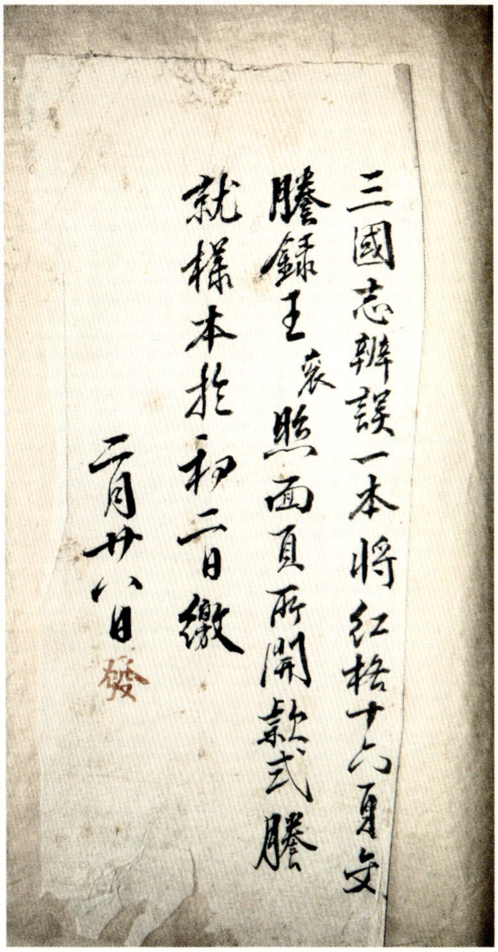

三國志辨誤一本將紅格十六頁交
謄錄王宸照兩頁所開款式謄
就樣本於初二日繳
二月廿八日 發

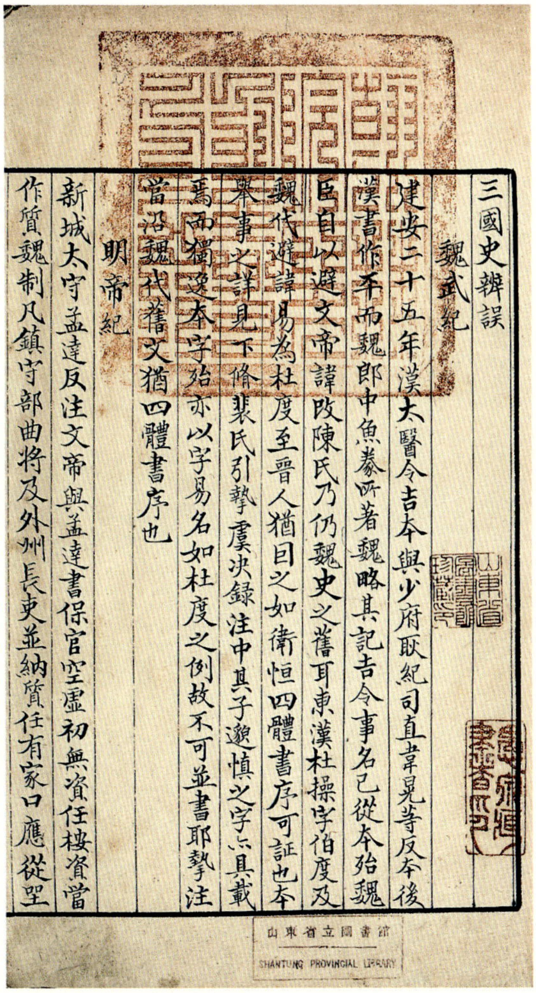

三國史辨誤
魏武紀
建安二十五年漢太醫令吉本與少府耿紀司直韋晃等反本後
漢書作平而魏郎中魚豢所著魏略其記吉令事名已從本殆魏
臣自以避文帝諱改陳氏乃仍魏史之舊耳東漢杜操字伯度及
魏代避諱易為杜度至晉人猶曰之如衛恒四體書序可証也本
末事之詳見下條裴氏引摯虞決錄注中具子邈慎之字亦具載
焉而猶逸本字殆亦以字易名如杜度之例故不可並書耶摯注
當㕥魏代舊文猶四體書序也
明帝紀
新城太守孟達反注文帝與孟達書保官空虛初無資任梭資當
作質魏制凡鎮守部曲將及外州長吏並納質任有家口應從坐

三國史辨誤一卷

宋佚名撰。清鈔本。四庫底本。有四庫抄錄格式。半葉十二行，行二十五字，白口，左右雙邊。框 21.4×15.2 釐米。書衣戳記佚去。鈐有“愚泉藏書印”、“翰林院印”印記。

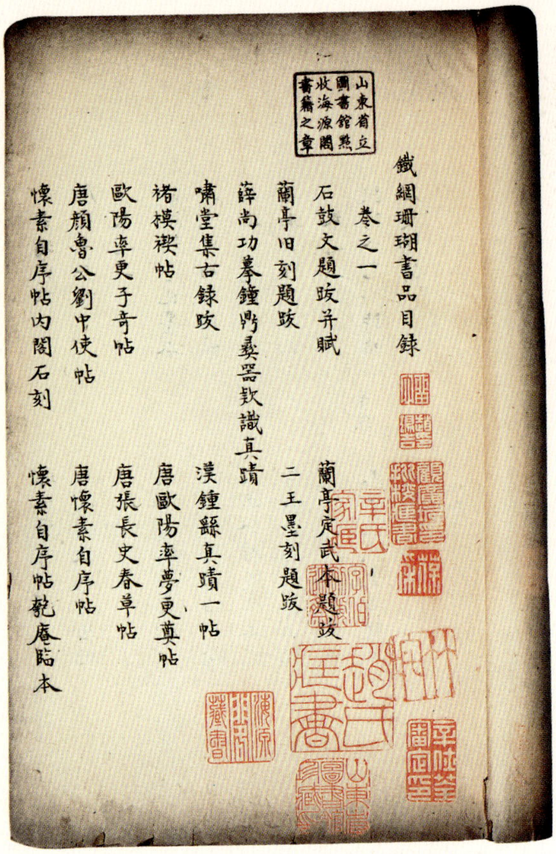

鐵網珊瑚書品目錄

卷之一

石鼓文題跋并賦　　蘭亭定武本題跋

蘭亭旧刻題跋　　二王墨刻題跋

薛尚功摹鐘鼎彝器欵識真蹟

嘯堂集古錄跋　　漢鍾繇真蹟一帖

褚摸禊帖　　唐歐陽率更夢奠帖

歐陽率更子奇帖　　唐張長史春草帖

唐顏魯公劉中使帖　　唐懷素自序帖

懷素自序帖內閣石刻　　懷素自序帖乾庵臨本

鐵網珊瑚十卷

明朱存理輯。清鈔本(佚名批校)。半葉十行,行二十四字。框 27×18 釐米。鈐有"竹垞"、"顧廣圻印批校藏書"、"趙瑒吉印"、"趙氏藏書"、"辛仕荃審定印"、"辛氏家藏"、"臣辛仕荃"、"燕山辛氏"、"字伯初號迪齋"、"桐城姚氏小紅鵝館收藏"、"玉山之印"、"壽安室主人"、"畢瀧審定"、"留心"、"海源閣藏書"、"聊城楊保彝鑒藏印"等印記。

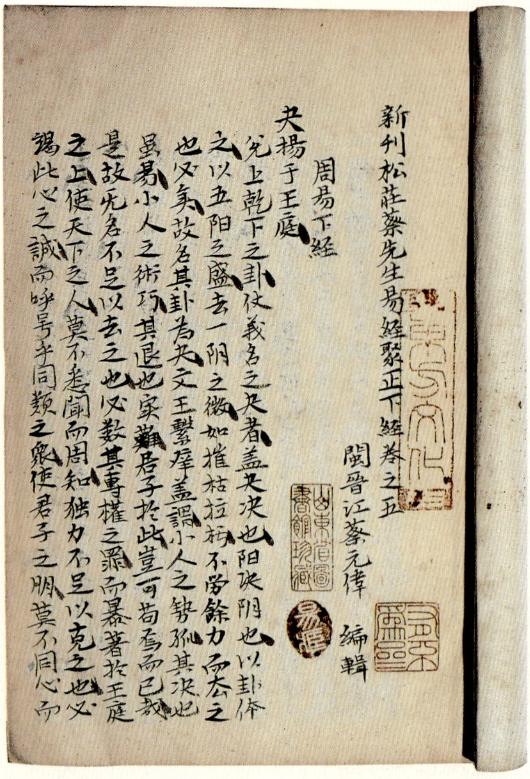

新刊松莊蔡先生易經聚正下經卷之五

閩晉江蔡元偉　編輯

周易下經

夬揚于王庭

夬上乾下之卦伏羲名之夬者蓋夬決也陽決陰也以卦体之以五陽之盛去一陰之微如推枯拉朽不勞餘力而否之也必矣故名其卦為夬文王繫辭盖謂小人之勢孤其決也易易小人之術巧其退也寀難君子於此豈可苟為而已哉是故先名不足以去之也必數其罪權之罰而暴著於王庭之上使天下之人莫不差聞而周知獨力不足以克之也必竭此心之誠而呼号于同類之衆使君子之朋莫不同心而

新刊松莊蔡先生易經聚正十卷

明蔡元偉輯。舊鈔本。鈐有"有不為齋"、"易藏"印。盧松安"易萬卷廬"藏書。

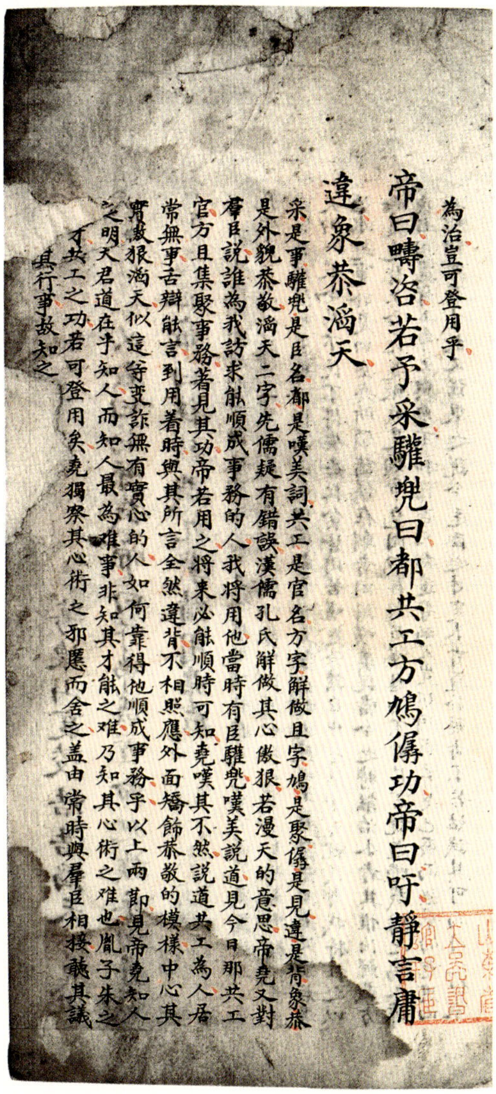

為治豈可登用乎
帝曰疇咨若予采驩兜曰都共工方鳩僝功帝曰吁靜言庸
違象恭滔天
采是事驩兜是臣名都是嘆美詞共工是官名方字解做且字鳩是聚僝是見違是背象恭
是外貌恭敬滔天二字先儒疑有錯誤漢儒孔氏解做其心傲狠若漫天的意思帝堯又對
羣臣說誰為我訪求能順成事務的人我將用他當時有臣驩兜嘆美說道見今日那共工
官方且集聚事務著見其功帝若用之將來必能順時可知堯嘆其不然說道共工為人居
常無事舌辯能言到用着時與其所言全然違背不相照應外面矯飾恭敬的模樣中心其
實傲狠滔天似這等變詐無有實心的人如何靠得他順成事務乎以上兩節見帝堯知人
之明天君道在乎知人而知人最為難事非知其才能之難乃知其心術之難也胤子朱之
才共工之功若可登用矣堯獨察其心術之邪慝而舍之蓋由常時與羣臣相接熟其議
具行事故知之

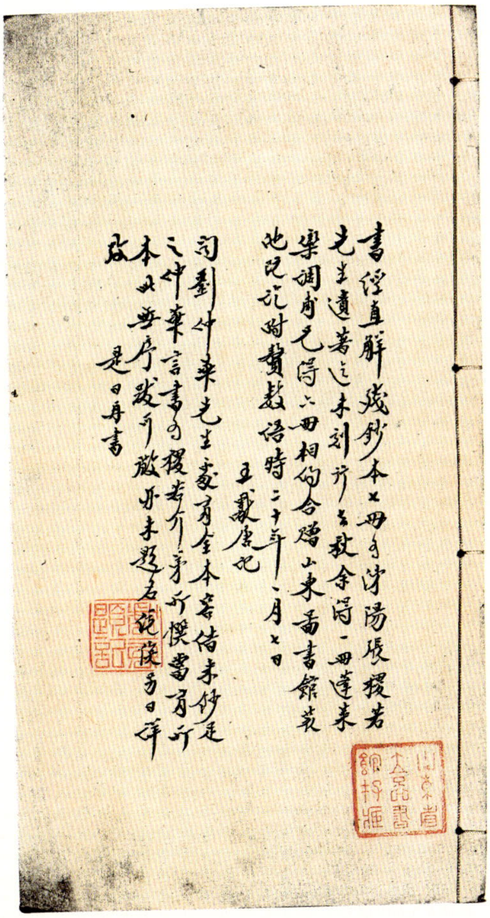

書經直解殘鈔本七冊，平陽張稷若先生遺著之未刻行者。今秋余得一冊，蓬萊欒調甫兄得六冊，相約合贈山東圖書館藏。他既記，附贅數語。時二十年十一月七日
王獻唐記
聞劉仲華先生家有全本，當借來鈔足之。仲華言書為稷若介弟所撰，當有所本，以無序跋可徵，姑未題名，俟另日詳攷。
是日再書

書經直解四卷

清張爾岐撰。清鈔本(王獻唐題記)。半葉七行,行二十一字,小字雙行字不一。

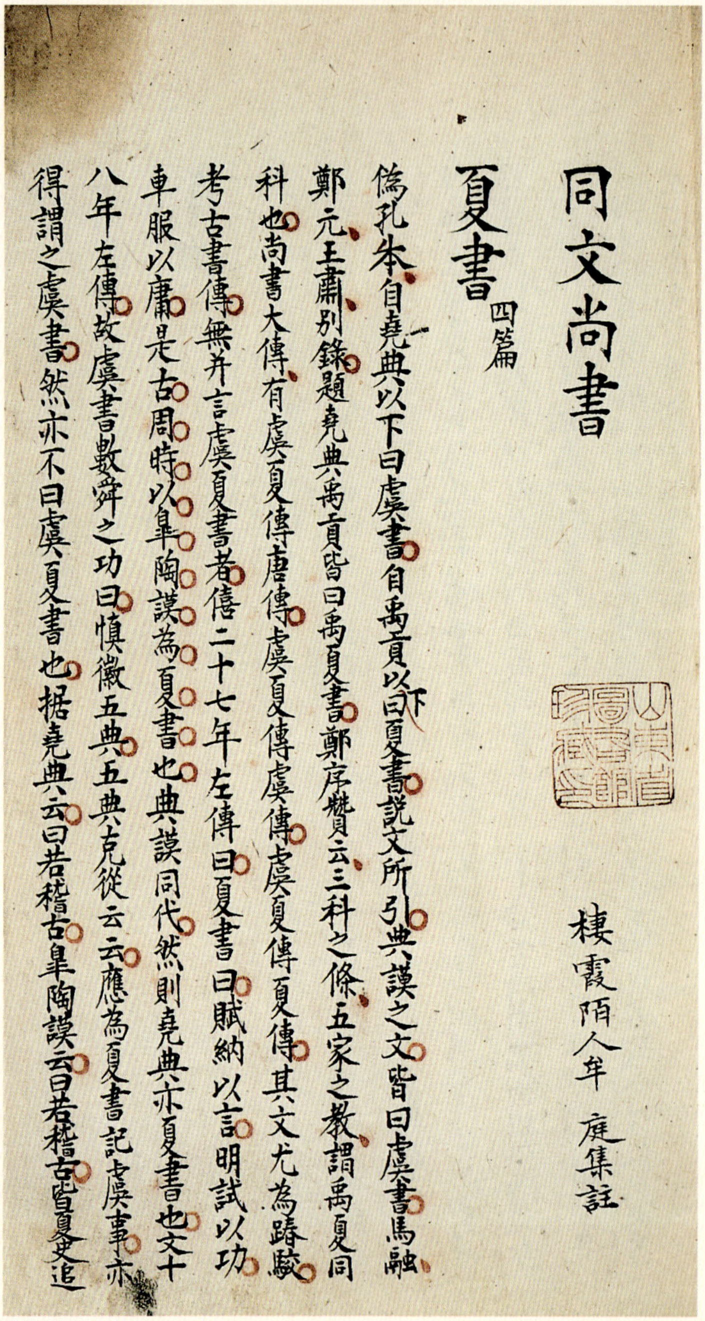

同文尚書

棲霞陌人牟　庭集註

夏書 四篇

僞孔本自堯典以下曰虞書自禹貢以下曰夏書說文所引典謨之文皆曰虞書馬融鄭元王肅別錄題堯典禹貢皆曰禹夏書鄭序贊云三科之條五家之教謂禹夏同科也尚書大傳有虞夏傳唐傳虞夏傳虞傳虞夏傳夏傳其文尤為踳駁考古書傳無并言虞夏書者僖二十七年左傳曰夏書曰賦納以言明試以功車服以庸是古周時以臯陶謨為夏書也典謨同代然則堯典亦夏書也文十八年左傳故虞書數舜之功曰慎徽五典五典克從云云應為夏書記虞事亦得謂之虞書然亦不曰虞夏書也据堯典云曰若稽古臯陶謨云曰若稽古皆夏史追

同文尚書不分卷

清牟庭撰。清鈔本。半葉六行，行十九字。

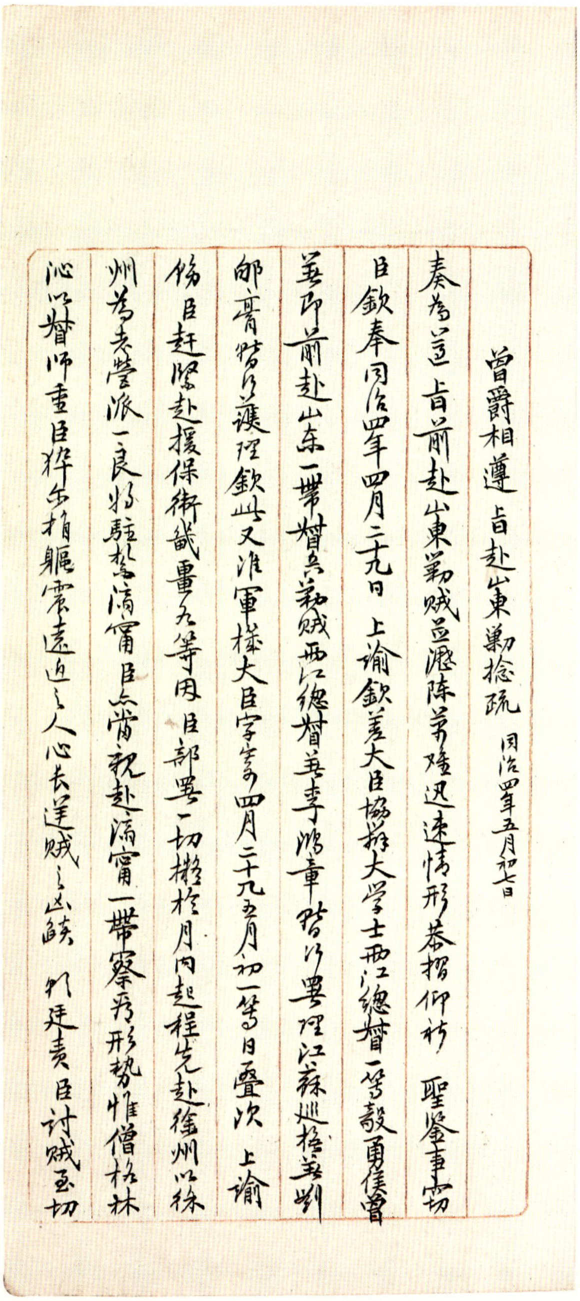
曾爵相遵旨赴山東剿捻疏　同治四年五月初七日

奏為遵旨前赴山東剿賊並瀝陳萬難迅速情形恭摺仰祈聖鑒事竊

臣欽奉同治四年四月二十九日上諭欽差大臣協辦大學士兩江總督一等毅勇侯曾

著即前赴山東一帶督兵剿賊兩江總督著李鴻章暫行署理江蘇巡撫著劉

郇膏暫行護理欽此又准軍機大臣字寄四月二十九五月初一等日疊次上諭

飭臣趕緊赴援保衛畿疆等因臣部署一切擬於月內起程先赴徐州以徐

州為老營派一良將駐紮濟甯臣亦當親赴濟甯一帶察看形勢惟僧格林

沁以督師重臣猝歿賊鋒震遠近之人心長逆賊之凶燄朝廷責臣討賊至切

山東剿捻奏稿一卷

清曾國藩撰。清鈔本。半葉八行，字不一，白口，四周單邊，紅格。框 17.3×9.7 釐米。奏事在同治年間。

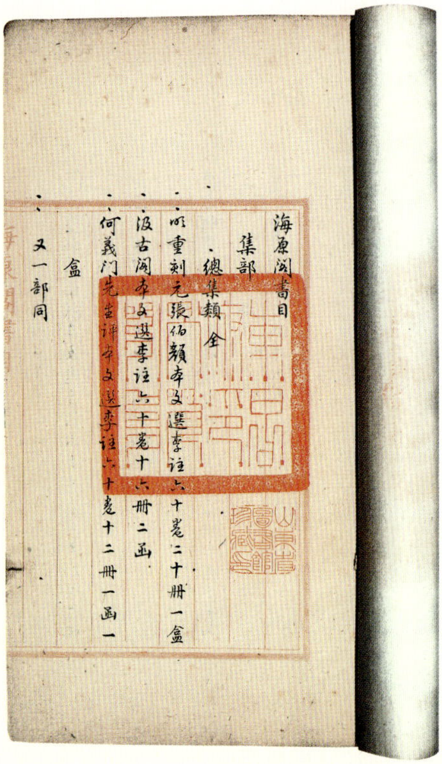

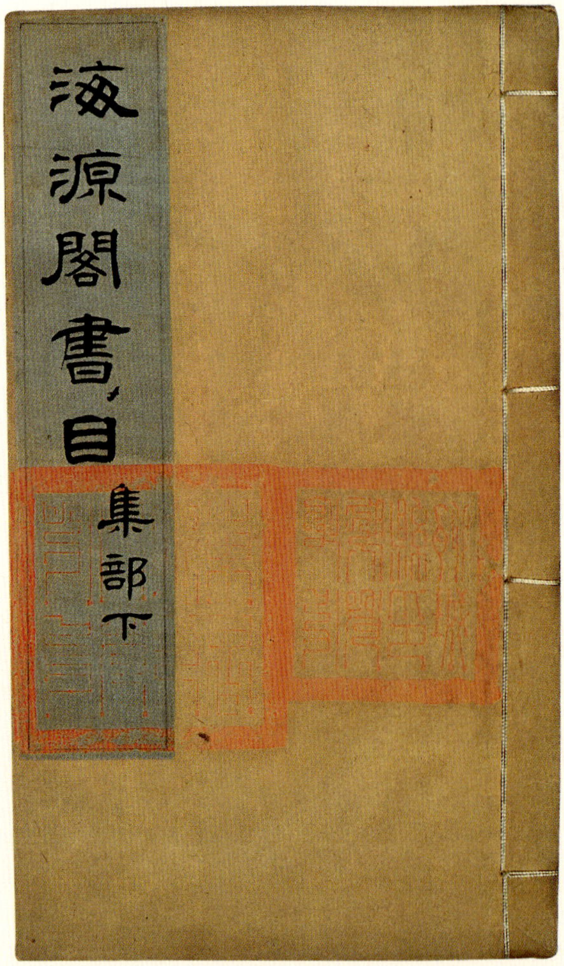

海源閣書目不分卷

清楊保彝藏並撰。清鈔本。半葉八行，字不一，白口，四周雙邊，紅格。框 16.8×17.4 釐米。版心鐫有："海源閣書目"。鈐滿漢文"聊城縣印"、"東昌府印"印記。

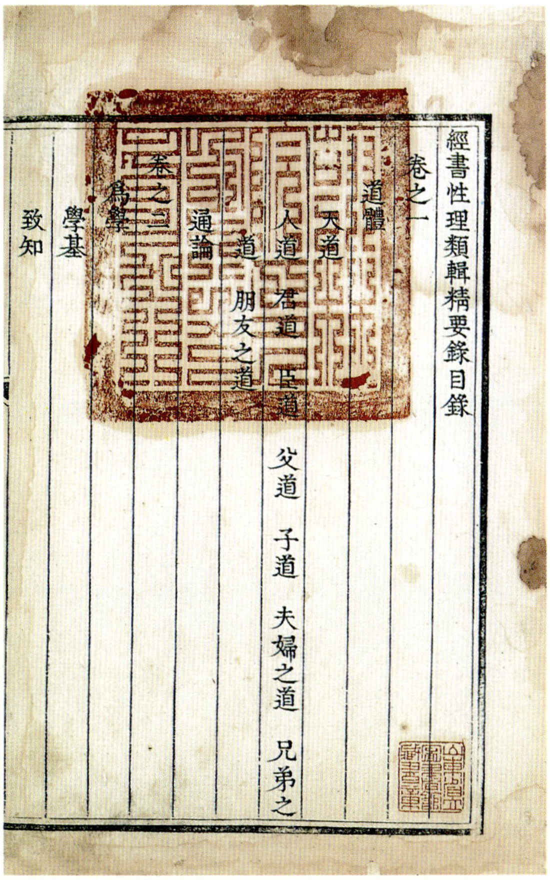

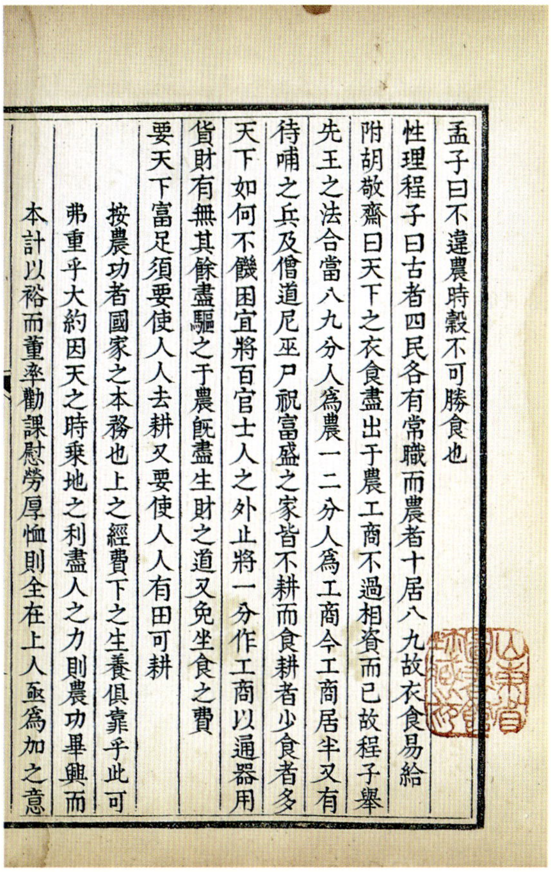

經書性理類輯精要録六卷

清王士陵撰。清鈔本。四庫底本。半葉十一行,行二十六字,白口,四周雙邊。框 22.7×15.8 釐米。首葉鈐有"翰林院印"。書衣有戳記:"乾隆四十三年正月翰林院侍讀紀昀交出家藏經書性理類輯精要録壹部,計書陸本。"

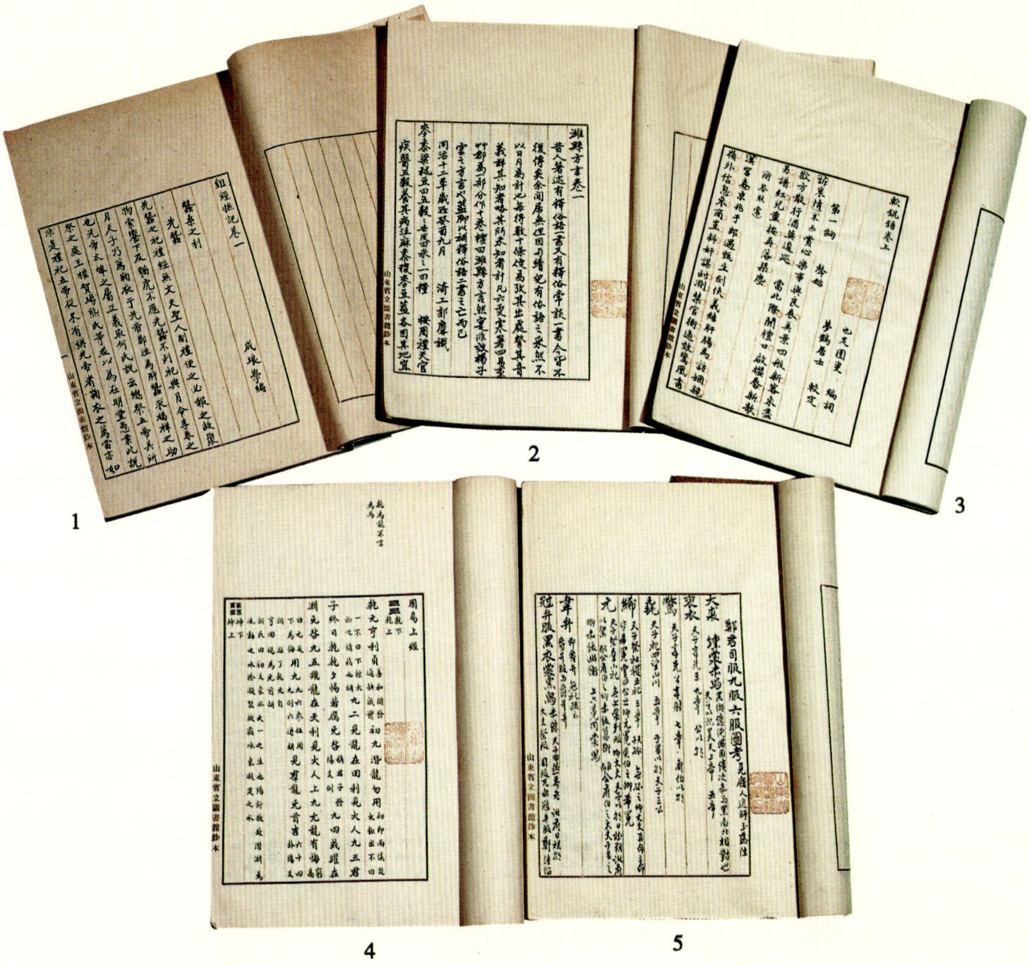

1　鉏經摭記十四卷

清成琅撰。民國山東省立圖書館鈔本(據劉仲華藏本鈔)。半葉十行,行二十字,紅格。版心鐫有:“山東省立圖書館鈔本”。框 17.5 × 13.2 釐米。原書未刻。

2　濰縣方言十卷

清郭麐編。民國二十三年(1934)山東省立圖書館鈔本(據丁稼民藏本鈔,王獻唐題識)。半葉十行,字不一,紅格。版心鐫有:“山東省立圖書館鈔本”。框 17.4 × 13.1 釐米。鈐有“柱下史”印記。

3　軟錕鋙二卷三十二出

題清也是園叟編詞。民國山東省立圖書館鈔本。半葉十行,行二十字,紅格。版心鐫有:“山東省立圖書館鈔本”。框 17.5 × 12.9 釐米。

4　周易註不分卷

清牟庭撰。民國二十年(1931)山東省立圖書館鈔本。半葉十行,行二十字,紅格。版心鐫有:“山東省立圖書館鈔本”。框 17.6 × 13 釐米。

5　紅櫚書屋未刻稿二卷

清孔繼涵撰。民國山東省立圖書館鈔本(王獻唐題跋)。半葉十行,字不一,紅格。版心鐫有:“山東省立圖書館鈔本”。框 17.4 × 13.1 釐米。

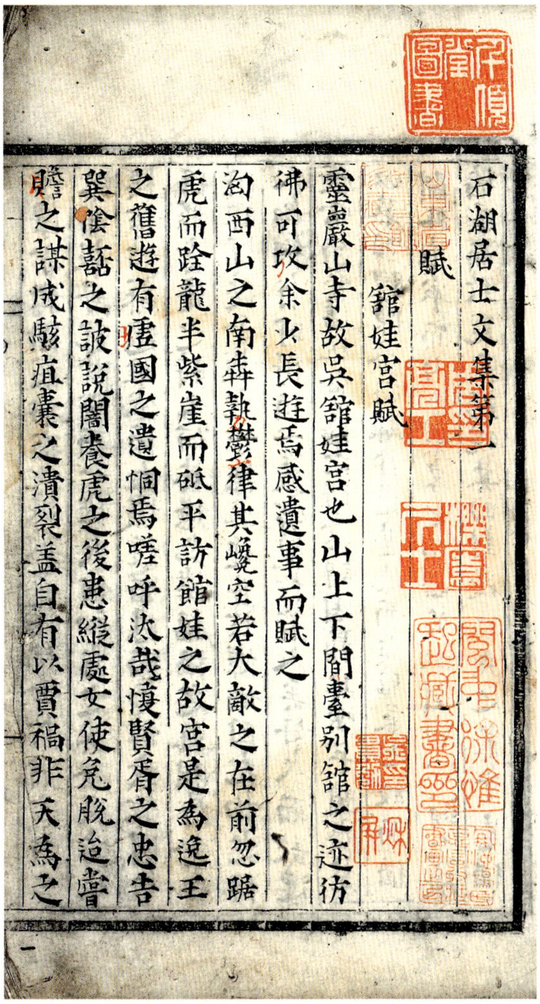

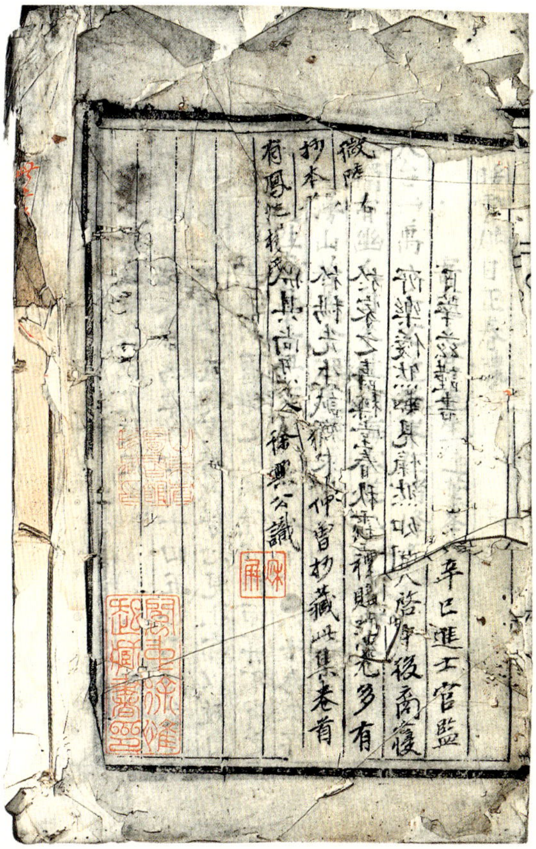

石湖居士文集三十四卷

宋范成大撰。明鈔本(佚名批校,明徐𤊹跋)。半葉十行,行二十字,白口,四周雙邊,藍格。框 21.1×14.3 釐米。鈐有"千頃堂圖書"、"閩中徐惟起藏書印"、"秋屏"、"周亮工印"、"櫟園居士"、"鳳池楊氏德周收藏書畫之印"、"吴贯勉印"等印記。

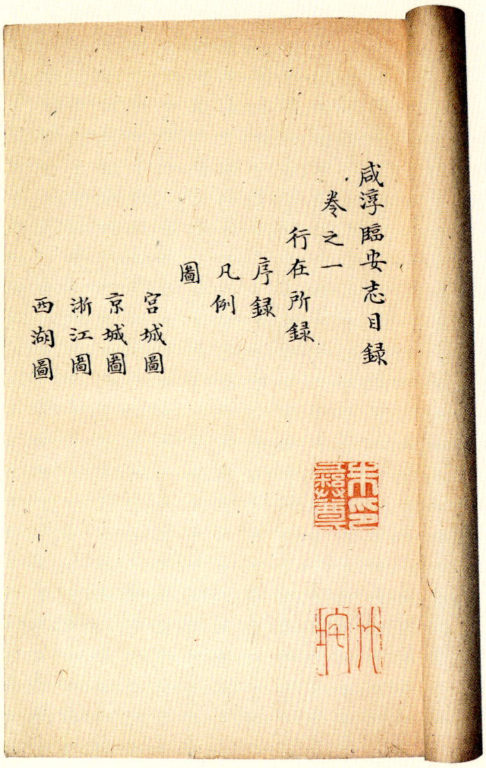
咸淳臨安志目録
卷之一
行在所録
序録
凡例
圖
宮城圖
京城圖
浙江圖
西湖圖

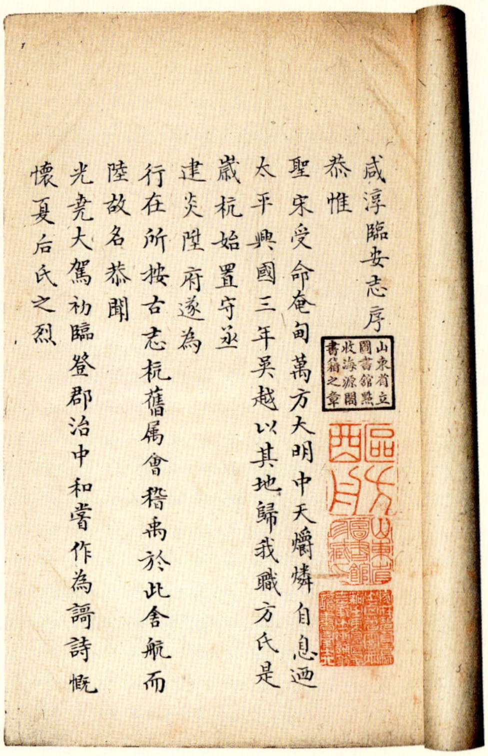
咸淳臨安志序
恭惟
聖宋受命奄甸萬方大明中天爝熛自息洒
太平興國三年吳越以其地歸我職方氏是
歲杭始置守丞
建炎陞府遂為
行在所按古志杭舊屬會稽禹於此舍航而
陸故名恭聞
光堯大駕初臨登郡治中和堂作為謌詩慨
懷夏后氏之烈
山東省立圖書館點收海源閣書籍之章

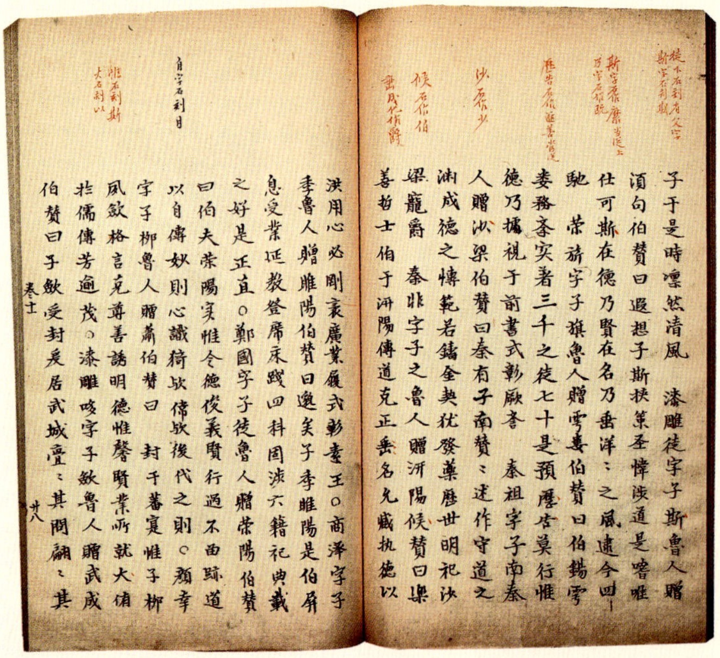

咸淳臨安志一百卷

宋潛說友纂修。清鈔本(清朱彝尊批校)。存九十二卷。有圖。半葉十行,行二十字,小字雙行二十字。鈐有“朱彝尊印”、“竹垞”、“區方西舟”、“家在碧茸青泖之西,苕霅兩谿之東,具區七十二峯之南,逋翁讀書臺之北”等印記。海源閣藏書。

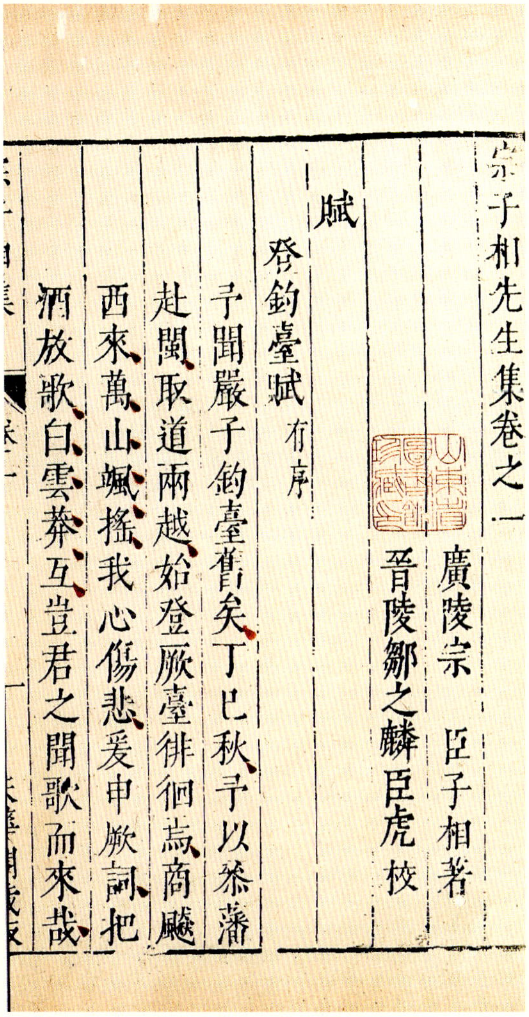
宗子相先生集卷之一
廣陵宗　臣子相著
晉陵鄒之麟臣虎校
賦
登釣臺賦 有序
予聞嚴子釣臺舊矣丁巳秋予以叅藩赴閩取道兩越始登厥臺徘徊焉商飈西來萬山颯搖我心傷悲爰申歌詞把酒放歌白雲莽互豈君之聞歌而來哉

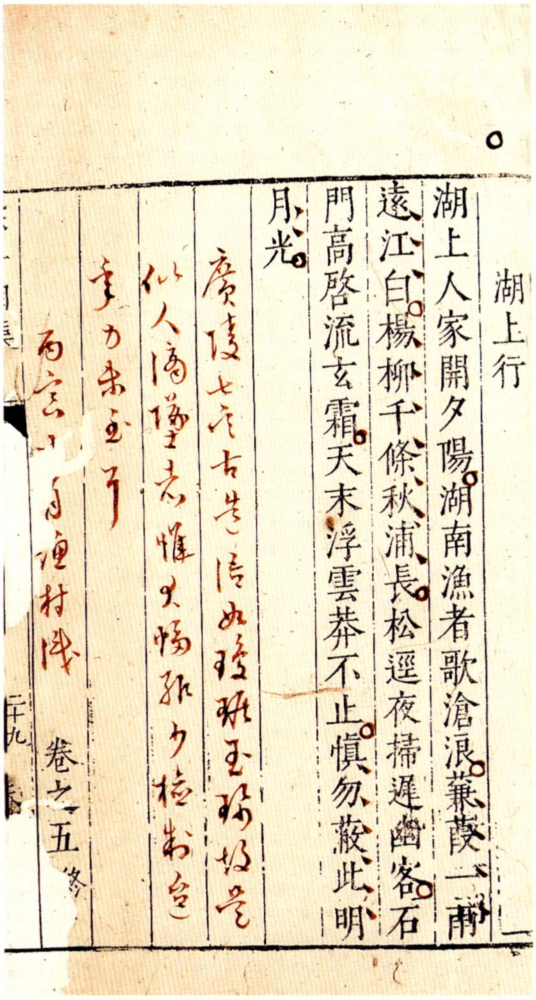
湖上行
湖上人家開夕陽湖南漁者歌滄浪蒹葭一雨遠江白楊柳千條秋浦長松逕夜掃遲幽客石門高啓流玄霜天末浮雲莽不止愼勿蔽此明月光

宗子相先生集二十五卷

明宗臣撰。明天華閣刻本(清李澄中批校)。半葉九行,行十八字,白口,左右雙邊。框 21.2×14.6 釐米。卷首有嘉靖三十九年樊獻科序。版心鐫有:“天華閣藏板”。鈐有“紫”、“叢桂山房”等印記。

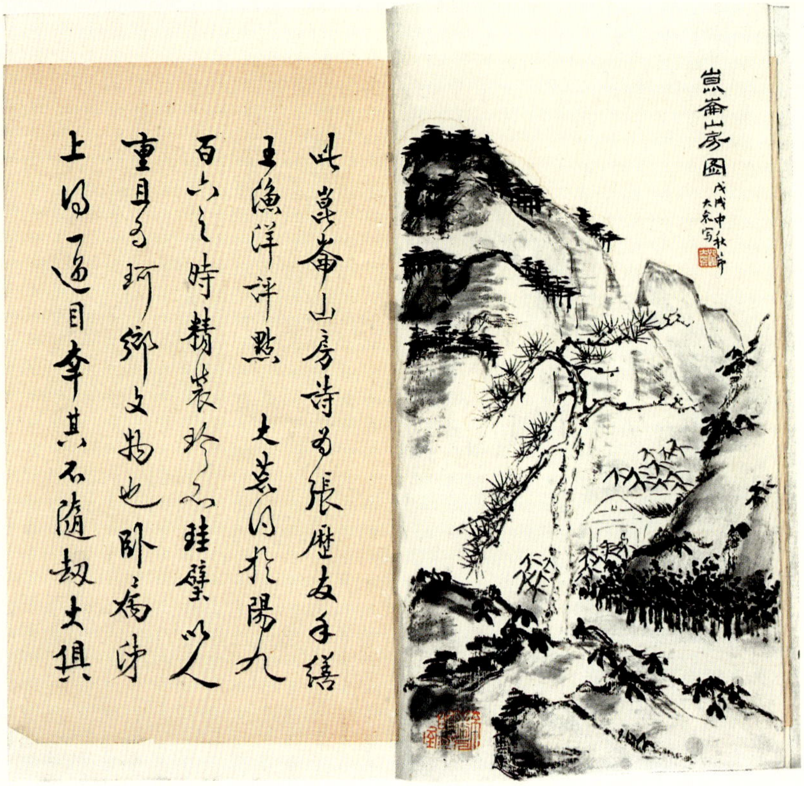

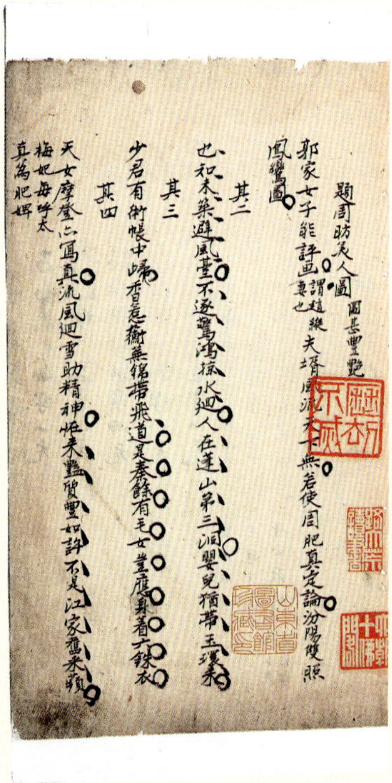

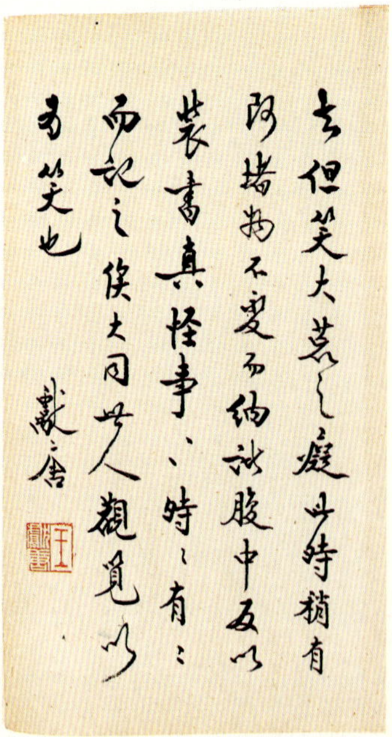

漁洋山人評點崑崙山房詩稿三卷

清張篤慶撰。稿本(清王士禛批,王獻唐跋)。半葉十行,行二十八字。有路大荒手繪圖一幅,鈐有"路大荒讀書"、"歷劫不滅"、"六朝十佛閣"印記。

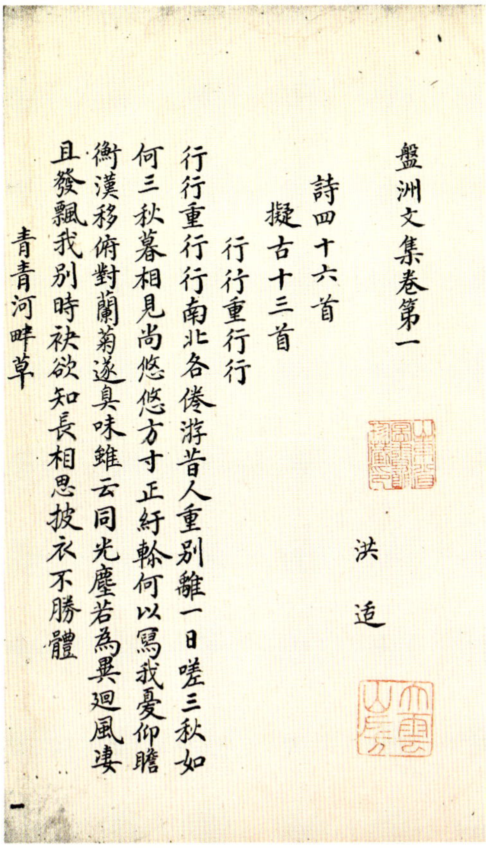
盤洲文集卷第一　洪适
詩四十六首
擬古十三首
行行重行行
行行重行行南北各倦游昔人重别離一日嗟三秋如
何三秋暮相見尚悠悠方寸正紆軫何以寫我憂仰瞻
衡漢移俯對蘭菊遂良味雖云同光塵若為異迴風淒
且發飄我别時袂欲知長相思披衣不勝體
青青河畔草

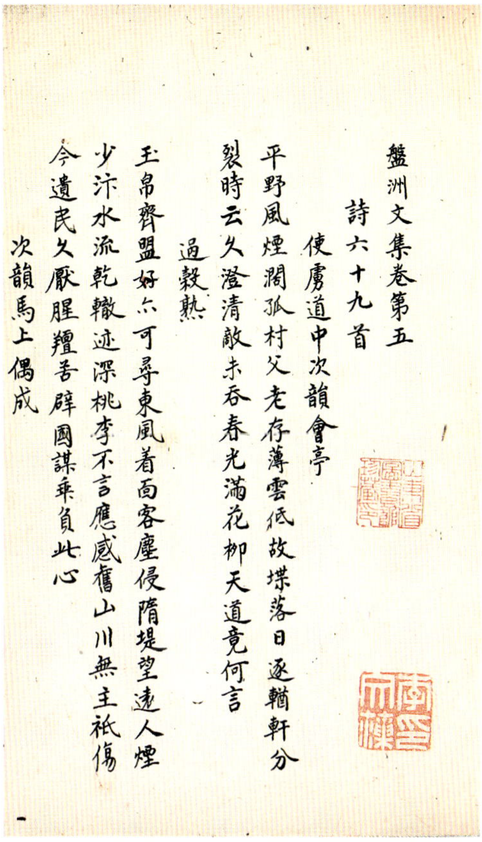
盤洲文集卷第五
詩六十九首
使虜道中次韻會亭
平野風煙凋孤村父老存薄雲低故堞落日逐輶軒分
裂時云久澄清敵未呑春光滿花柳天道竟何言
過穀熟
玉帛齊盟好亦可尋東風着面客塵侵隋堤望遠人煙
少汴水流乾轍迹深桃李不言應感舊山川無主祇傷
今遺民久厭腥羶否辟國謀乖負此心
次韻馬上偶成

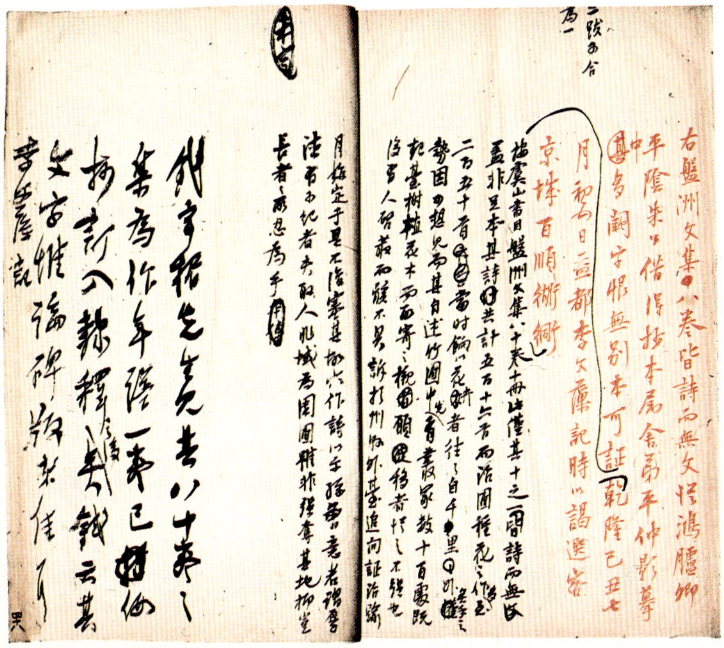

盤洲文集八卷

宋洪适撰。清乾隆李平仲鈔本(清李文藻校並跋)。半葉十行,行二十一字。鈐有"李文藻印"、"大雲山房"印記。

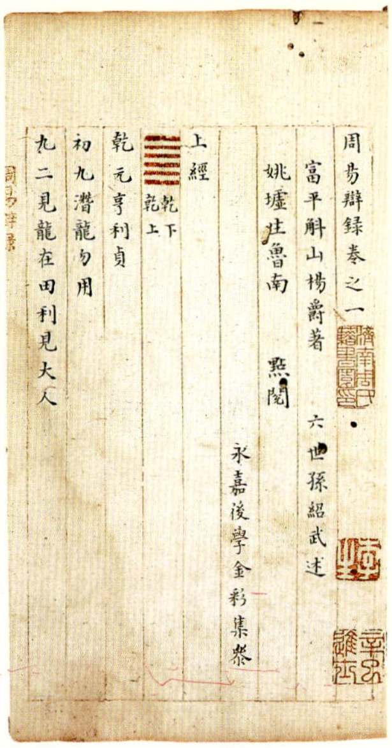
周易辨録卷之一
富平斛山楊爵著　六世孫紹武述
姚墟莊魯南　點閱
永嘉後學金彩集參
上經
☰乾下乾上
乾元亨利貞
初九潛龍勿用
九二見龍在田利見大人

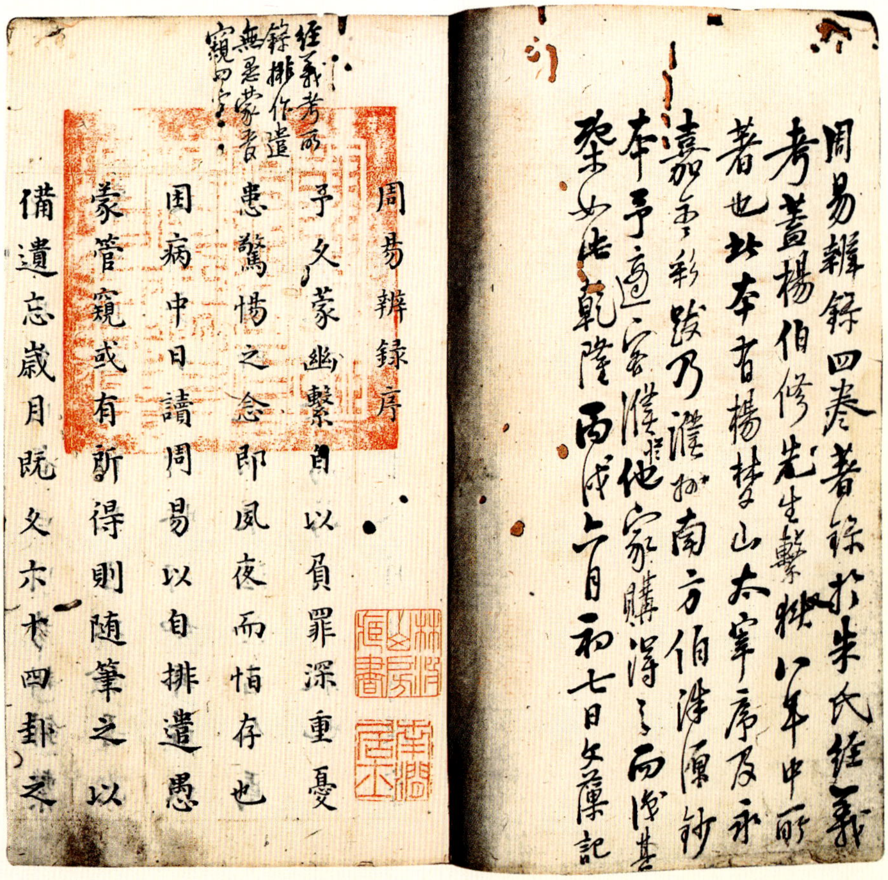
周易辨録序
予久蒙幽繫自以負罪深重憂患驚惕之念即夙夜而恒存也困病中日讀周易以自排遣愚蒙管窺或有所得則隨筆之以備遺忘歲月既久亦十四卦之

周易辯錄四卷

明楊爵撰。清鈔本（清李文藻批校並跋）。四庫底本。半葉九行，行二十字，紅格，版心鐫有："周易辯錄"。框20.1×13.2釐米。書衣有戳記："乾隆三十年□月□日山東巡撫徐績送到周易辨錄壹部，計書四本。"鈐有"南澗居士"、"李生"、"辛巳進士"、"济南周氏藉書園印"、"林汲山房藏書"等。

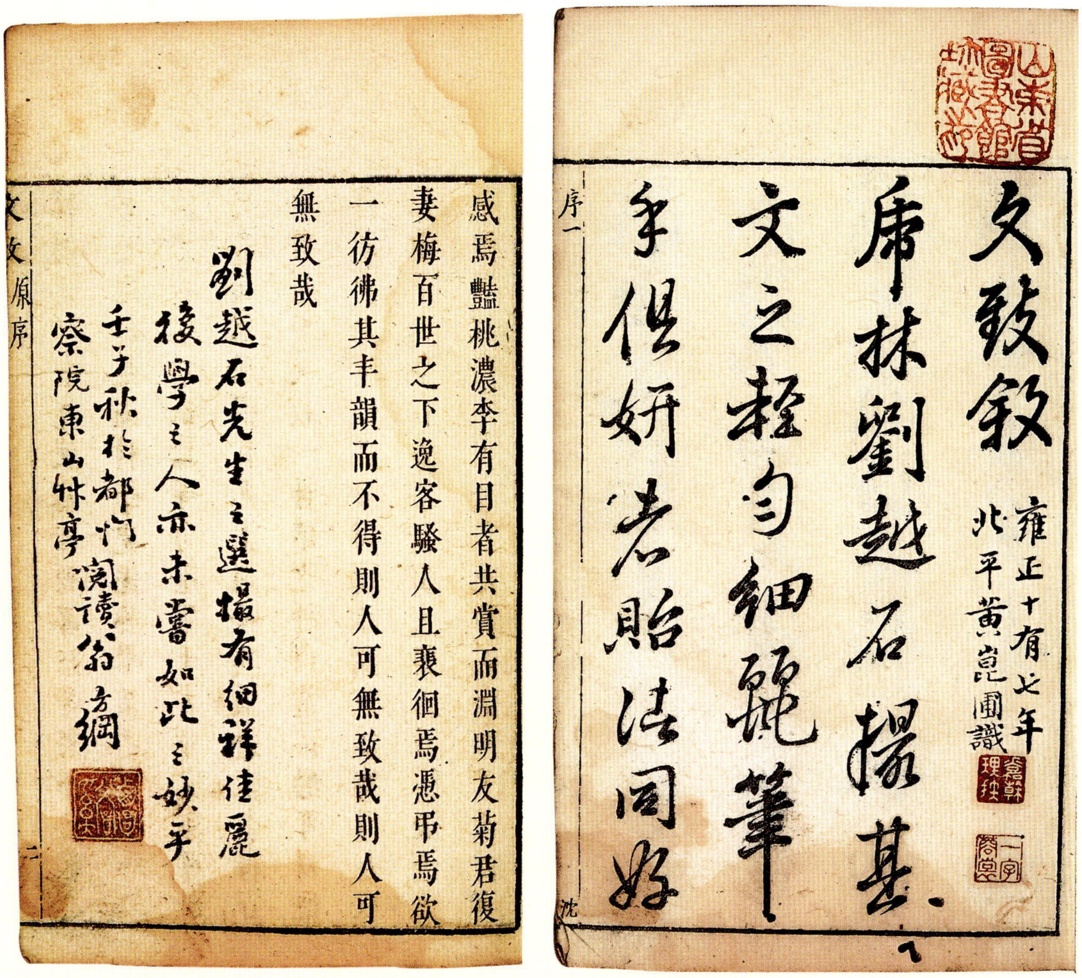

文致不分卷

明劉士鏻輯，明閔無頗、閔昭明集評。明天啓元年（1621）閔元衢刻朱墨套印本（清黃叔琳、翁方綱跋）。半葉八行，行十八字，白口，四周單邊。框 20.7×14.5 釐米。

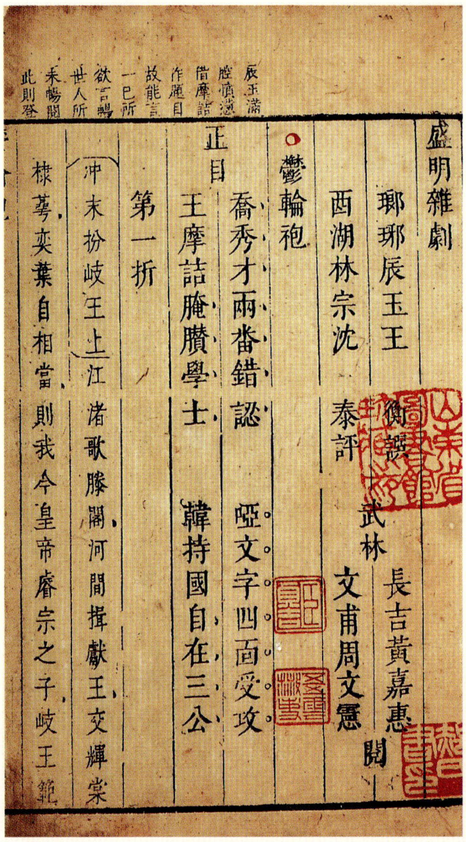

盛明雜劇
瑯琊辰玉王衡撰　長吉黃嘉惠閱
西湖林宗沈泰評　武林文甫周文憲
鬱輪袍
喬秀才兩番錯認　啞文字四面受攻
正目　王摩詰腌臢學士　韓持國自在三公
第一折
冲末扮岐王上江渚歌滕閣河間擅獻王文輝棠
棣萼奕葉自相當則我今皇帝睿宗之子岐王範

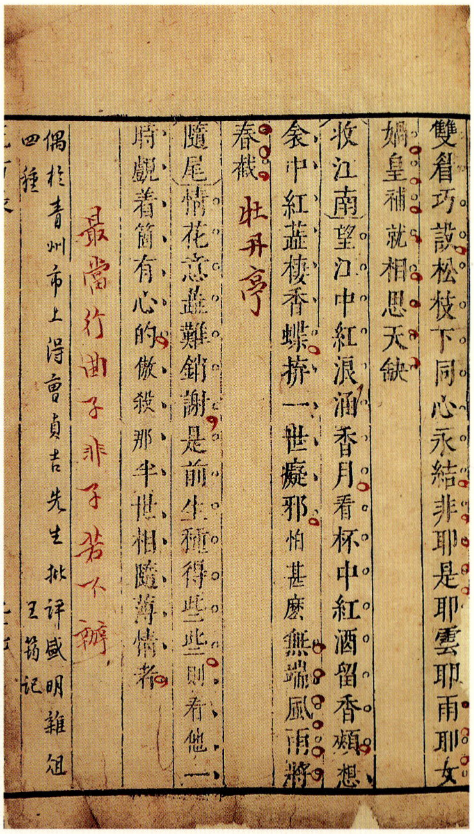

雙眉巧設松枝下同心永結非耶是耶雲耶雨耶女
媧皇補就相思天缺
收江南望江中紅浪涌香月看杯中紅酒留香煩想
衾中紅蓋棲香蝶拚一世癡邪怕甚麼無端風雨將
春截　牡丹亭
隨尾情花意蕊難銷謝是前生種得些些則看他一
時覷着箇有心的做親那半世相隨薄情者
最當行曲子非子若不辨
偶於青州市上得曹貞吉先生批評盛明雜俎四種　王筠記

盛明雜劇三十卷

明沈泰編。明崇禎刻本(清曹貞吉批校,清王筠跋)。存四種四卷。半葉九行,行二十字,白口,左右雙邊。框 20.6×14.5 釐米。鈐有“臣貞吉”、“吾雲散吏”、“郝氏書印”、“趙録績印”、“趙氏模㓵閣收藏圖籍書畫印”等印記。

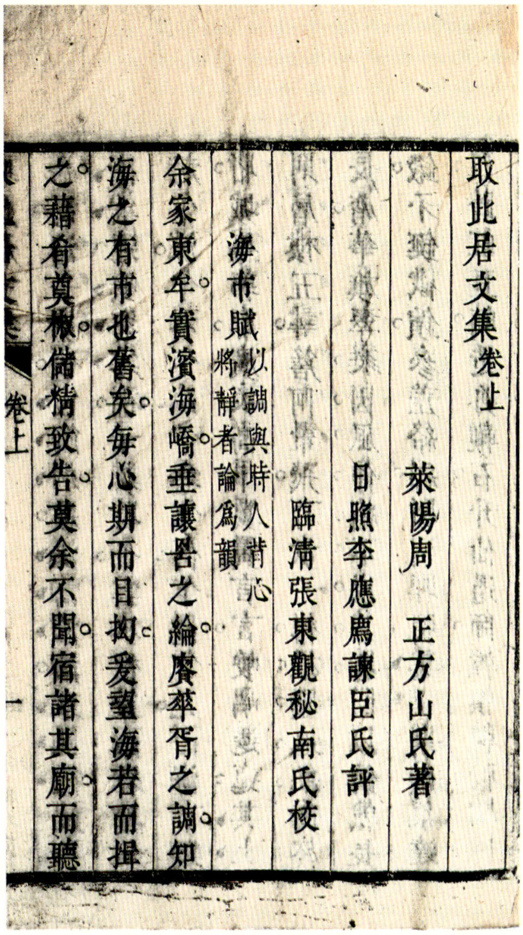
取此居文集卷上

萊陽周　正方山氏著

日照李應鷹謙臣氏評

臨清張東觀秘南氏校

海市賦以調與時人背心將靜者論爲韻

余家東牟實濱海嶠垂讓呰之綸賡萃胥之讁知

海之有市也舊矣每心期而目拟爰臸海若而揖

之藉脊莫概備精致告莫余不聞宿諸其廟而聽

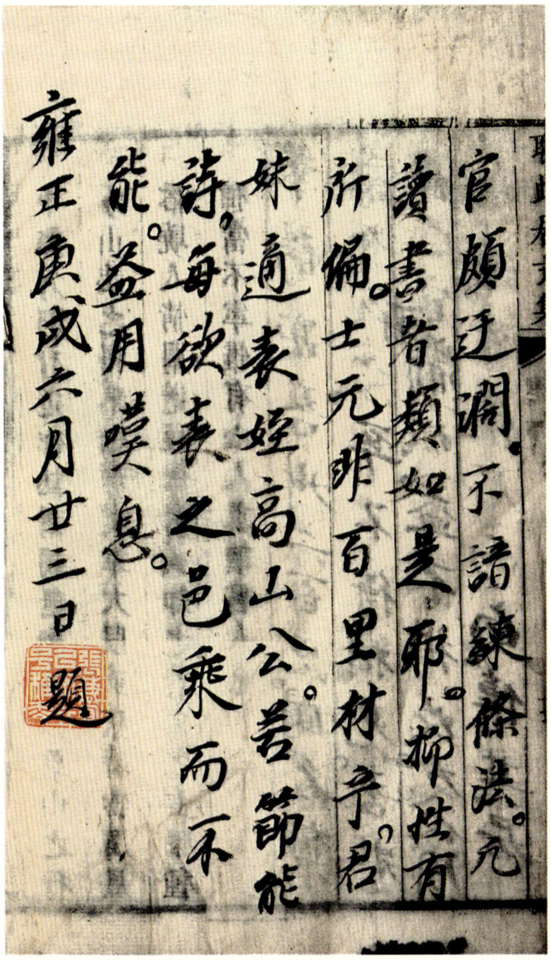
官頗迂濶。不請鍊條法。元

讀書者類如是耶。柳性有

所偏。士元非百里材。亭君

妹適表姪高山公。吾節能

詩。每欲表之邑乘而不

能。益用嘆息。

雍正庚戌六月廿三日題

取此居文集二卷

清周正撰，清李應鷹評。清康熙刻本(清張謙宜批校並跋)。半葉八行，行十九字，白口，左右雙邊。框 18.9×13.5 釐米。前有李應鷹、張東觀、張增序。鈐有“王少岑”、“無量卷樓藏書印”等印記。

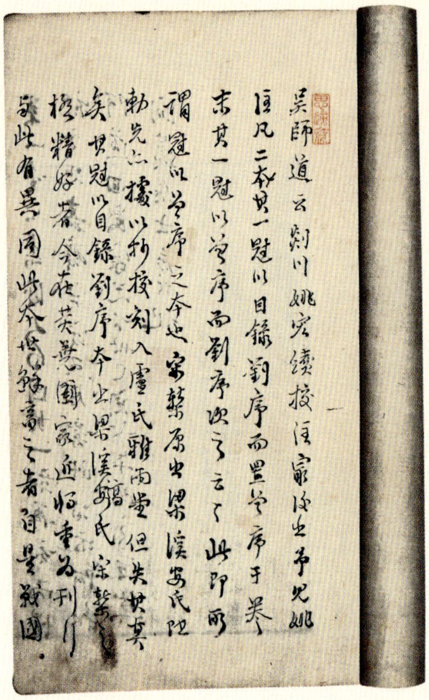

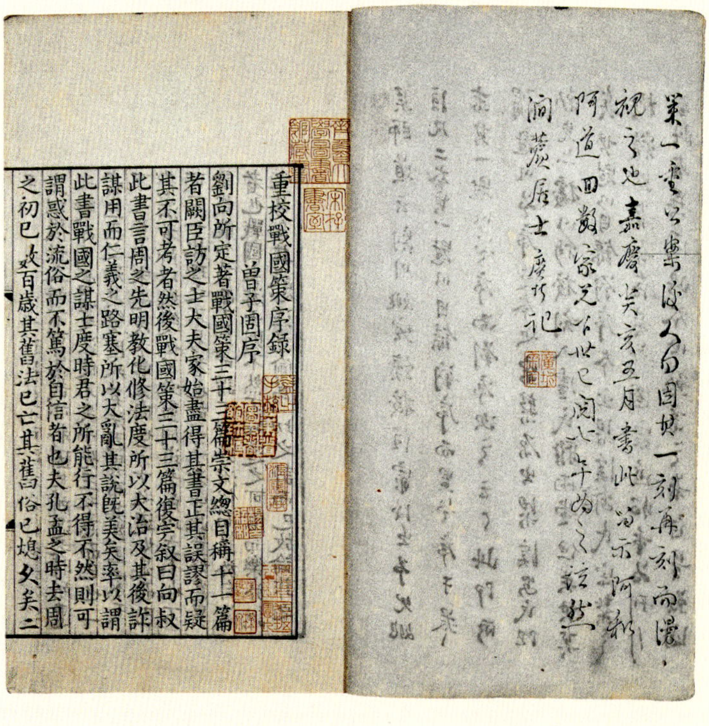

戰國策三十三卷

漢高誘注，宋姚宏校正。清初影宋鈔本（清黄丕烈、顧廣圻跋）。半葉十行，行二十字，黑口，左右雙邊。框20.2×13釐米。前有曾鞏序，後有宋李文叔、王覺、孫元忠、姚宏等題跋。入《楹書隅録》。鈐有"思適齋"、"廣圻審定"、"汪士鐘"、"三十五峰園主人"、"楳泉"、"汪振勳"、"益之手校"、"宋存書室"、"楊紹和印"、"楊氏仲子"、"紹和彥合"等印記。

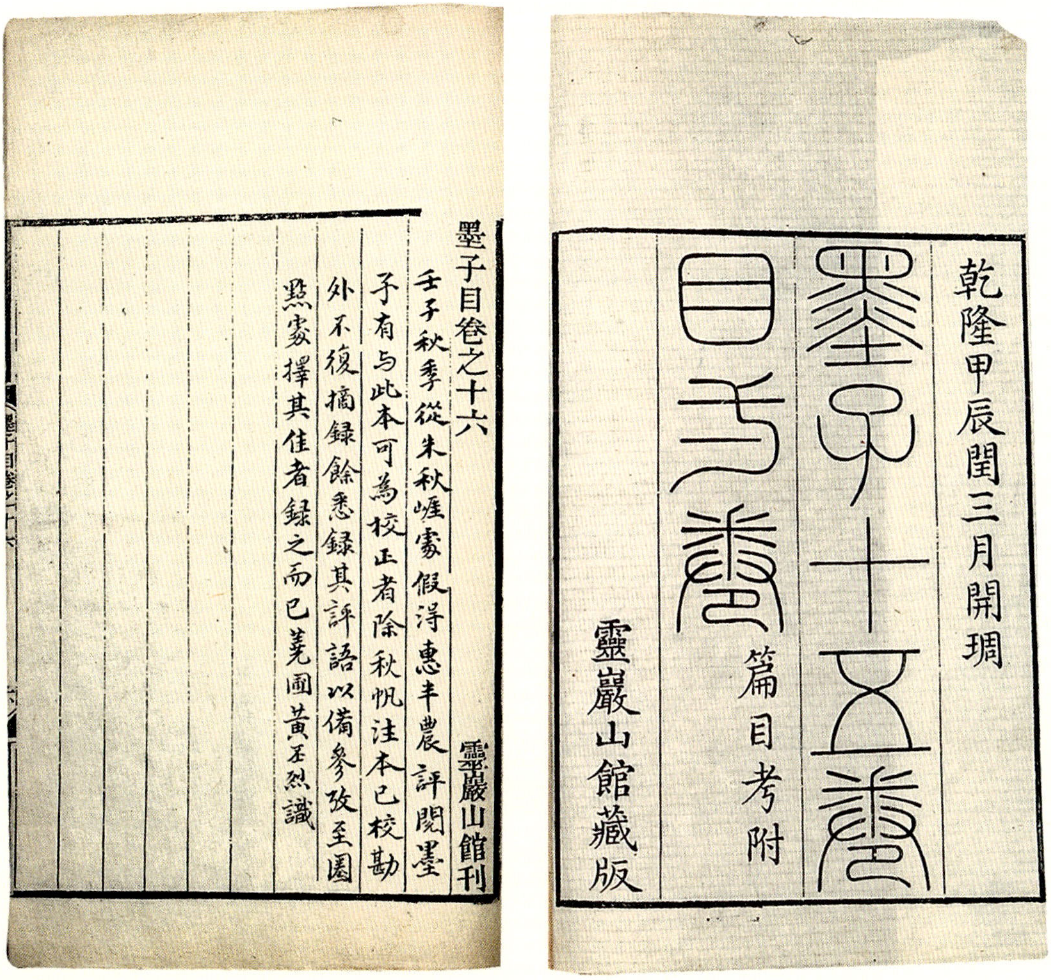

墨子十六卷

清畢沅校注。清乾隆四十九年(1784)畢氏靈巖山館刻經訓堂叢書本(清黄丕烈跋並録惠士奇批校)。半葉十一行,行二十二字,大黑口,四周單邊。框 19.9×15 釐米。海源閣藏書。

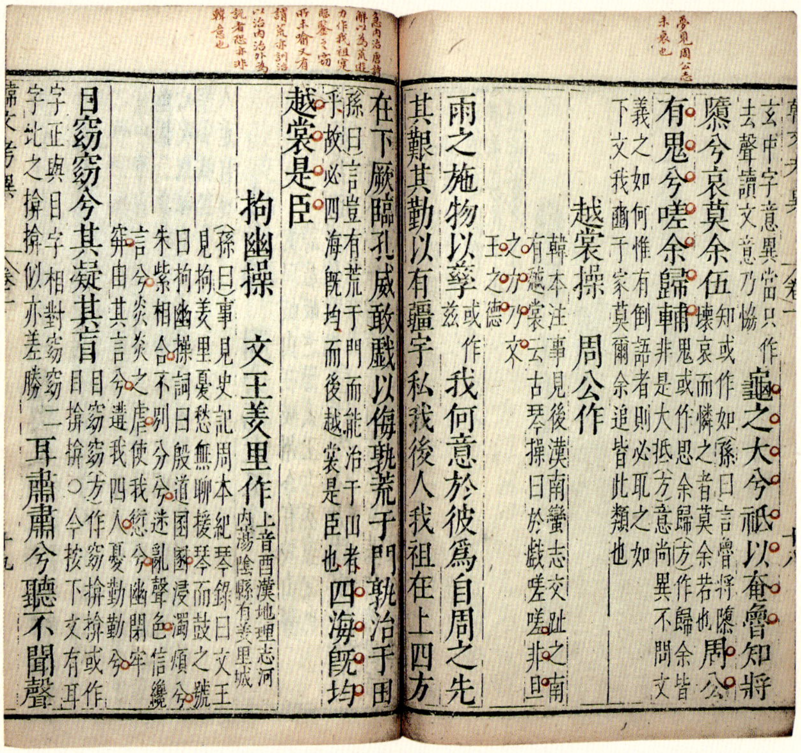

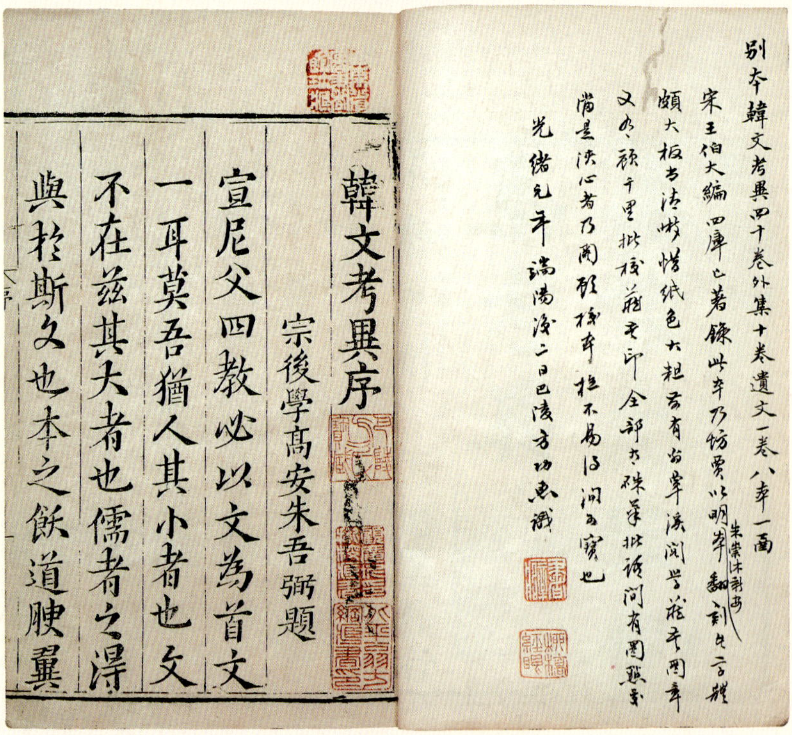

朱文公校昌黎先生文集四十卷外集十卷遺文一卷傳一卷

唐韓愈撰，宋朱熹考異，宋王伯大音譯。明萬曆朱崇沐刻本（清顧廣圻批校，清方功惠跋）。半葉十三行，行二十三字，小字雙行二十三字，大黑口，四周雙邊。框 20.1×12.6 釐米。鈐有"魏國文武世家"、"帝高陽之苗裔，先襄毅之箕裘"、"相逢情有在，不語意難量"、"協卿讀過"等印記。

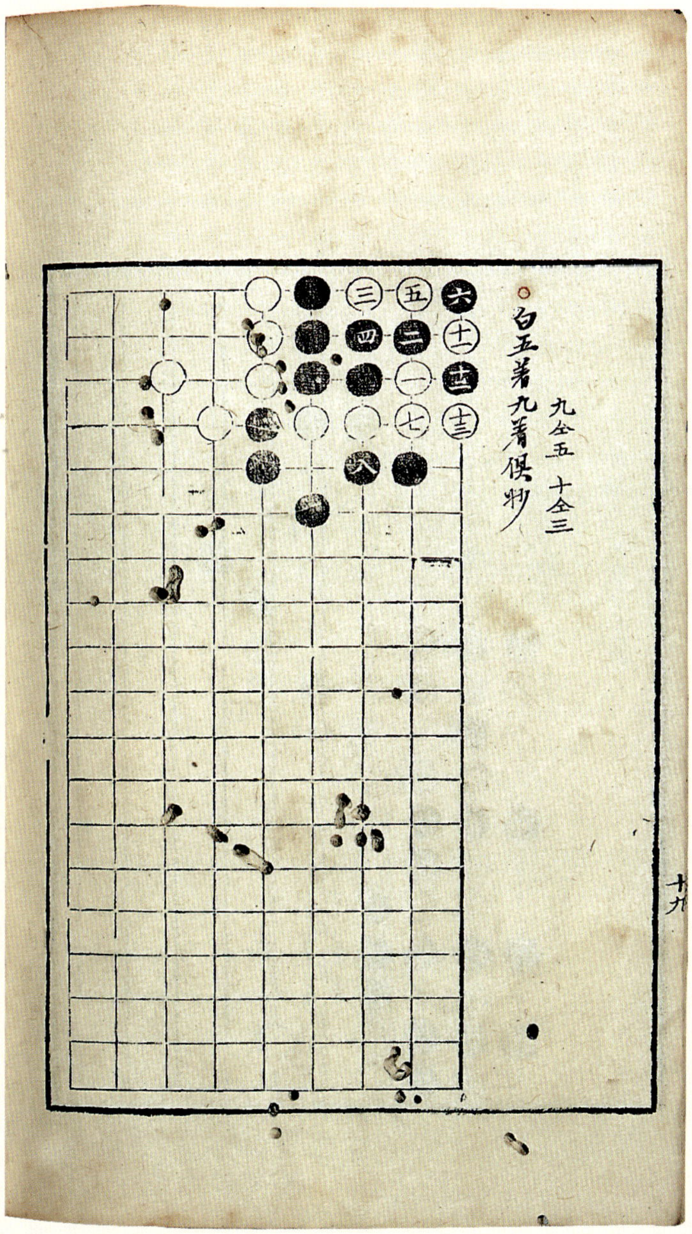

官子譜一卷

清刻本(清林則徐批)。書名據封面題錄。白口,四周單邊。框 18.5×13.7 釐米。海源閣藏書。

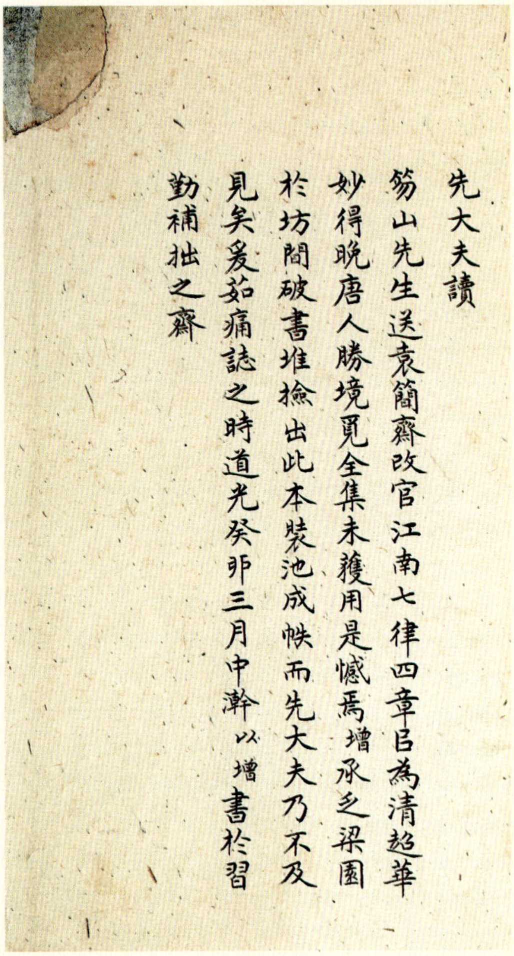

先大夫讀
筠山先生送袁簡齋改官江南七律四章目為清超華
妙得晚唐人勝境覓全集未獲用是憾焉增承乏梁園
於坊間破書堆撿出此本裝池成帙而先大夫乃不及
見矣爰茹痛誌之時道光癸卯三月中澣以增書於習
勤補拙之齋

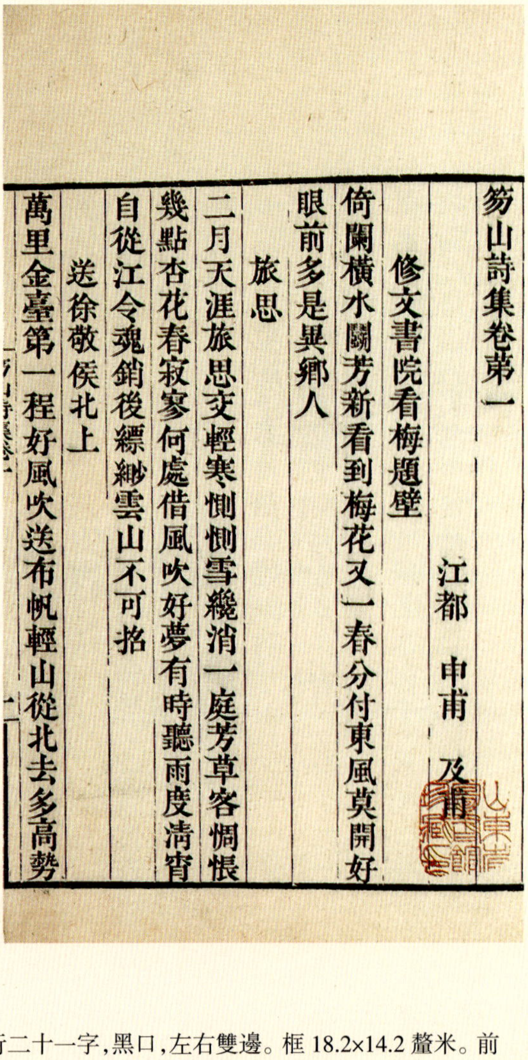

筠山詩集卷弟一
江都 申甫 及甫
修文書院看梅題壁
倚闌橫水鬬芳新看到梅花又一春分付東風莫開好
眼前多是異鄉人
旅思
二月天涯旅思交輕寒惻惻雪纔消一庭芳草客惆悵
幾點杏花春寂寥何處借風吹好夢有時聽雨度清宵
自從江令魂銷後縹緲雲山不可招
送徐敬侯北上
萬里金臺第一程好風吹送布帆輕山從北去多高勢

筠山詩集十卷

清申甫撰。清乾隆刻本(清楊以增跋)。半葉十一行,行二十一字,黑口,左右雙邊。框 18.2×14.2 釐米。前有乾隆五十七年袁枚序。海源閣藏書。

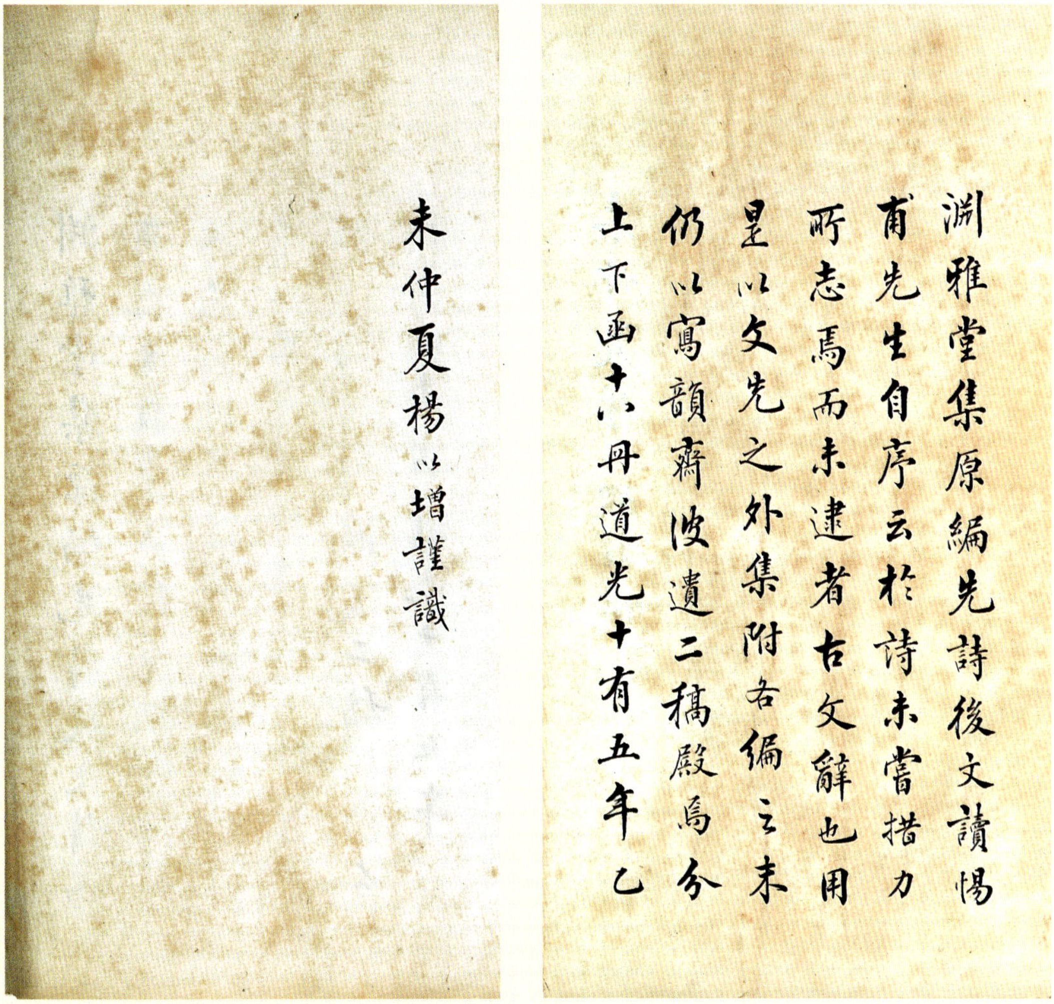
淵雅堂集原編先詩後文讀惕
甫先生自序云於詩未嘗措力
所志焉而未逮者古文辭也用
是以文先之外集附各編之末
仍以寫韻齋役遺二稿殿爲分
上下函十六冊道光十有五年乙
未仲夏楊以增謹識

淵雅堂集五十九卷

清王芑孫撰。清嘉慶刻本(清楊以增跋)。半葉十行,行二十一字,白口,左右雙邊。框 19×13.5 釐米。封面題:“嘉慶甲子夏日印行,本家藏板”。前有嘉慶二十年沈慈序。海源閣藏書。

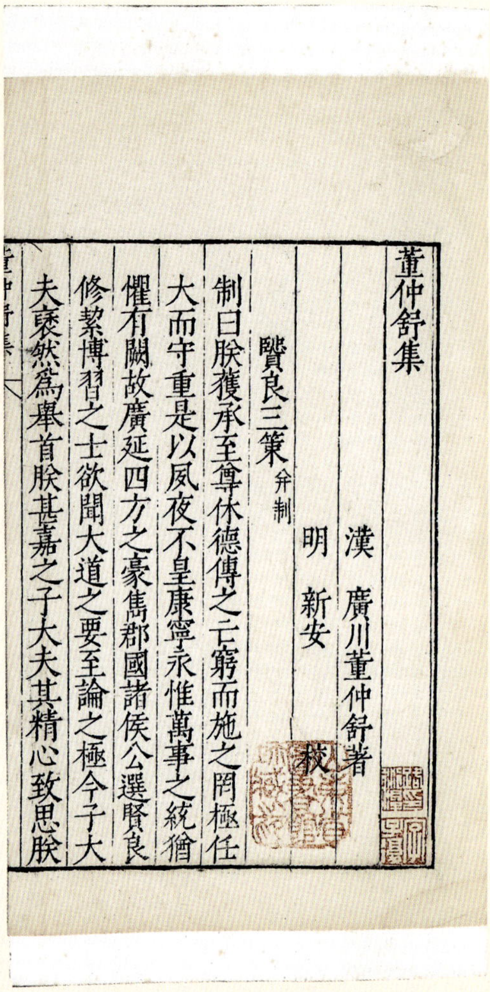
董仲舒集
漢 廣川董仲舒著
明 新安 校
賢良三策 并制
制曰朕獲承至尊休德傳之亡窮而施之罔極任
大而守重是以夙夜不皇康寧永惟萬事之統猶
懼有闕故廣延四方之豪雋郡國諸侯公選賢良
修絜博習之士欲聞大道之要至論之極今子大
夫褎然爲舉首朕甚嘉之子大夫其精心致思朕
董仲舒集

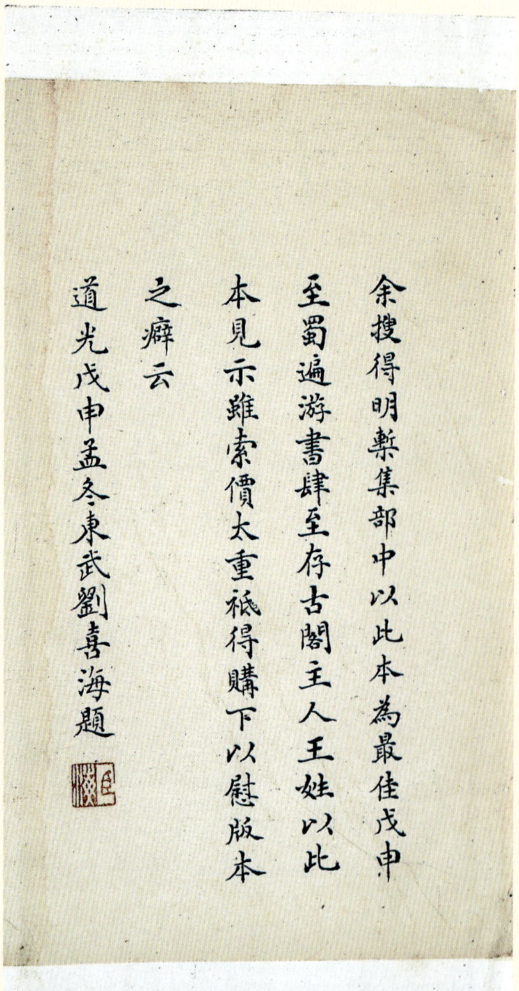
余搜得明槧集部中以此本爲最佳戊申
至蜀遍游書肆至存古閣主人王姓以此
本見示雖索價太重祗得購下以慰版本
之癖云
道光戊申孟冬東武劉喜海題

漢魏六朝诸家文集一百二十九卷

明刻本（清劉喜海跋）。存十種三十三卷。半葉九行，行二十字，白口，左右雙邊。有刻工。框 20×14.1 釐米。鈐有“臣海”、“汶陽路氏”、“路衍淳印”、“字子復”等印記。

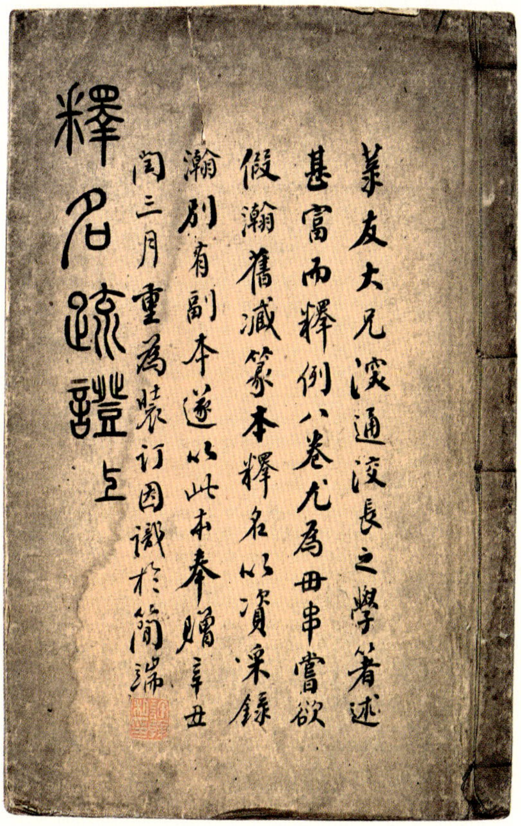

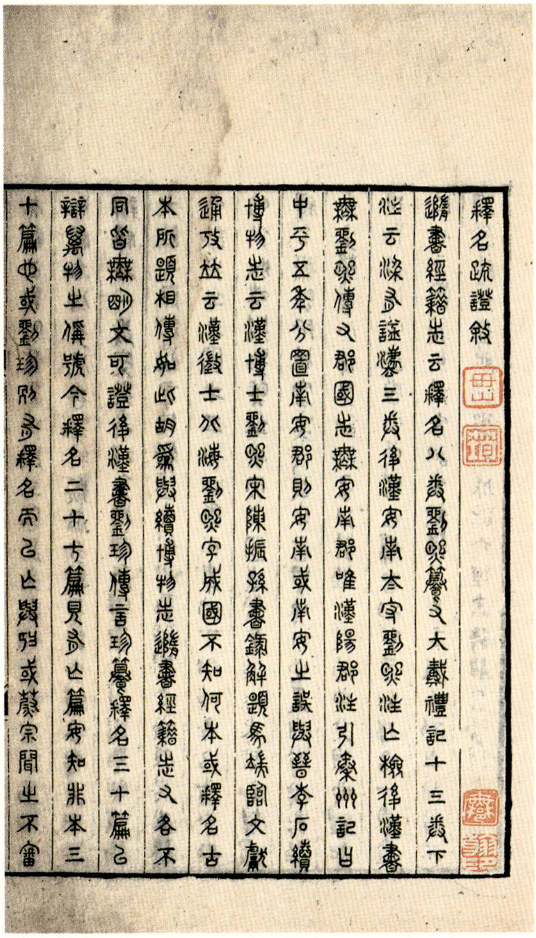
釋名疏證敘
隋書經籍志云釋名八卷劉熙撰又大戴禮記十三卷下
注云漢有諡法三卷後漢安南太守劉熙注亡梁有漢書
蘇劉熙傳又郡國志蘇有安南郡唯漢陽郡注引秦州記曰
中平五年分置南安郡則安南或南安之誤與晉李石續
博物志云漢博士劉熙宋陳振孫書錄解題馬端臨文獻
通攷並云漢徵士北海劉熙字成國不知何本或釋名古
本所題相傳如此曰爲與續博物志隋書經籍志文各不
同皆蘇明文可證後漢書劉珍傳言珍著釋名三十篇已
辯萬物之偁號今釋名二十七篇見存已篇有知非本三
十篇也或劉珍所爲釋名今已亡與抑或蔚宗聞之不審

釋名疏證八卷補遺一卷續釋名一卷

清畢沅撰。清乾隆五十四年(1789)畢氏靈巖山館刻本(清王筠、許瀚批校並跋)。半葉十一行,行二十二字,大黑口,四周單邊。框 19.5×14.8 釐米。封面題:"乾隆五十五年刊,經訓堂藏版。"鈐有"許翰私印"、"元瀚"、"王筠私印"、"菉友"等印記。

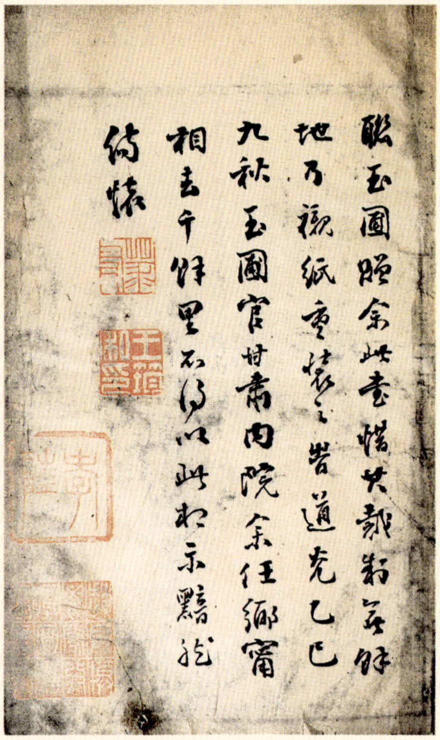

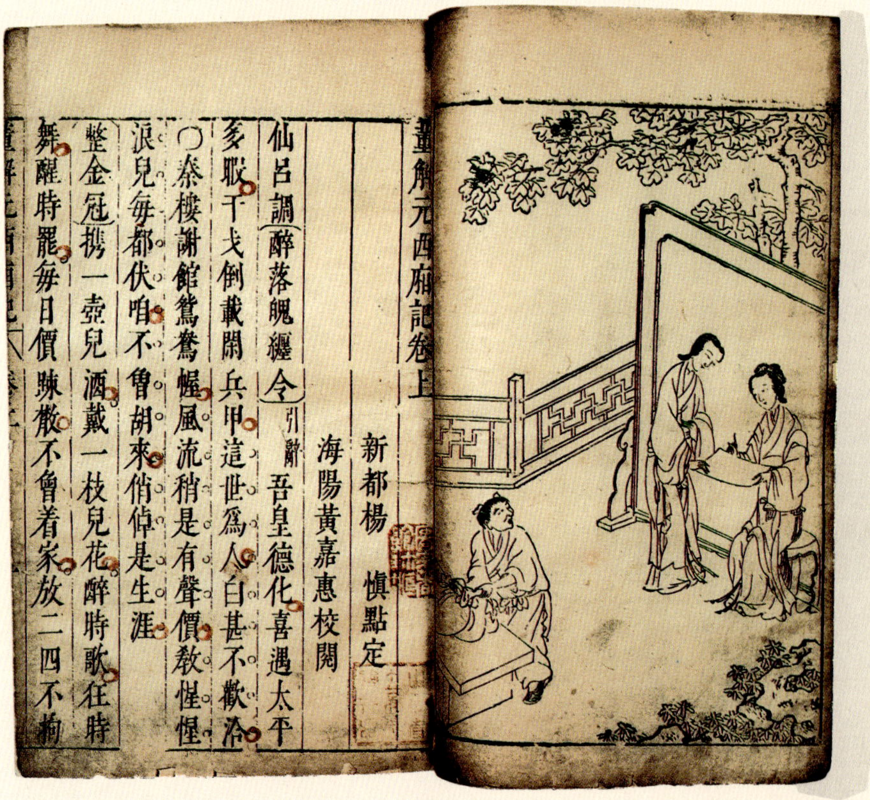

董解元西廂記二卷

明黃嘉惠刻本（清王筠批校並跋）。有圖像。半葉九行，行十八字，白口，四周單邊。框 19×13.7 釐米。前有黃嘉惠序。鈐有“菉友”、“王筠私印”、“孝陸”、“趙氏模𨺵閣收藏圖籍書畫印”等印記。

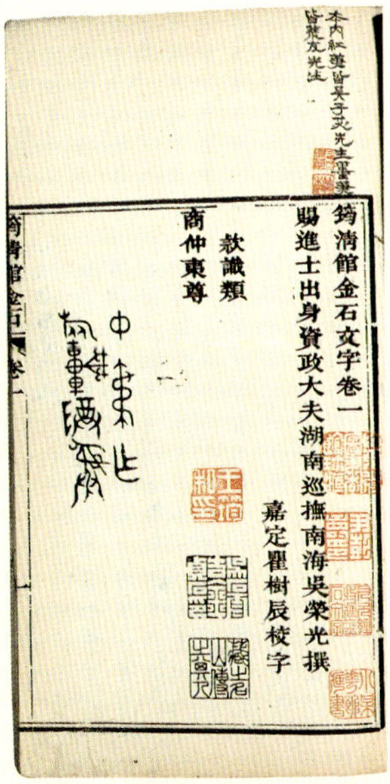
筠清館金石文字卷一

賜進士出身資政大夫湖南巡撫南海吳榮光撰

嘉定瞿樹辰校字

款識類

商仲東尊

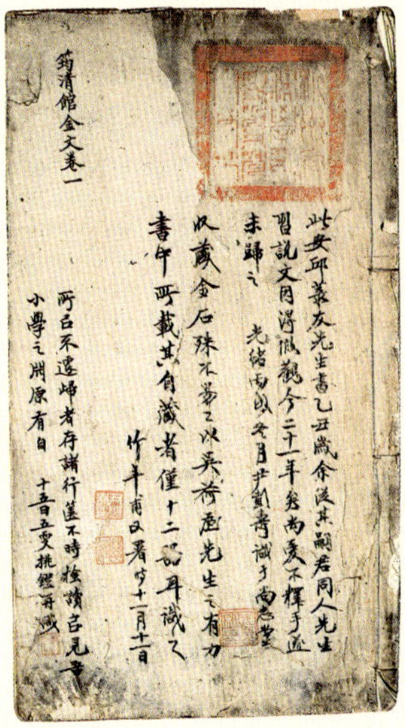

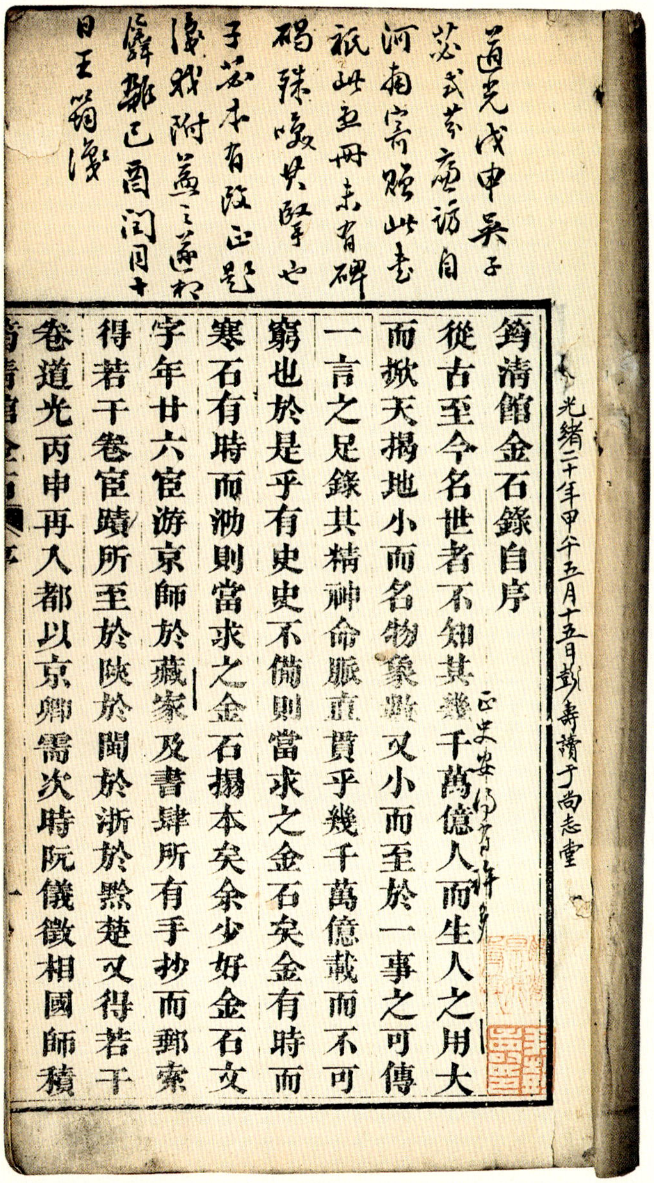
筠清館金石錄自序

從古至今名世者不知其幾千萬億人而生人之用大而掀天揭地小而名物象數又小而至於一事之可傳一言之足錄其精神命脈直貫乎幾千萬億載而不可窮也於是乎有史史不備則當求之金石矣金有時而寒石有時而泐則當求之金石搨本矣余少好金石文字年廿六宦游京師於藏家及書肆所有手抄而鄹索得若干卷宦蹟所至於陝於閩於浙於黔楚又得若干卷道光丙申再入都以京卿需次時阮儀徵相國師積

筠清館金石文字五卷

清吳榮光撰。清道光二十二年(1842)吳氏筠清館刻本(清王筠、吳式芬批校,尹彭壽跋)。行、字不一,白口,四周雙邊。框 19.6×13.9 釐米。有書牌:“道光二十二年壬寅年吳氏筠清館刊”。鈐有“王筠私印”、“宋官疃王氏”、“尹彭壽印”、“彭壽私印”、“小杲雩館藏書”、“慈經”、“沂州府儒學印”、“尹元經收藏金石文字”、“水杲花館藏書”、“竹年”、“諸城斠經室尹彭壽藏書畫金石文字記”等印記。

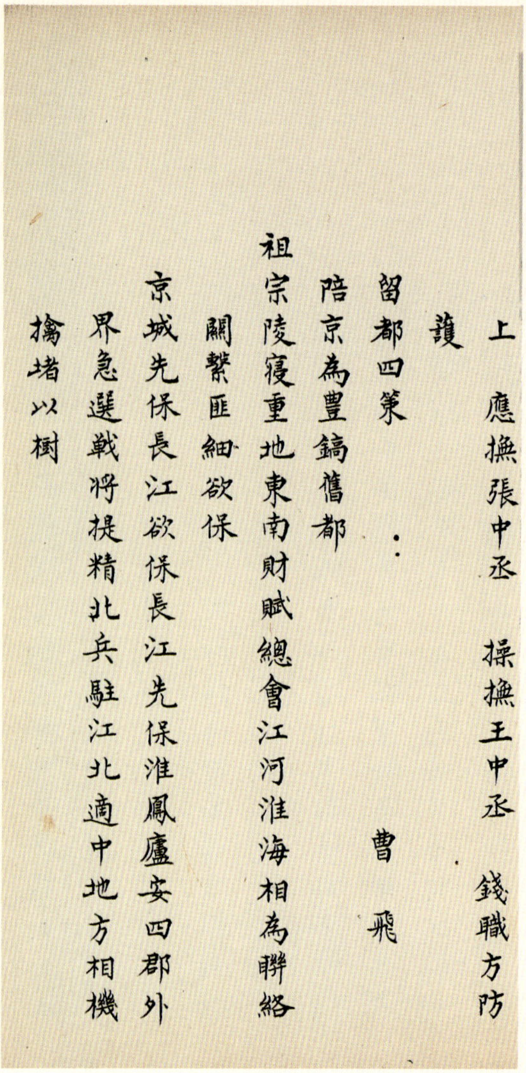
上　應撫張中丞　操撫王中丞　錢職方防
護
留都四策　：　曹　飛
陪京爲豐鎬舊都
祖宗陵寢重地東南財賦總會江河淮海相爲聯絡
關繫匪細欲保
京城先保長江欲保長江先保淮鳳廬安四郡外
界急選戰將提精北兵駐江北適中地方相機
擒堵以樹

章君壽麟出此書索題時
光緒九年秋七月　左宗棠書　時年七十有二

籌兵藥言一卷

明曹飛撰。清章介人鈔本(清左宗棠跋)。入禁書目(全毁)。書名據序題録。本書亦名《籌兵三略》。半葉九行,行十九字。鈐有“青宮太保恪靖侯”、“大學士章”等印記。

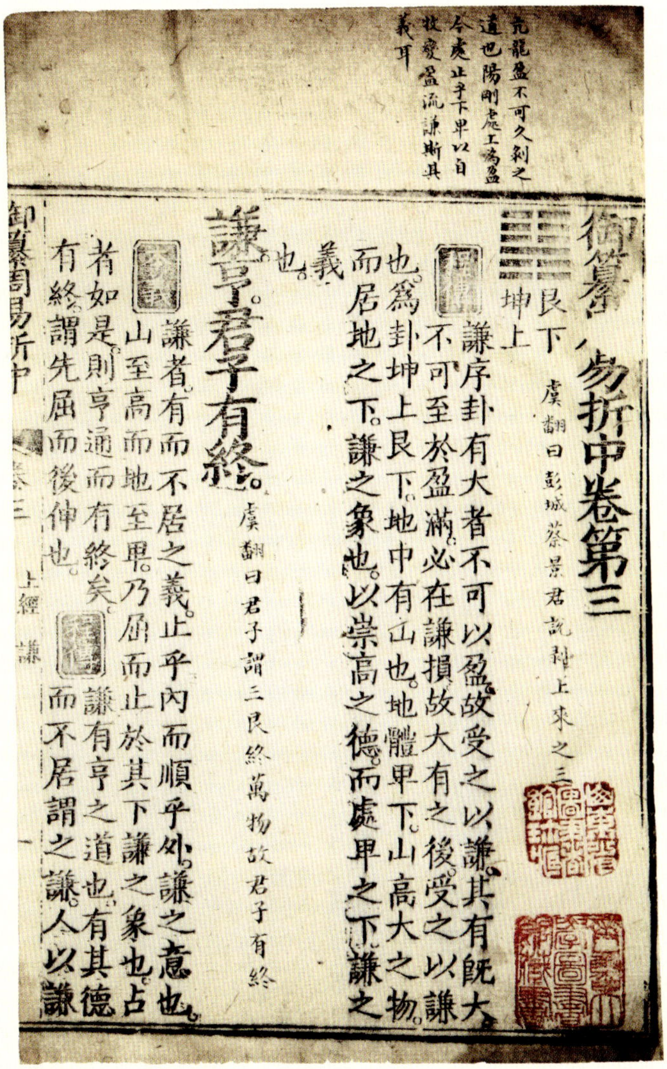
亢龍盈不可久剝之道也陽剛處上為盈今處止乎下卑以自牧變盈流謙斯其義耳

御纂周易折中卷第三

艮下坤上　虞翻曰彭城蔡景君說剝上來之三

謙序卦有大者不可以盈故受之以謙其有既大而不可至於盈滿必在謙損故大有之後受之以謙也為卦坤上艮下地中有山也地體卑下山高大之物而居地之下謙之象也以崇高之德而處卑之下謙之義也

謙亨君子有終　虞翻曰君子謂三艮終萬物故君子有終

謙者有而不居之義止乎內而順乎外謙之意也山至高而地至卑乃屈而止於其下謙之象也占者如是則亨通而有終矣

謙有亨之道也有其德而不居謂之謙人以謙有終謂先屈而後伸也

御纂周易折中　卷三　上經　謙　一

御纂周易折中二十二卷首一卷

清李光地等撰。清刻本(清陳介祺批校)。半葉八行,行十八字,小字雙行二十二字,白口,四周雙邊。框21.5×16釐米。金鑲玉裝。

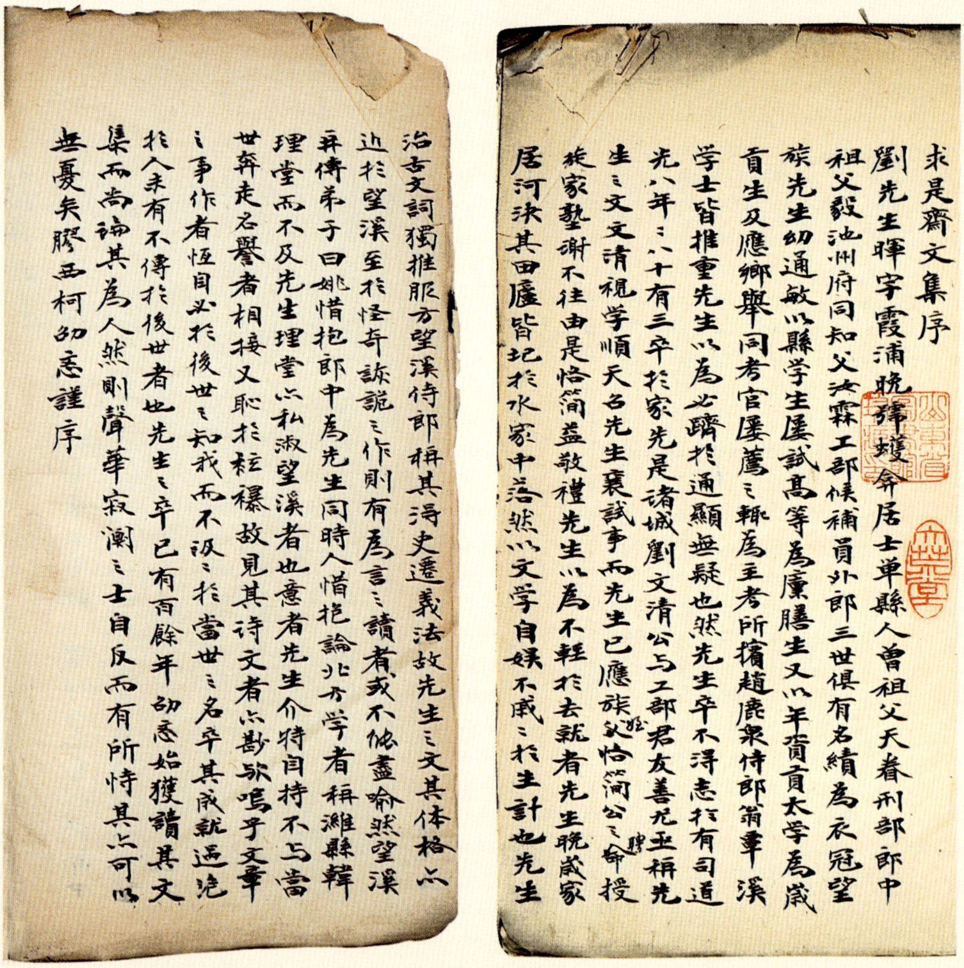
求是齋文序
劉先生暉字霞浦晚號彊叟介居士單縣人曾祖父天眷刑部郎中
祖父毅池州府同知父汝霖工部候補員外郎三世俱有名績為衣冠望
族先生幼通敏以縣學生屢試高等為廩膳生又以年資貢太學為歲
貢生及應鄉舉同考官屢薦々輙為主考所擯趙鹿泉侍郎翁覃溪
學士皆推重先生以為必躋於通顯無疑也然先生卒不得志於有司道
光八年々八十有三卒於家先是諸城劉文清公與工部君友善尤亟稱先
生々文々清視學順天名先生褒試事而先生已應族姪恬澗公々聘命授
族家塾謝不往由是恬澗益敬禮先生々以為不輕於去就者先生晚歲家
居河決其田廬皆圮於水家中落然以文學自娛不戚々於生計也先生
治古文詞獨推服方望溪侍郎稱其得史遷義法故先生々文其体格亦
近於望溪至於怪奇詼詭々作則有為言々讀者或不能盡喻然望溪
并傳弟子曰姚惜抱郎中為先生同時人惜抱論北方學者稱濰縣韓
理堂而不及先生理堂亦私淑望溪者也意者先生介特自持不與當
世奔走名譽者相接又恥於标榜故見其詩文者亦尠矣嗚乎文章
々事作者恆自必於後世々知我而不汲々於當世々名卒其成就遠絶
於人未有不傳於後世者也先生々卒已有百餘年劭忞始獲讀其文
集而尚論其為人然則聲華寂寞々士自反而有所恃其亦可以
無憂矣膠西柯劭忞謹序

求是齋文集一卷

清劉暉撰 。清鈔本(路大荒跋)。半葉十行,行二十五字。鈐有“大荒堂”印。

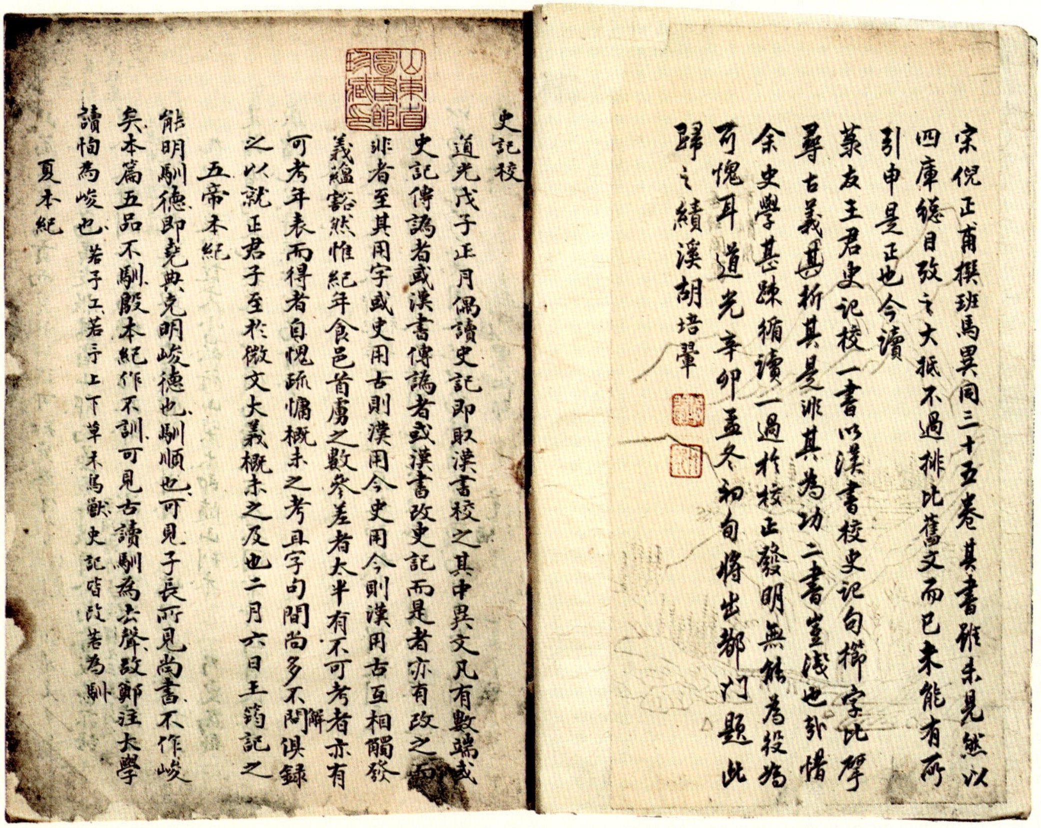
宋倪正甫撰班馬異同三十五卷其書雖未見然以
四庫總目攷之大抵不過排比舊文而已未能有所
引申是正也今讀
萊友王君史記校一書以漢書校史記句櫛字比學
尋古義甚析其是非其為功之書豈淺也邪惜
余史學甚疎循讀一過於校正發明無能為役為
可愧耳 道光辛卯孟冬初旬將出都門題此
歸之 績溪胡培翬

史記校
道光戊子正月偶讀史記即取漢書校之其中異文凡有數端或
史記傳譌者或漢書傳譌者或漢書改史記而是者亦有改之而
非者至其用字或史用古則漢用今史用今則漢用古互相齟齬
義蘊豁然惟紀年食邑首虜之數參差者太半有不可考者亦有
可考年表而得者自愧疏懦概未之考且字句間尚多不閒解俱錄
之以就正君子至於微文大義概未之及也二月六日王筠記之
五帝本紀
能明馴德即堯典克明峻德也馴順也可見子長所見尚書不作峻
矣本篇五品不馴殷本紀作不訓可見古讀馴爲古聲故鄭注大學
讀恂爲峻也 若子工若予上下草木鳥獸史記皆改若爲馴
夏本紀

史記校不分卷

清王筠撰。手稿本(清胡培翬、孫葆田跋)。字數不一。

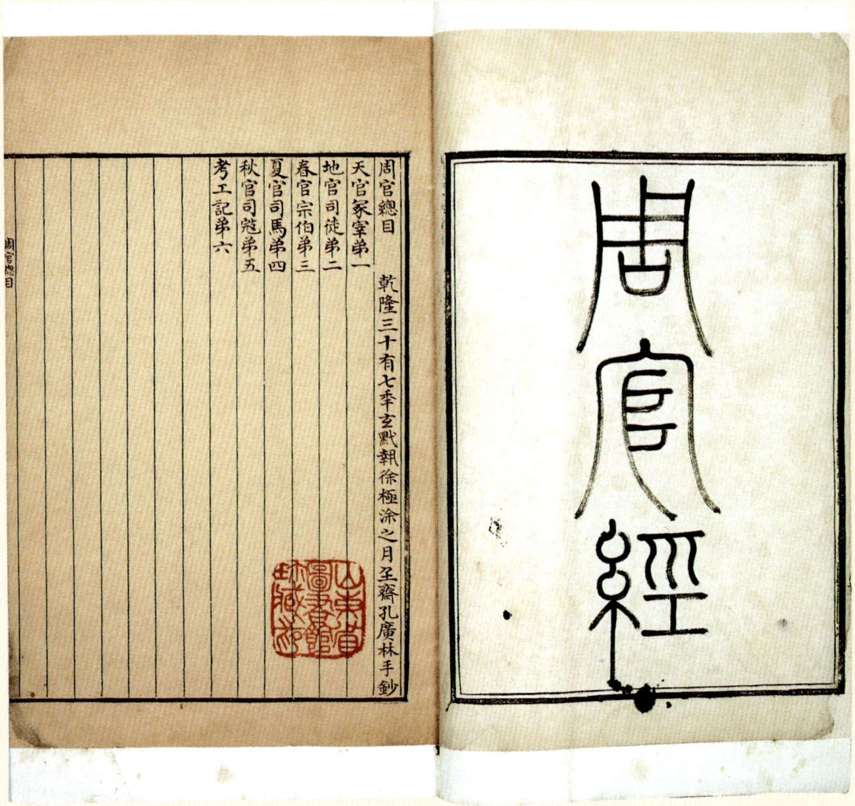

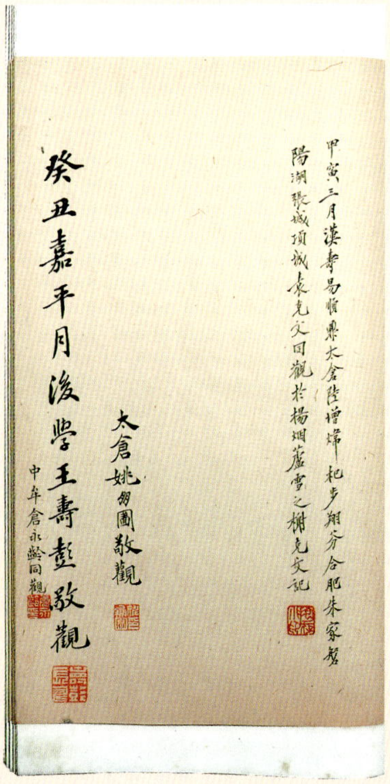

周官經六卷

清乾隆三十七年(1772)孔廣林鈔本(有姚朋圖、袁克文、倉永齡、王壽彭、陸增煒、楊承訓跋)。半葉十四行,行二十八字,白口,左右雙邊。框 19.1×14.4 釐米。

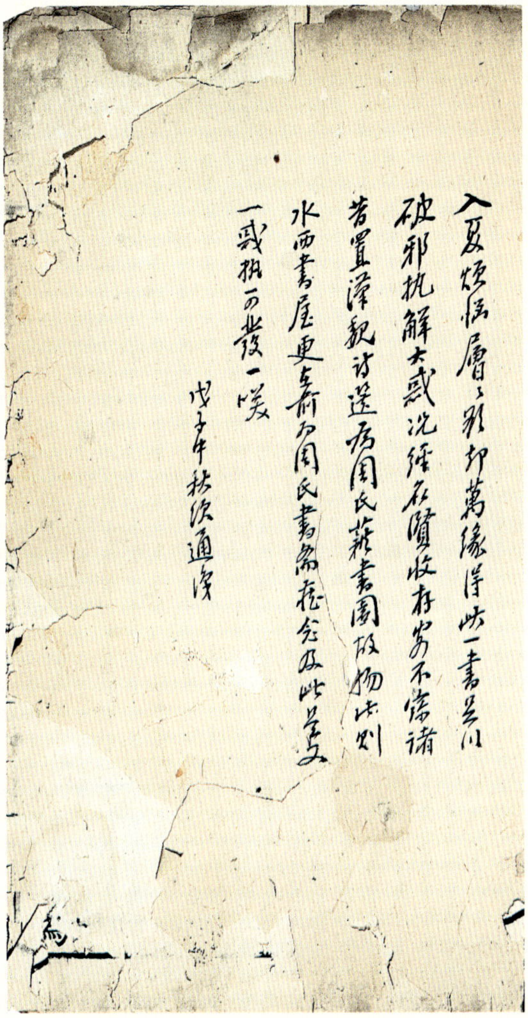

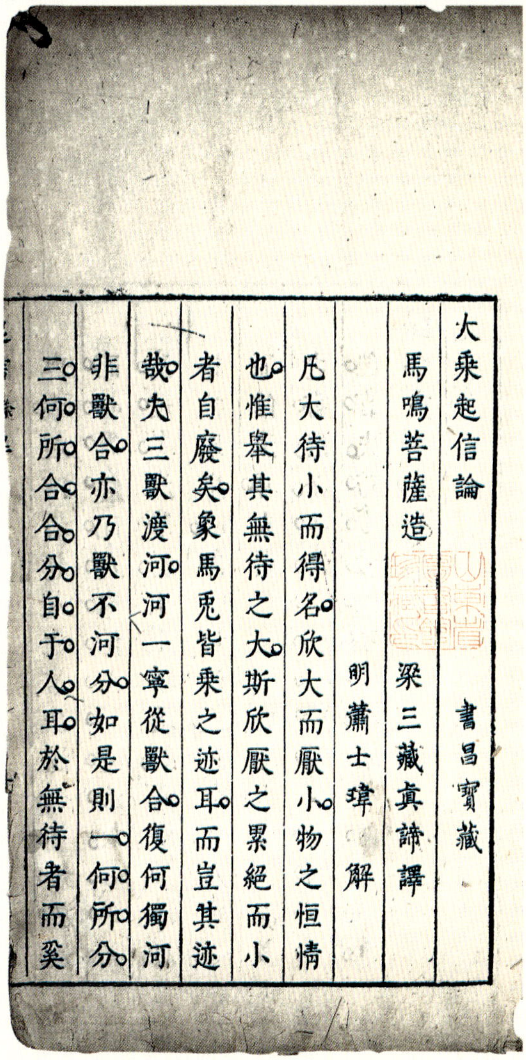

大乘起信論 書昌寶藏

馬鳴菩薩造 梁三藏真諦譯

明蕭士瑋解

凡大待小而得名。欣大而厭小。物之恒情也。惟舉其無待之大。斯欣厭之累絕而小者自廢矣。象馬兎皆乘之迹耳。而豈其迹哉。夫三獸渡河。河一寧從獸合。復何獨河非獸合。亦乃獸不河分。如是則一何所分。三何所合。合分自于人耳。於無待者而奚

大乘起信論解一卷

明蕭士瑋撰。明崇禎毛氏汲古閣刻十竹齋印本(清王亨豫跋)。半葉九行,行十七字,白口,四周單邊。框17.5×12.9釐米。封面題“汲古閣藏版,十竹齋印行”,封面及版心題書名“起信論解”。鈐有“王次通”、“累世書癖”、“水西書屋”、“淡如水”、“唯此一事實”、“曠劫以後所得”等印記。

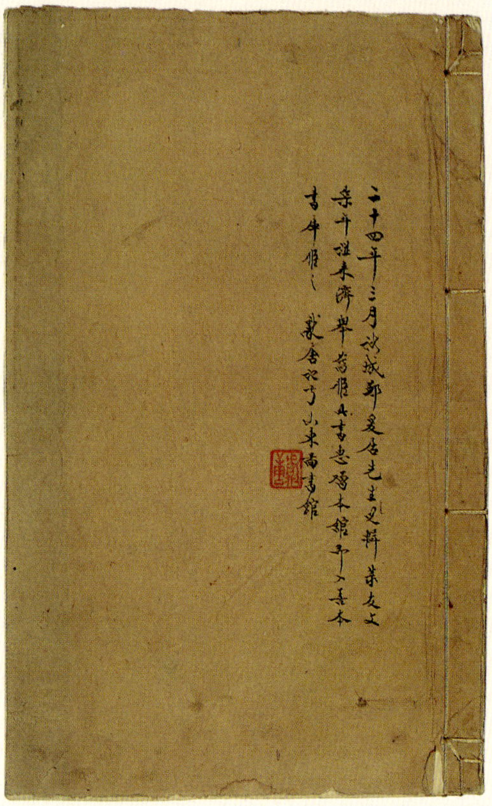

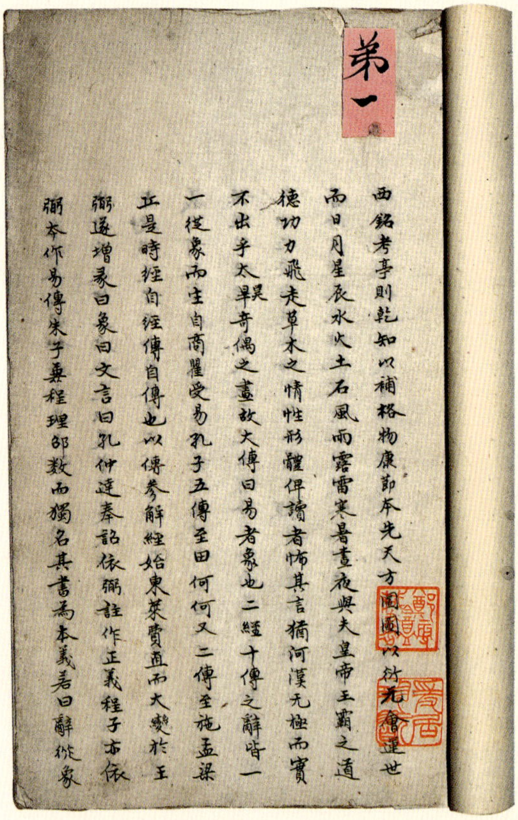

周易本義析疑不分卷

清劉以貴撰。清鈔本(鄭時、王獻唐跋)。半葉八行,行二十五字。鈐有“鄭□龕藏書”、“爰居珍玩”、“獻唐”等印記。

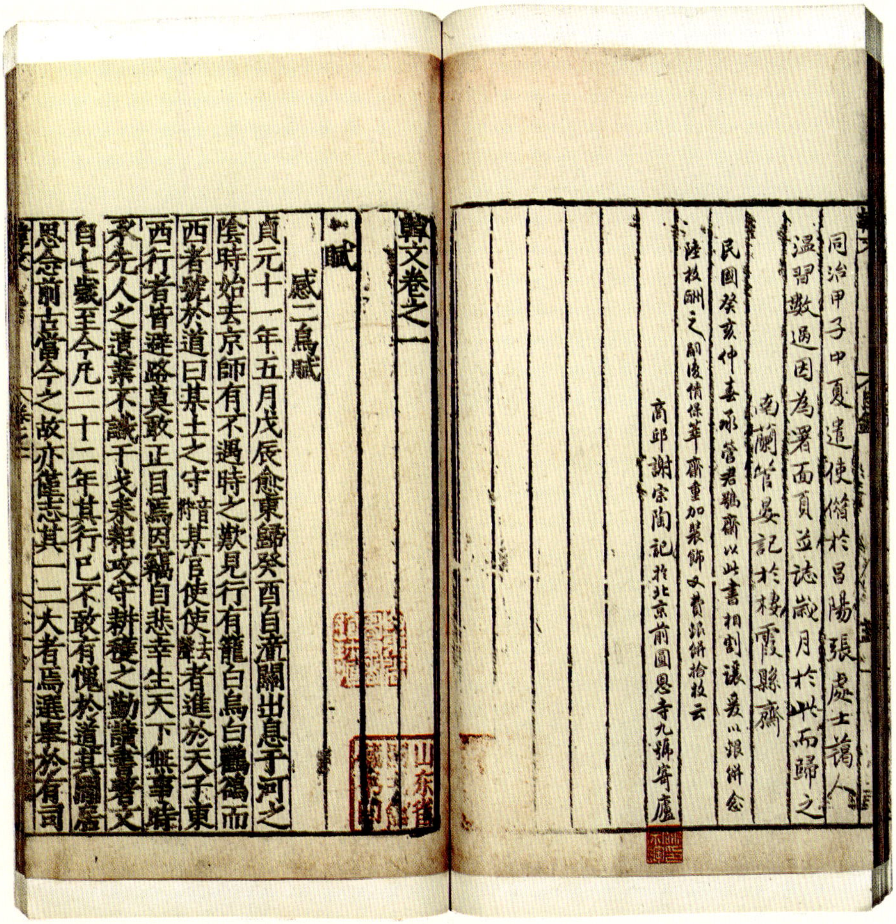

韓文四十卷外集十卷遺集一卷

唐韓愈撰，唐李漢編。集傳一卷。明嘉靖十六年(1537)游居敬刻韓柳文本(清謝宗陶跋)。半葉十一行，行二十二字，白口，左右雙邊。框 19×13.2 釐米。前有李漢序。鈐有“百可齋”、“謝宗陶藏書印”等印記。

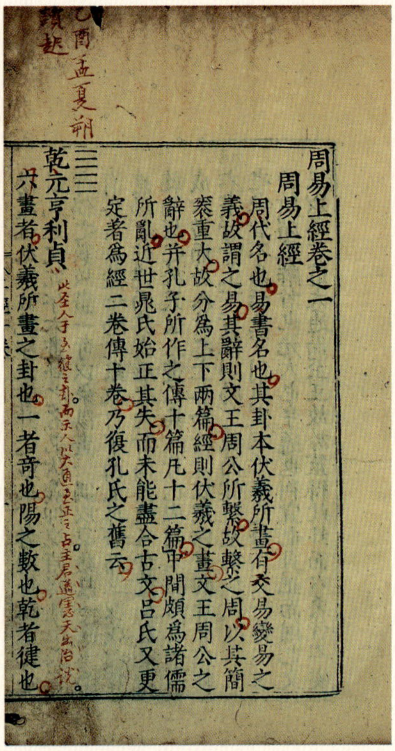
周易上經卷之一
周易上經
周代名也易書名也其卦本伏羲所畫有交易變易之
義故謂之易其辭則文王周公所繫故繫之周以其簡
袠重大故分爲上下兩篇經則伏羲之畫文王周公之
辭也并孔子所作之傳十篇凡十二篇中間頗爲諸儒
所亂近世晁氏始正其失而未能盡合古文吕氏又更
定著爲經二卷傳十卷乃復孔氏之舊云
乾下乾上
乾元亨利貞
六畫者伏羲所畫之卦也一者奇也陽之數也乾者健也

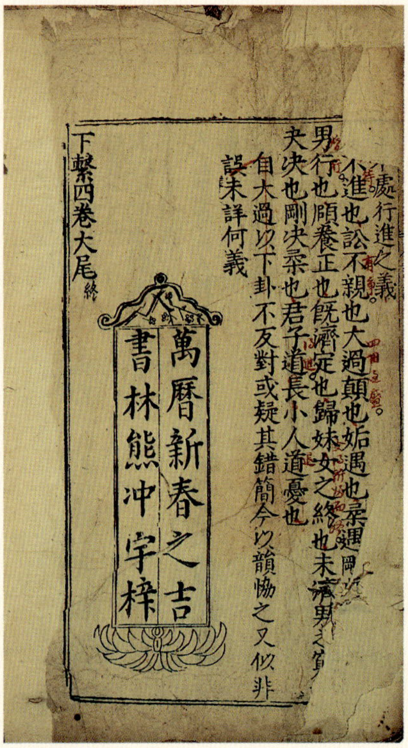
處行進之義
小進也訟不親也大過顛也姤遇也柔遇剛
男行也頤養正也既濟定也歸妹女之終也未濟男之窮
夫決也剛決柔也君子道長小人道憂也
自大過以下卦不反對或疑其錯簡今以韻協之又似非
誤未詳何義
下繫四卷大尾 終
萬曆新春之吉
書林熊冲宇梓

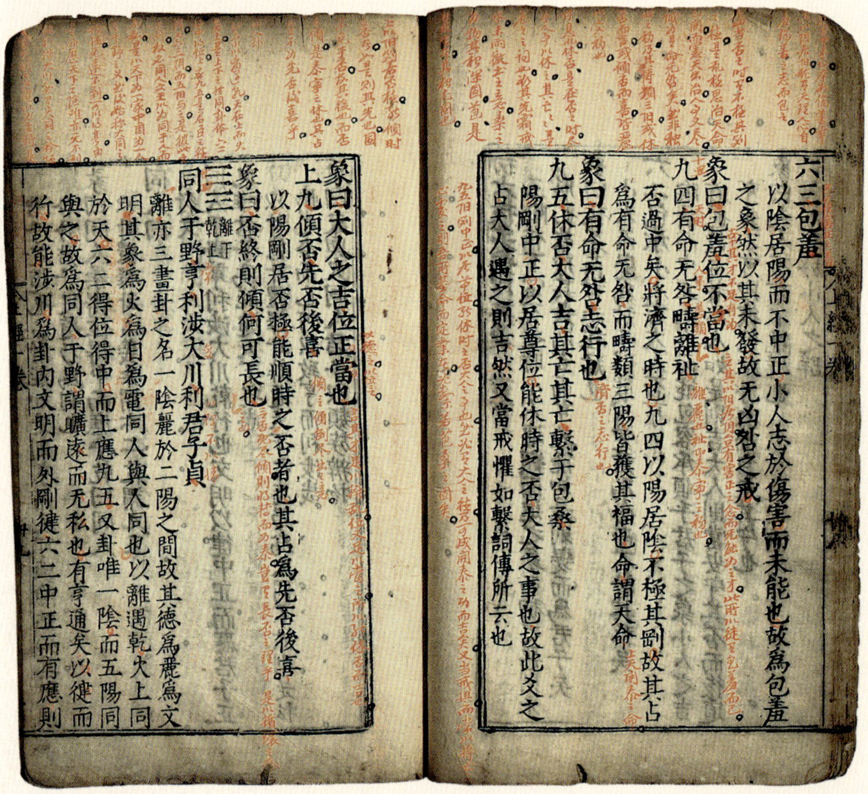
六三包羞
以陰居陽而不中正小人志於傷善而未能也故爲包羞
之象然以其未發故无凶咎之戒
象曰包羞位不當也
九四有命无咎疇離祉
否過中矣將濟之時也九四以陽居陰不極其剛故其占
爲有命无咎而疇類三陽皆獲其福也命謂天命
象曰有命无咎志行也
九五休否大人吉其亡其亡繫于包桑
陽剛中正以居尊位能休時之否大人之事也故此爻之
占大人遇之則吉然又當戒懼如繫辭傳所云也
象曰大人之吉位正當也
上九傾否先否後喜
以陽剛居否極能傾時之否者也其占爲先否後喜
象曰否終則傾何可長也
離下乾上
同人于野亨利涉大川利君子貞
離亦三畫卦之名一陰麗於二陽之間故其德爲麗爲文
明其象爲火爲日爲電同人與人同也以離遇乾火上同
於天六二得位得中而上應九五又卦唯一陰而五陽同
與之故爲同人于野謂曠遠而无私也有亨通矣以健而
行故能涉川爲卦內文明而外剛健六二中正而有應則

周易四卷

明萬曆元年(1573)書林熊冲宇種德書堂刻本(清王亭批校)。半葉十一行,行二十三字,白口,左右雙邊。框 20.2×12.8 釐米。版心鐫有:“種德書堂”。有書牌:“萬曆新春之吉書林熊冲宇梓。”

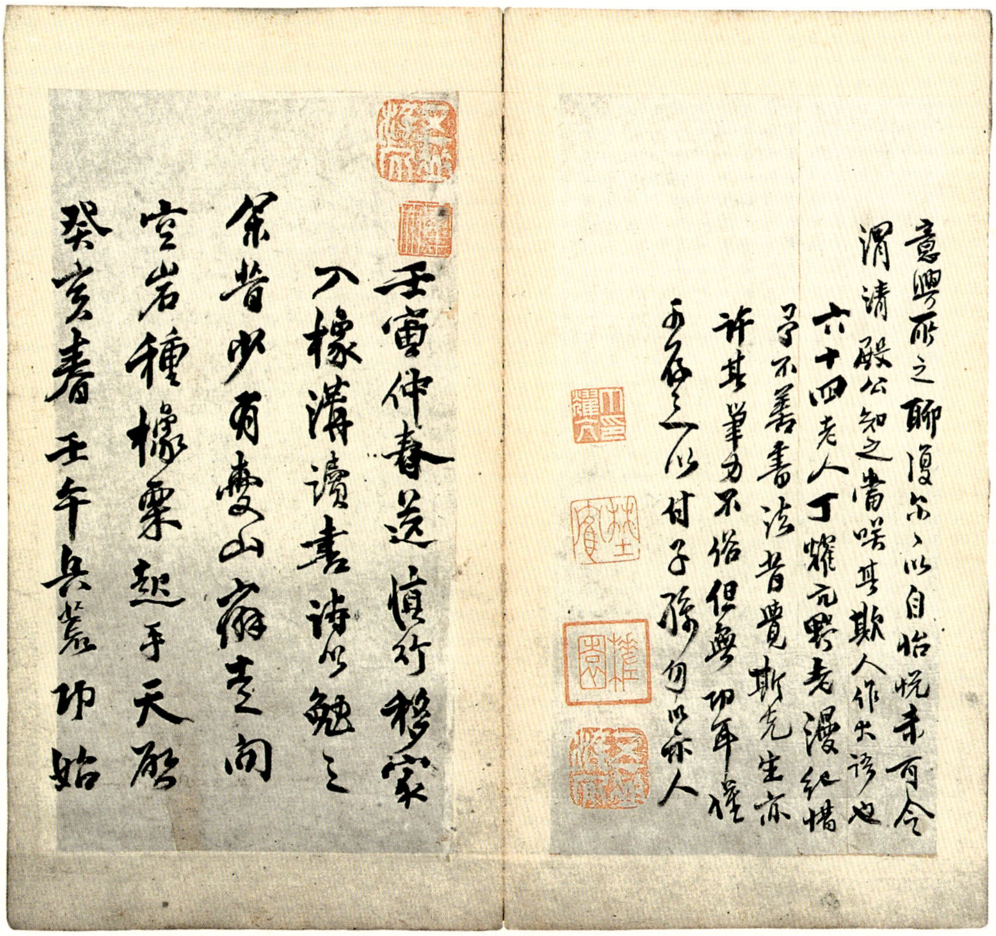

丁耀亢詩冊真跡

清丁耀亢書。原札。行、字不一。鈐有“丁耀亢”、“野鶴”、“槎園”、“石舫”等印記。

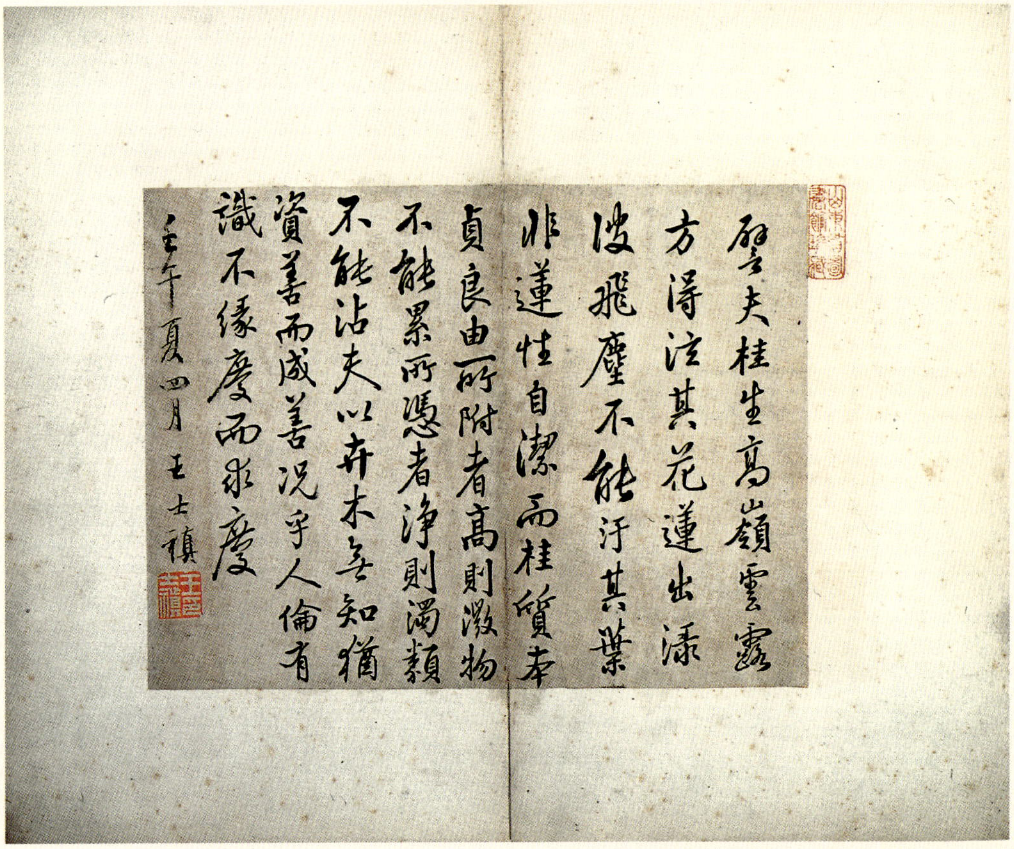

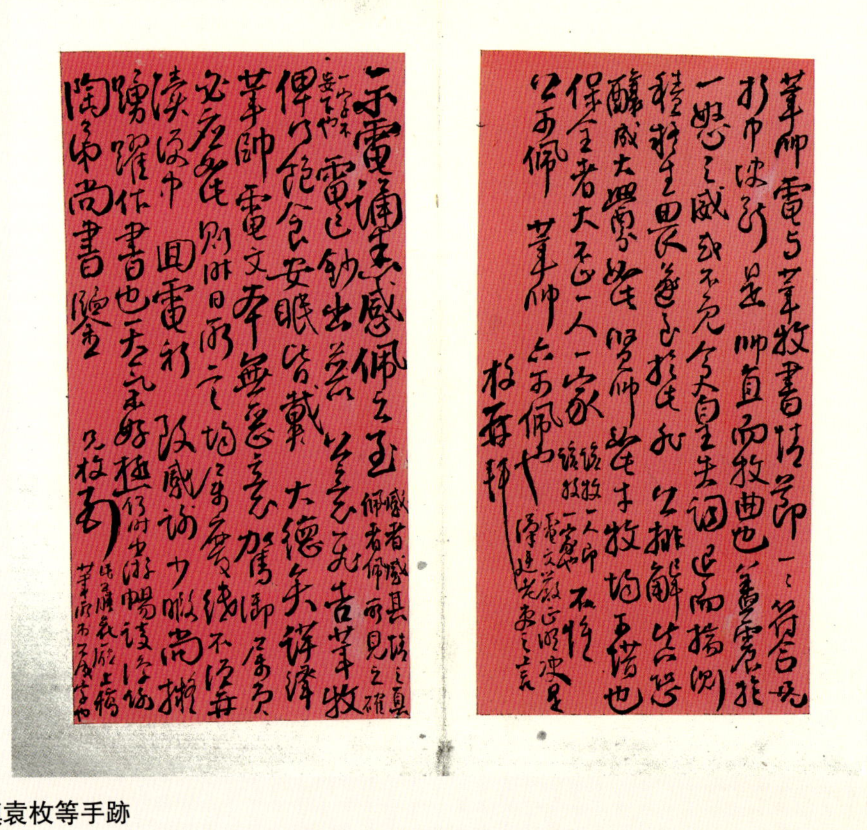

王士禛袁枚等手跡

清王士禛等書。原札。行、字不一。鈐有“王士禛印”等印記。

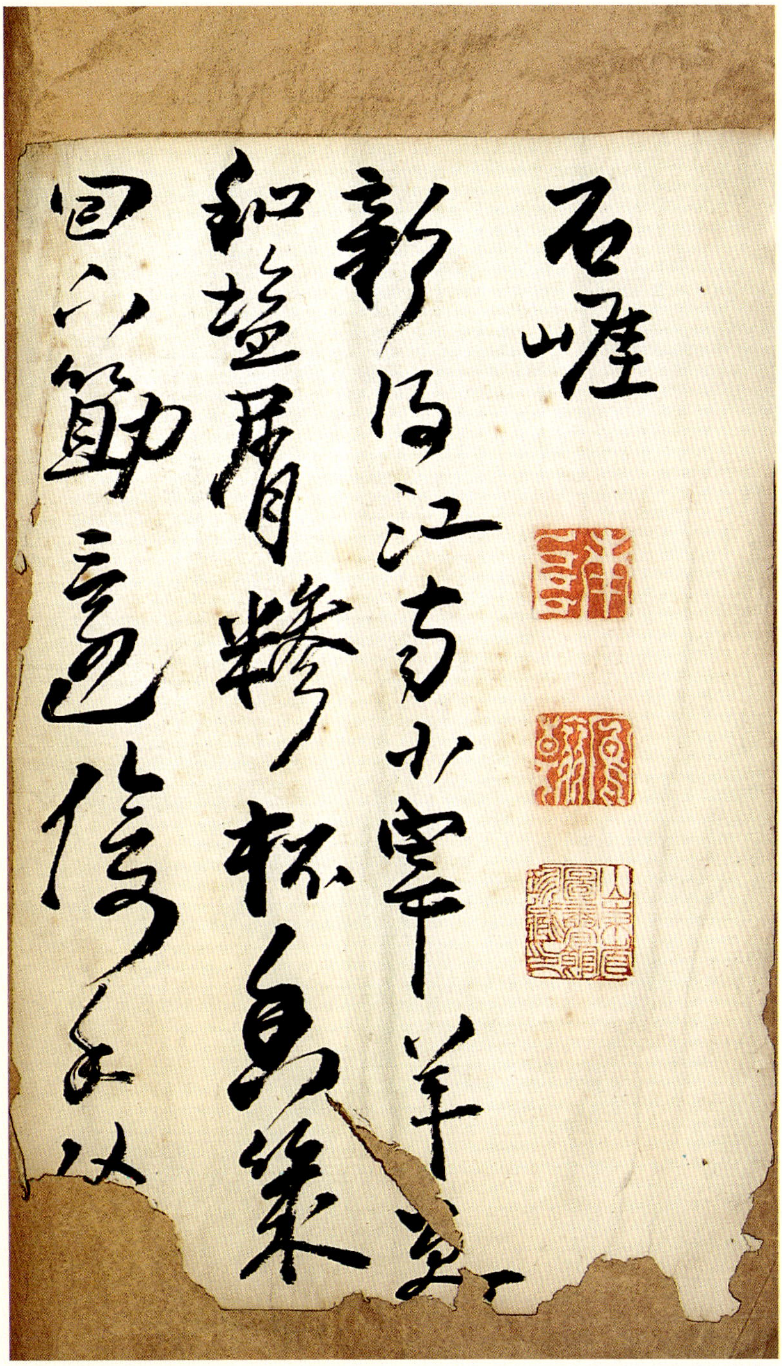

高南阜左手墨蹟一卷

清高鳳翰書。稿本。行、字不一。鈐有“南阜”、“鳳翰”等印記。

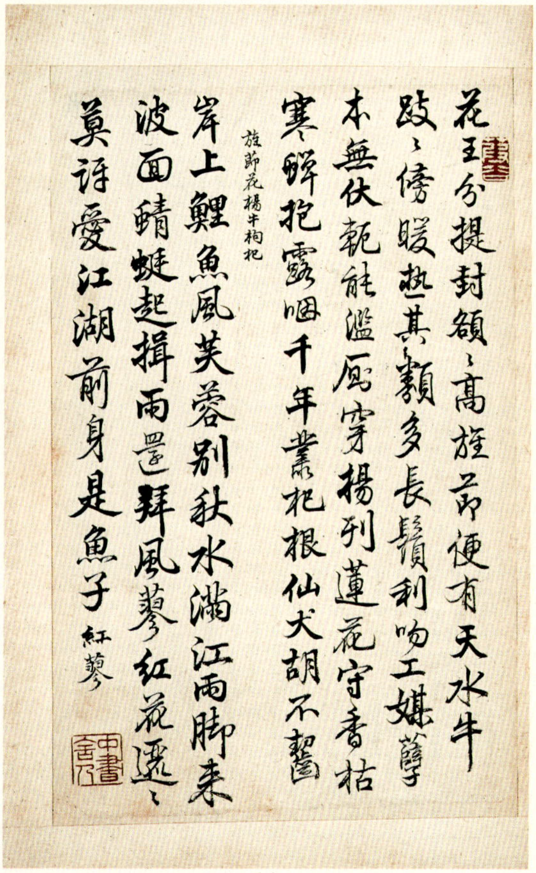

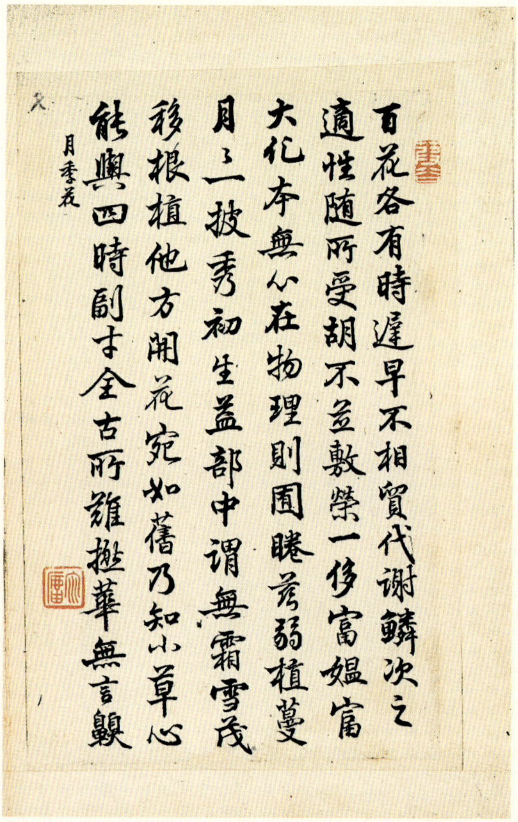

孔繼涑墨蹟

清孔繼涑書。原札。行、字不一。鈐有"孔昭詠印"、"玉虹樓"、"信夫氏"、"葭谷"、"中書舍人"、"闕里"等印記。

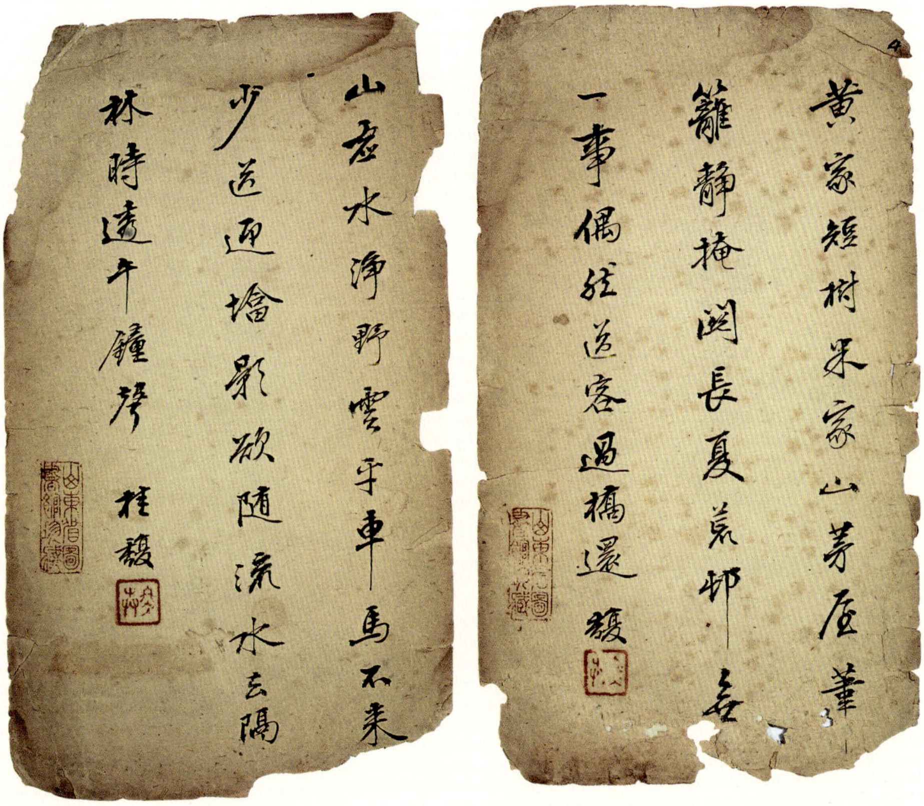

桂馥字冊

清桂馥書。原札。半葉三行,行十字。

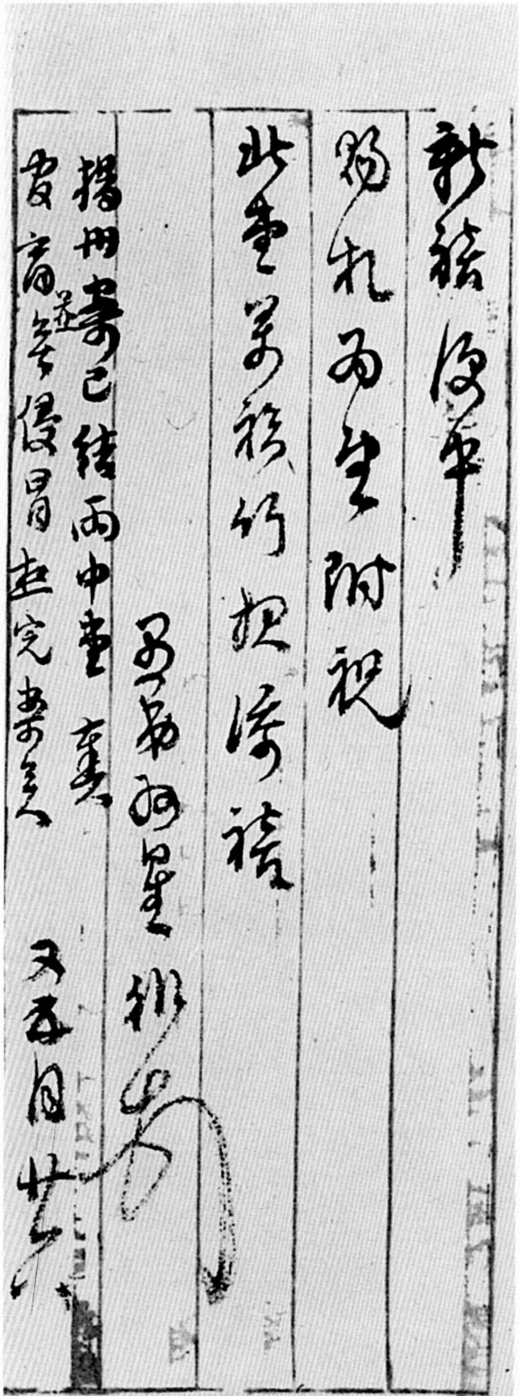

孫星衍先生書札二十八開

清孫星衍書。原札。經摺裝。

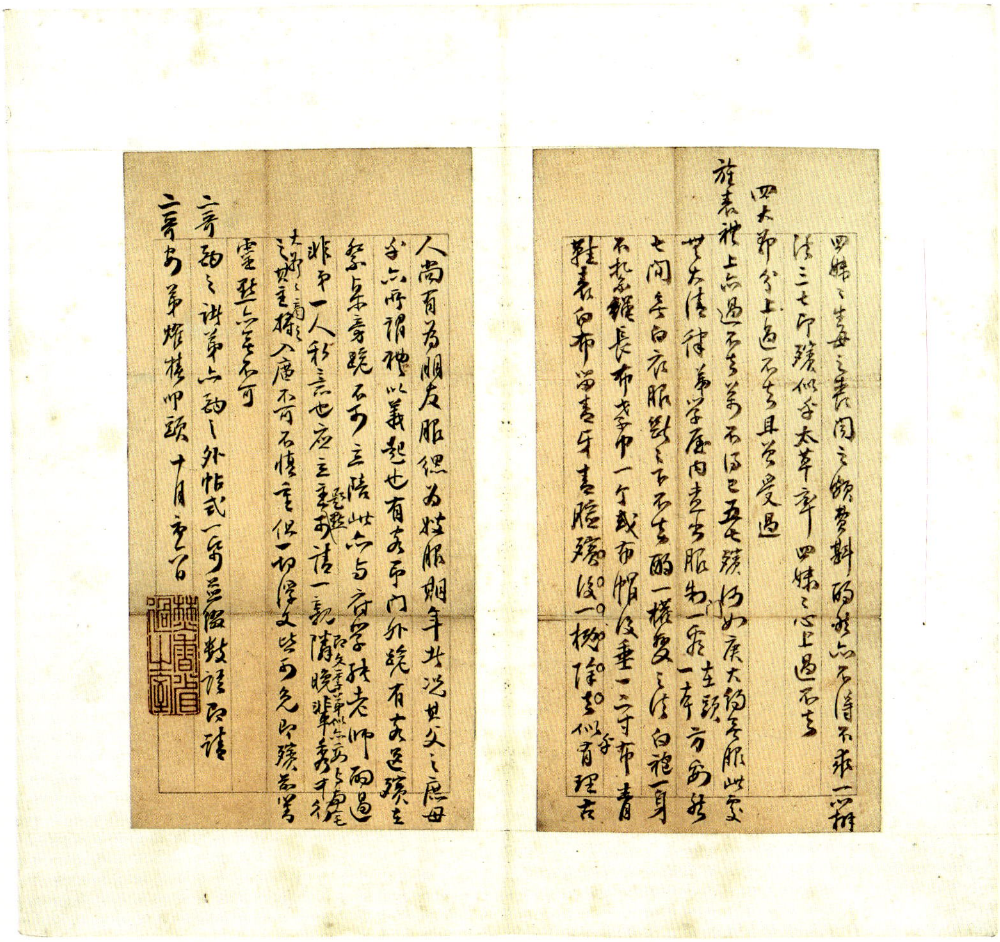

莊年信札

清劉燿椿書。原札。鈐有“焚香省過之室”、“直齋先生來孫”、“辛丑更生”、“赤米白監綠葵紫蓼”。經摺裝。

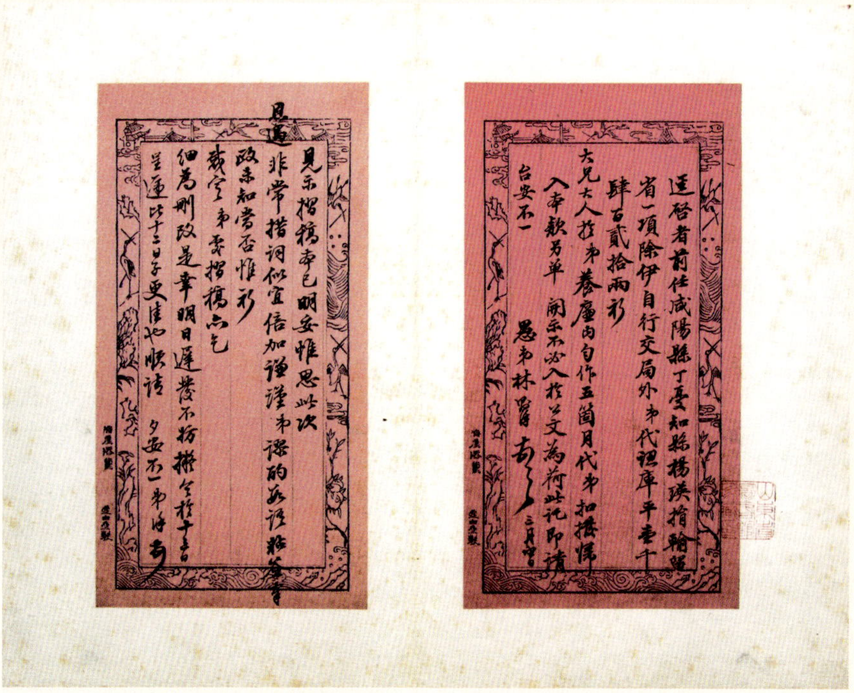

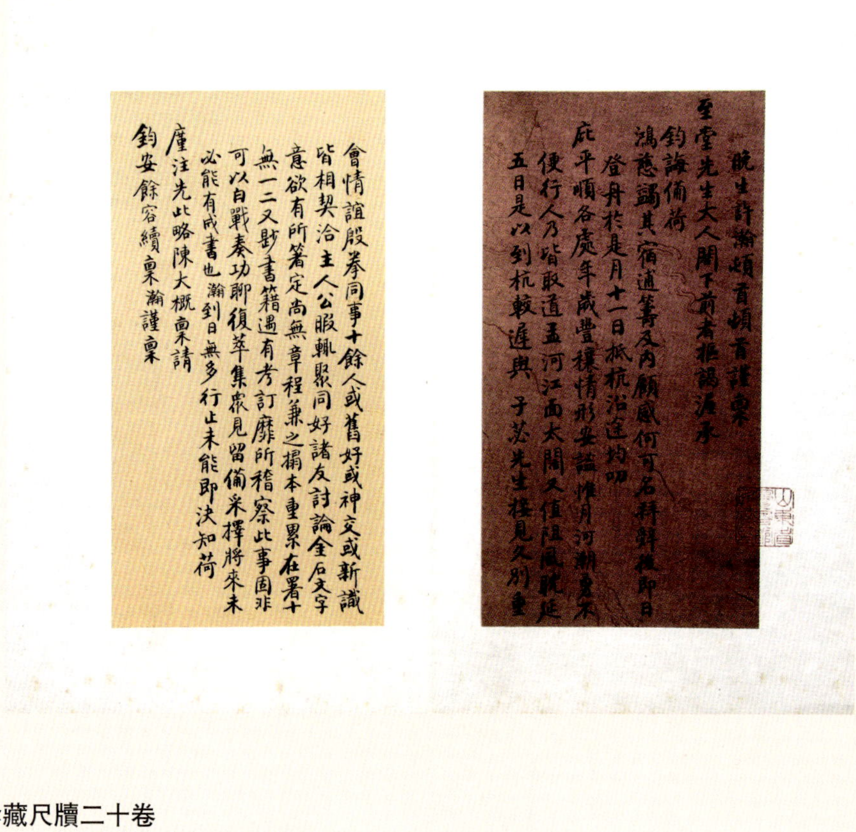
晚生許瀚頓首頓首謹稟
至堂先生大人閣下前者拜謁滋承
鈞誨備荷
鴻慈蹈其宿道籌及內顧感何可名拜辭後即日
登舟於是月十一日抵杭沿途均叨
庇平順各處年歲豐穰情形安謐惟月河淤塞未
便行人乃皆取道玉河江面太闊又值阻風耽延
五日是以到杭較遲與 子苾先生接見又別重

會情誼殷拳同事十餘人或舊好或神交或新識
皆相契洽主人公暇輒聚同好諸友討論金石文字
意欲有所箸定尚無章程兼之搨本重累在署十
無一二又虧書籍遍有考訂靡所稽察此事固非
可以日戰奏功卿須萃集衆見留備采擇將來未
必能有成書也瀚到日無多行止未能即決知荷
廑注先此略陳大概肅此請
鈞安餘容續稟瀚謹稟

海源閣珍藏尺牘二十卷

清楊以增藏，清楊紹和輯。原札。存二卷。林則徐、薩迎阿、陳官俊、吳式芬、崇雨舲、胡開益、許瀚、錢儀吉、彭邦疇、許乃普、翁同書、吳榮光等致楊以增函。

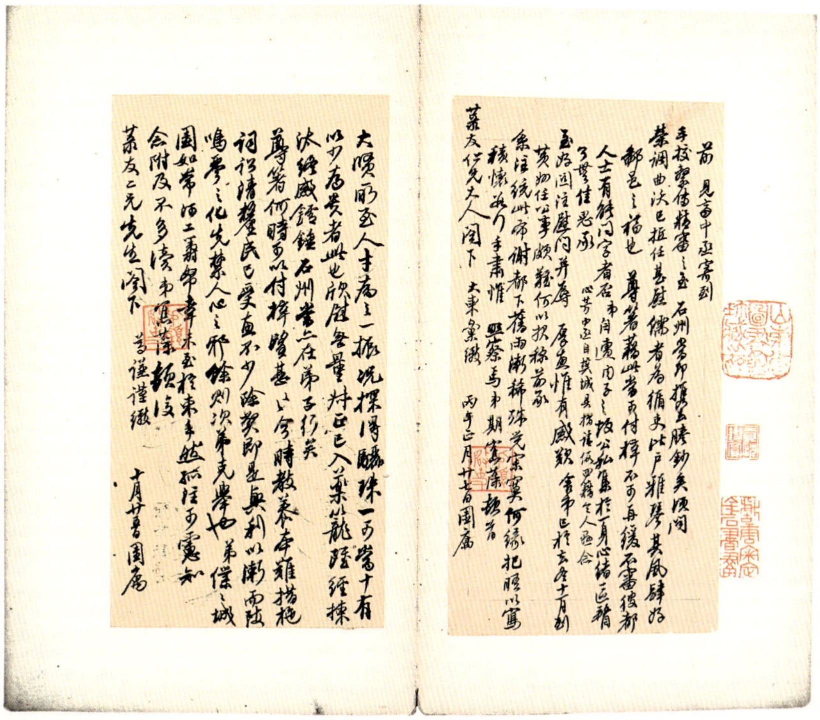

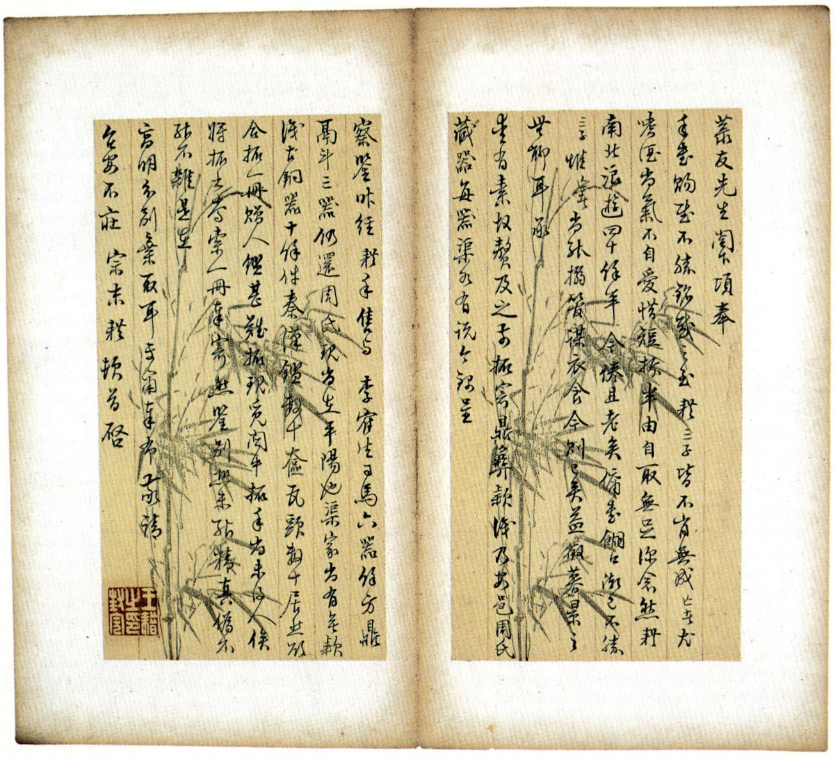

祁寯藻等手札

清祁寯藻等書。原札。鈐有“貢忱鑒賞”、“獻唐審定金石書畫”印記。經摺裝。

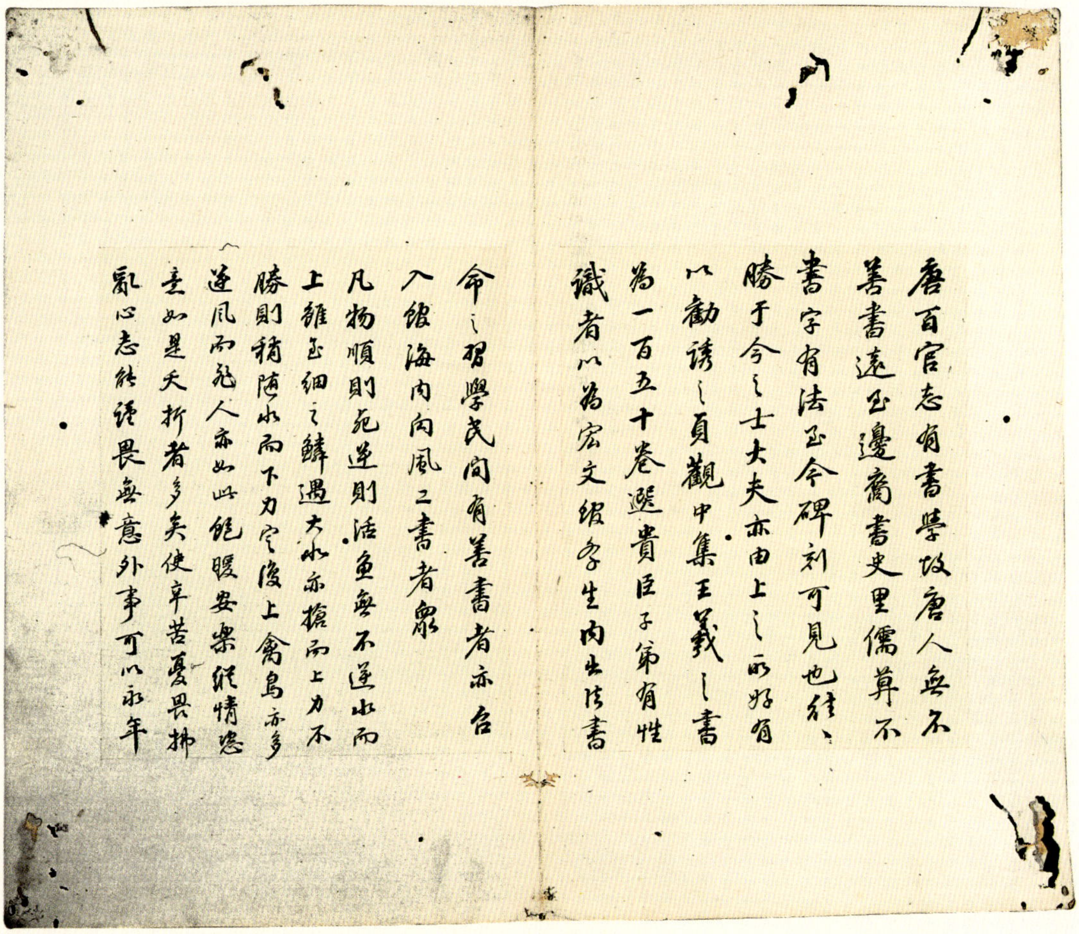

唐百官志有書學故唐人無不
善書遠至邊裔書吏里儒莫不
書字有法至今碑刻可見也往往
勝于今今士大夫亦由上之所好有
以勸誘之耳貞觀中集王羲之書
為一百五十卷選貴臣子弟有性
識者以為宏文館學生內出法書
命之習學民間有善書者亦召
入館海內向風之書者衆

凡物順則死逆則活魚無不逆水而
上雖至細之鱗遇大水亦搶而上力不
勝則稍隨水而下力定復上禽鳥亦多
逆風而飛人亦如此能暖安樂縱情恣
意如是夭折者多矣使辛苦憂畏拂
亂心志終懷畏無意外事可以永年

黃恩彤字冊不分卷

清黃恩彤書。寫本。

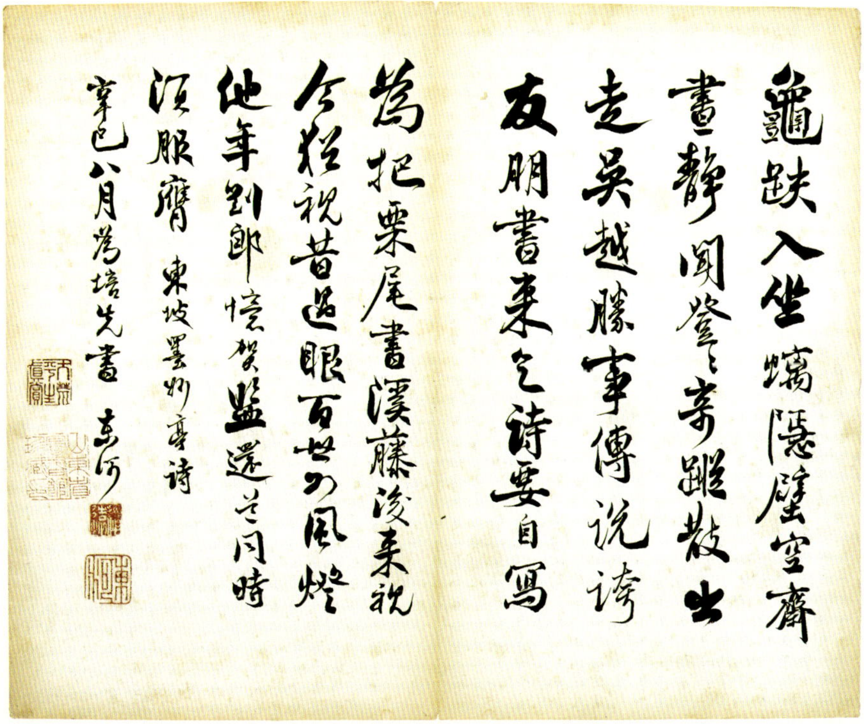

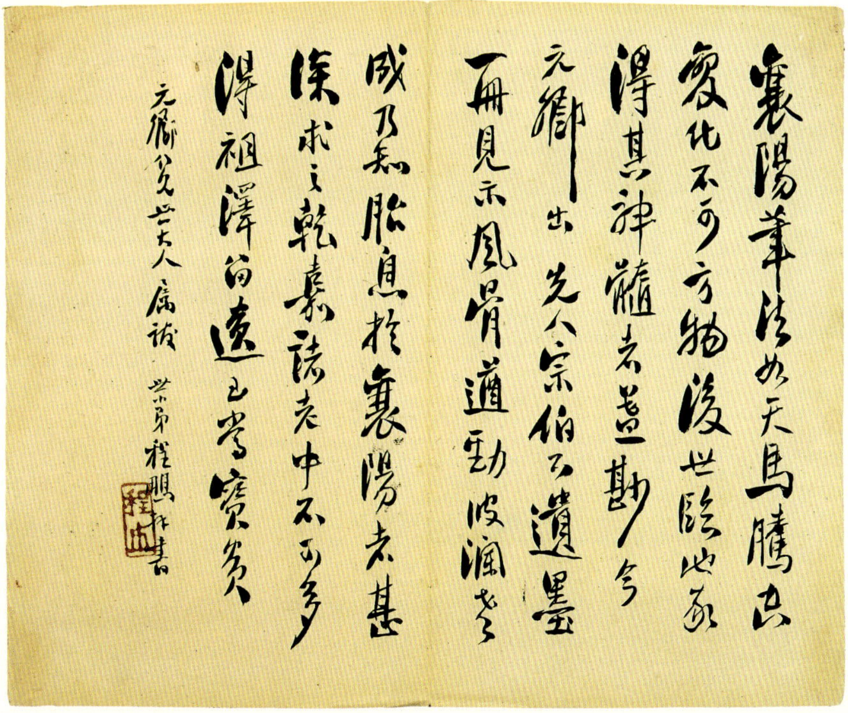

畢道遠字冊

清畢道遠書(清程鵬跋)。清寫本。鈐有“東河”、“大荒平生真賞”等印記。

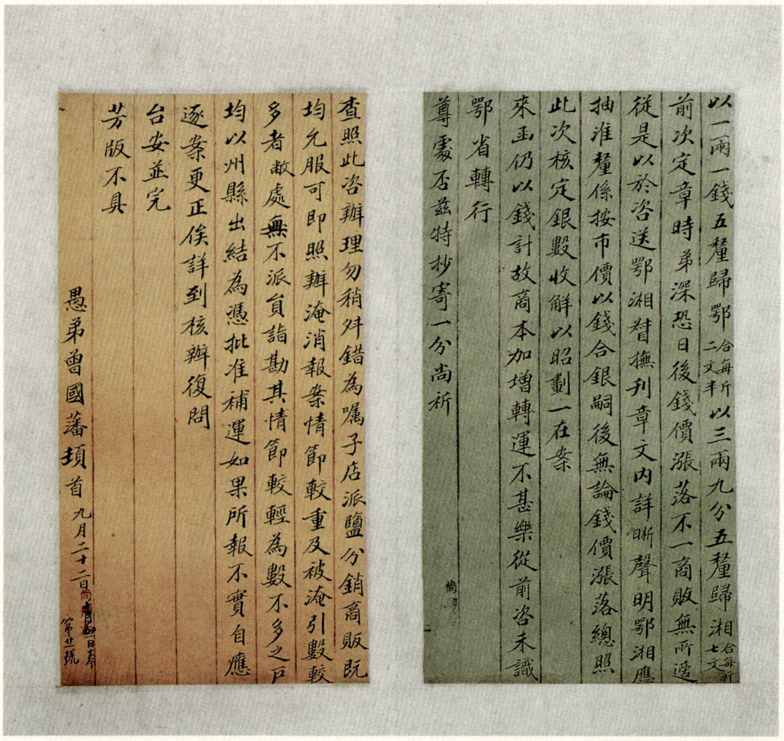

以一兩一錢五釐歸鄂二文半合每斤以三兩九分五釐歸湘七文合每斤
前次定章時弟深恐日後錢價漲落不一商販無所適
從是以於咨送鄂湘督撫刊章文內詳晰聲明鄂湘應
抽淮釐係按市價以錢合銀嗣後無論錢價漲落總照
此次核定銀數收解以昭劃一在案
來函仍以錢計故商本加增轉運不甚樂從前咨未識
鄂省轉行
尊處否茲特抄寄一分尚祈
查照此咨辦理勿稍舛錯為囑子店派鹽分銷商販既
均允服可即照辦淹消報案情節較重及被淹引數較
多者該處無不派員詣勘其情節較輕為數不多之戶
均以州縣出結為憑批准補運如果所報不實自應
逐案更正俟詳到核辦復問
台安並完
芳版不具
愚弟曾國藩頓首 九月二十二日

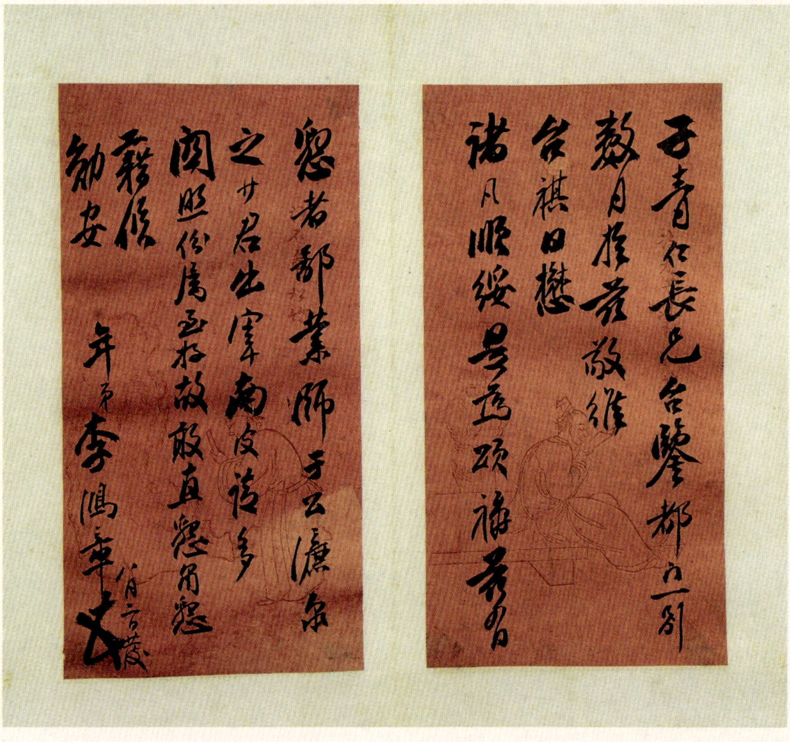

清代中興名人手札六十五通

清曾國藩、李鴻章等書。原札（劉蔚青題記）。鈐有“劉蔚青”、“有斐主人”、“有斐主人蔚青氏之章”等印記。

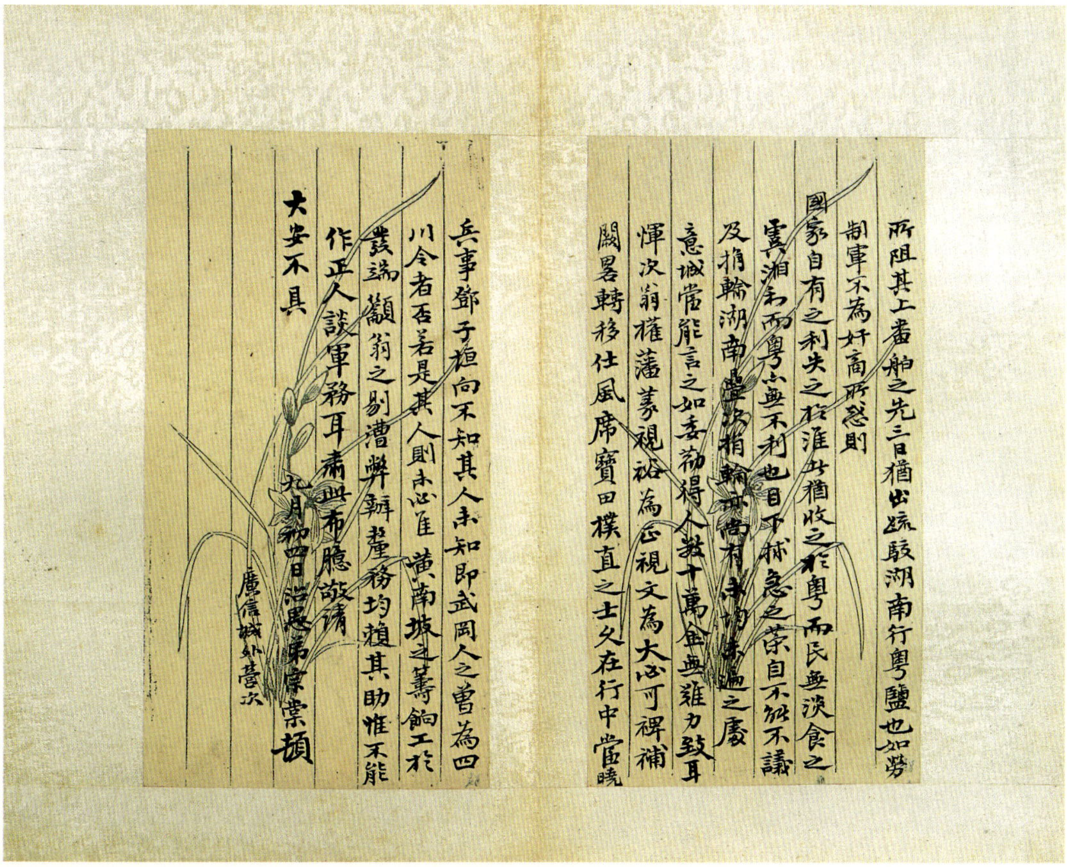

所阻其上番舶之先三日猶出疏駮湖南行粵鹽也如勞
制軍不為奸商所愚則
國家自有之利失之於淮者猶收之於粵而民無淡食之
虞湘利而粵亦無不利也目下捄急之策自不能不議
及捐輸湖南[illegible]次捐輸[illegible]尚有[illegible]之處
意誠當能言之如委辦得人歲十萬金無難力致耳
惲次翁權藩篆視裕為正視文為大必可裨補
闕略轉移仕風席寶田樸直之士久在行中當曉

兵事鄧子楨向不知其人未知即武岡人之曾為四
川令者否若是其人則未必匪黃南坡之籌餉工於
裁端顧翁之剔漕弊辦釐務均賴其助惟不能
作正人談軍務耳肅此布臆敬請
大安不具
九月初四日治愚弟宗棠頓
廣信城外營次

左宗棠李鴻章胡林翼丁寶楨信札

清左宗棠等書。原札。經摺裝。行、字不一。

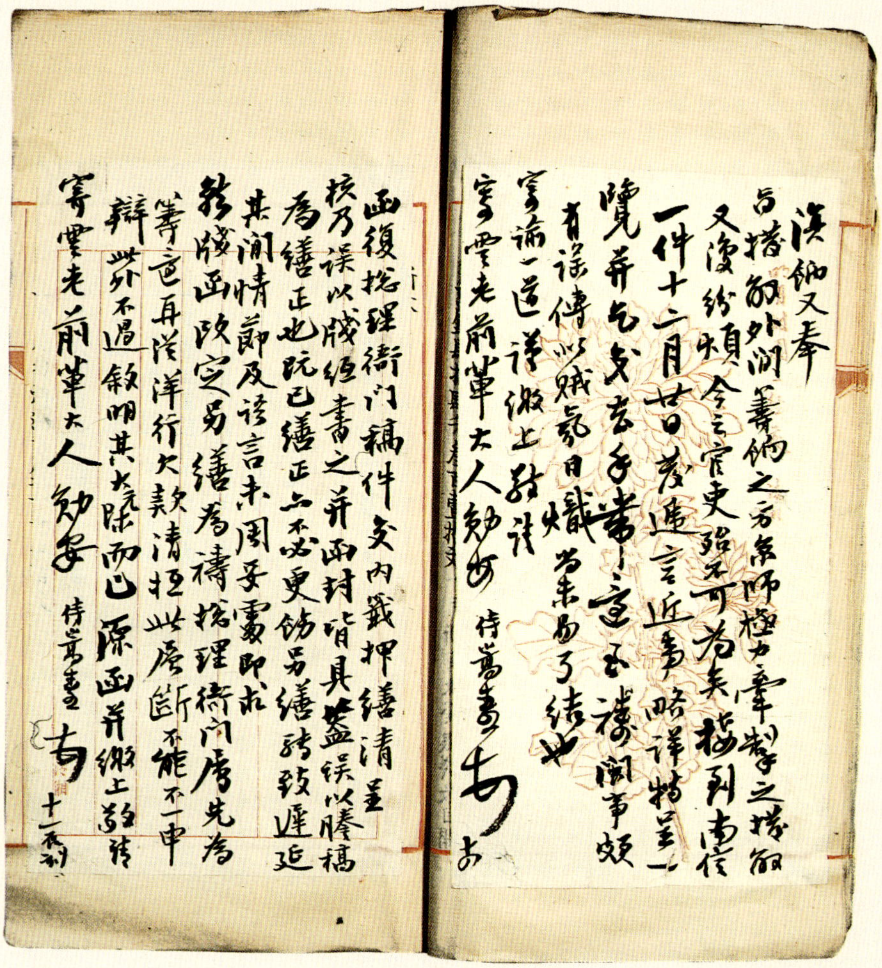

郭嵩燾手札

清胡林翼、郭嵩燾書。原札。

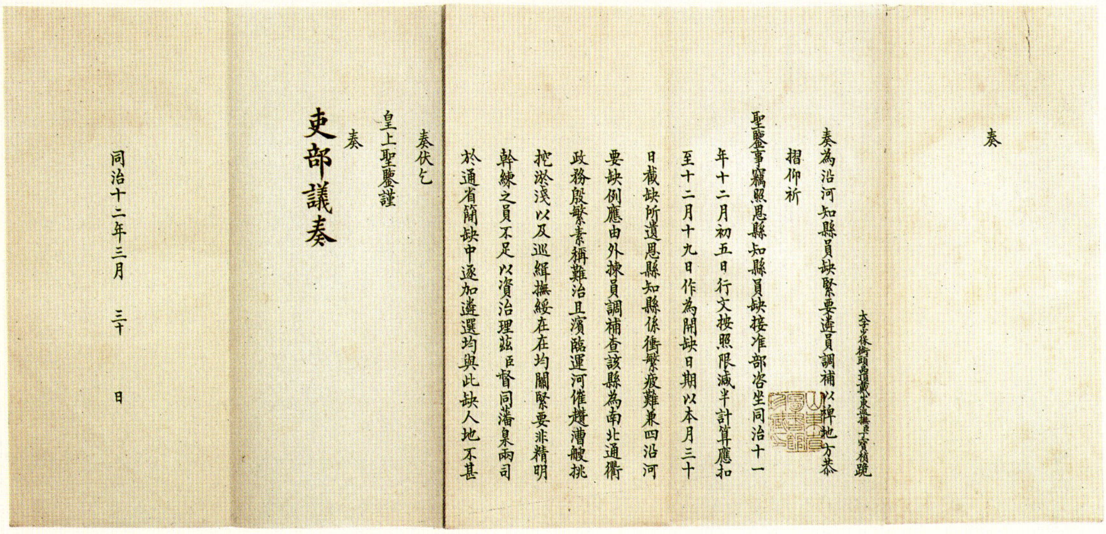
奏

太子少保銜頭品頂戴山東巡撫臣丁寶楨跪

奏為沿河知縣員缺緊要遴員調補以裨地方恭

摺仰祈

聖鑒事竊照恩縣知縣員缺接准部咨坐同治十一

年十二月初五日行文按照限減半計算應扣

至十二月十九日作為開缺日期以本月三十

日截缺所遺恩縣知縣係衝繁疲難兼四沿河

要缺例應由外揀員調補查該縣為南北通衢

政務殷繁素稱難治且濱臨運河催趲漕艘挑

挖淤淺以及巡緝撫綏在在均關緊要非精明

幹練之員不足以資治理茲臣督同藩臬兩司

於通省簡缺中遴加遴選均與此缺人地不甚

奏伏乞

皇上聖鑒謹

奏

吏部議奏

同治十二年三月　三十　日

丁寶楨奏摺

清丁寶楨書。原摺。經摺裝。

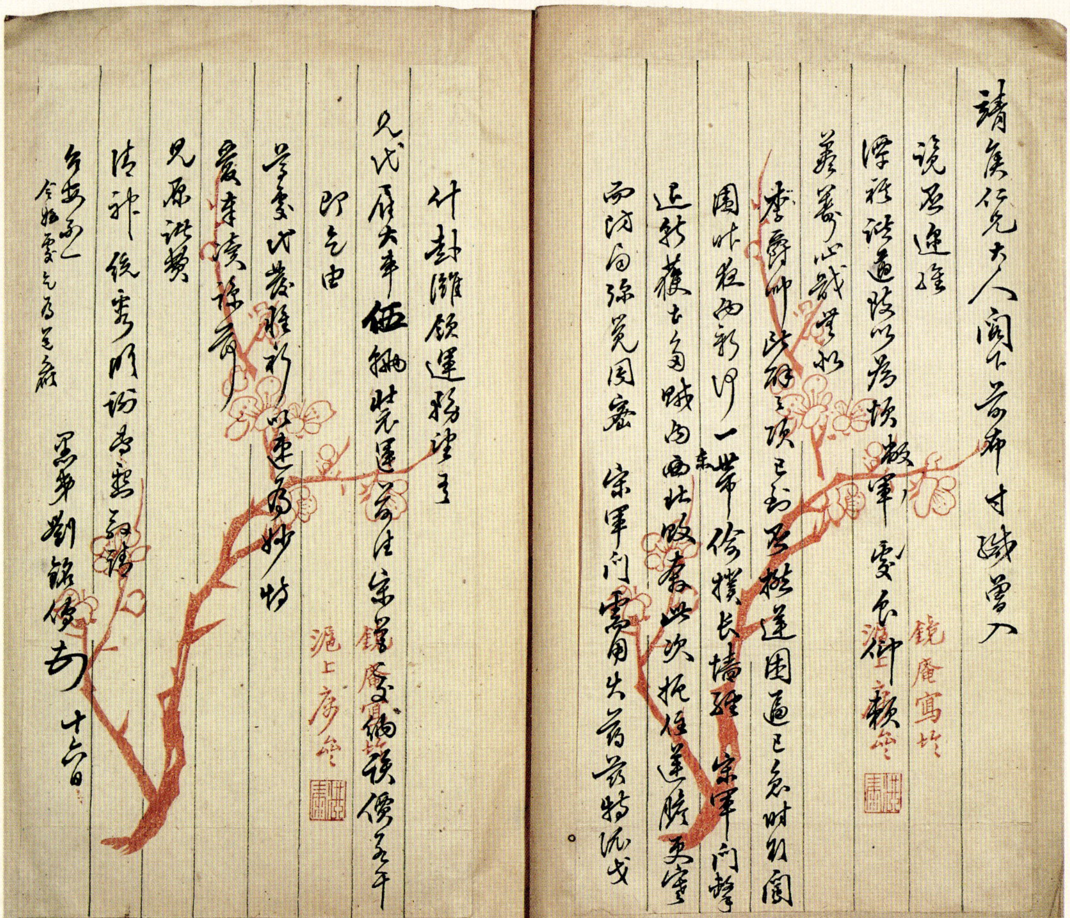

鴻爪集存不分卷

清李鴻章、劉銘傳等書。原札。行、字不一。鈐有"錦潤"、"百富當覽"、"實士印信"等印記。

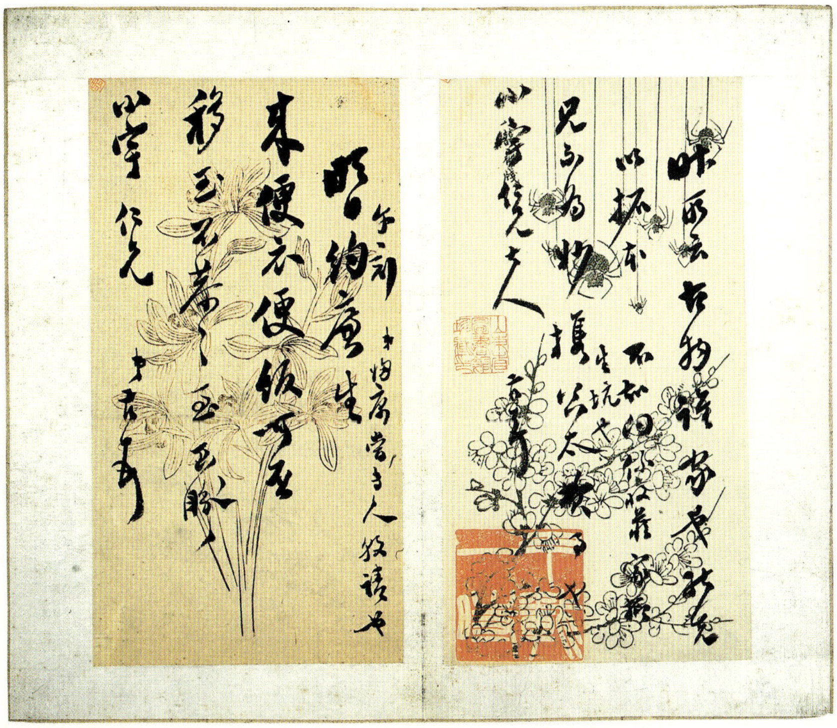

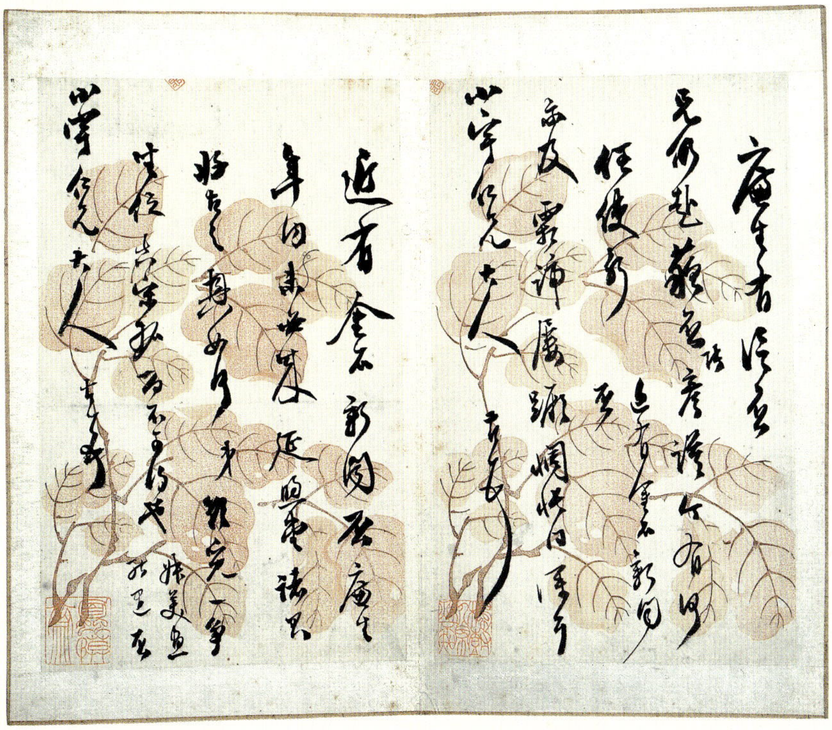

潘祖蔭先生手翰九通

清潘祖蔭書。原札。潘祖蔭致王懿榮信札。行、字不一。鈐有“千載一時”、“楓樹人家秋不知”、“古錞于室”、“䶬慕齋”等印記。經摺裝。

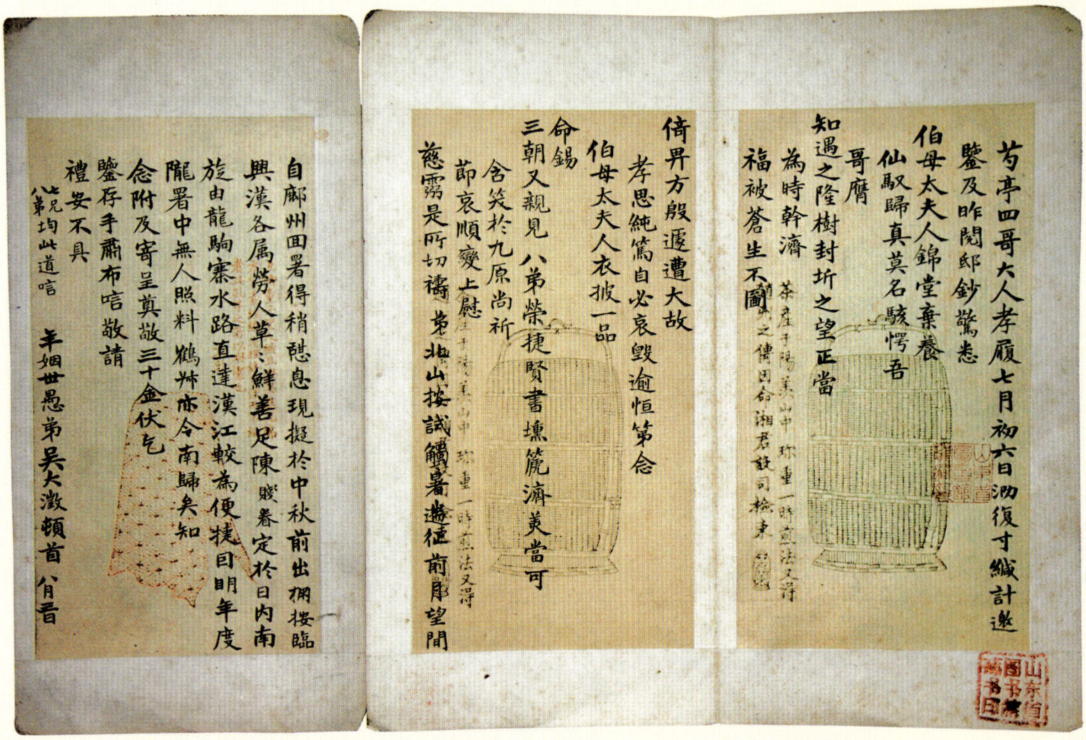
芍亭四哥大人孝履七月初六日泐復寸緘計邀
鑒及昨閱邸鈔驚悉
伯母太夫人錦堂棄養
仙馭歸真莫名駭愕吾
哥膺
知遇之隆樹封圻之望正當
為時幹濟
福被蒼生不圖
倚畀方殷遽遭大故
孝思純篤自必哀毀逾恒第念
伯母太夫人衣披一品
命錫
三朝又親見八弟榮捷賢書壎篪濟美當可
含笑於九原尚祈
節哀順變上慰
慈靈是所切禱弟北山按試觸暑遄征前月望間
自鄜州回署得稍憩息現擬於中秋前出棚按臨
興漢各屬勞人草草鮮善足陳賤眷定於日內南
旋由龍駒寨水路直達漢江較為便捷因明年度
隴署中無人照料鶴舫亦令南歸矣知
念附及寄呈奠敬三十金伏乞
鑒存手肅布唁敬請
禮安不具
八兄弟均此道唁
年姻世愚弟吳大澂頓首八月晉

吳大澂手札二開

清吳大澂書。原札。半葉八行,行十九字。

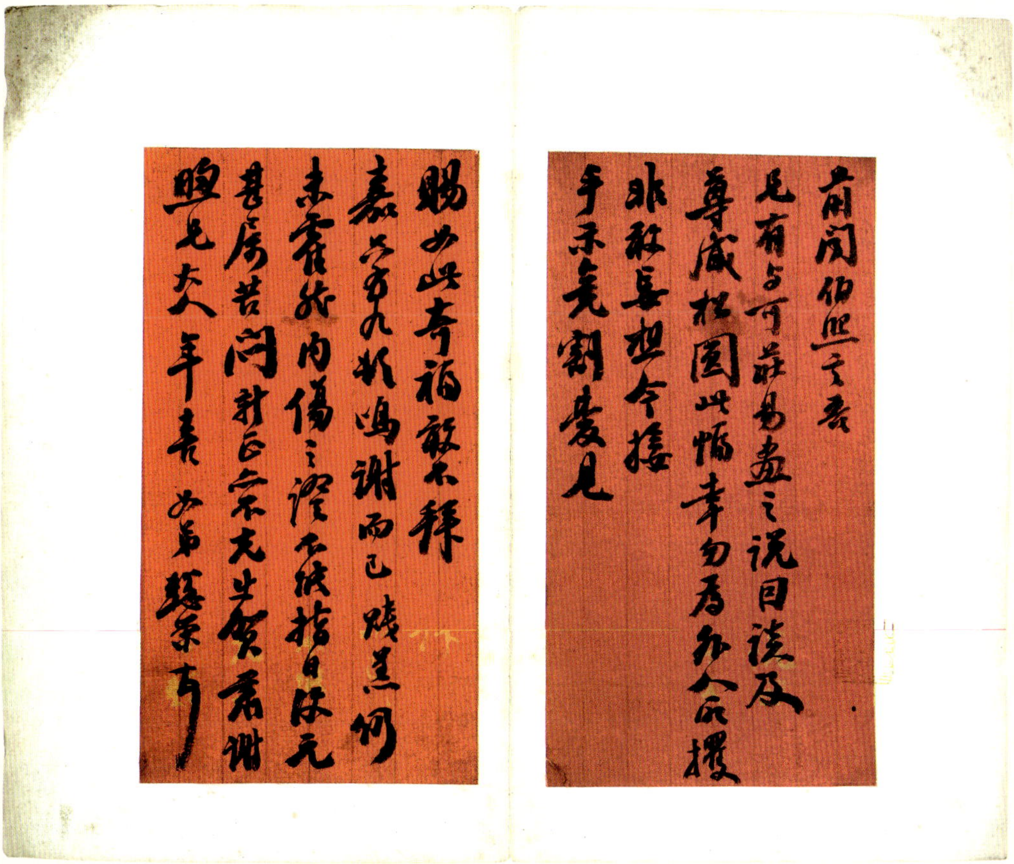

王懿榮手札二通

清王懿榮書。原札。行、字不一。經摺裝。

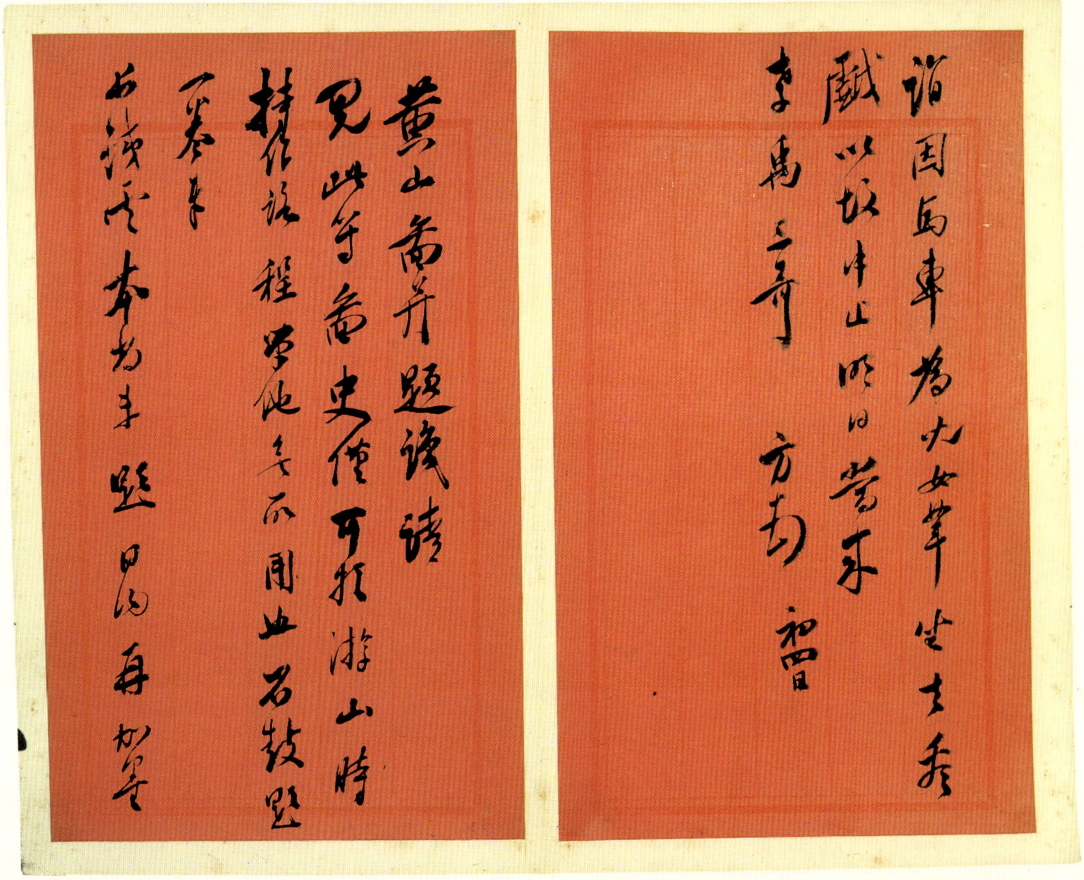

端午橋手翰四通

清端方書。原札。半葉五行，字不一，紅箋。經摺裝。

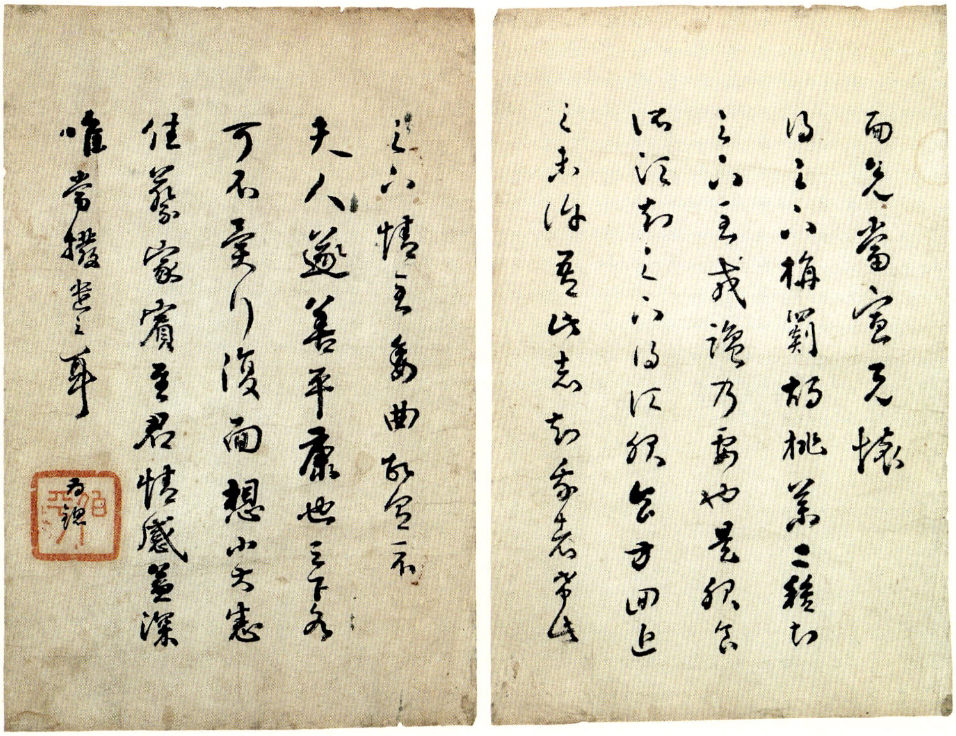

單爲鏓信札十八開

清單爲鏓書。原札。經摺裝。有"劉惟茲印"等印記。

【拓本、鈐印本】

漢蕩陰令張遷表頌

明拓本（羅振玉題簽）。鈐有"羅振玉印"、"雙紅薇館"、"羅叔言"、"東武王戟門氏審定金石文字"等印記。經摺裝。

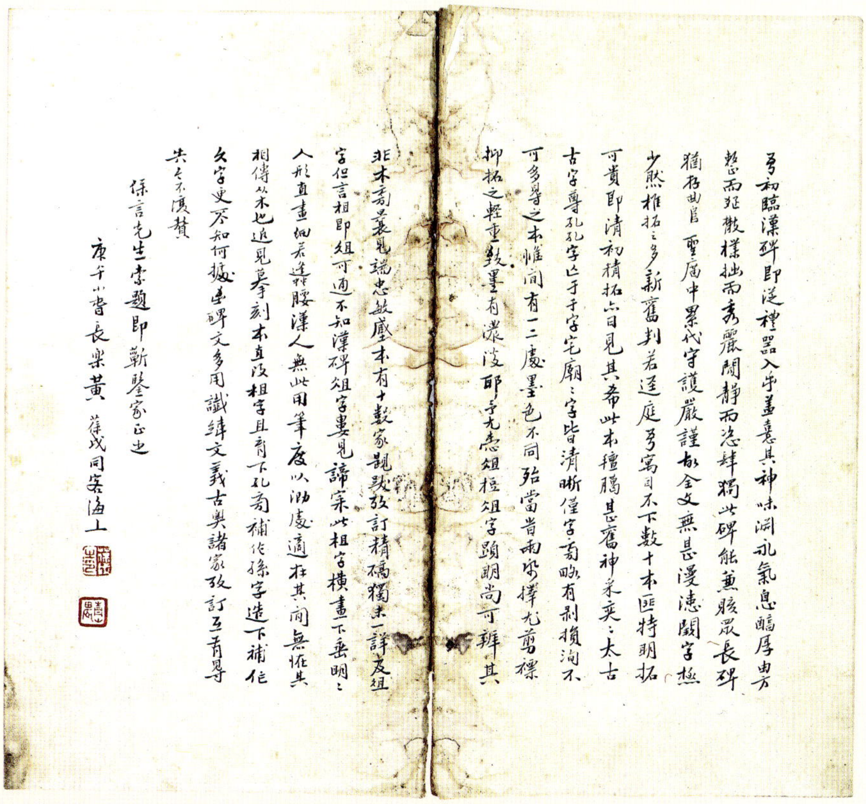
余初臨漢碑即從禮器入手蓋喜其神味淵永氣息醇厚中方
整而姿散樸拙而秀麗閑靜而恣肆獨此碑能兼賅衆長碑
猶存曲阜聖廟中累代守護嚴謹故全文無甚漫漶闕字然
少然椎拓之多新舊判若逕庭余寓目不下數十本匪特明拓
可貴即清初精拓亦自見其希此本氈臘甚舊神采奕奕太古
古字尊孔孔字亡子子字宅廟廟字皆清晰僅字稍晦有剥損渦不
可多得之本惟間有一二處墨色不同殆當昔兩次捶尤覺襟
抑拓之輕重致墨有濃淡耶予尤恚俎框俎字顯明尚可辨其
非木剜最見端忠敏藏本有十數家觀跋攷訂精碻獨未一詳及俎
字但言相即俎可通不知漢碑俎字屢見諱宗此相字横畫下垂明明
人形直畫細若遊絲腰漢人無此用筆度以渺處適在其間無作其
相傳從木也追見摹刻本直改相字且有下孔字補作孫字造下補作
乂字更不知何據至碑文多用識緯文義古奥諸家攷訂至詳
其它不復贅
保言先生索題即祈鑒家正之
庚午小暑長樂黃葆戉同客海上

漢魯相韓敕造孔廟禮器碑

明拓本（黃葆戉跋）。鈐有“樂亭”、“袖海軒藏”、“葆戉之印”、“青山農”等印記。經摺裝。

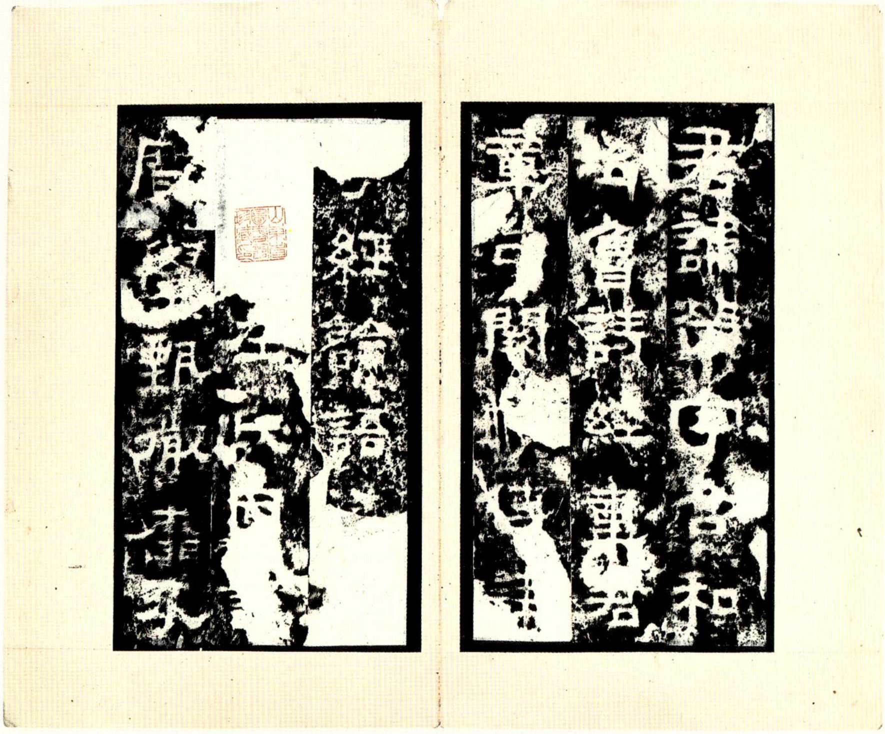

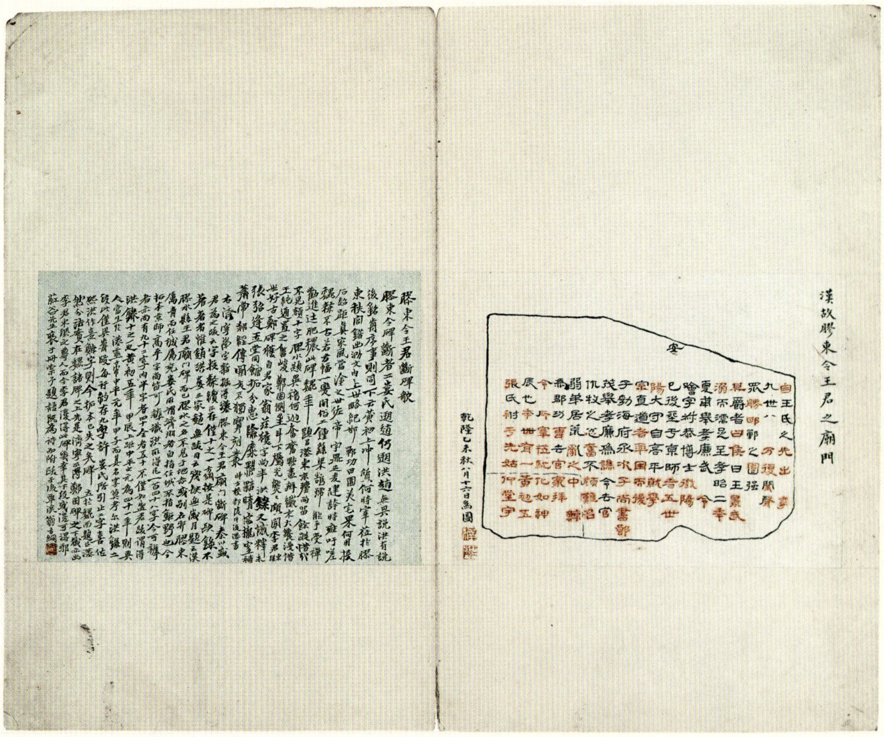

漢碑三種

清拓本(清翁方綱、孔繼涵跋)。鈐有"方綱"、"德誠" 、"涵"、"葒谷"等印記。經摺裝。

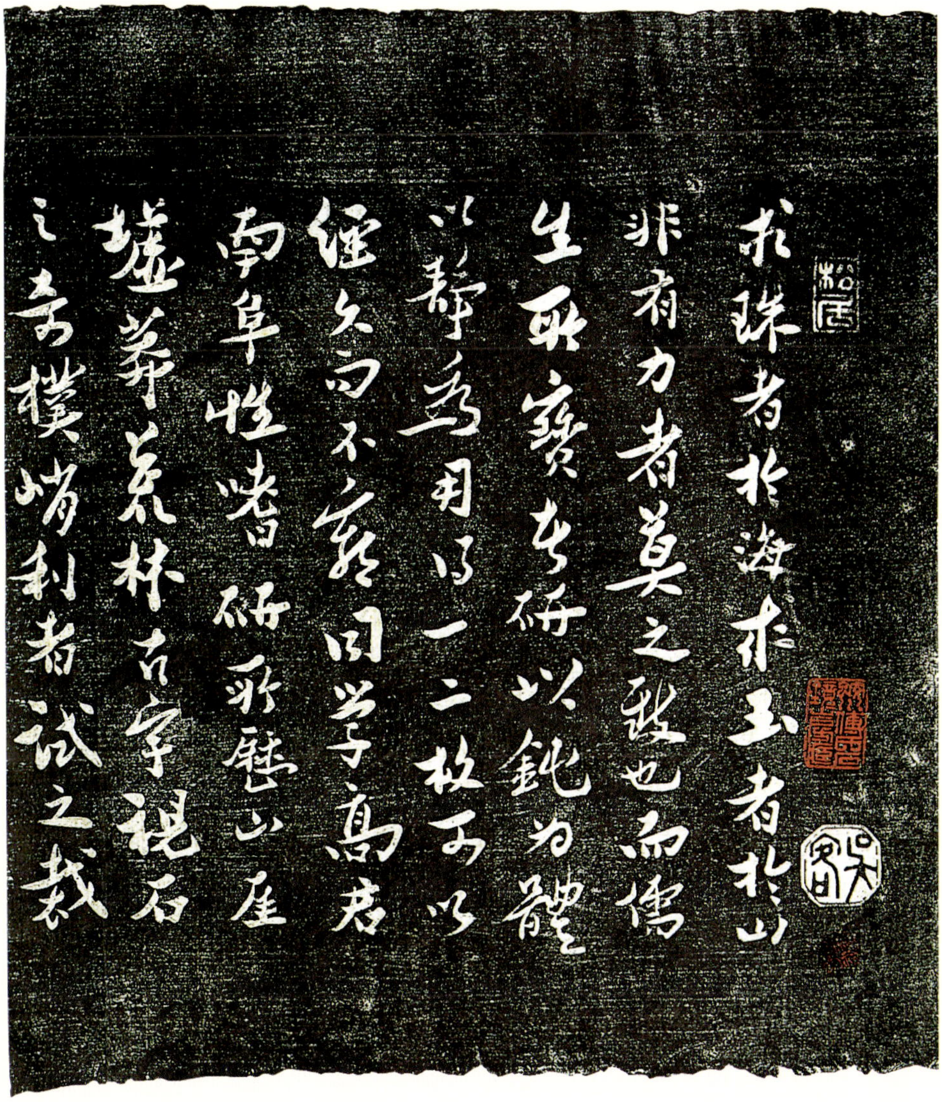

南阜硯史四卷

清高鳳翰撰。清咸豐元年(1851)秀水王相勒石拓本。鈐有“曾在傅懷園家”、“蛟川傅氏石鏡山房藏”、“路大荒”等印記。

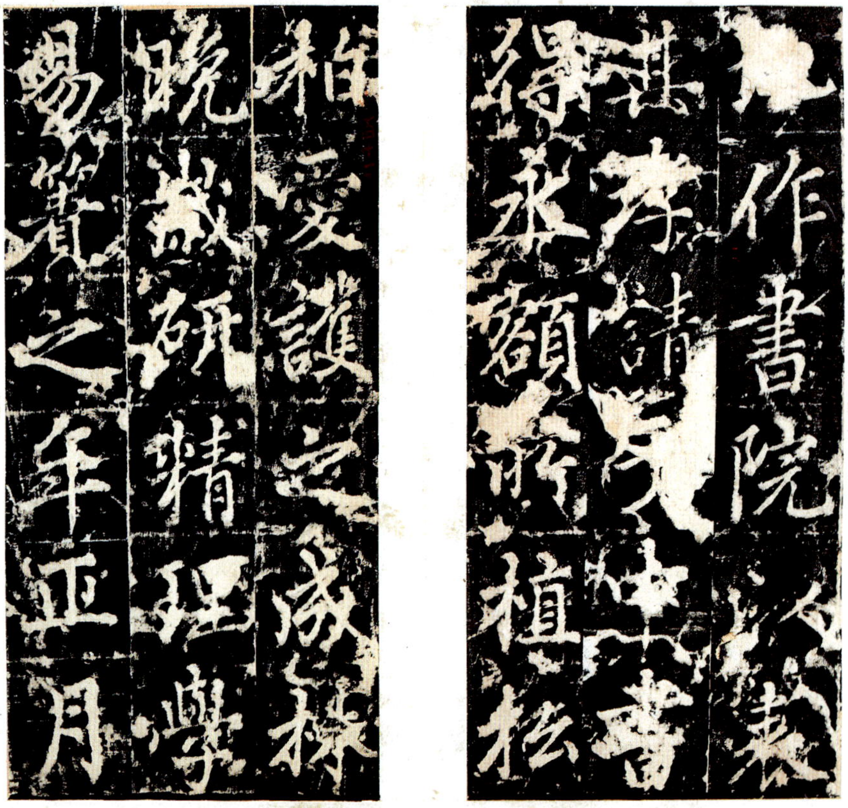

許公碑

清拓本。半葉三行，行六字。經摺裝。

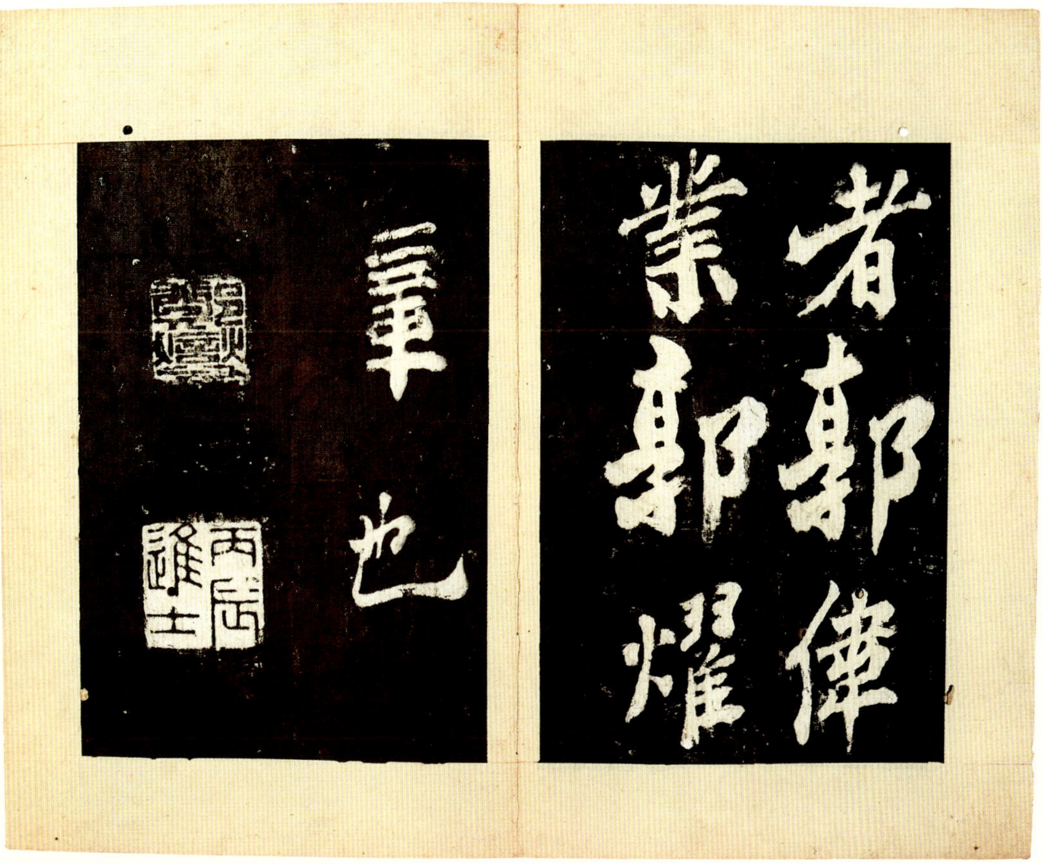

重修濰城記

清鄭燮書。清拓本。經摺裝。

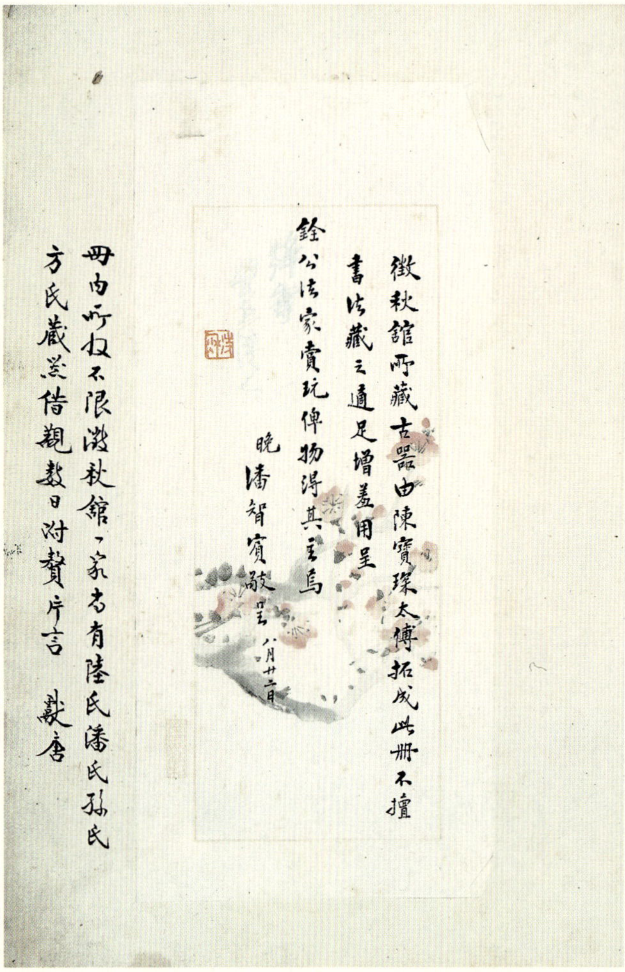

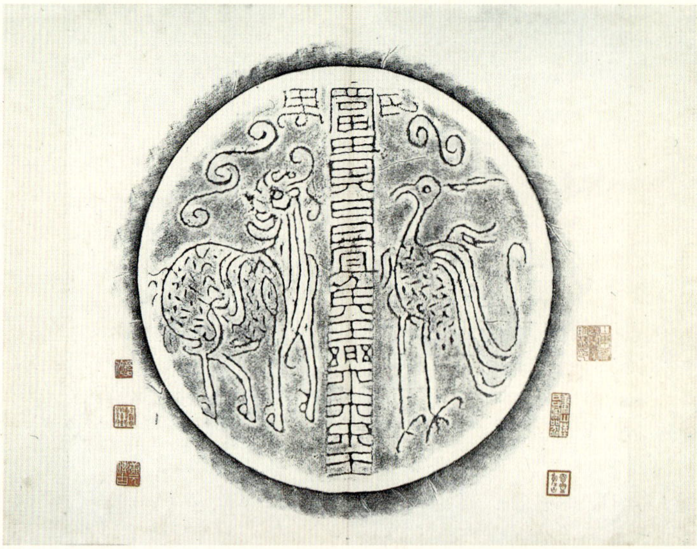

寒金墨語不分卷

清陳寶琛輯拓本(王獻唐、潘智賓跋)。行、字不一。有潘智賓、王獻唐題記,徵秋館藏本。鈐有"蕭山陸氏藏器"、"耷齋集古"、"康元傳古"、"金谿周康元所拓吉金文字印"、"語舲"、"澂秋館"、"希丁手拓金石文字"、"甲子孟冬希丁拓于閩縣嬴江"等印記。經摺裝。

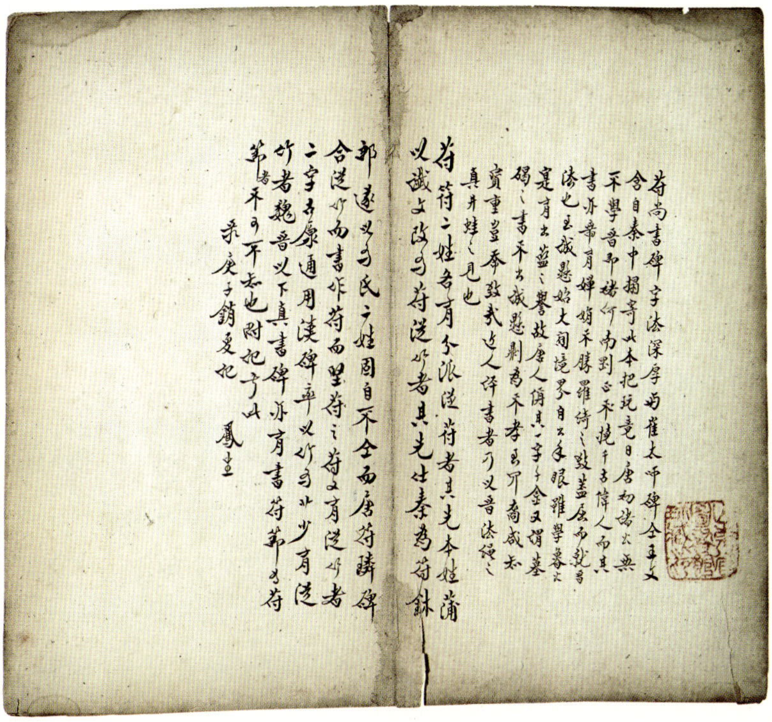

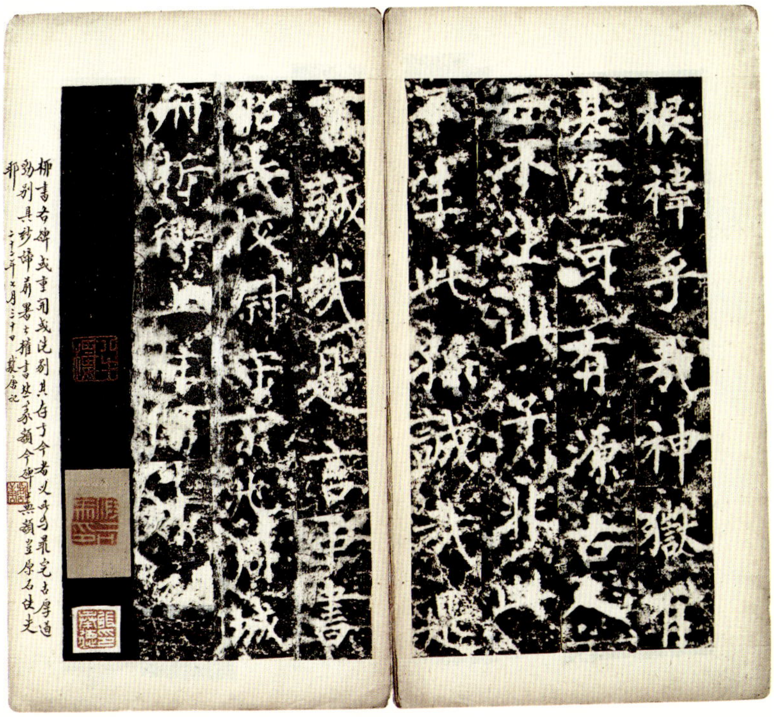

苻公神道碑

唐柳公權書。舊拓本（王獻唐題記）。鈐有“泮樓”、“張奉德印”、“假司馬印”、“榮福泉”、“榮寶”、“獻唐”、“雙行精舍”等印記。

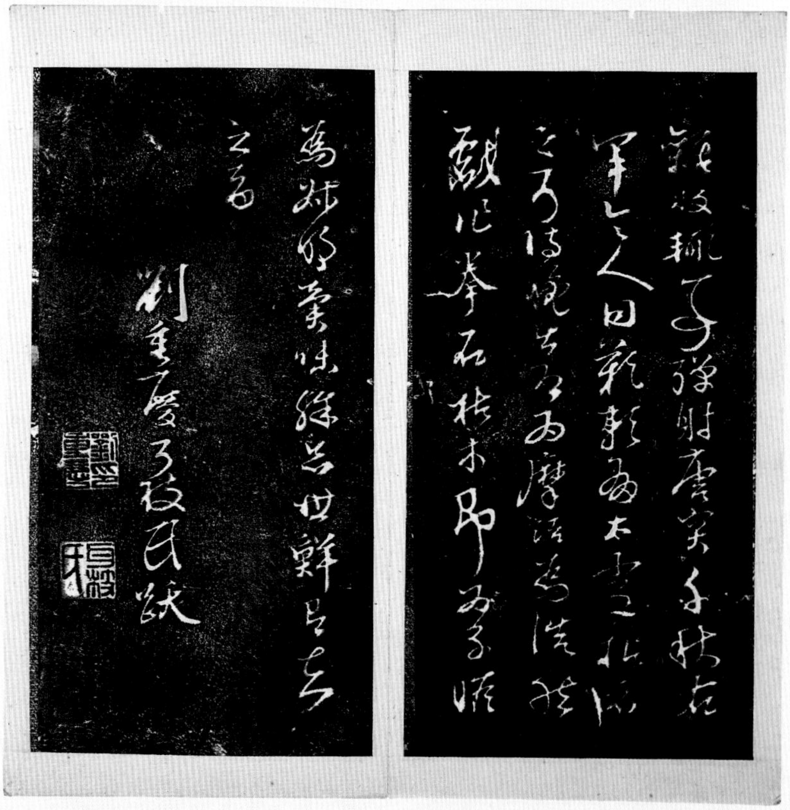

來禽館帖

明邢侗書，明王洽輯。舊拓本。經摺裝。

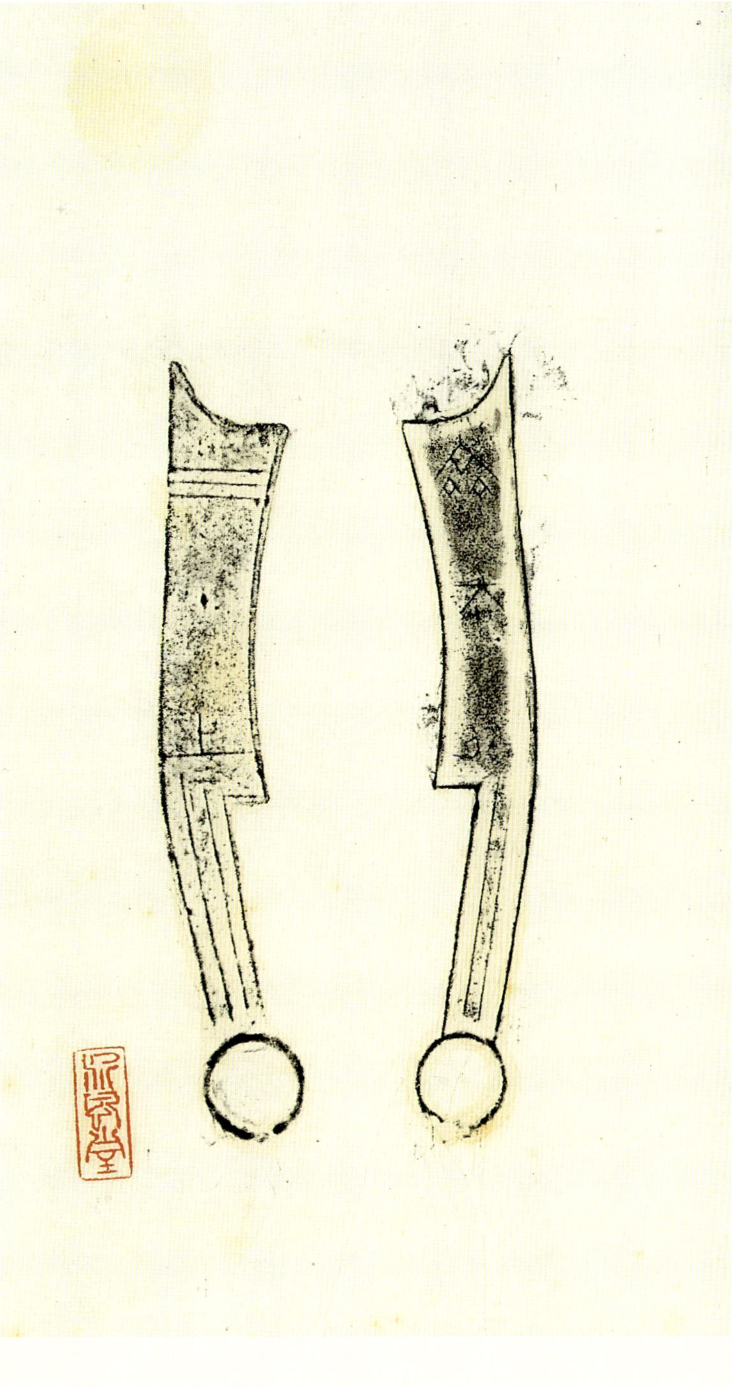

簠齋所藏齊刀範不分卷

清陳介祺輯。拓本。書名據函套題簽擬定。無序跋。鈐有“沂風堂”、“熙如”等印記。

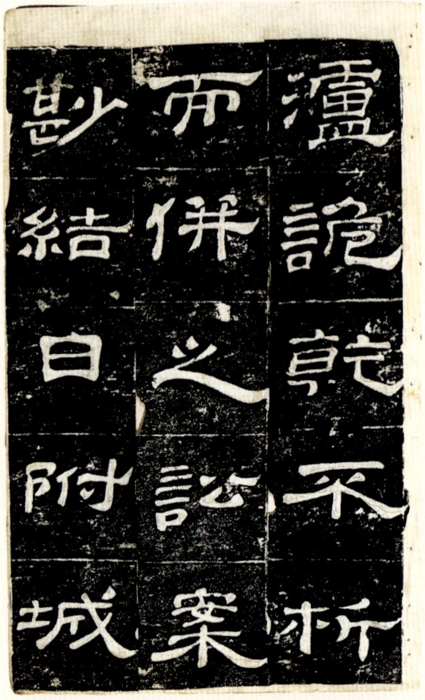

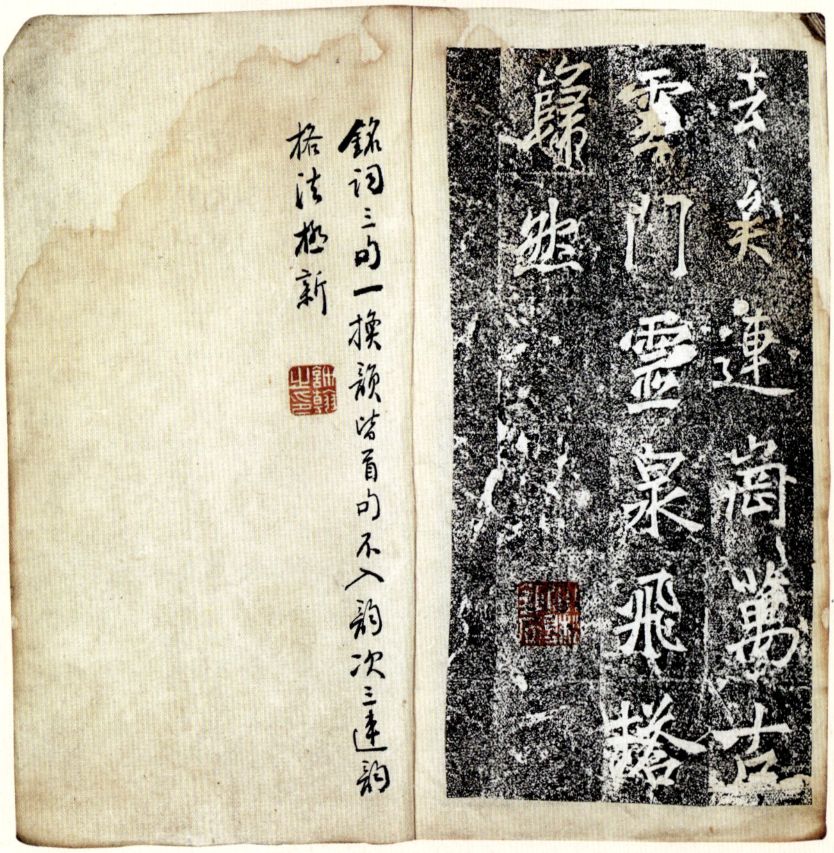

黃秋盦藏碑刻五種

舊拓本(許瀚跋)。鈐有"許翰之印"、"小松所得金石"等印記。

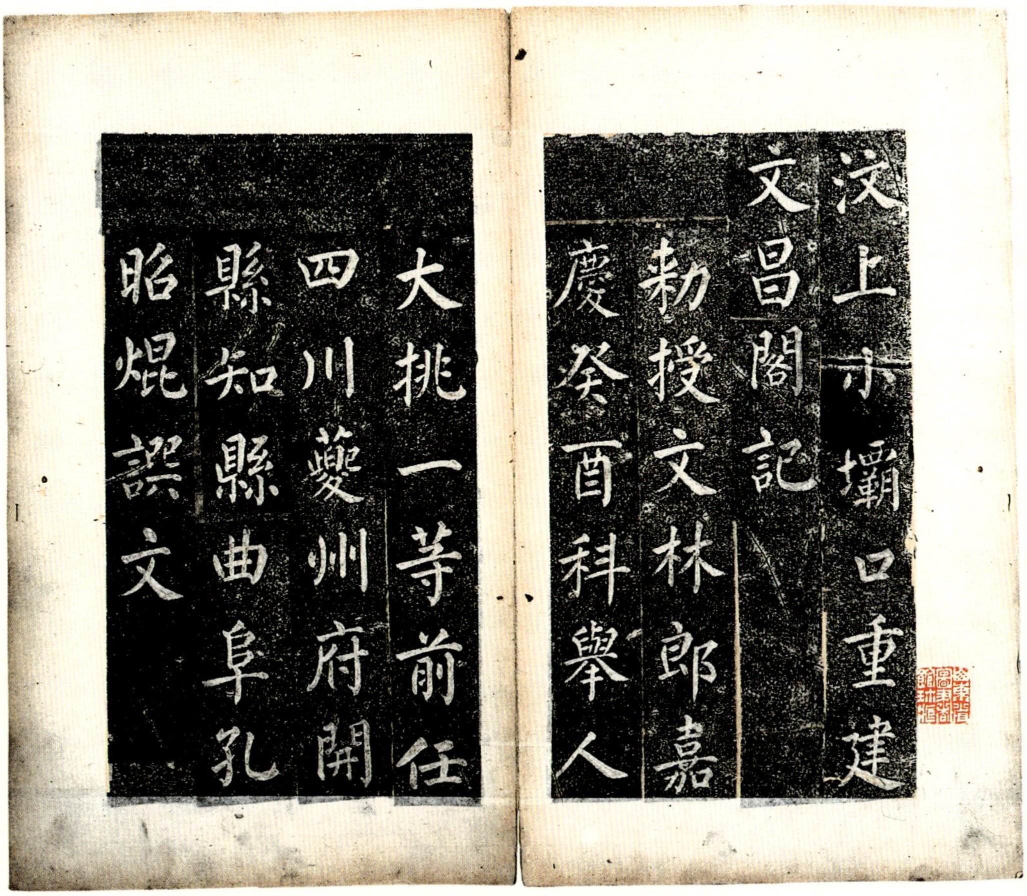
汶上小壩口重建
文昌閣記
敕授文林郎嘉
慶癸酉科舉人
大挑一等前任
四川夔州府開
縣知縣曲阜孔
昭焜譔文

汶上小壩口重建文昌閣碑記

精拓本。半葉四行,行七字。經摺裝。

龜甲文拓片一卷

舊拓本。

秦漢瓦當文字不分卷

清陳介祺輯。原拓本。鈐有“羸縮研齋”、“古瓦量齋”、“集秦斯之大觀”、“寶康瓠室”、“簠齋先秦文字”等印記。

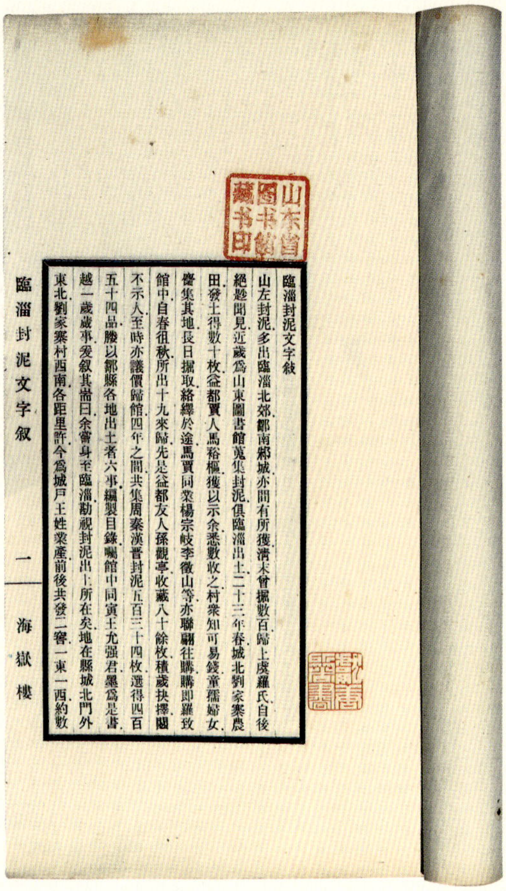

臨淄封泥文字敘

山左封泥多出臨淄北郊鄒南郲城亦間有所獲清末曾掘數百歸上虞羅氏自後絕少聞見近歲爲山東圖書館蒐集封泥俱臨淄出土二十三年春城北劉家寨農田發土得數十枚益都賈人馬裕樞獲以示余悉數收之村衆知可易錢童孺婦女麕集其地長日掘取絡繹於途馬賈同業楊宗岐李徵山等亦聯翩往購購即羅致館中自春徂秋所出十九來歸先是益都友人孫觀亭收藏八十餘枚積歲抉擇閟不示人至時亦議價歸館四年之間共集周秦漢晉封泥五百三十四枚選得四百五十四品賸以鄒縣各地出土者六事編製目錄囑館中同寅王允强君畢爲是書越一歲歲事爰敘其耑曰余嘗身至臨淄勘視封泥出土所在矣地在縣城北門外東北劉家寨村西南各距里許今爲城戶王姓業產前後共發二窖一東一西約數

臨淄封泥文字敘　一　海嶽樓

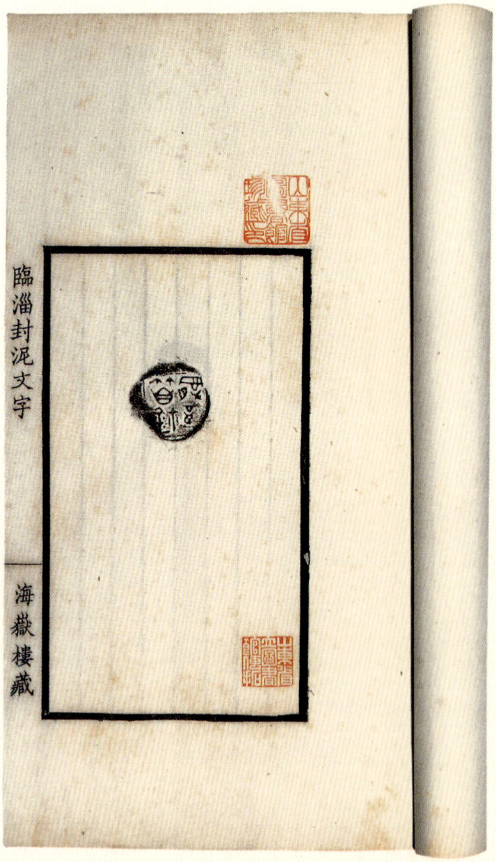

臨淄封泥文字不分卷目錄一卷敘一卷

王獻唐編。民國二十五年(1936)山東省立圖書館拓本。框 16.4×9.5 釐米。版心鐫有:"海嶽樓藏"。題簽下有"海嶽廔金石叢編之五"。鈐有"獻唐所著書"等印記。

學山堂印譜五卷首一卷

明張灝輯並藏。明崇禎刻鈐印本。行、字不一，白口，四周單邊。框 24.9×14.6 釐米。序前有“心鐵齋”、“映雪山房”、“雪巖”印。卷末有“陽邱酒狂”印。

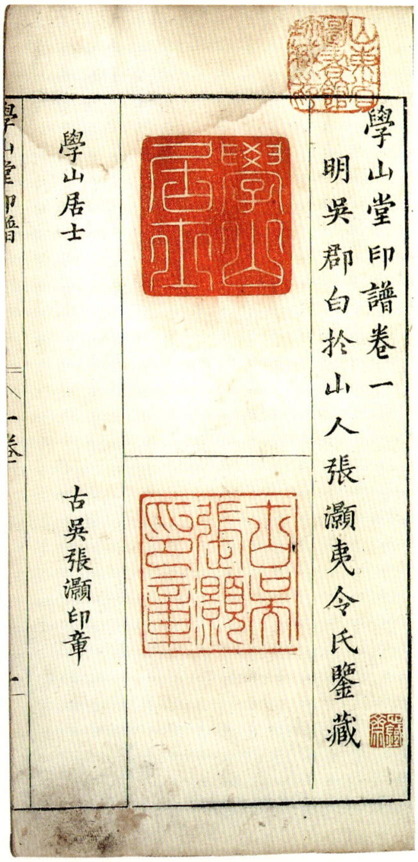

周櫟園印譜不分卷

清周亮工輯並藏。清鈐印本。行、字不一，無序跋。有郭起隆題“秦漢風脈”，下有“郭七”、“南盧”印。

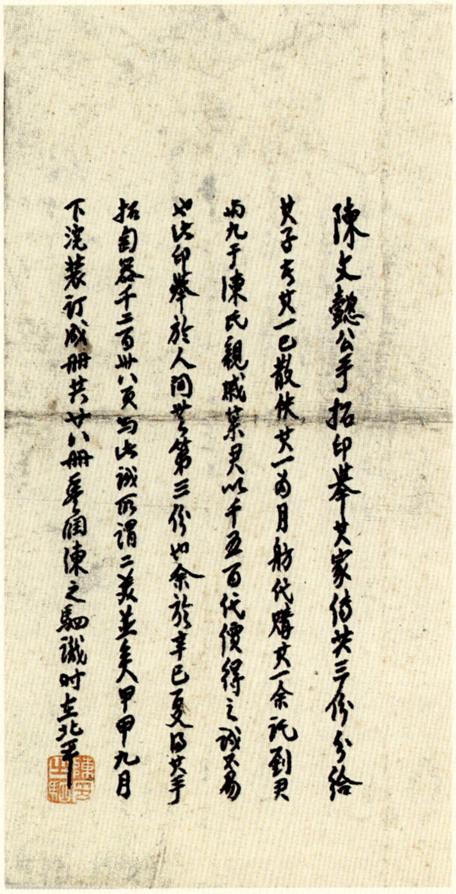
陳文懿公手拓印舉其家傳共三份分給
其子其孫一已散佚其一爲月舫代購其一余託劉君
丙九于陳氏親戚案見以千五百代價得之識其爲
此印舉於人間者第三份也余於辛巳夏得其手
拓自器千二百卅八頁爲此識所謂二美並矣甲申九月
下浣裝訂成册共廿八册吳縣陳之驅識时在北平

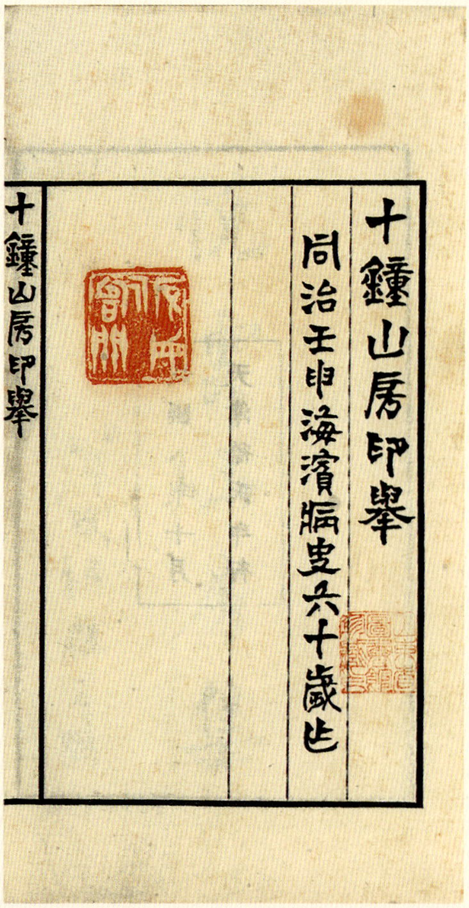
十鐘山房印舉
同治壬申海濱病叟六十歲正
十鐘山房印舉

十鐘山房印舉不分卷

清陳介祺輯並藏。清同治十一年(1872)鈐印本。版心鐫有:“濰水陳氏藏”。框 18.3×12.8 釐米。封面題:“同治十一年拓本”。前有清陳之驅跋,卷端有“同治壬申海濱病叟六十歲正”。封面題簽鈐有“陳之驅印”印記。

續齊魯古印攈

清郭祐之輯藏。清光緒十八年(1892)刻鈐印本。框 17.4×10.0 釐米。有牌記:“光緒壬辰濰縣郭氏定本”。前有光緒十七年宋書升序。

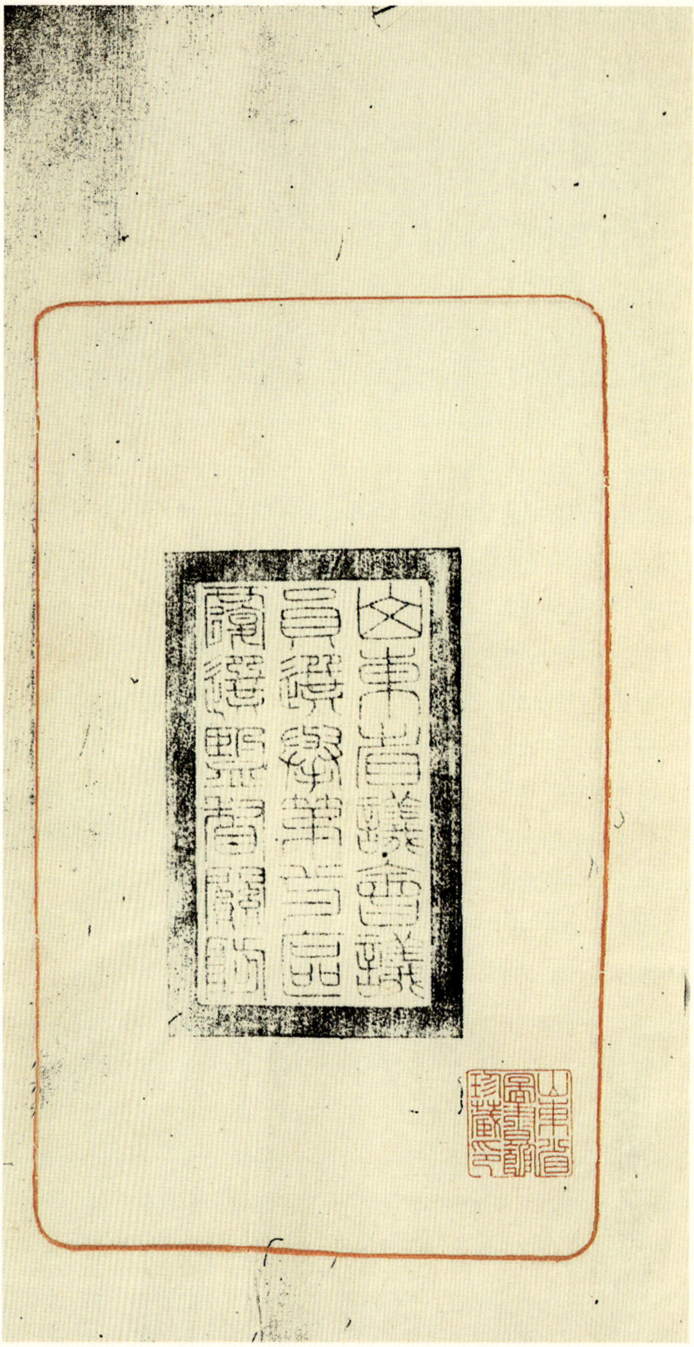

山東省議會議員選舉監督關防印底

民國七年(1918)鈐印本。框 18.9×11.7 釐米。山東省事務所頒發復選監督關防十三顆浮水印。封面有“辛培和印”。

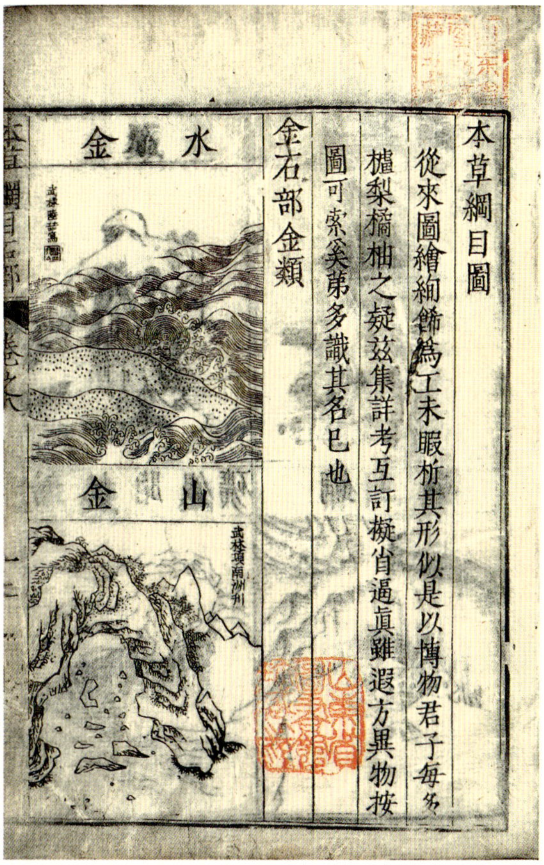

本草綱目圖

從來圖繪絢飾爲工未暇析其形似是以博物君子每多樝梨橘柚之疑茲集詳考互訂擬肖逼真雖遐方異物按圖可索奚弟多識其名已也

金石部金類

水金

山金

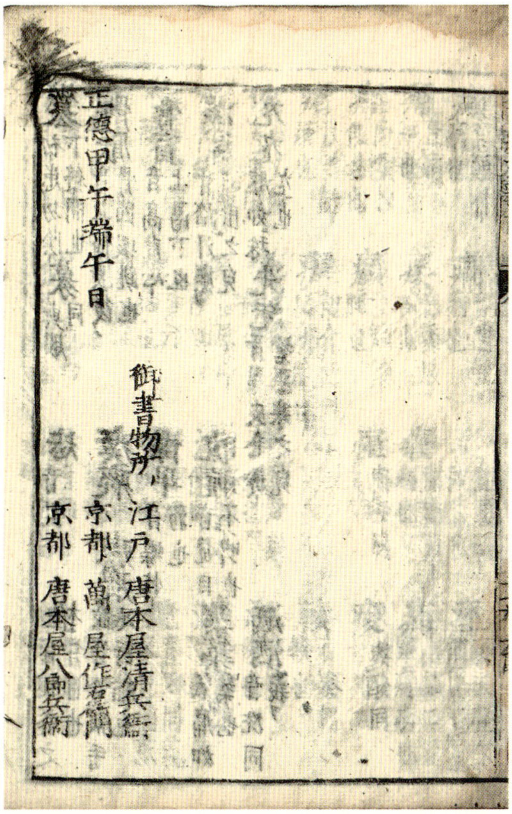

正德甲午端午日

御書物所　江戸　唐本屋清兵衛

京都　萬屋作右衛門

京都　唐本屋八郎兵衛

本草綱目五十二卷首一卷圖經二卷脈一卷奇經八脈一卷

明李時珍撰。日本正德二至四年(1712—1714)刻本(日文朱筆注釋)。半葉九行,行二十字,白口,四周單邊。框 22.1×15.6 釐米。

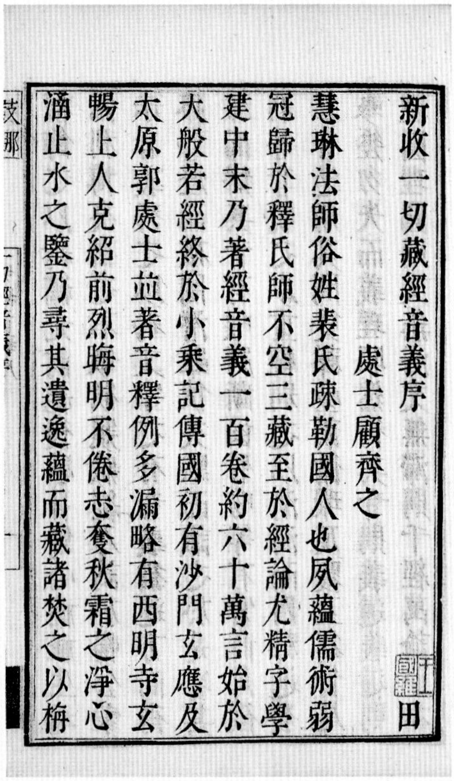

新收一切藏經音義序　處士顧齊之
慧琳法師俗姓裴氏踈勒國人也夙藴儒術弱
冠歸於釋氏師不空三藏至於經論尤精字學
建中末乃著經音義一百卷約六十萬言始於
大般若經終於小乘記傳國初有沙門玄應及
太原郭處士竝著音釋例多漏略有西明寺玄
暢上人克紹前烈晦明不倦志奪秋霜之淨心
涵止水之鑒乃尋其遺逸藴而藏諸焚之以栴

燕京崇仁續一切經音義十局
高麗國大藏都監奉　勅雕造
其本傳在本山今新上木播之
海內印板置當院矣
大日本延享二年乙丑冬十一月
高野山北室院沙門堯昌謹誌

一切經音義二十卷

唐慧林撰。日本延享二年(1745)刻本。半葉十行,行二十字,白口,四周雙邊。框 22.1×14.5 釐米。封面有羅振玉題字。鈐有“振玉印信”、“儉餘齋印”、“王國維”、“臣北元印”、“邱氏善甫之章”等印記。

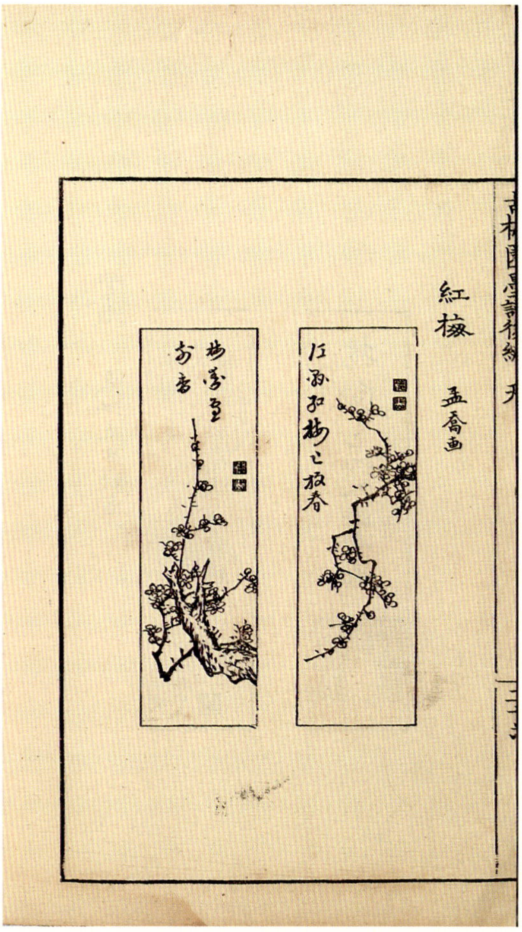

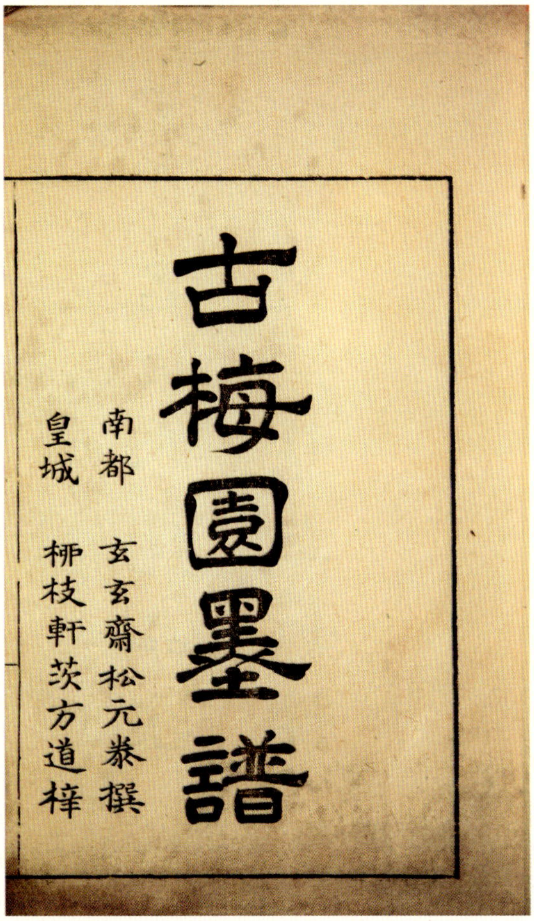

古梅園墨譜不分卷

日本松井元泰撰。古梅園墨譜後編不分卷。日本松井元彙，松井元陳輯。日本安永二年(1773)柳枝軒刻本。有圖。行、字不一。框 20.7×14 釐米。封面題："皇城柳枝軒茨方道梓"。卷末題："安永貳年癸巳春刻"。

岡公翼先生纂輯

毛詩品物圖考

浪華　四書坊梓

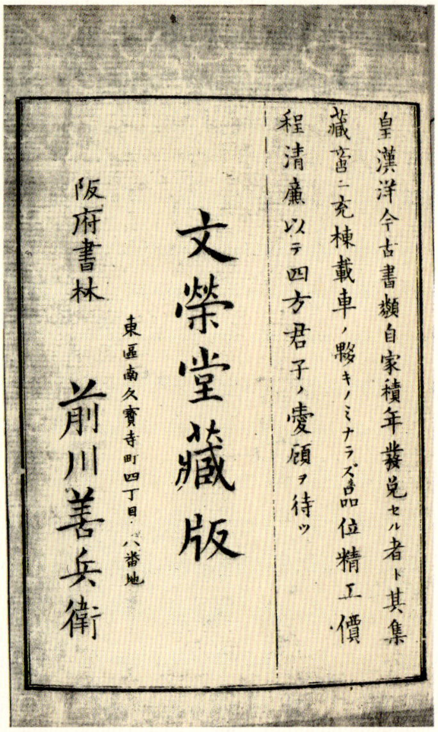
皇漢洋今古書類自家積年蒐覓セル者ト其集
藏富ニ充棟載車ノ夥キノミナラズ品位精工價
程清廉以テ四方君子ノ慶顧ヲ待ツ

文榮堂藏版

阪府書林
東區南久寶寺町四丁目八番地
前川善兵衛

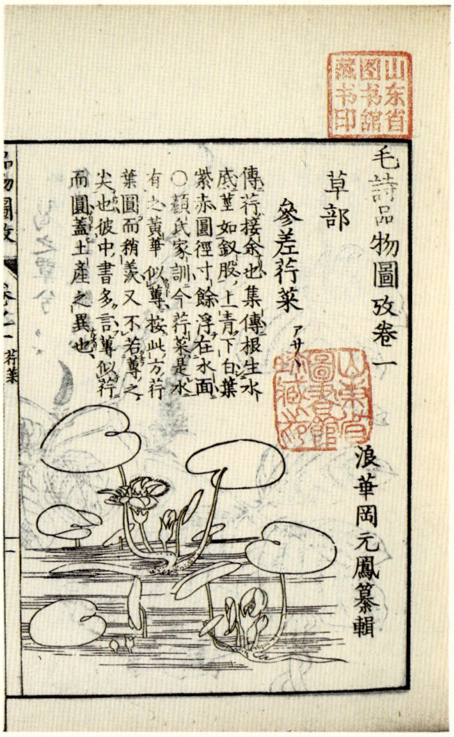
毛詩品物圖攷卷一

浪華岡元鳳纂輯

草部

參差荇菜 アサヾ

傳荇接余也集傳根生水底莖如釵股上青下白葉紫赤圓徑寸餘浮在水面○顏氏家訓今荇菜是水有之黃華似蓴按此方荇葉圓而稍羨又不若蓴之尖也彼中書多言蓴似荇而圓蓋土產之異也

毛詩品物圖考七卷

日本岡元鳳纂。日本天明四書坊刻本。有圖。行、字不一，白口，四周單邊。框 19×14.1 釐米。鈐有“湘颿”、“郭校之印”等印記。

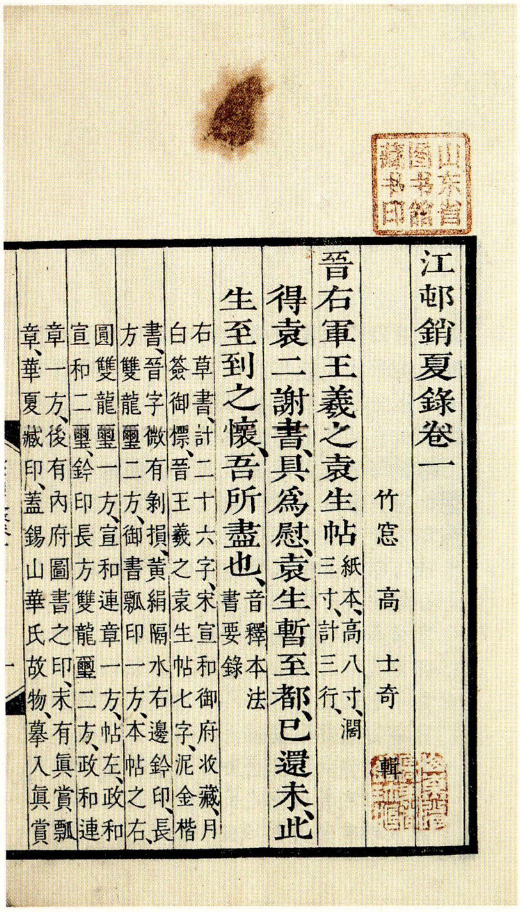

江邨銷夏錄卷一
竹窻 高士奇 輯
晉右軍王羲之袁生帖 紙本、高八寸、濶三寸、計三行、
得袁二謝書具爲慰袁生暫至都已還未此生至到之懷吾所盡也、 音釋本法書要錄
右草書計二十六字、宋宣和御府收藏、月白簽御標、晉王羲之袁生帖七字、泥金楷書晉字微有剝損、黃絹隔水右邊鈐印長方雙龍璽二方、御書瓢印一方、本帖之右圓雙龍璽一方、宣和連章一方、帖左政和宣和二璽、鈐印長方雙龍璽二方、政和連章一方、後有內府圖書之印、末有眞賞瓢章、華夏藏印、蓋錫山華氏故物、摹入眞賞

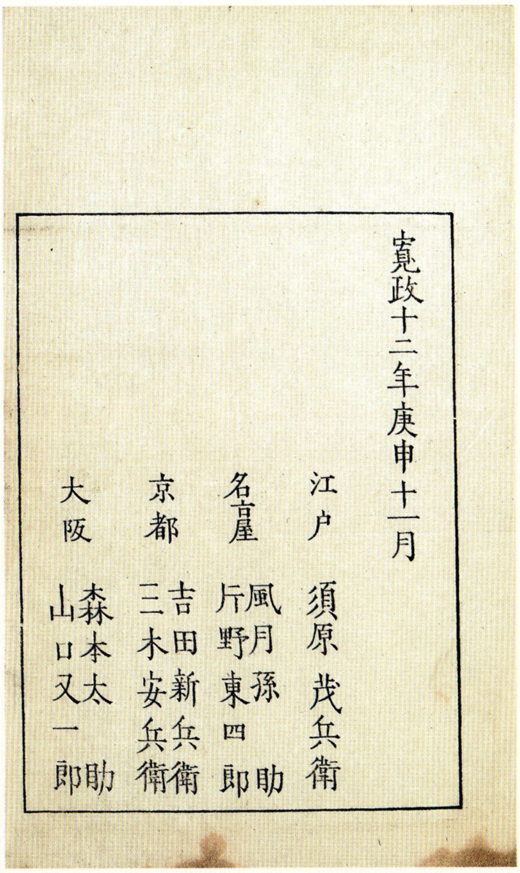

寛政十二年庚申十一月
江戸 須原茂兵衛
名古屋 風月孫助
片野東四郎
京都 吉田新兵衛
三木安兵衛
大阪 森本太助
山口又一郎

江邨銷夏錄三卷

清高士奇輯。日本寬政十二年(1800)江戶須原茂兵衛等刻本。半葉九行,行十八字,白口,左右雙邊。框18×14.3釐米。

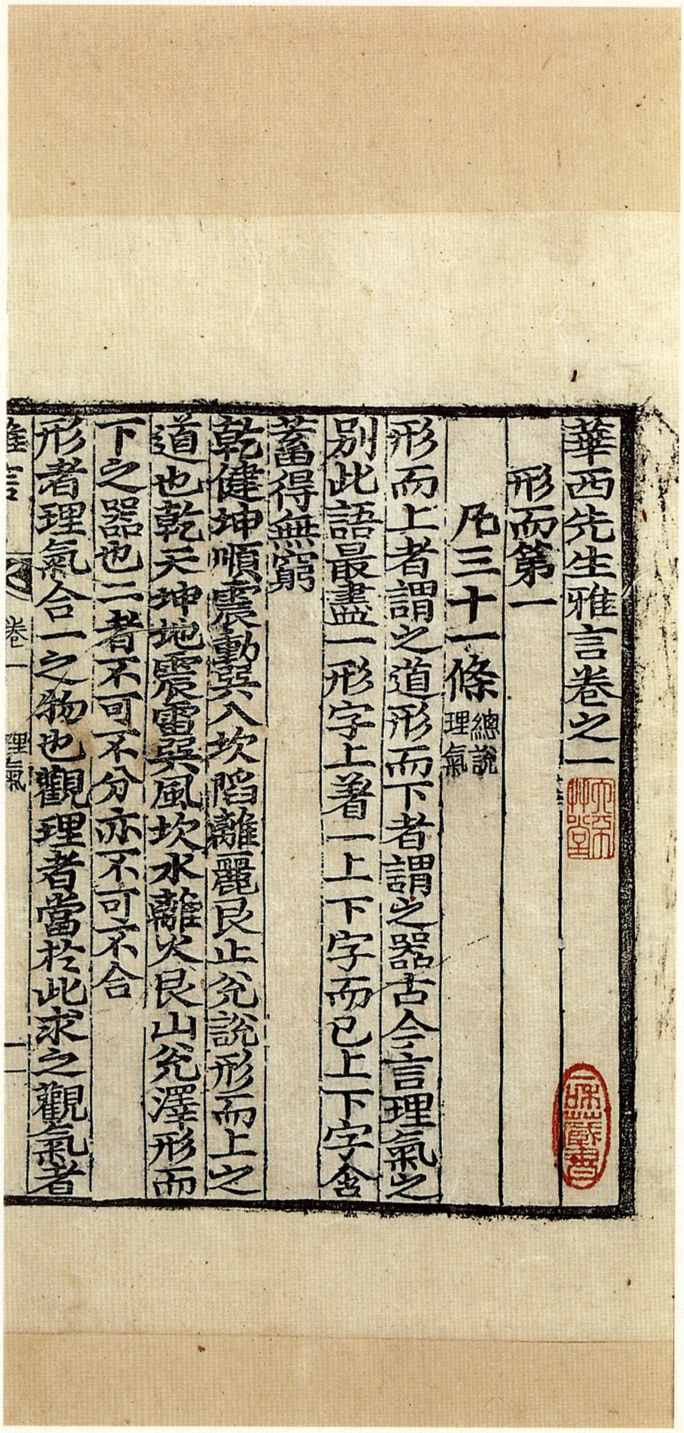
華西先生雅言卷之一
形而第一
凡三十一條 總說理氣
形而上者謂之道形而下者謂之器古今言理氣之
別此語最盡一形字上著一上下字而已上下字含
蓄得無窮
乾健坤順震動巽入坎陷離麗艮止兌說形而上之
道也乾天坤地震雷巽風坎水離火艮山兌澤形而
下之器也二者不可不分亦不可不合
形者理氣合一之物也觀理者當於此求之觀氣者

華西先生雅言十二卷

朝鮮李恒老撰。明崇禎高麗刻本(有鈔配)。高麗紙。半葉十行,行二十字,白口,四周單邊。框 20.5×16.6 釐米。鈐有“蔣一和書畫”、“一和藏書”、“六不草堂”。

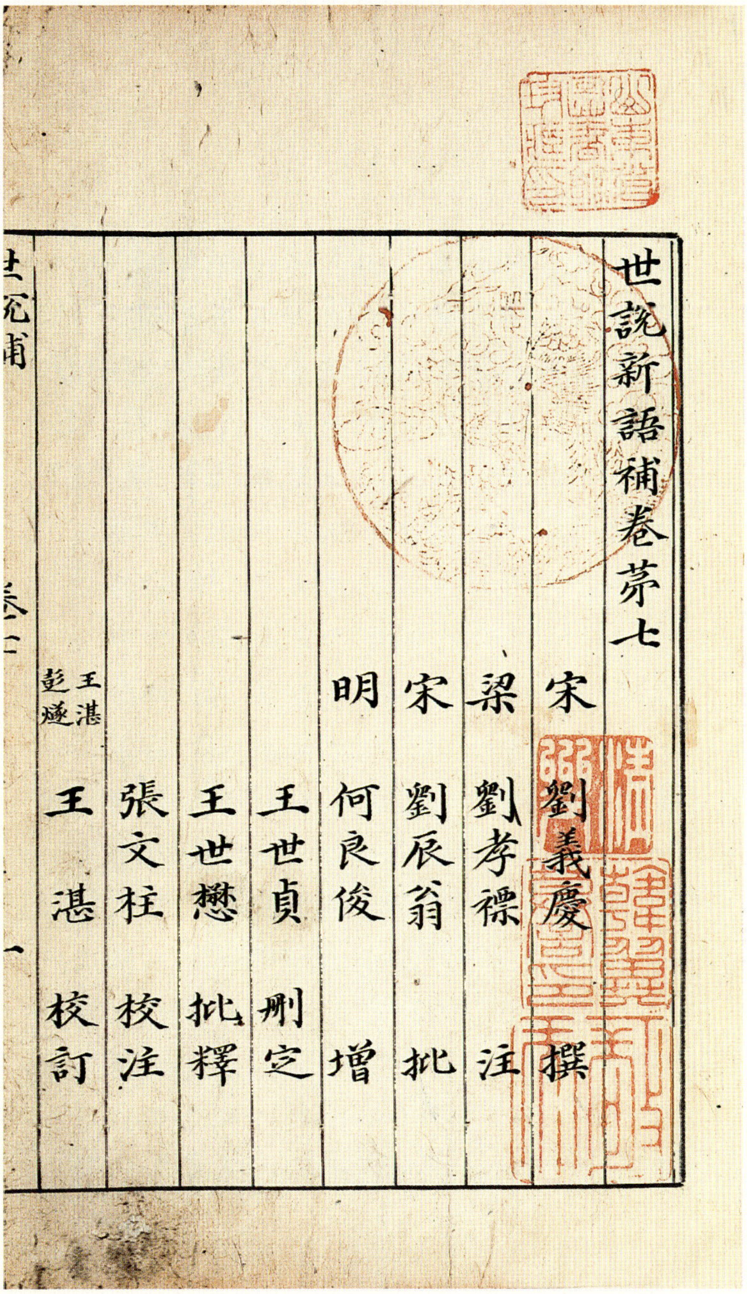
世說新語補卷苐七

宋　劉義慶　撰

梁　劉孝標　注

宋　劉辰翁　批

明　何良俊　增

王世貞　刪定

王世懋　批釋

張文柱　校注

王湛　彭燧　王　湛　校訂

世說補　卷七　一

世説新語補二十卷

梁劉孝標撰，明何良俊增補，明王世貞刪定，明王世懋批釋，明張文柱校注。釋名一卷。高麗精鈔本（依明萬曆張文柱本鈔）。半葉九行，行十八字，小字雙行十八字，白口，左右雙邊。框 18.5×13.4 釐米。有“韓翼謩印”、“青州人”、“敬夫”等藏印。

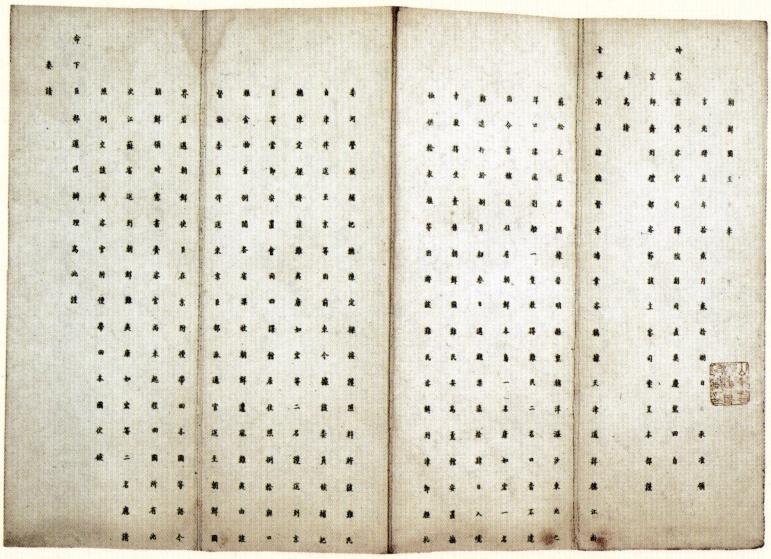

朝鮮奏摺

朝鮮李熙撰。清光緒七年(1881)朝鮮稿本。半葉六行,行二十字。經摺裝。

仕女圖

明仇英繪。彩繪本。一幅。鈐有"仇英之章"。

仇珠翎毛畫冊不分卷

明仇珠撰。彩繪本。五幅。22×21釐米。畫題“甲戌蒼朝日杜陵内史仇珠”。鈐有“杜陵内史”印記。經摺裝。

八大山人墨荷真蹟神品

明朱耷繪。彩繪本。一軸。鈐有"八大山人"、"楊氏海原閣藏"、"楊紹和鑒定"、"彥合珍存"等印記。海源閣藏品。

十美圖十幀

清冷枚繪。彩繪本。鈐有“枚”印記。册葉裝。

勝朝君臣遺像四十四幀

清佚名繪。彩繪本。即明朝君臣像，有朱元璋、劉基、朱源、史可法、戚繼光、董其昌等人。

木蘭秋獮圖

清佚名繪。彩繪本。一幅。長 2.44 米,寬 1.44 米。

義犬

潞安某甲父陷獄將死搜括囊蓄得百金將詣郡關說跨騾出則所養黑犬從之呵逐便退既走則又從之鞭逐不返從行數十里某下騎趨路側私焉既乃以石投犬犬始奔去既行則犬歘然復來嚙騾尾足某怒鞭之犬吠不已忽躍在前憤齕騾首似欲阻某去路某以為不祥益怒回騎馳之視犬已遠乃返轡疾馳抵郡已暮及門腰橐金亡其半涔涔汗下魂魄都失輾轉終夜頓念犬吠有因候關出城細審來途又自計南北衝衢行人如蟻遺金豈有存理逡巡至下騎所見犬斃草間毛汗溼如洗提耳起視則封金儼然感其義買棺葬之人以為義犬塚云

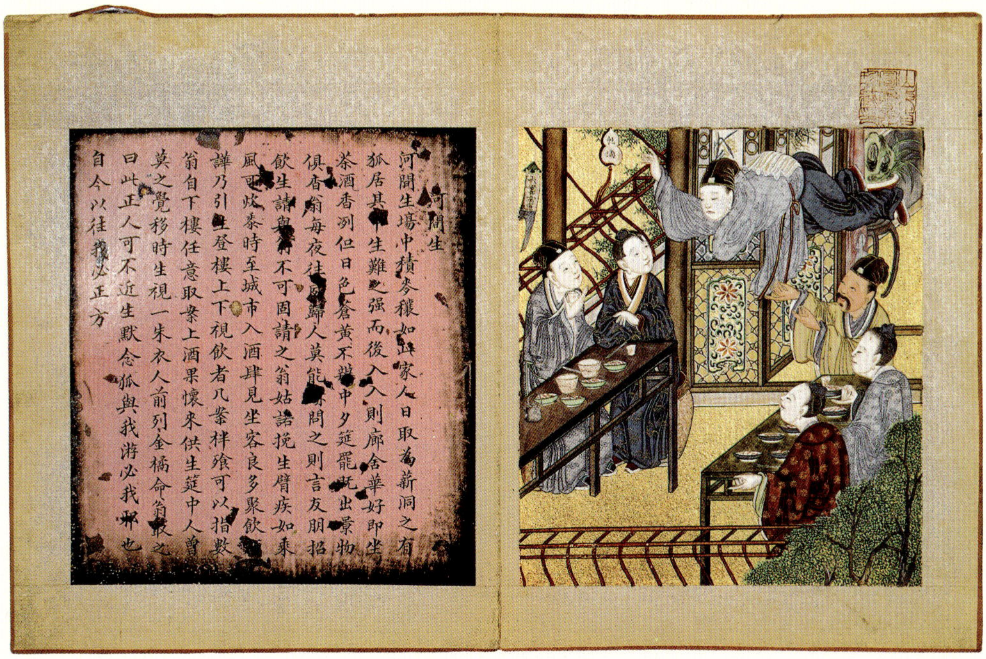

河間生

河間生場中積麥穣如山家人日取為薪洞之有狐居其中生難之強而後入入則廊舍華好即坐茶酒香冽但日色蒼黃不辨中夕筵罷既出景物俱杳翁每夜往夙歸人莫能跡問之則言友朋招飲生請與偕翁不可固請之翁始諾挽生臂疾如乘風可炊黍時至城市入酒肆見坐客良多聚飲頗譁乃引生登樓上下視飲者几案柈飧可以指數翁自下樓任意取案上酒果懷來供生筵中人曾莫之覺移時生視一朱衣人前列金橘命翁取之曰此正人可不近生默念狐與我游必我邪也自今以往我必正方

聊齋志異圖繪

清咸豐光緒間彩繪本。半葉十一行，行二十字。左文右圖，工筆重彩。有山神、河間生、司札吏、畫馬、跳神、義犬、二班、陸押官八篇。

丙舍讀書圖

清萬嵐寫照，汪鏞補圖。清同治四年（1865）彩繪本。一幅。長 15 米，寬 0.48 米。卷軸裝。內有祁雋藻題記，楊能格題詩，有王拯、溫葆琛、董文渙、全慶、黃倬、龐鍾璐、桑春榮、潘祖蔭、邵亨豫、寶鋆、魏家驊等十四家題跋詩文。海源閣珍品之一。

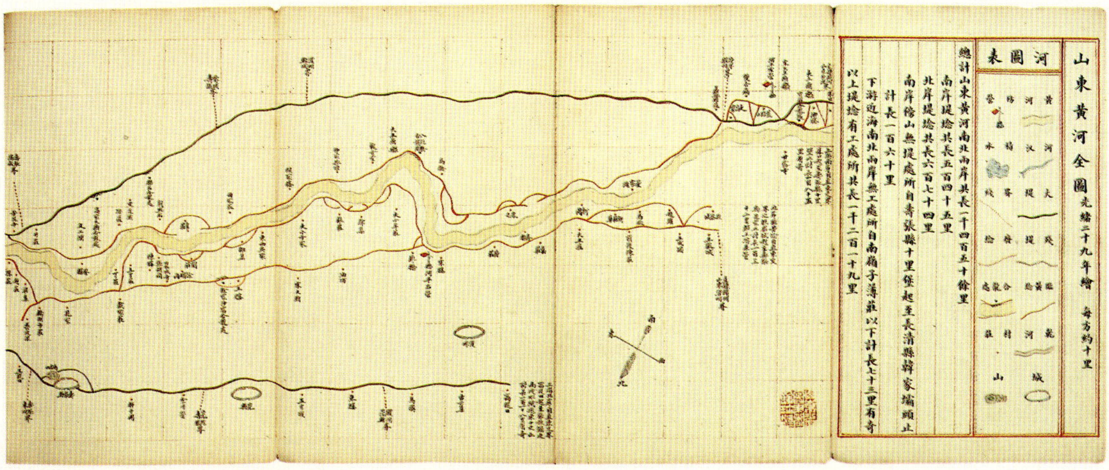

山東黃河全圖

清光緒二十九年(1903)彩繪本。經摺裝。

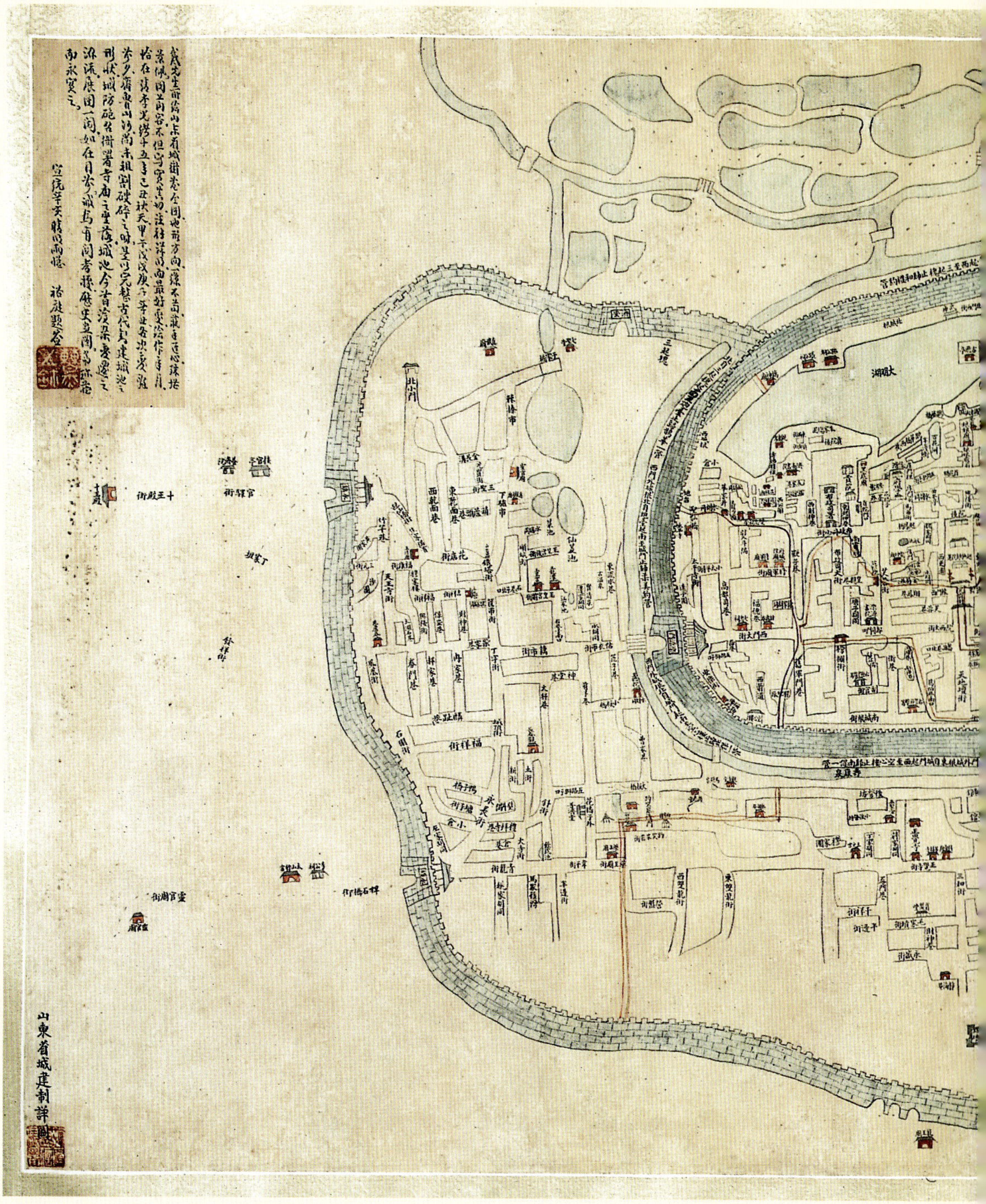

省城街巷全圖

清戴杰繪。清光緒十五年(1889)彩繪本。一軸。高 68.3 釐米,长 118.5 釐米。卷軸裝。有杏黄、淺緑、粉紅、紫、藍、紅等多種顔色,輔以蝇頭小楷注明各街巷、建筑、泉水、湖泊、河道、城墻等。是迄今爲止所發現繪製較早的古濟南建制彩繪圖。

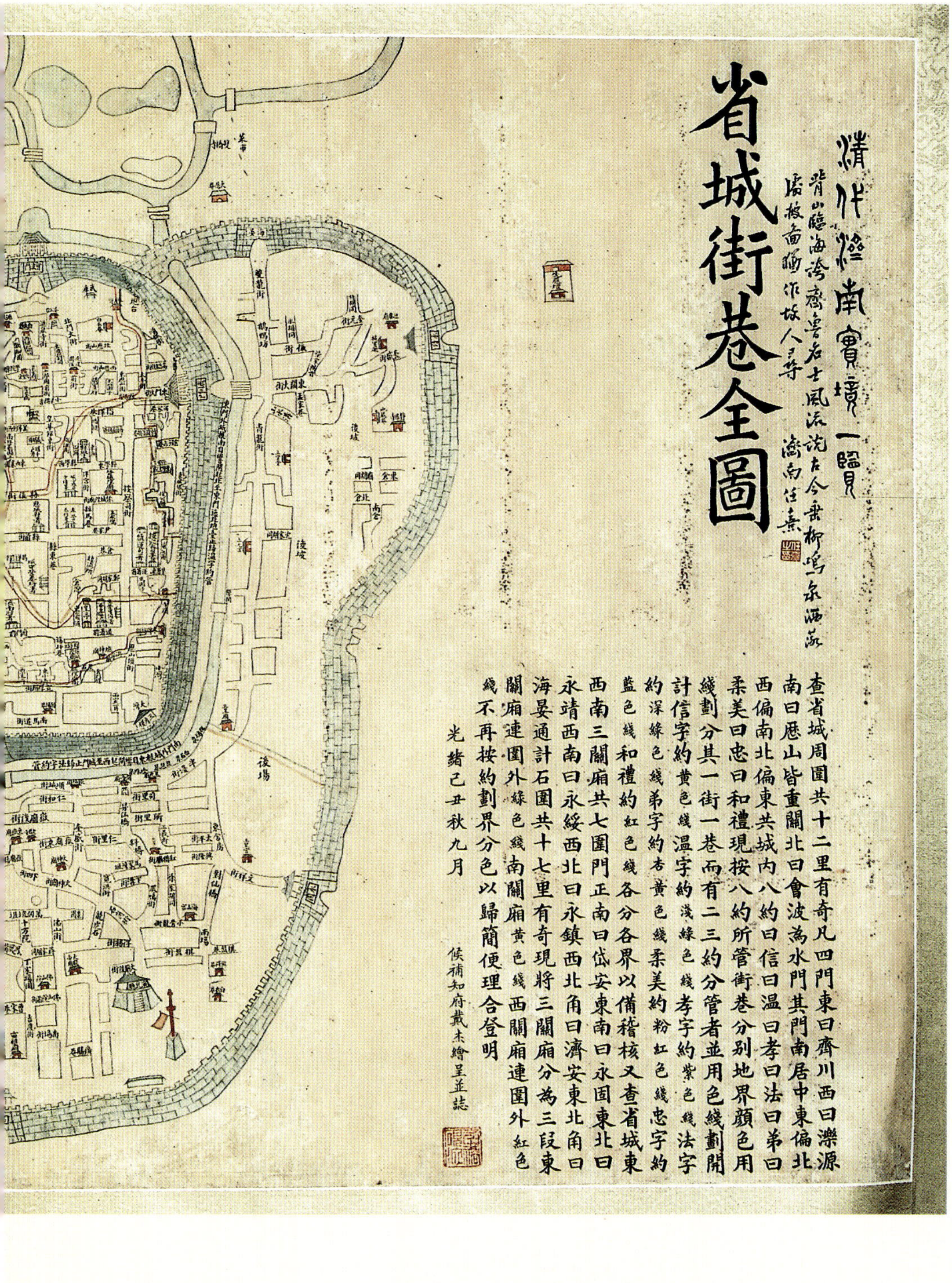
省城街巷全圖
清代濟南實境一覽
查省城周圍共十二里有奇凡四門東曰齊川西曰濼源南曰歷山皆重關北曰會波為水門其門南居中東偏北西偏南北偏東共城内八約曰信曰温曰孝曰法曰弟曰柔美曰忠曰和禮現按八約所管街巷分别地界顏色用綫劃分其一街一巷而有二三約分管者並用色綫劃開計信字約黄色綫温字約淺緑色綫孝字約紫色綫法字約深緑色綫弟字約杏黄色綫柔美約粉紅色綫忠字約藍色綫和禮約紅色綫各分各界以備稽核又查省城東西南三關廂共七圍門正南曰岱安東南曰永固東北曰永靖西南曰永綏西北曰永鎮西北角曰濟安東北角曰海晏通計石圍共十七里有奇現将三關廂分為三段東關廂連圍外緑色綫南關廂黄色綫西關廂連圍外紅色綫不再按約劃界分色以歸簡便理合登明
光緒己丑秋九月
候補知府戴杰繪呈並誌

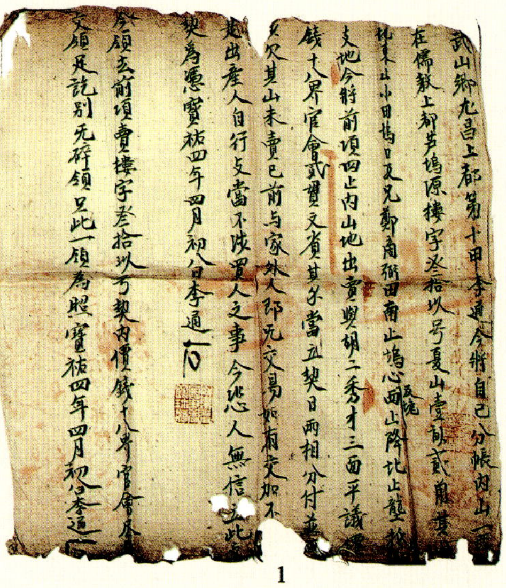

1

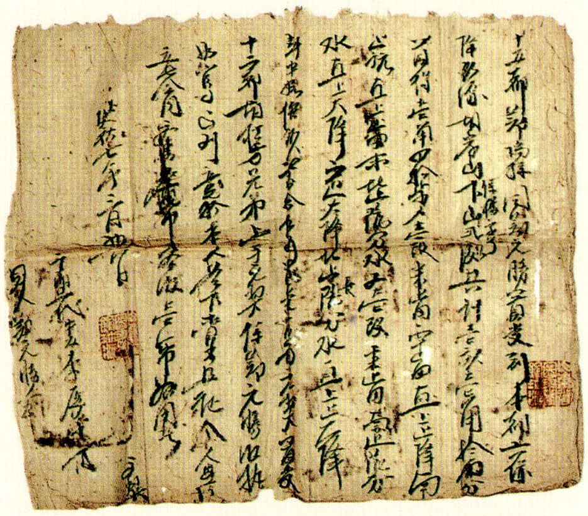

2

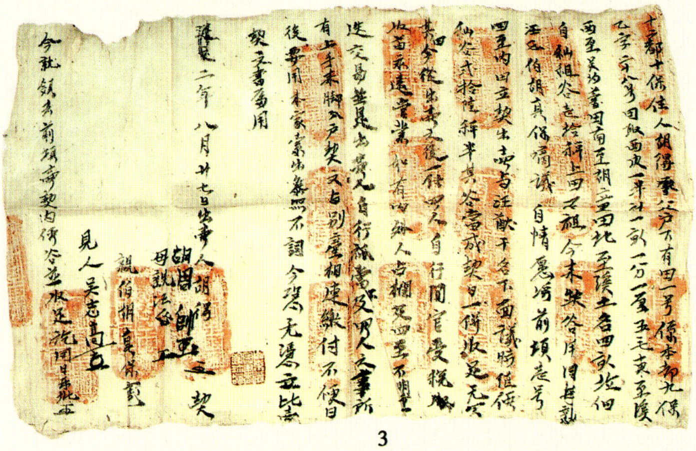

3

1　宋寶祐四年(1256)地契

2　元延祐七年(1320)地契

3　明建文二年(1400)地契

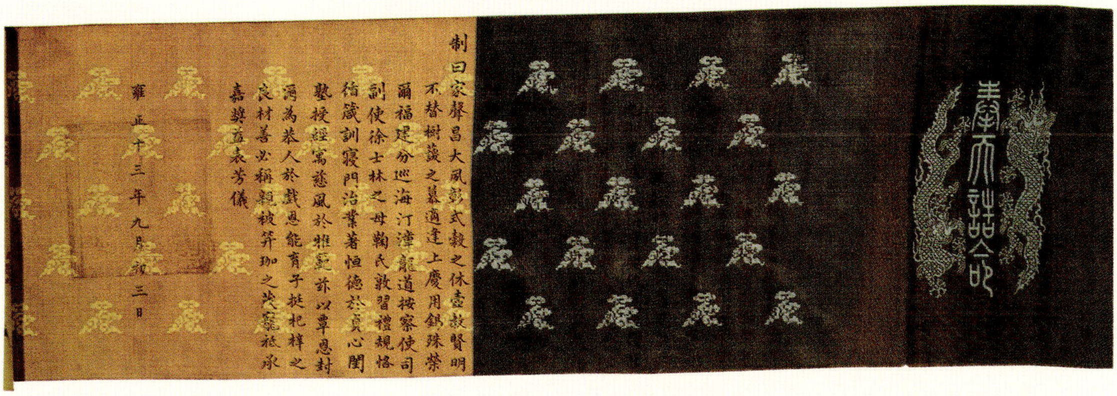

徐士林父母誥命

清雍正十三年(1735)寫本。长 254 釐米,高 30 釐米。滿漢合璧,五色刺繡。徐士林,山東文登人,清代著名的清官。

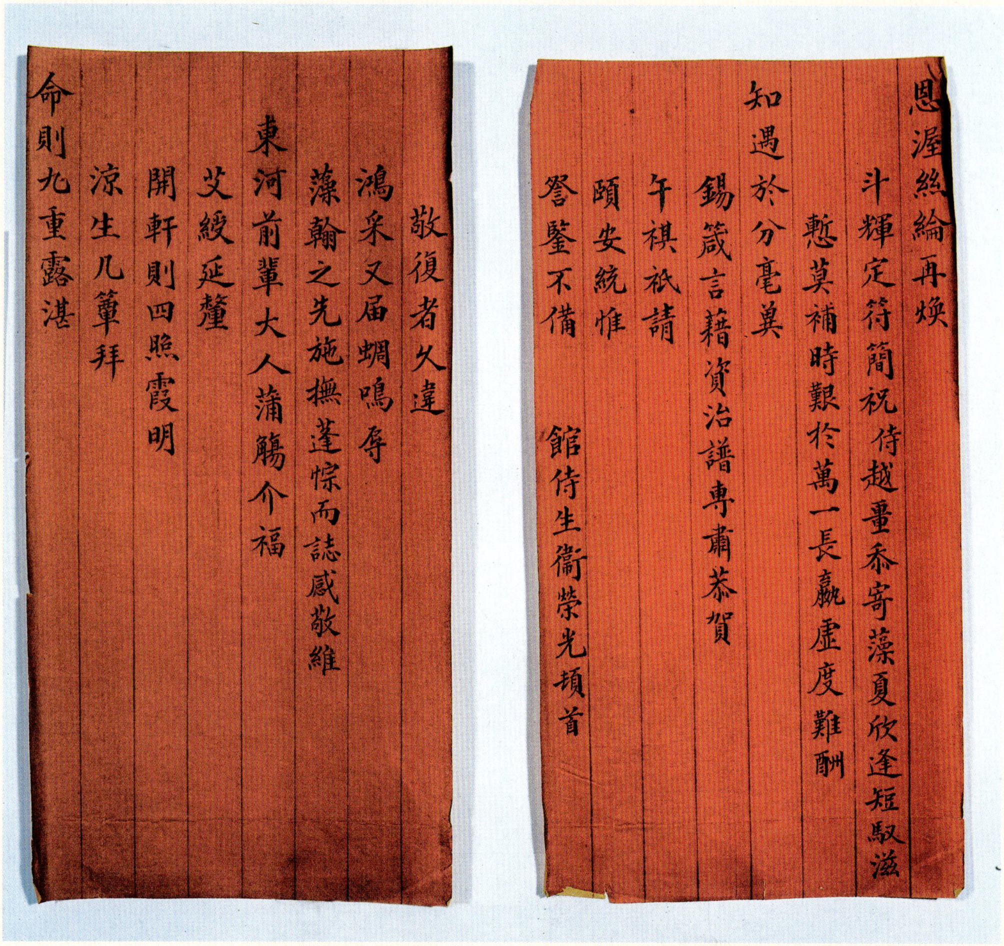

恩渥絲綸再煥
斗輝定符簡祝侍越重秝寄藻夏欣逢短馭滋
懃莫補時艱於萬一長贏虛度難酬
知遇於分毫莫
錫箴言藉資治譜專肅恭賀
午祺祗請
頤安統惟
詧鑒不備　館侍生衛榮光頓首

敬復者久違
鴻采又届蜩鳴辱
藻翰之先施撫蓬悰而誌感敬維
東河前輩大人蒲觴介福
艾綬延釐
開軒則四照霞明
涼生几筆拜
命則九重露湛

稟見畢東河紅帖

清劉汝翼等書。原札。

大清寶鈔二十九紙

清咸豐刻藍印本。有“咸豐柒年製”、“咸豐捌年製”或“咸豐玖年製”字樣。有滿漢朱印“大清寶鈔之印”，有墨印“源遠流長”、“節以制度”。

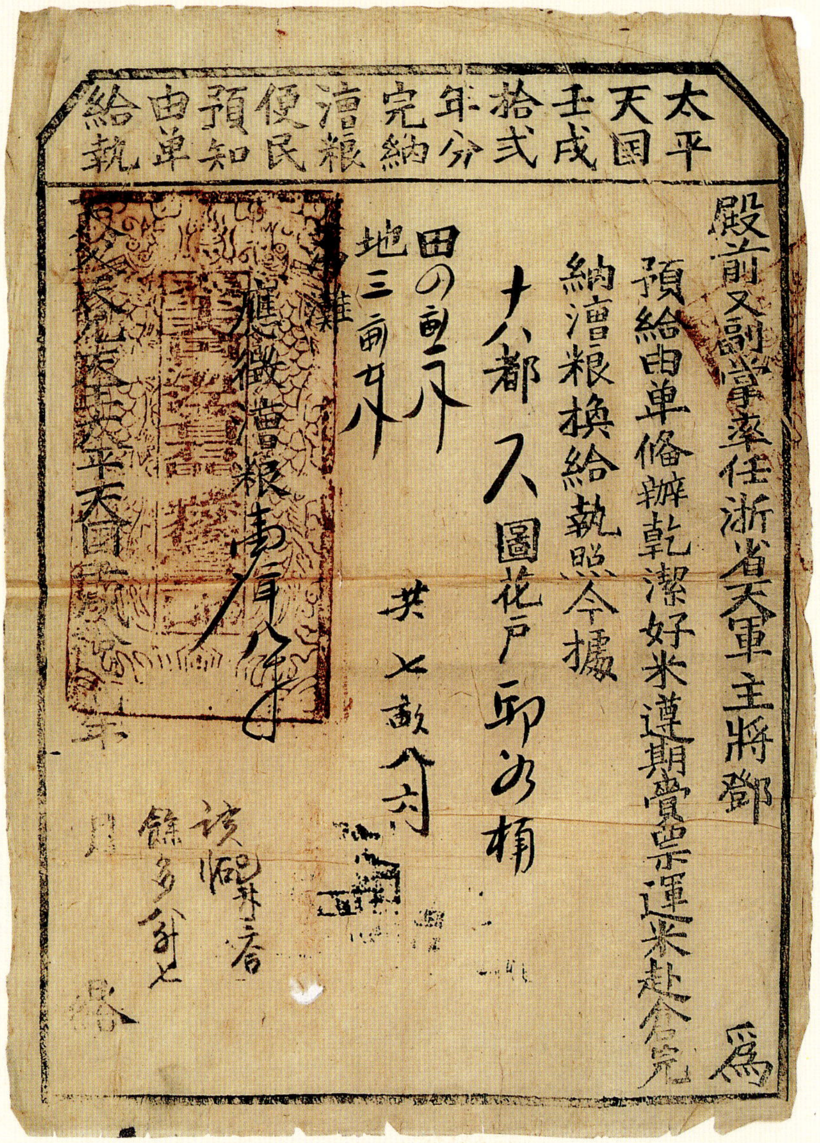
太平天国壬戌拾式年分完納漕粮便民預知由单給執

殿前又副掌率任浙省天軍主將鄧　為
預給由单倫辦乾潔好米遵期賫票運米赴倉完
納漕粮換給執照今據
都　圖花戶
田
地
共
應徵漕粮

太平天国(十一至十三年)完納糟糧執照

原照。

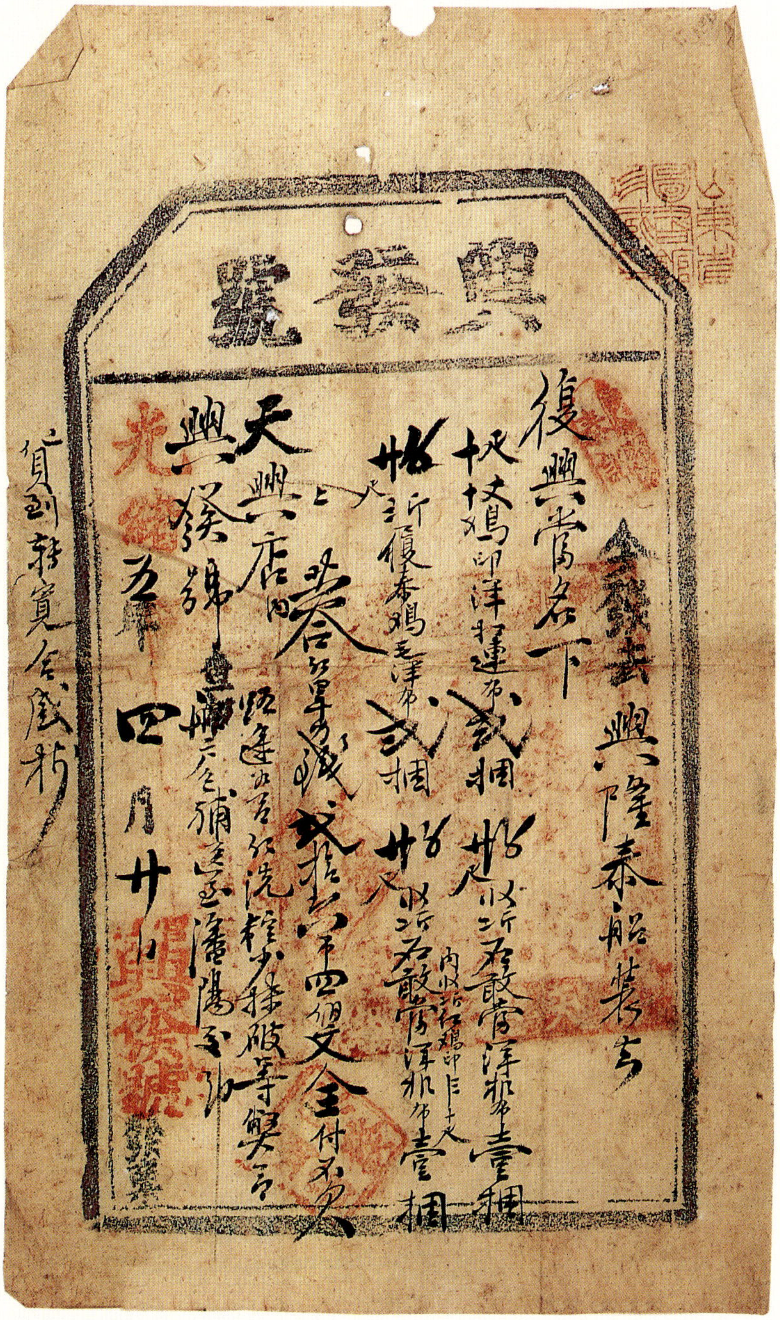

[光緒五年]瀋陽天興店興發號存發票六紙順盛鏢局發票二紙

瀋陽天興店興發號地址在盛京小西關。順盛鏢局在遼西小北河。

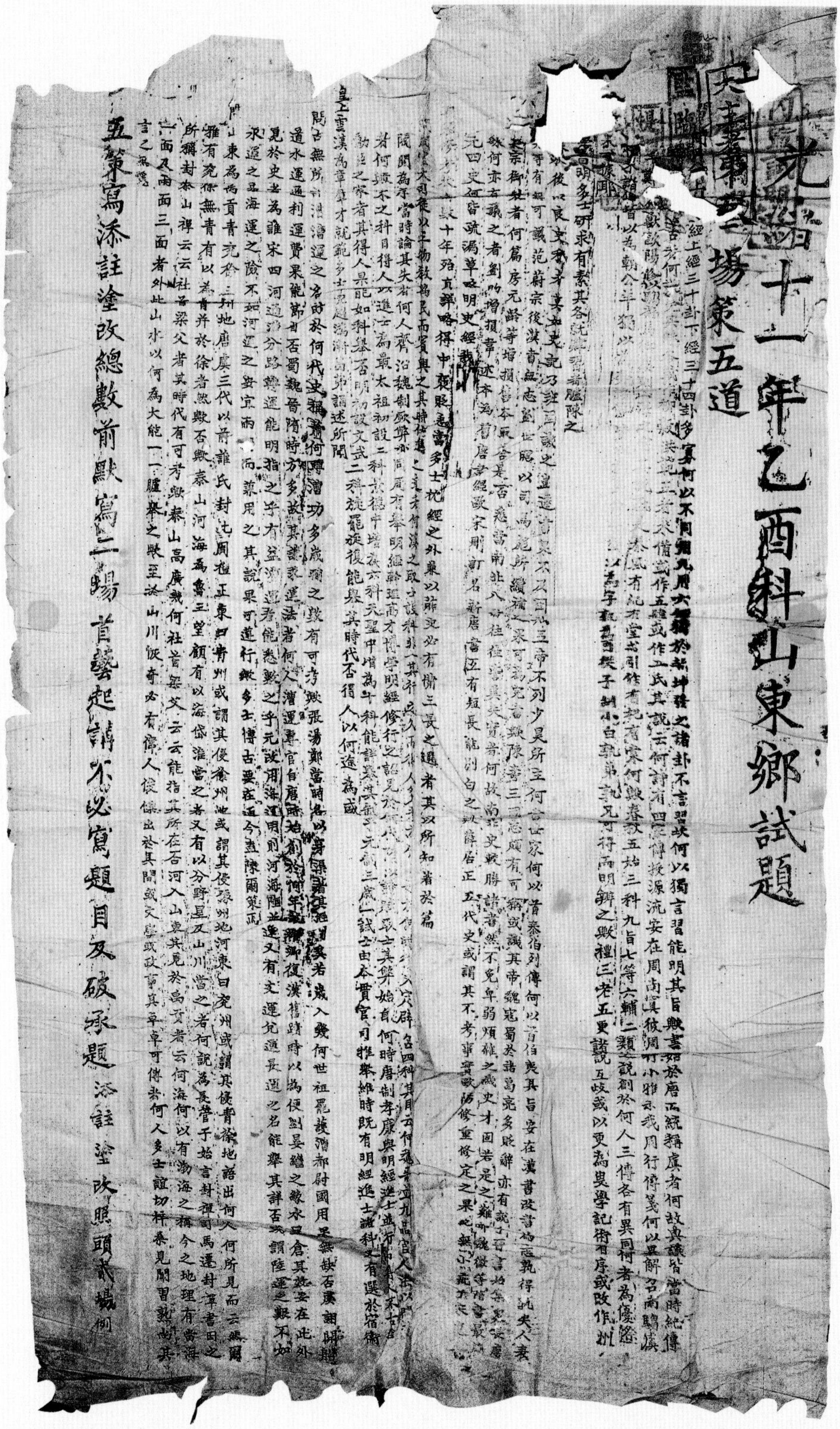
光緒十一年乙酉科山東鄉試題
第三場策五道
五策寫添註塗改總數前默寫二場首藝起講不必寫題目及破承題 添註塗改照頭場例

光緒十一年乙酉科山東鄉試題

清光緒刻本。爲第三場策題五道。

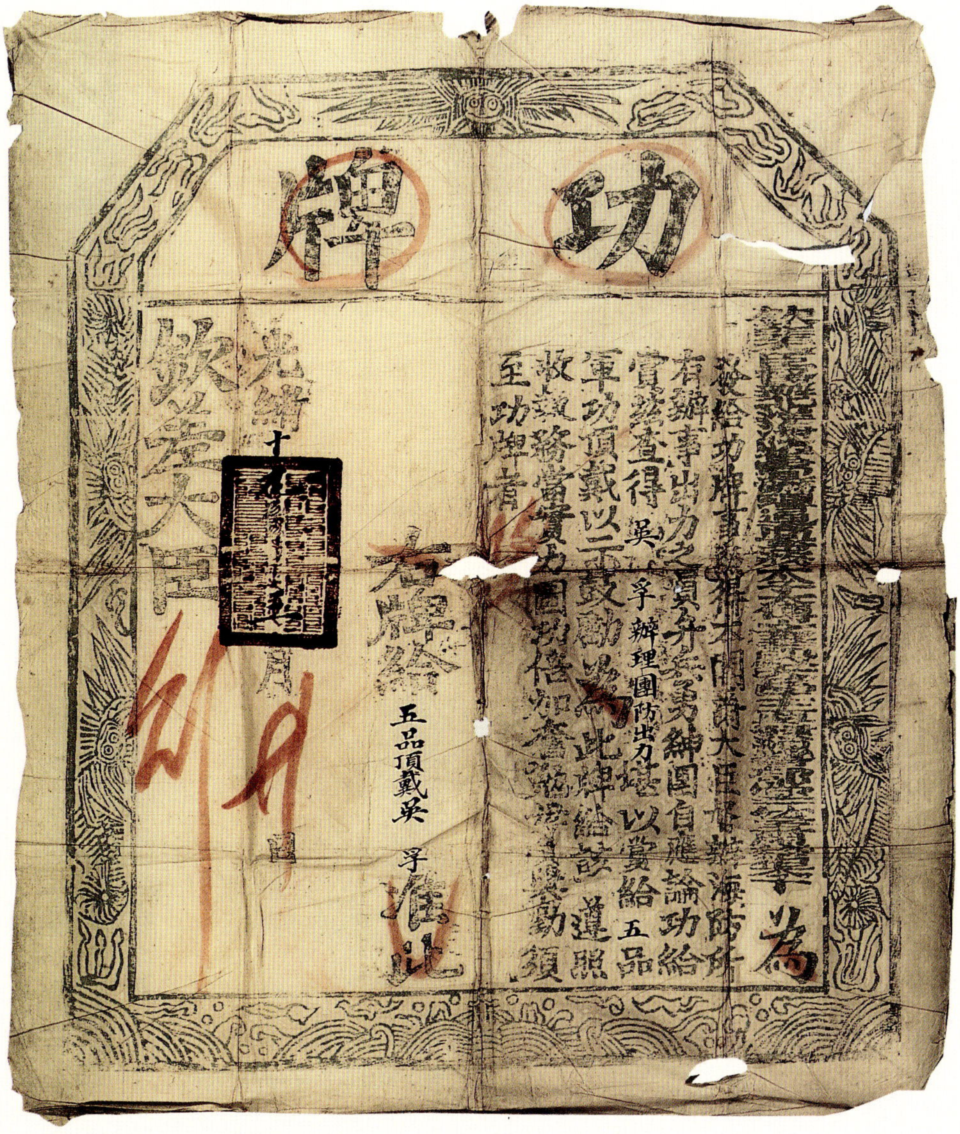

[光緒十九年]授五品頂戴吳孚功牌一紙

清光緒填寫刻本。寫有“十九年三月”、“五品頂戴吳孚”、“吳孚辦理團防出力”。

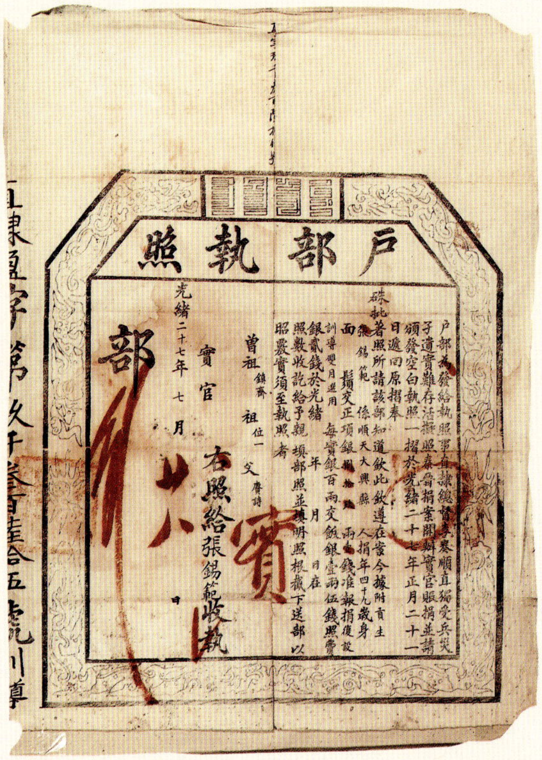

戶部執照

戶部為發給執照事直隸總督李奏順直獨受兵災
子遺實難存活擬照秦晉捐案開辦實官賑捐並請
頒發空白執照一摺於光緒二十七年正月二十一
日遞回原摺奉
硃批著照所請該部知道欽此欽遵在案今據附貢生
張錫範係順天大興縣人捐年四十九歲身
面鬚交正項銀 兩 錢准報捐復設
訓導雙月選用 每實銀百兩交飯銀壹兩伍錢照費
銀貳錢於光緒 年 月 日在
照數收訖給予親填部照並填明照根截下送部以
昭覈實須至執照者
曾祖 鎮齋 祖 位一 父 賡詩
實官
右照給張錫範收執
光緒二十七年七月 廿八 日
部

[光緒二十七年]戶部執照一紙

清刻本。戶部給張錫範，張係順天大興縣人，年四十九歲。曾祖張鎮齋，祖張位一，父張賡詩。時間署“光緒二十七年七月廿八日”。

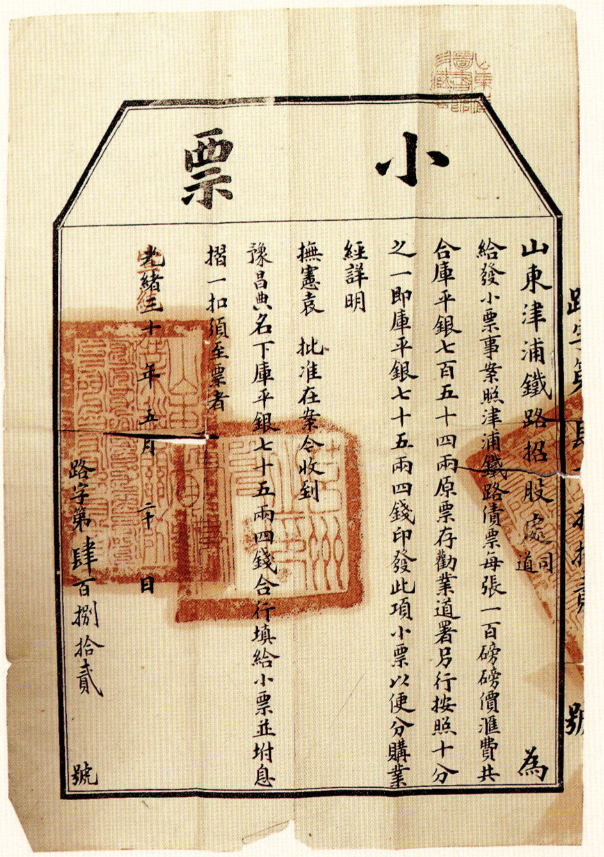

小票

山東津浦鐵路招股處道 司 為
給發小票事案照津浦鐵路債票每張一百磅磅價匯費共
合庫平銀七百五十四兩原票存勸業道署另行按照十分
之一即庫平銀七十五兩四錢印發此項小票以便分購業
經詳明
撫憲袁 批准在案今收到
豫昌典名下庫平銀七十五兩四錢合行填給小票並坿息
摺一扣須至票者
光緒三十年五月二十日
路字第肆百捌拾貳號

[宣統元年]津浦鐵路股票二紙

清刻本。印製時間署爲“光緒三十年”，以朱文改爲“宣統元年”。有滿漢文“莒州之印”、“山東省勸業道關防”。

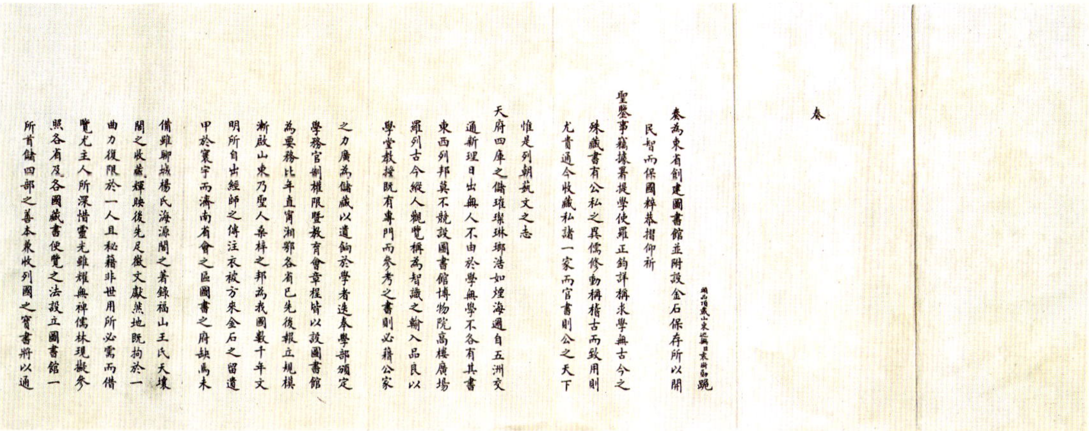

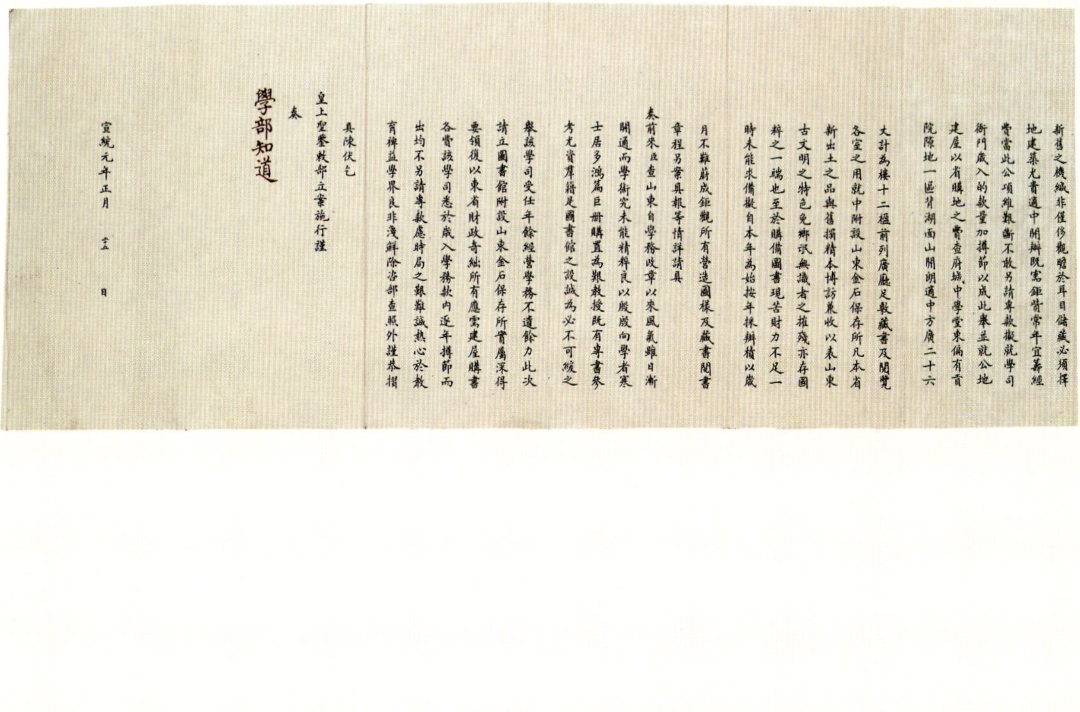

奏東省創設圖書館並附設金石保存所以開民智而保國粹摺

清袁樹勛撰。清宣統元年(1909)寫本。袁樹勛時任山東巡撫。此爲仿真復製品。原件藏於中國第一歷史檔案館。

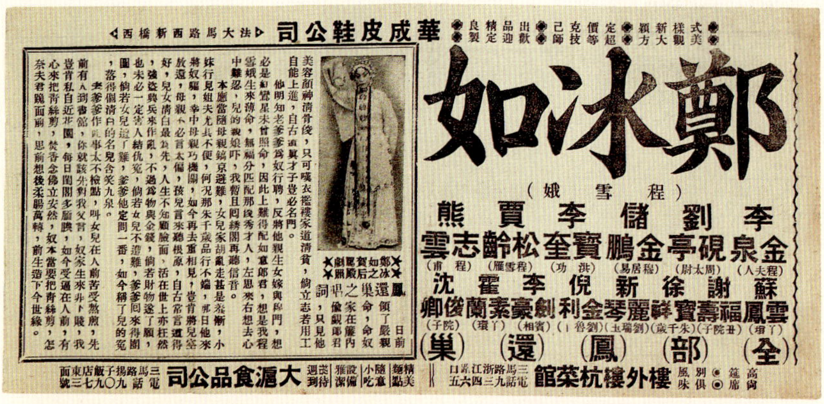

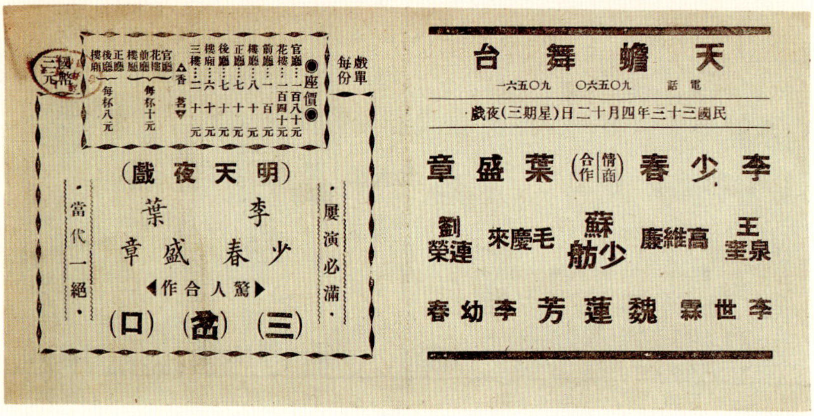

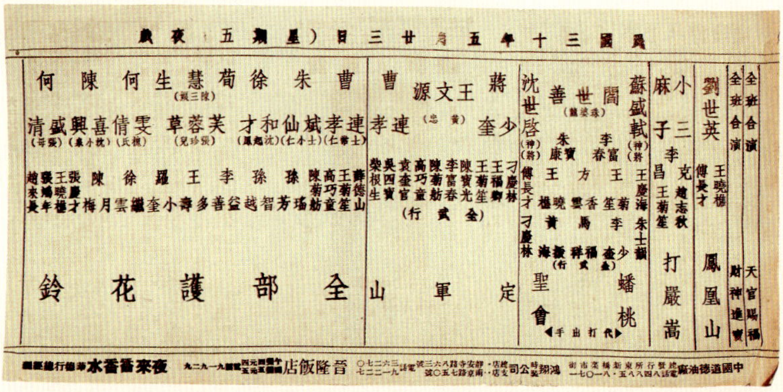

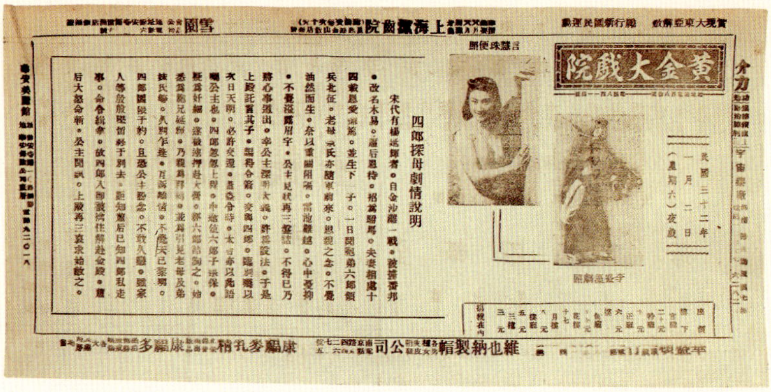

上海舊戲單三十五紙

民國三十年至三十三年（1941-1944）印製。

海源閣原匾

此匾爲長方形，長 113 釐米，寬 45 釐米，大字直徑 25 釐米。“海源閣”三字及匾中題識均爲楊氏親筆楷書，末爲“楊以增印”、“至堂”陽文篆字印章兩方。題識記述建閣緣由、目的、閣名由來、建閣時間等。

海源閣藏硯

宋端硯一方，宋端硯盒三具，皆爲楠木質，橢圓形。

海源閣藏印

海源閣全景圖

海源閣位於聊城古城内西南隅萬壽觀前街東首路北楊氏宅院内。楊氏宅院凡五進，房舍百餘，建築之宏壯，爲魯西之冠。

海源閣藏阮元大理石屏“湘煙春霽”

楊以增畫像

楊保彝畫像

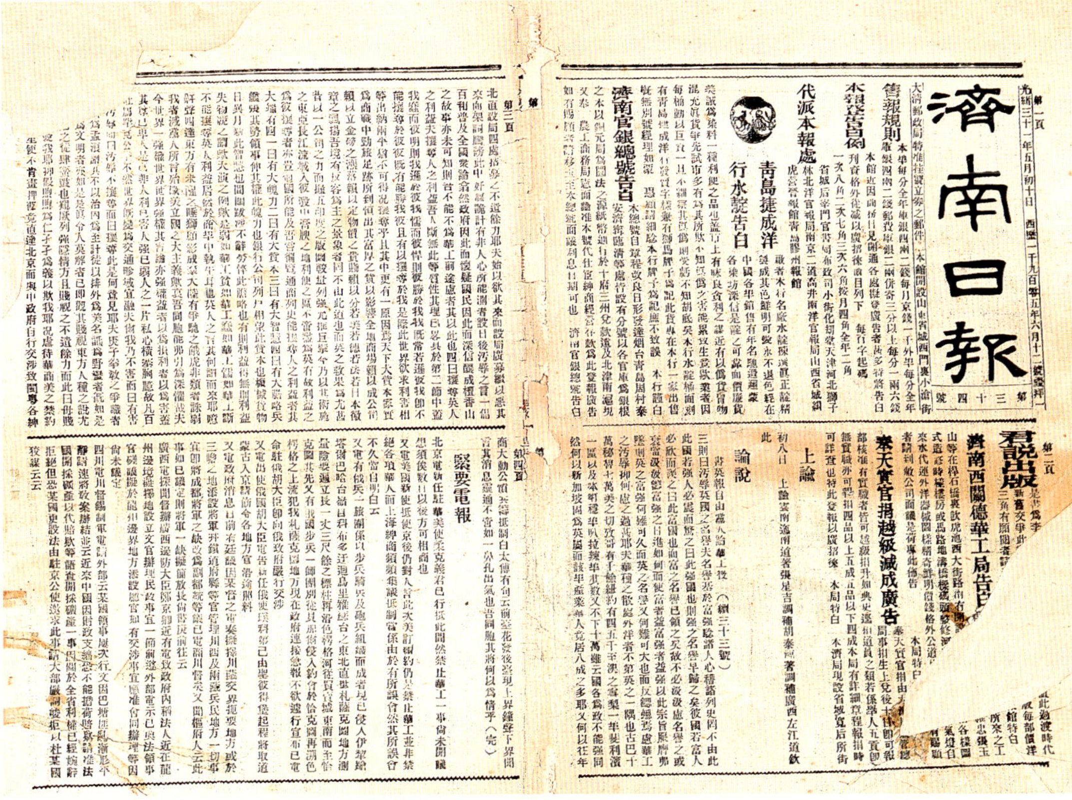
第一頁
光緒三十一年五月初十日　西曆一千九百零五年六月十二號禮拜
第三十四號

濟南日報

售報規則

本館告白

代派本報處

青島捷成洋行水靛告白

濟南官銀號告白

緊要電報

上諭

論說

濟南西關德華工局告白

奉天實官捐遞減成廣告

濟南日報

1904 年由山東藩臺出資創辦，沈景忱和孫念僧任社長，四開四版，日報，主要設《上諭》、《論説》、《緊要電報》、《各國新聞》、《專件》、《轅抄》等欄目。該報偏重於新聞報道，具有一定的反帝色彩，辛亥革命爆發後，該報停刊，民國成立後，該報改組爲《大東日報》。

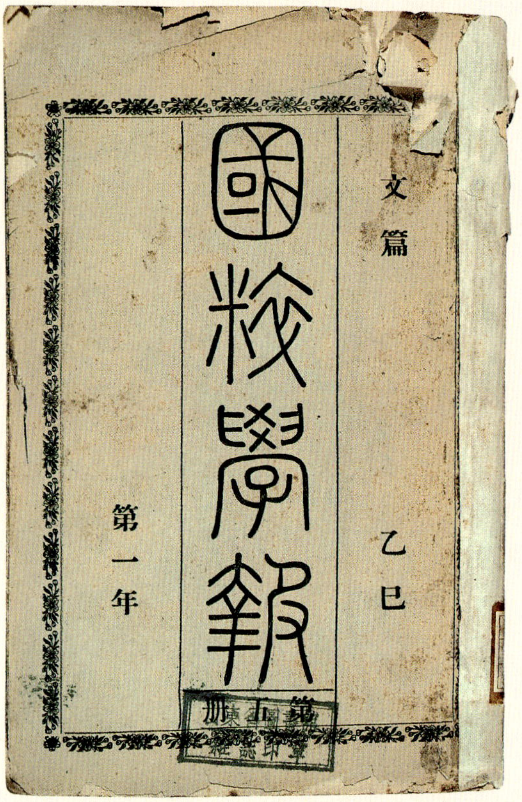

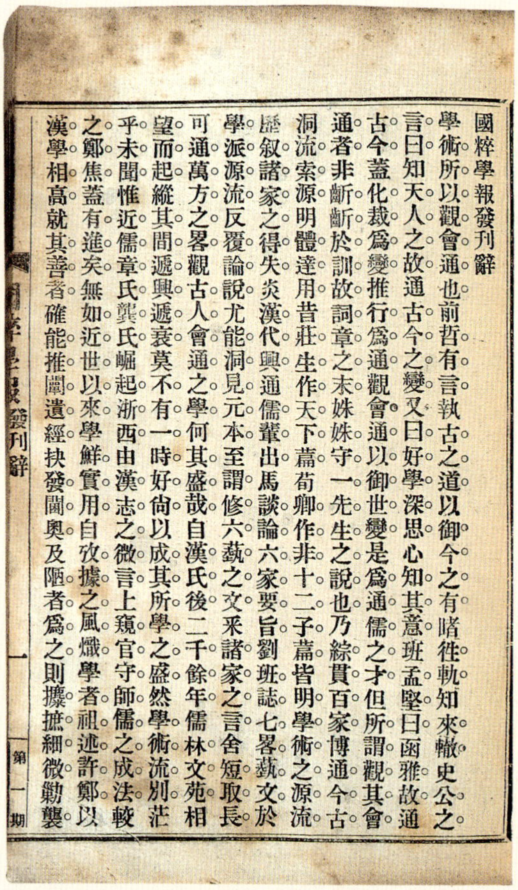

國粹學報發刊辭

學術所以觀會通也前哲有言執古之道以御今之有睹往軌知來轍史公之言曰知天人之故通古今之變又曰好學深思心知其意班孟堅曰函雅故通古今蓋化裁爲變推行爲通觀會通以御世變是爲通儒之才但所謂觀其會通者非斷斷於訓故詞章之末姝姝守一先生之說也乃綜貫百家博通今古洞流索源明體達用昔莊生作天下篇荀卿作非十二子篇皆明學術之源流歷敘諸家之得失炎漢代興通儒輩出馬談論六家要旨劉班誌七畧藝文於學派源流反覆論說尤能洞見元本至謂修六藝之文采諸家之言舍短取長可通萬方之畧觀古人會通之學何其盛哉自漢氏後二千餘年儒林文苑相望而起縱其間遞興遞衰莫不有一時好尚以成其所學之盛然學術流別茫乎未聞惟近儒章氏龔氏崛起浙西由漢志之微言上窺官守師儒之成法較之鄭焦蓋有進矣無如近世以來學鮮實用自攷據之風熾學者祖述許鄭以漢學相高就其善者確能推闡遺經抉發闡奧及陋者爲之則攟摭細微勦襲

國粹學報發刊辭　一　第一期

國粹學報

《國粹學報》是研究國學的學術性刊物，聲稱以“發明國字，保存國粹”爲宗旨，1905 年 2 月 23 日（光緒三十一年正月二十日）創刊，在上海出版，月刊，每期約六十頁左右，售價三角，有光紙（後用連史紙）鉛印，竪排，綫裝本，用文言文撰寫稿件，該刊共出八十二期，最後一期爲 1911 年 9 月 12 日（宣統三年七月二十日）出版的第 82 期，連續刊行七年，從未間斷。

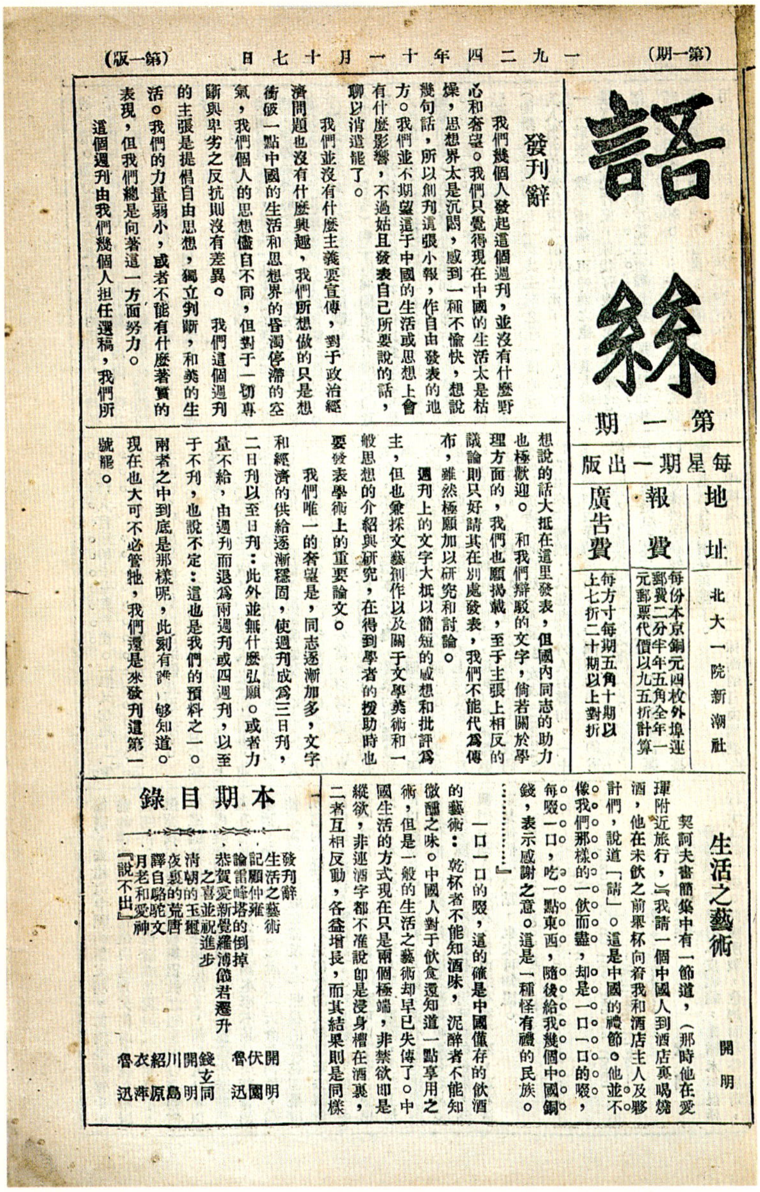

（第一期）　一九二四年十一月十七日　（第一版）

語絲

第一期

每星期一出版

地址	報費	廣告費
北大一院新潮社	每份本京銅元四枚外埠連郵費二分半年五角全年一元郵票代價以九五折計算	每方寸每期五角十期以上七折二十期以上對折

發刊辭

我們幾個人發起這個週刊，並沒有什麼野心和奢望。我們只覺得現在中國的生活太是枯燥，思想界太是沉悶，感到一種不愉快，想說幾句話，所以創刊這張小報，作自由發表的地方。我們並不期望這于中國的生活或思想上會有什麼影響，不過姑且發表自己所要說的話，聊以消遣罷了。

我們並沒有什麼主義要宣傳，對于政治經濟問題也沒有什麼興趣，我們所想做的只是想衝破一點中國的生活和思想界的昏濁停滯的空氣，我們個人的思想儘自不同，但對于一切專斷與卑劣之反抗則沒有差異。我們這個週刊的主張是提倡自由思想，獨立判斷，和美的生活。我們的力量弱小，或者不能有什麼著實的表現，但我們總是向著這一方面努力。

這個週刊由我們幾個人担任撰稿，我們所想說的話大抵在這里發表，但國內同志的助力也極歡迎。和我們辯駁的文字，倘若關於學理方面的，我們也願揭載，至于主張上相反的議論則只好請其在別處發表，我們不能代爲傳布，雖然極願加以研究和討論。

週刊上的文字大抵以簡短的感想和批評爲主，但也兼採文藝創作以及關于文學美術和一般思想的介紹與研究，在得到學者的援助時也要發表學術上的重要論文。

我們唯一的奢望是，同志逐漸加多，文字和經濟的供給逐漸穩固，使週刊成爲三日刊，二日刊以至日刊：此外並無什麼弘願。或者力量不給，由週刊而退爲兩週刊或四週刊，以至于不刊，也說不定：這也是我們的預料之一。兩者之中到底是那樣呢，此刻有誰够知道。現在也大可不必管牠，我們還是來發刊這第一號罷。

生活之藝術

開明

契訶夫書簡集中有一節道，（那時他在愛琿附近旅行，）『我請一個中國人到酒店裏喝燒酒，他在未飲之前舉杯向着我和酒店主人及夥計們，說道「請」。這是中國的禮節。他並不像我們那樣的一飲而盡，却是一口一口的啜，每啜一口，吃一點東西，隨後給我幾個中國銅錢，表示感謝之意。這是一種怪有禮的民族。……』

一口一口的啜，這的確是中國僅存的飲酒的藝術：乾杯者不能知酒味，泥醉者不能知微醺之味。中國人對于飲食還知道一點享用之術，但是一般的生活之藝術却早已失傳了。中國生活的方式現在只是兩個極端，非禁欲即是縱欲，非連酒字都不准說即是浸身糟在酒裏，二者互相反動，各益增長，而其結果則是同樣

本期目錄

發刊辭
生活之藝術　開明
記顧仲雍　伏園
論雷峰塔的倒掉　魯迅
恭賀愛新覺羅溥儀君遷升之喜並祝進步　錢玄同
淸朝的玉璽　開明
夜裏的荒唐　川島
譯自駱駝文　紹原
月老和愛神　衣萍
『說不出』　魯迅

語絲

《語絲》創刊於 1924 年 11 月，它是中國現代文學史上最早以散文創作爲主的刊物，主要撰稿人有孫伏園、周作人、魯迅、林語堂等，主要發表雜感、短評、小品等。以魯迅爲代表的尖鋭潑辣的雜文和以周作人、林語堂代表的幽雅的小品形成了該社散文創作兩大類，對散文發展有重要影響。1930 年 3 月 10 日出至第 5 卷第 52 期停刊。

中华民国二十八年一月一日　大众日报　星期日　第一版

大眾日報

堅持抗戰
克服困難
準備進攻

應該警惕的二十八年的第一天

發刊詞

本報啓事

青年報社緊要啓事

遺失聲明

大衆日報

《大衆日報》於 1939 年 1 月 1 日在沂水縣城西四十餘里的王莊創辦。初創時期，報紙爲三日報，鉛印四開四版，期發一千多份，不久改爲二日報。1945 年 8 月改爲日報，版面也由四開四版改爲對開四版。《大衆日報》是中共山東省委的機關報，也是山東人民群衆自己的報紙，它的創辦開闢了山東報業歷史新紀元，山東人民在中國共産黨的領導下，第一次有了自己的全省性的報紙。

KYNZHUNG—BAO

群衆報

代論

迎接勝利的一九四三年

——劉其人——

新年祝詞

蒲台我軍配合地方武裝
常莊截擊敵僞獲勝

博興某區人民武裝
打退搶集敵僞軍

清西我一機槍班
擊潰敵僞四個連

群衆報

《群衆報》是中共清河區特委機關報，1939 年 8 月 1 日在臨淄縣葦子河、大夫店等村創辦，社長劉洪軒、杜振東等，開始是油印報，38 期改爲石印，四開四版，3 日刊，出至 505 期與《冀魯日報》合併，1944 年 7 月 1 日停刊。

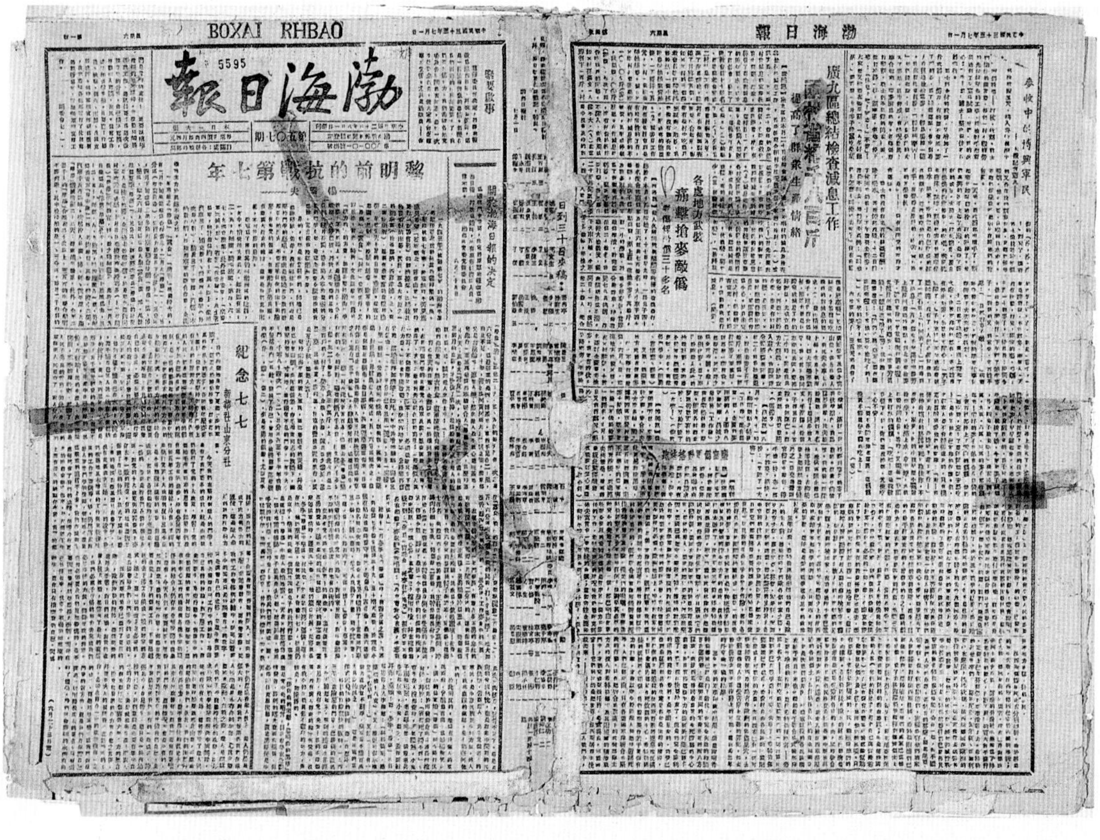
BOXAI RHBAO

渤海日報

黎明前的抗戰第七年

紀念七七

廣九區總結檢查減息工作

渤海日報

渤海日報

《渤海日報》於 1944 年 7 月 1 日正式出版，期數仍沿用《群衆報》的刊期，自 506 期開始，直到 1950 年 4 月 26 日隨渤海區黨委撤銷而停刊，共發行 2244 期，四開四版，日報。《渤海日報》配合歷次運動，很好地發揮了喉舌、橋梁、紐帶的作用，作爲解放區新聞事業的一個組成部分，不僅完成了自身的歷史使命，它還作爲新中國新聞事業的前身和骨幹，爲新中國的新聞事業鋪設了一塊穩固的基石。

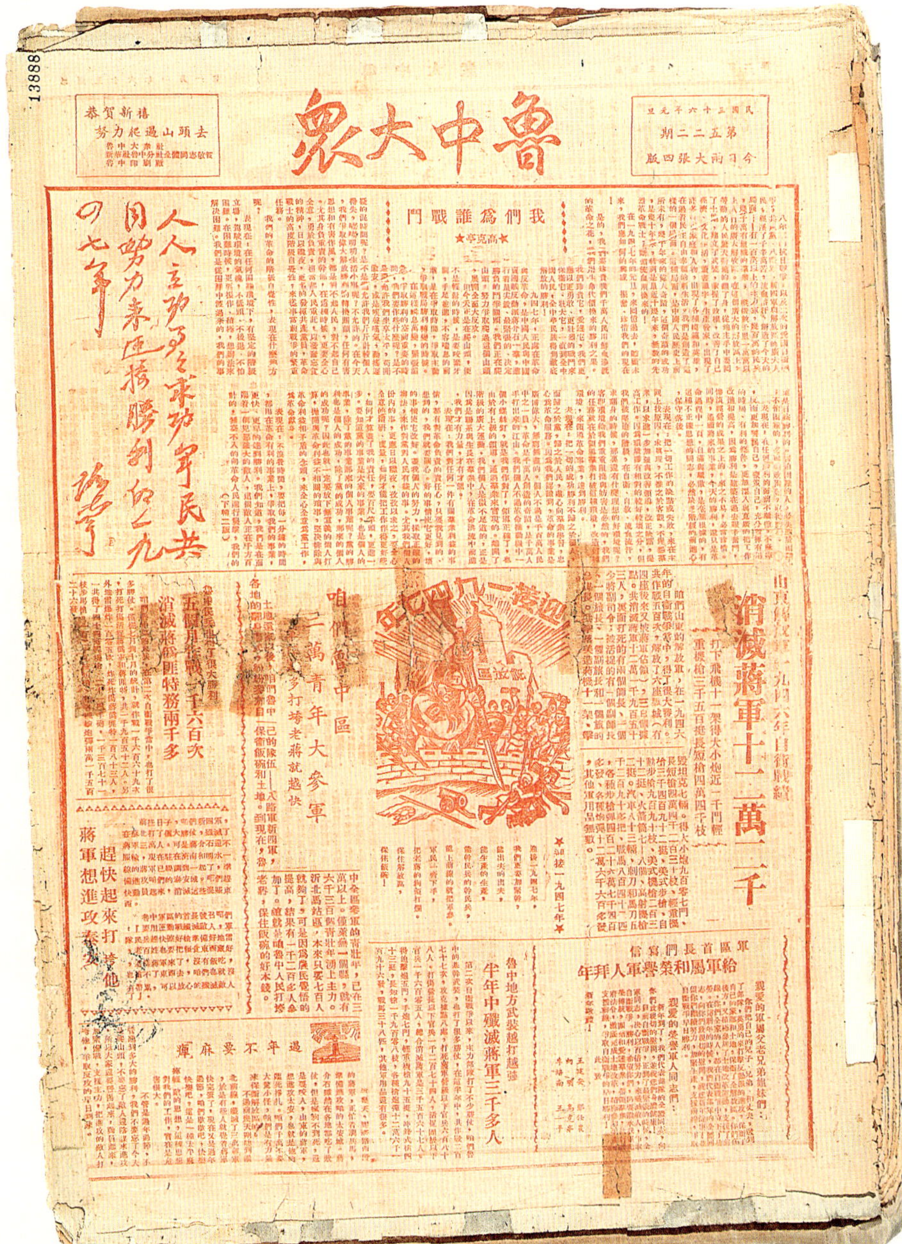
魯中大眾

我們為誰戰鬥

消滅蔣軍十二萬二千

迎接一九四七年

三萬青年大參軍

半年中殲滅蔣軍三千多人

魯中大衆

《魯中大衆》是中共魯中區委機關報，1945 年 9 月在沂源縣舍莊創刊，四開四版，鉛印，三日刊，區黨委宣傳部副部長于寄愚兼社長，宮達非任副社長兼總編輯。該報非常注意大衆化、通俗化，還寫有一本《大衆化編輯工作》小冊子，所以報紙的發行量由創刊時的五千份，到 1947 年達到了一萬份以上。1948 年 2 月停刊。

東方雜誌

1904 年(清光緒三十年)3 月 11 日創刊,是近現代期刊史上一份重要的大型綜合性雜誌,由商務印書館出版,首任主編是教育家蔣維喬,以後擔任主編的有徐珂、孟森、杜亞泉(陳仲逸)等,《東方杂誌》經歷了清末、辛亥革命、五四運動、抗日戰争、解放戰争等各個重大歷史時期,它的内容包羅萬象,並有許多照片,因而集中了近現代史的大量資料,也是近現代史的見證。1948 年 12 月終刊,共四十四卷。

婦女雜誌

《婦女雜誌》1915年1月5日創刊於上海，於1931年12月停刊，其間每年一卷，每卷十二期，共出十七卷，它是中國婦女報刊史上第一份歷時最久的大型刊物。

後　記

經過一年多的搜集整理,《山東省圖書館館藏珍品圖錄》終於和大家見面了,作爲山東省圖書館百年華誕的生日禮物,希望它能成爲展示山東省圖書館豐富館藏的一扇窗户。

因本書名爲《山東省圖書館館藏珍品圖錄》,既爲珍品,選擇範圍就不當僅限於古籍,故包含了部分近代文獻。先由歷史文獻部、報刊部擬目,初選三百餘種,繼而邀請山東大學文史哲研究院杜澤遜教授、劉心明教授審閱條目,提出了寶貴的修改意見,最終定爲二百六十餘種。二〇〇八年十一月,在進行完每種書的基本著錄後,開始用反轉片拍攝,山東美術出版社的葛立英老師不辭辛苦,拍攝照片五百餘幅。清樣出來後,又邀請專家從文字到圖片逐條審核,歷史文獻部和報刊部工作人員反復校對,終成定稿。

此書的出版,得力於各位專家的幫助,更離不開趙炳武館長和李西寧副館長的指導與督促,齊魯書社宫曉衛社長親自主持本書的編輯工作,賀偉及張薇老師也爲本書的出版付出了艱辛的努力,在此一併表示感謝。

山東省圖書館館藏宏富,特色鮮明,限於篇幅,許多珍品未能入選,希望借此冰山一角,與大家分享,並請方家不吝批評與教正。

編　者

2009年3月3日

ISBN 978-7-5333-2189-5

9 787533 321895 >

責任編輯:宮曉衛
　　　　　賀　偉
封面設計:郭　覲
版式設計:張　薇

圖書在版編目(CIP)數據

山東省圖書館館藏珍品圖録/山東省圖書館編.—濟南:齊魯書社,2009.4

ISBN 978-7-5333-2189-5

Ⅰ.山…　Ⅱ.山…　Ⅲ.古籍—善本—圖書館目録—山東省
Ⅳ.Z838

中國版本圖書館CIP數據覈字(2009)第045238號

山東省圖書館館藏珍品圖録

山東省圖書館　編

出版發行	齊魯書社
社　　址	濟南經九路勝利大街39號
郵　　編	250001
網　　址	www.qlss.com.cn
電子郵箱	qlss@sdpress.com.cn
設計製作	濟南世同蘋果圖文有限公司
印　　刷	山東新華印刷廠
開　　本	889mm×1230mm　1/16
印　　張	16.5
字　　數	100千字
版　　次	2009年4月第1版
印　　次	2009年4月第1次印刷
標準書號	ISBN 978-7-5333-2189-5
定　　價	200.00圓